Uwe Heller

Immobilienmanagement in Nonprofit-Organisationen

GABLER RESEARCH

NPO-Management

Herausgegeben von
Professor Dr. Dieter Witt
Technische Universität München
Dienstleistungsökonomik
mit Seminar für Vereins- und
Verbandsforschung (SVV)

Das Management von Non-Profit-Organisationen (NPO), insbesondere des Dritten Sektors – neben Staat und Privatwirtschaft – wird zunehmend von der betriebswirtschaftlichen Forschung untersucht. In dieser Schriftenreihe werden wichtige Forschungs- und Diskussionsbeiträge zu diesen gemein- oder bedarfswirtschaftlichen Betrieben präsentiert, die von Verbänden, Vereinen, Stiftungen, öffentlichen Betrieben bis zu Großhaushalten reichen. Die Veröffentlichungen wenden sich gleichermaßen an Theoretiker und Praktiker.

Uwe Heller

Immobilienmanagement in Nonprofit-Organisationen

Analyse und Konzeptentwicklung mit Schwerpunkt auf kirchlichen und sozialen Organisationen

Mit einem Geleitwort von Prof. Dr. Dieter Witt

GABLER

RESEARCH

Bibliografische Information der Deutschen Nationalbibliothek
Die Deutsche Nationalbibliothek verzeichnet diese Publikation in der Deutschen Nationalbibliografie; detaillierte bibliografische Daten sind im Internet über <http://dnb.d-nb.de> abrufbar.

Dissertation Technische Universität München, 2009

1. Auflage 2010

Lektorat: Ute Wrasmann | Nicole Schweitzer

Gabler ist Teil der Fachverlagsgruppe Springer Science+Business Media.
www.gabler.de

Umschlaggestaltung: KünkelLopka Medienentwicklung, Heidelberg
Gedruckt auf säurefreiem und chlorfrei gebleichtem Papier

ISBN 978-3-8349-2227-4

Geleitwort

Kirchen und Sozialorganisationen stehen vor tiefgreifenden Änderungen: Sinkende Steuereinnahmen, demographischer Wandel, eine abnehmende Bindungskraft und Mitgliederaustritte, politisch herbeigeführter Wettbewerbsdruck, stagnierendes Spendenaufkommen und Kostendruck zwingen dazu, grundlegend die eigenen Führungsmodelle weiterzuentwickeln. Ein wichtiges Feld für die Führung ist das Immobilienvermögen, das viele dieser Organisationen in relativ großem Umfang besitzen. Oft nimmt das Immobilienvermögen mehr als die Hälfte des Gesamtvermögens ein, das außerdem in der Regel sehr langfristig gebunden ist. Ungünstige Entscheidungen können hier nur schwer und langsam korrigiert werden. Die Kosten für Immobilien, ob selbst genutzt oder nicht, belaufen sich auf etwa 15 Prozent der Gesamtkosten. Sie bilden damit einen der größten Kostenblöcke überhaupt.

Herr Dr. Uwe Heller setzt mit seiner Arbeit bei dieser aus betriebswirtschaftlicher Hinsicht weithin unerforschten Thematik des strategischen Managements immobiliarer Ressourcen in Nonprofit-Organisationen an. Mit Hilfe einer schriftlichen Befragung verschafft er einen Überblick über den Bestand, die Nutzung sowie das Management von Immobilien deutscher Nonprofit-Organisationen. Um Eigenarten sowie Probleme der Bereitstellung, Bewirtschaftung und Verwertung von Immobilien zu erschließen, wurden ferner Interviews mit Vertretern kirchlicher und sozialer Organisationen geführt. Basierend auf dem generierten Expertenwissen erarbeitet der Verfasser einen strategischen Immobilienplanungsprozess, der die Spezifika kirchlicher und sozialer Organisationen, insbesondere deren komplexen Eigentumsverhältnisse und Vermögensverwendungsbindungen sowie die Heterogenität und Spezifität der Immobilienbestände berücksichtigt.

Der Verfasser leistet mit seiner Arbeit einen innovativen und wichtigen Beitrag zur Lehre vom Immobilienmanagement einerseits und zur Lehre vom Nonprofit-Management andererseits. Die empirischen Erkenntnisse bereichern das Wissen über Nonprofit-Organisationen und ihre Führung. Auch und insbesondere für die Management-Praxis von NPO bietet die Arbeit ein differenzierendes, logisches und übersichtliches Konzept. Es ist zu wünschen, dass diese Arbeit eine entsprechende Aufmerksamkeit in Wissenschaft und Praxis findet.

Prof. Dr. Dieter Witt

Vorwort

Nach Vollendung „meines Werkes“ blicke ich mit großer Dankbarkeit auf die Unterstützung all jener, die mir während meiner Promotion zur Seite gestanden sind und maßgeblich zum erfolgreichen Abschluss der Dissertation beigetragen haben.

Mein ganz herzlicher Dank gilt Herrn Prof. Dr. Dieter Witt, der dem Thema von Beginn an offen gegenüber stand und die Arbeit während meiner Zeit als wissenschaftlicher Mitarbeiter am Fachgebiet Dienstleistungsökonomik der TU München betreut hat. Besonders danken möchte ich meinem Doktorvater für seine nicht nur fachliche, sondern vor allem persönliche Begleitung des Promotionsvorhabens und die seinerseits eingeräumte wissenschaftliche Freiheit; beides zusammen hat maßgeblich zum Gelingen der Arbeit beigetragen und die Zusammenarbeit am Lehrstuhl in den vergangen knapp drei Jahren sehr angenehm gestaltet. Bei Herrn Prof. Dr. Martin Moog bedanke ich mich für die Übernahme des Zweitgutachtens und seine wertvollen Anregungen. Herrn Prof. Dr. Gunther Friedl danke ich für den Vorsitz der Prüfungskommission.

Ein herzlicher Dank gebührt ebenfalls Herrn Dr. Hilmar Sturm für seine zahlreichen Ratschläge, seine fachliche und moralische Unterstützung. Dieser Dank gilt gleichermaßen meinen Kollegen am Fachgebiet Dienstleistungsökonomik sowie insbesondere Frau Dr. Astrid Heilmair und Frau Bergit Simon, die die mühevolle Aufgabe des Korrekturlesens übernommen haben.

Herrn Dr. Ludger Zeppenfeld danke ich für seine große Geduld beim Lesen des Manuskriptes, für sein jederzeit offenes Ohr sowie seine wertvollen Denkanstöße und Aufmunterungen.

Danken möchte ich darüber hinaus meinen Eltern, die mich über das gesamte Studium hinweg unterstützt haben, jederzeit hinter mit standen und meine Promotion überhaupt erst ermöglicht haben.

Mein ganz besonderer Dank gilt meiner Freundin Sonja Zeppenfeld für ihren Rückhalt und ihr Verständnis. Sie hat diese Arbeit von der Idee bis zur Fertigstellung begleitet und mir mit ihren aufmunternden und einfühlenden Worten immer wieder Kraft gegeben. Vielen, lieben Dank dafür!

Uwe Heller

Inhaltsverzeichnis

Abbildungsverzeichnis

Tabellenverzeichnis

Abkürzungsverzeichnis

ABB	Asea Brown Boveri, Elektrotechnikkonzern
AO	Abgabenordnung
akt.	aktualisiert(e)
Aufl.	Auflage
BauNVO	Baunutzungsverordnung
Bd.	Band
bearb.	bearbeitet(e)
BGB	Bürgerliches Gesetzbuch
bzw.	beziehungsweise
CAFM	Computer Aided Facility Management
Can.	Canon (Artikel des kanonischen Rechts)
Cann.	Canones (Plural von Canon)
CIC	Codex Iuris Canonici (Codex des kanonischen Rechts)
CREM	Corporate Real Estate Management
DGVM	Deutsche Gesellschaft für Verbandsmanagement e. V.
DIN	Deutsches Institut für Normung e. V.
d. h.	das heißt
durchges.	durchgesehen(e)
EDV	Elektronische Datenverarbeitung
engl.	Englisch
ErbbauRG	Erbbaurechtsgesetz
erg.	ergänzt(e)
erw.	erweitert(e)
ESWiD	Evangelisches Siedlungswerk in Deutschland e. V.
et al.	et alii
e. V.	eingetragener Verein
EKD	Evangelische Kirche in Deutschland
f.	folgende
ff.	fortfolgende
FM	Facility Management
GEFMA	German Facility Management Association
GenG	Genossenschaftsgesetz
GmbH	Gesellschaft mit beschränkter Haftung
GWB	Gesetz gegen Wettbewerbsbeschränkungen

HGB	Handelsgesetzbuch
Hrsg.	Herausgeber
IBM	International Business Machines Corporation, US-amerikanisches IT- und Beratungsunternehmen
i. V.	in Vorbereitung
Jg.	Jahrgang
KSD	Katholischer Siedlungsdienst e. V.
Mio.	Millionen
N	Anzahl gültiger Antworten
neubearb.	neubearbeitet(e)
No.	number
NPO	Nonprofit-Organisation(en)
Nr.	Nummer
S.	Seite
SGB	Sozialgesetzbuch
Sp.	Spalte
SPSS	Superior Performance Software System
SVV	Seminar für Vereins- und Verbandsforschung
Tsd.	Tausend
u.	und
überarb.	überarbeitet(e)
umgearb.	umgearbeitet(e)
usw.	und so weiter
verb.	verbessert(e)
vgl.	vergleiche
vollst.	vollständig
Vol.	volume
völ.	völlig
vhw	Bundesverband für Wohneigentum und Stadtentwicklung e. V.
WertV	Wertermittlungsverordnung
ZögU	Zeitschrift für öffentliche und gemeinwirtschaftliche Unternehmen
z. B.	zum Beispiel

I. Einleitung

A. Problemstellung und Zielsetzung der Arbeit

Nonprofit-Organisationen (NPO) sind als Intermediäre zwischen Staat und Markt in unserem Gesellschafts- und Wirtschaftssystem fest verankert und in nahezu allen Lebensbereichen, sei es im Sozial- und Gesundheitswesen, im Umwelt-, Sport-, Wirtschafts-, politischen oder kirchlichen Bereich anzutreffen. In der betriebswirtschaftlichen Forschung werden NPO als institutioneller Untersuchungsgegenstand ihrer hohen gesellschaftlichen, politischen und wirtschaftlichen Bedeutung jedoch kaum gerecht. Das liegt vor allem daran, dass sich die Betriebswirtschaftslehre traditionell auf den Objektbereich der erwerbswirtschaftlichen Betriebe konzentriert.

Der ökonomische Stellenwert von Nonprofit-Organisationen kann anhand folgender statistischer Größen verdeutlicht werden: Im Rahmen des „John Hopkins Comparative Nonprofit Sector Project“[1] wurde ein Anteil der Ausgaben des Nonprofit-Sektors von fast 4 % am Bruttosozialprodukt ermittelt; gleichzeitig waren nahezu 5 % aller Beschäftigten in Deutschland in privaten NPO tätig. Allein die sechs Spitzenverbände der Freien Wohlfahrtspflege zählten im Jahr 2004 zusammen mehr als 1,4 Millionen hauptamtliche Mitarbeiter und nahezu 100.000 Einrichtungen aus den Bereichen Jugend-, Alten-, Behinderten-, Gesundheits- und Familienhilfe.[2] Darüber hinaus gehören die beiden großen Kirchen als weitere bedeutende Nonprofit-Organisationen in Deutschland mit einem jeweils mehrere hunderttausend Hektar großen Grundbesitz gemeinhin zu den größten Immobilienbesitzern in Deutschland.[3]

Die vorliegende Arbeit befasst sich mit dem Management immobiliarer Ressourcen in Nonprofit-Organisationen.[4] In den vergangenen zwei Jahrzehnten hat sich in erwerbs-

---

1 Innerhalb des 1995 durchgeführten John Hopkins Projekts wurden empirische Daten deutscher Nonprofit-Organisationen erhoben, zusammen mit amtlichen Statistiken ausgewertet und mit den Ergebnissen aus 40 verschiedenen Ländern verglichen. Eine ähnlich umfassende statistische Erfassung wurde bis heute nicht wiederholt. Zu ausführlichen Erläuterungen zum John Hopkins Projekt vgl. Anheier, Helmut K. et al. (2007), S. 25 ff., Priller, Eckhard / Zimmer, Annette (2001), S. 12 ff. und Salamon, Lester M. / Anheier, Helmut K. (1996).

2 Vgl. Bundesarbeitsgemeinschaft der Freien Wohlfahrtspflege (2006), S. 11. Die Wohlfahrtsverbände liegen hinsichtlich der Beschäftigtenanzahl beispielsweise weit vor der Automobilindustrie mit etwa 745.000 Beschäftigten in 2007. Vgl. Verband der Automobilindustrie: www.vda.de/de/zahlen/jahreszahlen/allgemeines/; Abruf am 12.05.2009.

3 Vgl. zum Immobilienbestand der beiden großen Kirchen in Deutschland Kapitel IV.A.

4 Die Auseinandersetzung mit Immobilien als Betrachtungsgegenstand in der Betriebswirtschaftslehre ist bisher noch nicht in erforderlichem Maße erfolgt. Vgl. Kämpf-Dern, Annette / Pfnür,

wirtschaftlichen Unternehmen ein Paradigmenwechsel im Umgang mit betrieblich genutzten Immobilien vollzogen. International tätige Konzerne wie IBM oder ABB gelten mit ihren Ansätzen zur aktiven Steuerung ihrer Unternehmensimmobilien als Pioniere. In Forschung und Praxis hat sich das immobilienwirtschaftliche Managementkonzept des „Corporate Real Estate Management“ (CREM) entwickelt,[5] bei dem der Wertbeitrag von Unternehmensimmobilien für den wirtschaftlichen Erfolg des Unternehmens im Vordergrund steht. In empirischen Untersuchungen zu immobilienwirtschaftlichen Fragestellungen wurde aufgezeigt, dass in erwerbswirtschaftlichen Organisationen Immobilienkosten oftmals den größten Kostenblock nach den Personalkosten darstellen.[6] Angesichts dieser Erkenntnis wurde seit Mitte der 1990er Jahre auch in deutschen Großunternehmen ein Bewusstseinswandel eingeleitet. Immobilien werden zunehmend als eine wichtige strategische Ressource erkannt, sodass ein Trend von der klassischen, eher passiv eingestellten Liegenschaftsverwaltung, hin zu einem aktiven und strategisch orientierten Immobilienmanagement festzustellen ist.

Es stellt sich die Frage, ob auch innerhalb der Betriebe des Nonprofit-Sektors Kostensenkungs- und Effizienzpotentiale durch ein systematischeres Immobilienmanagement erschlossen werden können. Zu beobachtende Veränderungen der Umfeldbedingungen wie etwa eine zunehmende Internationalisierung, ein steigender Wettbewerb oder rückläufige Mitgliederentwicklungen setzen viele NPO zunehmend unter Druck, ihre Ressourcen effizient einzusetzen. Angesichts dieser Herausforderungen ist ein Umdenken in der Führung privater NPO und eine stärkere Berücksichtigung betriebswirtschaftlicher Instrumentarien erforderlich, um mit deren Hilfe die Professionalität der Organisationsführung zu steigern und Kostensenkungspotentiale zur Entschärfung der angespannten Wettbewerbs- respektive Finanzlage aufzudecken. Eine unreflektierte Übernahme erwerbswirtschaftlicher Managementkonzepte kann aufgrund der Komplexität und Eigenarten von Nonprofit-Organisationen jedoch kaum zielführend sein. An den hieraus resultierenden Forschungsbedarf knüpft die Arbeit an; mit ihr soll ein

---

Andreas (2009), S. 7. Siehe zur Vernachlässigung der Wohnungswirtschaft – als größten Teilbereich innerhalb der Immobilienwirtschaft – in den Wirtschafts- und Sozialwissenschaften auch Oettle: „Das […] Wertgewicht des Wohnens […] steht in einem merkwürdigen Gegensatz zu der zurückhaltenden Aufmerksamkeit, welche die deutschen Wirtschafts- und Sozialwissenschaften der Wohnungswirtschaft derzeit schenken.“ [Oettle, Karl (2001), S. 7; teilweise Hervorhebungen im Original].

5 Vgl. hierzu insbesondere Pfnür, Andreas (2002) und Schäfers, Wolfgang (1997). Zur Entwicklung des CREM-Ansatzes siehe Pfnür, Andreas (2002), S. 118 ff. „Corporate Real Estate Management“ wird häufig mit „betriebliches Immobilienmanagement“ übersetzt.

6 Vgl. Pfnür, Andreas (2004), S. 19, Henzelmann, Torsten (2004), S. 62 und Cock, Robert / French, Nick (2001), S. 4.

Beitrag zur Schließung der Lücken in der betriebswirtschaftlichen NPO-Forschung geleistet werden.

Das *Ziel dieser Arbeit* besteht darin, den Umfang und Stellenwert von Immobilien innerhalb der Organisationen des Nonprofit-Sektors sowie die Eigenarten in deren Immobilienmanagement herauszuarbeiten. Es wird der Frage nachgegangen, für welche Organisationsformen die Erarbeitung eines umfassenden Immobilienmanagementkonzepts besonders sinnvoll erscheint. Basierend auf den bisherigen Erkenntnissen zum Management von Unternehmensimmobilien sollen immobilienbezogene Strategien zur Erschließung von Kostensenkungspotentialen und zur Effizienzsteigerung des Immobilienmanagements entwickelt werden, die auf die speziellen Bedürfnisse von NPO zugeschnitten sind. Die Arbeit möchte insofern nicht nur einen spezifischen Beitrag zur betriebswirtschaftlichen Auseinandersetzung mit Nonprofit-Organisationen leisten, sondern zugleich Impulse für die Weiterentwicklung der noch jungen immobilienwirtschaftlichen Forschung im Bereich des betrieblichen Immobilienmanagements liefern.

B. Vorgehensweise und Aufbau der Arbeit

Zur gezielten Erarbeitung wesentlicher Forschungsgrundlagen bedarf es zunächst einer umfangreichen Analyse und kritischen Auswertung der bisherigen theoretischen und empirischen Erkenntnisse zum NPO-Management und betrieblichen Immobilienmanagement. Die existierende Immobilienmanagementliteratur ist nahezu ausschließlich auf den erwerbswirtschaftlichen und in Teilen auf den öffentlichen Sektor beschränkt.

Vor diesem Hintergrund erweist sich eine eigene empirische Forschung als unausweichlich, um immobilienrelevante Eigenarten von Nonprofit-Organisationen herauszuarbeiten. Sowohl Methoden der quantitativen als auch qualitativen empirischen Sozialforschung kommen zum Einsatz. Im Rahmen einer schriftlichen Befragung wird zunächst eine quantitative Untersuchung durchgeführt, um einen Überblick über den Bestand, die Nutzung sowie das Management von Immobilien in NPO zu gewinnen. Darauf aufbauend werden teilstrukturierte Interviews mit Experten aus kirchlichen und sozialen Organisationen geführt, die – resultierend aus den Ergebnissen der schriftlichen Befragung – in den Fokus der weiteren Forschungsarbeit rücken werden. Mit Hilfe eines Interviewleitfadens werden insgesamt 16 Experten zur Struktur des Immobilienbestands, zur Organisation des Immobilienmanagements sowie zur immobilienbezogenen Datenlage befragt. Weitere Fragen dienen dazu, das Bewusstsein für die Erfolgs- und Vermögenswirksamkeit von Immobilien innerhalb der Organisation zu eruieren und Besonderheiten sowie mögliche Probleme der Bereitstellung, Bewirtschaftung und Verwertung von Immobilien zu erschließen.

Die vorliegende Arbeit ist, wie in Abbildung 1 dargestellt, in sechs Teile gegliedert. Dieser Einleitung schließt sich im *zweiten Teil* eine Darstellung begrifflicher und konzeptioneller Grundlagen an. Dabei wird zunächst der Untersuchungsgegenstand „Nonprofit-Organisation" einer eingehenden Betrachtung unterworfen, indem eine Begriffsabgrenzung und Typeneinteilung vorgenommen sowie ein zentrales Merkmal von NPO – die Einbindung ehrenamtlicher Mitarbeiter – dargestellt wird. Im Anschluss daran wird der Betrachtungsgegenstand „Immobilie" charakterisiert und Grundlegendes zum „Immobilienmanagement" erarbeitet. In Fachliteratur und Praxis existieren gegenwärtig verschiedene Bezeichnungen und Untergliederungen für ein Immobilienmanagement. Für den weiteren Verlauf der Arbeit müssen daher zunächst unterschiedliche immobilienwirtschaftliche Managementbegriffe und -disziplinen eingeordnet und inhaltlich abgegrenzt werden, bevor mit dem Corporate Real Estate Management ein in erwerbswirtschaftlichen Unternehmen angewendetes Managementkonzept vorgestellt wird.

Teil drei der Arbeit widmet sich der empirischen, hier quantitativen Sozialforschung. Nach Darstellung der Vorgehensweise und Forschungsmethodik werden die Ergebnisse der schriftlichen Befragung ausführlich dargestellt und interpretiert, um einen Überblick über das Immobilienvermögen und -management in deutschen NPO zu zeichnen. Basierend auf den Ergebnissen der Untersuchung rücken kirchliche und soziale Organisationen in den Betrachtungsfokus der Arbeit: Die Erarbeitung eines für kirchliche und soziale Organisationen anwendbaren Immobilienkonzeptes erscheint aufgrund deren Organisations- und Immobilienbestandsgröße besonders sinnvoll.

Im *vierten Teil* wird neben einer Charakterisierung der Immobilienbestände kirchlicher und sozialer Organisationen die Notwendigkeit einer Neuausrichtung der Immobilienstrategie herausgearbeitet: Handlungsdruck leitet sich einerseits aus einer verschärften Wettbewerbssituation im Bereich sozialer Dienstleistungen ab; andererseits wird auf veränderte Rahmenbedingungen eines kirchlichen Immobilienmanagements, insbesondere die rückläufigen Kirchensteuereinnahmen, eingegangen.

Der *fünfte Teil* bildet den Hauptteil der Arbeit. Im Mittelpunkt steht die Erarbeitung immobilienbezogener Strategien für kirchliche und soziale Organisationen. Dabei fußt die Konzeption auf dem in einer qualitativen Untersuchung generierten Erfahrungswissen. Ziele, Vorgehensweise und Methodik dieser qualitativen Untersuchung werden zunächst vorgestellt. Da die strategische Gesamtausrichtung einer Organisation Ausgangs- und Orientierungspunkt für eine immobilienbezogene Managementkonzeption ist, wird im Anschluss auf die Gesamtsituation und -ausrichtung der betrachteten Organisationen eingegangen. Die Ausführungen konzentrieren sich im Weiteren auf die Vorstellung von sieben Komponenten eines strategischen Immobilienplanungsprozesses.

Die wichtigsten Erkenntnisse der Arbeit werden im resümierenden *Teil sechs* zusammengefasst.

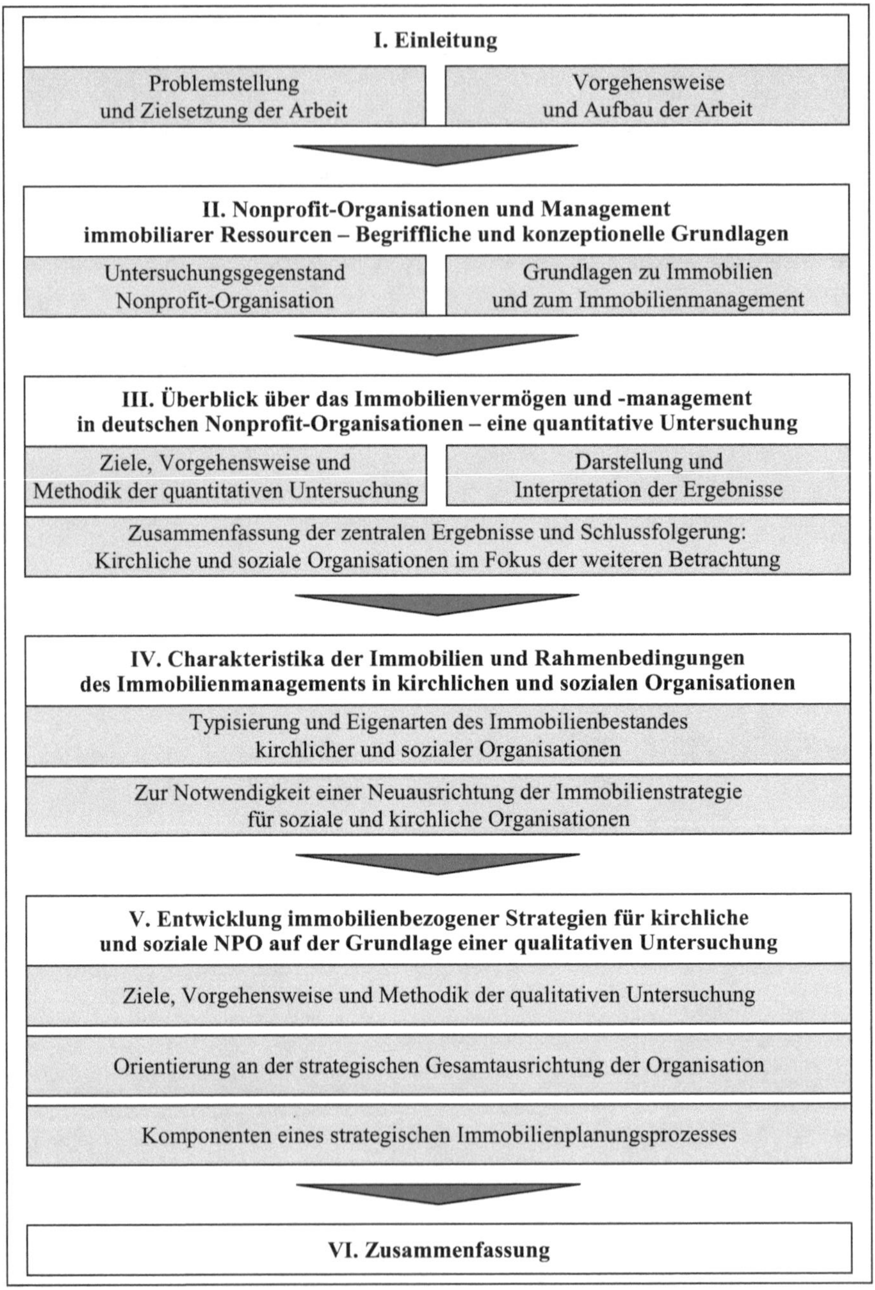

Abbildung 1: Aufbau der Arbeit

II. Nonprofit-Organisationen und Management immobiliarer Ressourcen – Begriffliche und konzeptionelle Grundlagen

A. Untersuchungsgegenstand Nonprofit-Organisationen

Die Organisationsform Nonprofit-Organisation steht im Mittelpunkt der Ausführungen dieses Kapitels. Zunächst erfolgen eine Klärung des Begriffs Nonprofit-Organisation und eine Abgrenzung des Untersuchungsgegenstandes von erwerbswirtschaftlichen Unternehmen. Im Anschluss daran wird eine eingrenzende Typeneinteilung von NPO vorgenommen sowie die ehrenamtliche Mitarbeit als wesentliches Charakteristikum der betrachteten Institutionen dargestellt.

1. Begriff Nonprofit-Organisation und Abgrenzung von erwerbswirtschaftlichen Unternehmen

Wirtschaftsbetriebe lassen sich nach OETTLE gemäß ihrer tatsächlich verfolgten Oberziele in erwerbswirtschaftliche, bedarfswirtschaftliche oder beschränkt erwerbswirtschaftliche Betriebe einteilen. Während das Oberziel erwerbswirtschaftlicher Betriebe in der Gewinnerzielung liegt, verfolgen bedarfswirtschaftliche Betriebe primär Bedarfsdeckungsziele; andere ökonomische Ziele stellen jedoch wichtige Rahmenbedingungen dar. Eine Vermischung aus erwerbs- und bedarfswirtschaftlichen Oberzielen ist in beschränkt erwerbswirtschaftlichen Betrieben anzutreffen.[7] Das zentrale Unterscheidungskriterium zwischen bedarfswirtschaftlichen und erwerbswirtschaftlichen Betrieben ist demnach die unterschiedlich ausgestaltete (Ober-)Zielsetzung.

Der Terminus *Nonprofit-Organisation* wird häufig synonym mit dem Begriff *bedarfswirtschaftlicher Betrieb* verwendet,[8] um die in der Zielhierarchie untergeordnete Gewinnerwirtschaftung solcher Organisationen und damit die Abgrenzung zur erwerbswirtschaftlichen (Profit-)Organisation auch begrifflich zum Ausdruck zu bringen. Bei

---

7 Vgl. Oettle, Karl (1987), S. 250 f. Ausführliche Erläuterungen zu den Betriebstypen in der marktwirtschaftlichen Ordnung finden sich bei Oettle, Karl (1976b), S. 38 ff.

8 Vgl. Witt, Dieter (1993), S. 118, Witt, Dieter / Seufert, Gernot / Emberger, Hannes (1996), S. 419, Schwarz, Peter (2001), S. 16. Analog dazu werden im Folgenden auch die Begriffe erwerbswirtschaftlicher Betrieb und Profit-Organisation synonym gebraucht.

einer NPO steht also im Gegensatz zur Profit-Organisation nicht die Gewinnerzielung, sondern vielmehr die Befriedigung spezifischer Bedürfnisse im Vordergrund.[9]

Auch wenn Nonprofit-Organisationen Gewinne nicht gemäß ihrer primären Zielsetzung anstreben, sollten NPO in ihrem Handeln nicht auf wirtschaftliche Maximen verzichten. Auch ihre Ressourcen sind begrenzt. Zur kontinuierlichen Erreichung jeweiliger Sachziele ist daher eine effiziente Verteilung und Nutzung der zur Verfügung stehenden Mittel erforderlich. Darüber hinaus existiert kein Verbot der Gewinnerzielung für Nonprofit-Organisationen. Es ist einer NPO durchaus erlaubt, Gewinne respektive Überschüsse zu erwirtschaften und mitunter auch erforderlich, um beispielsweise Investitionen tätigen zu können. Nonprofit-Organisationen unterliegen somit keinen expliziten Einschränkungen in der Erzielung von Gewinnen, wohl aber in deren Verwendung: Überschüsse dürfen nicht an Eigentümer oder Mitglieder ausgeschüttet werden; sie müssen in der Organisation verbleiben und für den Organisationszweck verwendet werden.[10] Um zu betonen, dass in Nonprofit-Organisationen eine Gewinnerwirtschaftung erlaubt ist, jedoch kein primär verfolgtes Ziel darstellt, wäre daher die Bezeichnung „Not-for-Profit-Organisation“ treffender[11] oder im Hinblick auf die Überschussverwendungsbeschränkung noch exakter, wie HORAK vorschlägt, „Not-Profit-Distributing-Organisation“ also Nicht-gewinnverteilende Organisation.[12]

Die Bezeichnung „Nonprofit-Organisation“ ist darüber hinaus auch aufgrund ihrer Negativdefinition nicht unumstritten, denn sie drückt lediglich aus, was die Organisationsform nicht ist beziehungsweise nicht zum Ziel hat.[13] Dennoch soll der Terminus Nonprofit-Organisation nicht nur aufgrund seiner sehr starken Verbreitung, sondern gerade wegen seines negativ-abgrenzenden Charakters, also der deutlichen Abgren-

---

9 Die unterschiedliche Zielhierarchie zeigt sich auch in einer Formalzieldominanz (Gewinn = Formalziel) in erwerbswirtschaftlichen Betrieben und einer Sachzieldominanz (Bedürfnisbefriedigung beziehungsweise Bedarfsdeckung = Sachziel) in bedarfswirtschaftlichen Betrieben. Vgl. dazu Schwarz, Peter (2001), S. 16, Purtschert, Robert (2005), S. 44, Blümle, Ernst-Bernd (1994), S. 800 und Löwe, Marion (2003), S. 15 f. Nach Greiling ist bei Nonprofit-Organisationen jedoch „zumindest von einer Stellung der Formalziele als existenzerhaltende Nebenbedingung auszugehen“ [Greiling, Dorothea (2009), S. 38, teilweise Hervorhebungen im Original]. Vgl. ähnlich Eichhorn, Peter (2001), S. 47.

10 Im Zusammenhang mit der Überschussverwendungsbeschränkung von Nonprofit-Organisationen wird auch von der englischen Bezeichnung „non distribution constraint“ gesprochen. Vgl. Anheier, Helmut K. / Seibel, Wolfgang (2001), S. 21.

11 Vgl. Strachwitz, Rupert Graf (2000), S. 20, Horch, Heinz-Dieter (1992), S. 21 und Purtschert, Robert (2005), S. 44

12 Vgl. Horak, Christian (1995), S. 17. Siehe auch Seufert, Gernot (1999), S. 21.

13 Vgl. beispielsweise Badelt, Christoph / Meyer, Michael / Simsa, Ruth (2007a), S. 4 ff.

zung von sämtlichen primär gewinnorientierten Organisationen, auch für den Fortgang der Arbeit Verwendung finden.[14]

Unter Nonprofit-Organisationen werden oftmals allein die *privaten* – nicht (primär) nach Gewinn strebenden – Organisationen verstanden.[15] Zu ihnen gehören jedoch, der obigen Begriffsauffassung zufolge, auch die *staatlichen* Institutionen, deren Zweck ebenfalls nicht in der Gewinnerzielung liegt. Letztere zählen nach der etablierten Drei-Sektoren-Einteilung gemeinhin zum sogenannten „Ersten Sektor“. Da die nichtstaatlichen, also privaten NPO dem „Dritten Sektor“ zugeordnet werden,[16] umfasst der Begriff Nonprofit-Organisation demnach sowohl die Organisationen des Ersten als auch des Dritten Sektors.[17] Wie in der wissenschaftlichen Auseinandersetzung mit NPO jedoch üblich,[18] wird der Untersuchungsgegenstand auch in dieser Arbeit auf private Nonprofit-Organisationen eingegrenzt.[19]

Der Dritte Sektor, also der Sektor privater NPO, umfasst neben Stiftungen und Dienstgenossenschaften[20] insbesondere Verbände. Um diese große Untergruppe des Dritten Sektors näher zu charakterisieren, wird auf die Verbandsdefinition von WITT / SEUFERT / EMBERGER zurückgegriffen, wonach ein Verband „einen bedarfswirtschaftlichen Betrieb, der haushaltsweise geführt und von unbestimmten Mitgliedern getragen wird“[21], darstellt.

---

14 Eine positive Ausdrucksweise beziehungsweise neuere Bezeichnungen, die wesentliche Charakteristika zum Teil deutlicher herausstellen, haben sich bislang nicht durchsetzen können. Vgl. auch Neumann, Sven (2005), S. 24.

15 Vgl. Seufert, Gernot (1999), S. 20.

16 Den „Zweiten Sektor“ bilden die erwerbswirtschaftlichen Betriebe. Siehe zur Drei-Sektoren-Einteilung auch Witt, Dieter / Velsen-Zerweck, Burkhard von / Thiess, Michael / Heilmair, Astrid (2006), S. 17, Theuvsen, Ludwig (2004), Sp. 948, Schwarz, Peter (2005), S. 28 und Zimmer, Annette (1989), S. 553.

17 Siehe auch Abbildung 2 auf S. 14.

18 Vgl. Witt, Dieter / Sturm, Hilmar (2001), S. 27.

19 Wenn demnach im Folgenden von Nonprofit-Organisationen die Rede ist, sind damit ausschließlich die privaten NPO gemeint.

20 Dienstgenossenschaften werden von Erwerbsgenossenschaften abgegrenzt. Sie verfolgen kein Gewinnziel und können daher den NPO zugerechnet werden, während Erwerbsgenossenschaften als „gemeinwirtschaftlicher Geschäftsbetrieb“ [§1 Gesetz betreffend die Erwerbs- und Wirtschaftsgenossenschaften (2006)] dem Zweiten Sektor angehören. Vgl. Zitzmann, Thomas (2008), S. 7 und Witt, Dieter / Sturm, Hilmar (2001), S. 29.

21 Witt, Dieter / Seufert, Gernot / Emberger, Hannes (1996), S. 416.

Bedarfswirtschaftliche Betriebe sind, wie oben bereits ausgeführt, im Gegensatz zu erwerbswirtschaftlichen Betrieben solche, die nicht primär nach Gewinn streben, sondern die Befriedigung bestimmter Bedürfnisse zum Oberziel haben.[22]

Organisationen, die *haushaltsweise geführt* werden, erhalten für ihre Leistungen generelle Entgelte in Form von Steuern, Zuschüssen, Mitgliedsbeiträgen und/oder Spenden. Im Gegensatz zu erwerbswirtschaftlichen Betrieben, für deren Leistung ein spezielles Entgelt (Preis) gezahlt wird,[23] fehlt hier der „innere Zusammenhang zwischen den [...] Leistungen und den endgültigen Einnahmen, dem Entgelt, gänzlich oder größtenteils“[24].

Unbestimmte Mitgliedschaft bedeutet, dass das Fortbestehen der Organisation nicht von einer bestimmten Mitgliedschaft abhängig ist, sondern eine Mitgliederfluktuation – Aus- und Beitritte von Mitgliedern – möglich ist. In diesem Merkmal unterscheiden sich Verbände von Stiftungen, da Letztere eine reine Vermögensmasse darstellen und keine Mitglieder aufweisen.[25]

Hinsichtlich der Art ihrer Mitgliedschaft unterscheiden WITT / SEUFERT / EMBERGER zwischen Verbänden im engeren und im weiteren Sinn.[26] *Verbände im engeren Sinn* weisen eine freiwillige und demokratische Mitgliedschaft auf. Zu ihnen zählen beispielsweise Gewerkschaften, Arbeitgeberverbände, Wirtschaftsfachverbände, Sport- und Freizeitverbände, Naturschutzverbände, Parteien oder soziale Organisationen.

---

22 Die Art der Bedürfnisbefriedigung hängt insbesondere von den Adressaten der durch die Organisation erbrachten Leistung ab. Hier kann zwischen einer Selbsthilfe- und Fremdhilfe-NPO unterschieden werden. Während die Leistungen in *Selbsthilfe-NPO* an die Mitglieder der NPO adressiert sind, deren Bedürfnisse und Interessen somit im Vordergrund stehen, sind *Fremdhilfe-NPO* primär an der Befriedigung der Bedürfnisse Dritter interessiert. Vgl. Schwarz, Peter (2001), S. 23 f. und Emberger, Hannes (1998), S. 9. Horak nimmt diesbezüglich eine dreigeteilte Differenzierung vor und unterscheidet zwischen mitgliederorientierten NPO (beispielsweise Gewerkschaften), drittorientierten NPO (beispielsweise soziale Organisationen) und öffentlichkeitsorientierten NPO (beispielsweise Naturschutzorganisationen). Vgl. Horak, Christian (1995), S. 154, ähnlich auch Burla, Stephan (1989), S. 79 und Löwe, Marion (2003), S. 23. In einigen Organisationen, insbesondere jenen aus dem politischen und religiösen Bereich, ist sowohl das Selbst- als auch das Fremdhilfeprinzip anzutreffen. Hier kommt die Leistung der Organisation neben den eigenen Mitgliedern auch Dritten zugute. Vgl. Witt, Dieter / Seufert, Gernot / Emberger, Hannes (1996), S. 422.

23 Zu Unterscheidung genereller und spezieller Entgelte siehe auch Seufert, Gernot (1999), S. 41 ff.

24 Witt, Dieter (1993), S. 125. Witt spricht in diesem Zusammenhang von Beitragsorientierung.

25 Eine Stiftungsgründung erfolgt nach § 81 BGB durch eine schriftliche Erklärung des Stifters, „ein Vermögen zur Erfüllung eines von ihm vorgegebenen Zweckes zu widmen“ [§81 Bürgerliches Gesetzbuch (2002)]. Näheres zu Stiftungen siehe Strachwitz, Rupert Graf (1994), S. 41 ff. und Eggers, Winfried (2009), S. 27 f.

26 Vgl. dazu Witt, Dieter / Seufert, Gernot / Emberger, Hannes (1996), S. 417.

Verbände, für die die Merkmale freiwillige und/oder demokratische Mitgliedschaft nicht zutreffen, können als *Verbände im weiteren Sinn* aufgefasst werden. Dies betrifft insbesondere Kammern, Sozialversicherungen und kirchliche Organisationen. Während Kammern und Sozialversicherungen per Gesetz durch eine Pflichtmitgliedschaft gekennzeichnet sind,[27] ist bei kirchlichen Organisationen die Mitgliedschaft grundsätzlich freiwillig. Allerdings werden Letztere dem Prinzip der demokratischen Entscheidungsfindung nicht uneingeschränkt gerecht.[28] In Verbänden (im engeren Sinn) können die Mitglieder durch die Mitgliederversammlung als oberstes Entscheidungsorgan direkt auf die Politik der Organisation Einfluss nehmen.[29] Der vorderste Zweck kirchlicher Organisationen ist die Verbreitung ihres Glaubens beziehungsweise einer vorgegebenen Heilsbotschaft; dieser Auftrag ist nur bedingt durch demokratische Abstimmungen beeinflussbar. Trotz dieser Eigenart können kirchliche Organisationen zu Verbänden im weiteren Sinn, in jedem Fall aber zu Nonprofit-Organisationen gezählt werden.[30]

2. Typeneinteilung von Nonprofit-Organisationen nach Betätigungsfeldern

Der Verbandssektor, als Kerngruppe des Dritten Sektors, ist – wie bereits deutlich wurde – durch eine große Vielfalt an Erscheinungsformen gekennzeichnet, sodass eine Differenzierung notwendig wird. Die Fachliteratur weist eine Reihe an Differenzierungsansätzen auf,[31] die Verbände mehrheitlich nach ihrem Betätigungsfeld unterscheiden. In Anlehnung an SCHWARZ können Nonprofit-Organisationen im Allgemeinen und Verbände im Speziellen nach ihrem primären Betätigungsfeld in folgende Gruppen eingeteilt werden:[32]

---

27 Vgl. ausführlich Seufert, Gernot (1999), S. 15.

28 Dies gilt insbesondere für die Katholische Kirche. Vgl. Witt, Dieter / Seufert, Gernot / Emberger, Hannes (1996), S. 417. Der Begriff „Katholische Kirche“ meint im Sinne dieser Arbeit die zur römisch-katholischen Kirche gehörenden Kirchen.

29 Vgl. auch Velsen-Zerweck, Burkhard von (1998), S. 26.

30 Die Zuordnung kirchlicher Organisationen zum NPO-Sektor ist in der wissenschaftlichen Literatur oft belegt und aufgezeigt worden: Witt, Dieter / Seufert, Gernot / Emberger, Hannes (1996), S. 417, Mertes, Martin (2000), S. 138 ff., Filliger, Othmar (1995), S. 15, Horak, Christian (1995), S. 154, Perels, Hans-Ulrich (1990), S. 13, Salamon, Lester M. / Anheier, Helmut K. (1996), Mono, Matthias (1995), S. 9 und Schwarz, Peter (2005), S. 29.

31 Vgl. dazu Lakes, Beate (1999), S. 10 ff.

32 Schwarz differenziert insgesamt vier Handlungsfelder, indem er religiöse Verbände den soziokulturellen NPO unterordnet. Vgl. Schwarz, Peter (1996), S. 18 und Schwarz, Peter et al. (2009), S. 21. Da die Gruppe der religiösen Verbände im späteren Verlauf der Arbeit einen Schwerpunkt einnehmen wird und sie gegenüber anderen Verbandsgruppen einige Eigenarten aufweist, soll sie

- *Soziale Verbände* bieten hilfsbedürftigen Menschen Unterstützungsleistungen an. Als Beispiele lassen sich die Wohlfahrtsverbände,[33] Entwicklungshilfe-Organisationen oder auch Selbsthilfegruppen mit sozialen Zwecken nennen.

- Unter *soziokulturellen Verbänden* lassen sich NPO aus den Bereichen Sport, Freizeit, Kultur und Wissenschaft vereinen. Beispielhaft für das weite Feld dieser Gruppe seien Sportvereine, Tanzclubs, Musikvereine und Jagdverbände genannt.

- Bei *politischen Verbänden* geht es um die Koordination, Vertretung und Durchsetzung gesellschaftlicher Wertvorstellungen gegenüber der Allgemeinheit oder Dritten. Zu dieser Gruppe zählen neben politischen Parteien auch Bürgerinitiativen sowie Umwelt- und Naturschutzverbände.

- Der Gruppe der *religiösen Verbände* lassen sich kirchliche Organisationen, wie die beiden großen christlichen Kirchen in Deutschland, aber auch andere verbandlich organisierte Glaubensgemeinschaften sowie verschiedene Sekten zuordnen.

- *Wirtschaftsverbände* sehen ihre Hauptaufgabe in der Wahrung und Förderung der wirtschaftlichen Interessen ihrer Mitglieder sowie deren Vertretung gegenüber anderen Organisationen, der Politik und der Öffentlichkeit. Typische Beispiele sind Gewerkschaften, Kammern, Arbeitgeberverbände, Branchenfachverbände und Berufsverbände.

Den Ergebnissen einer Studie des Seminars für Vereins- und Verbandsforschung (SVV) zufolge, lassen sich Verbände primär zwar einem der fünf Betätigungsfelder eindeutig zuordnen; bemerkenswert ist jedoch, dass ein Großteil der Verbände, die vordergründig nicht den Wirtschaftsverbänden zuzuordnen sind, sich dennoch (auch) im wirtschaftlichen Bereich angesiedelt sehen:[34] Sie besitzen demnach ein doppeltes

---

hier analog zu Witt / Seufert / Emberger als eigenständiger Organisationstyp aufgeführt werden. Vgl. Witt, Dieter / Seufert, Gernot / Emberger, Hannes (1996), S. 420 f.

33 Zu den sechs Spitzenverbänden der Freien Wohlfahrtspflege in Deutschland werden die Arbeiterwohlfahrt, der Deutsche Caritasverband, das Diakonische Werk, der Paritätische Wohlfahrtsverband, das Deutsche Rote Kreuz und die Zentralwohlfahrtsstelle der Juden in Deutschland gezählt.

34 Vgl. Witt, Dieter / Velsen-Zerweck, Burkhard von / Thiess, Michael / Heilmair, Astrid (2006), S. 224.

Selbstverständnis.[35] Nach den Studienergebnissen fühlen sich „sowohl die sozialen/karitativen Organisationen als auch die soziokulturellen Organisationen zu deutlich über 80 % auch den Wirtschaftsorganisationen zugehörig“[36]. Dies kann auch als Indiz dafür gesehen werden, dass sich das NPO-Management zunehmend dem erwerbswirtschaftlichen Bereich annähert[37] und sich – dem Wirtschaftlichkeitsprinzip verpflichtend – betriebswirtschaftlichen Managementkonzepten zuwendet, mit deren Hilfe die Professionalität der Organisationsführung gesteigert werden soll.[38]

Abbildung 2 veranschaulicht zusammenfassend die vorgenommene Klassifizierung von Nonprofit-Organisationen.

---

35 Siehe auch Witt, Dieter (2008), S. 86.

36 Witt, Dieter / Velsen-Zerweck, Burkhard von / Thiess, Michael / Heilmair, Astrid (2006), S. 224.

37 Vgl. Heilmair, Astrid (2009), S. 13. Heilmair schlägt vor, als zusätzliches Kriterium zur NPO-Klassifizierung die Marktnähe zwischen Nonprofit-Organisation und erwerbswirtschaftlichem Unternehmen aufzunehmen.

38 Zum Professionalisierungstrend des NPO-Managements siehe auch Witt, Dieter / Velsen-Zerweck, Burkhard von / Thiess, Michael / Heilmair, Astrid (2006), S. 49. Zur Anwendung betriebwirtschaftlicher Managementkonzepte in NPO vgl. Schulz-Walz, Franziska (2006), S. 129 f.

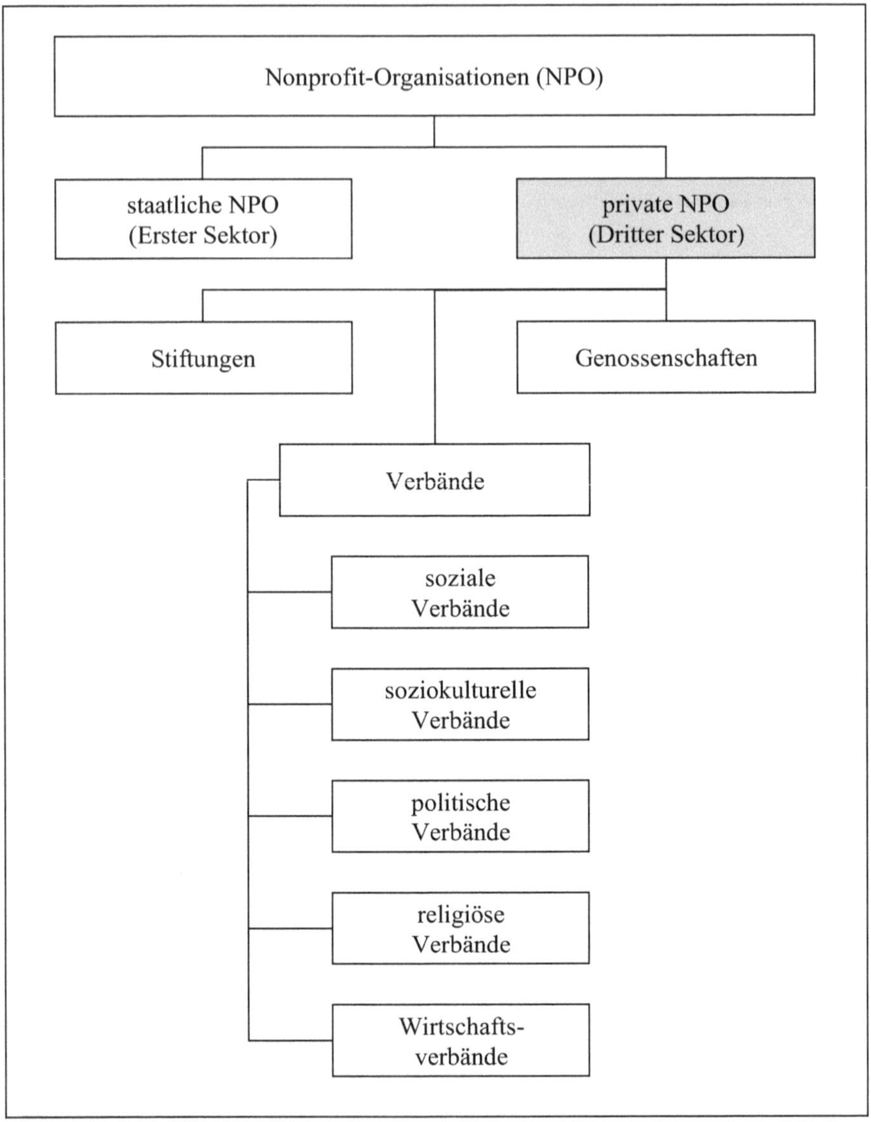

Abbildung 2: Klassifikation von Nonprofit-Organisationen

3. Ehrenamtliche Mitarbeiter als typisches Organisationsmerkmal

In den vorangegangenen Abschnitten wurden wesentliche Charakteristika der Organisationsform Nonprofit-Organisation bereits vorgestellt. Im Folgenden wird nun das Merkmal „Ehrenamt" näher betrachtet, da ihm für das Management von NPO eine besondere Bedeutung zukommt.

Nonprofit-Organisationen beschäftigen neben regulär entlohnten, also hauptamtlichen Mitarbeitern in der Regel ehrenamtlich tätige Mitarbeiter.[39] Im ehrenamtlichen Personal liegt ein weiterer fundamentaler Unterschied zu erwerbswirtschaftlichen Unternehmen, in denen ehrenamtliche Arbeit nur in Ausnahmefällen vorzufinden ist.[40] Das ehrenamtliche Engagement stellt damit ein herausragendes Charakteristikum von Nonprofit-Organisationen dar; es wird auch als konstitutives Merkmal von Nonprofit-Organisationen bezeichnet.[41] Für viele NPO ist das ehrenamtliche Engagement darüber hinaus eine bedeutende indirekte, da eigenkapitalschonende Finanzierungsform.[42]

Nach dem Freiwilligensurvey – durchgeführt in den Jahren 1999 und 2004 durch das Meinungsforschungsinstitut TNS Infratest Sozialforschung im Auftrag des Bundesministeriums für Familie, Senioren, Frauen und Jugend – waren 2004 in Deutschland 36 % der Bevölkerung ab 14 Jahre in irgendeiner Form ehrenamtlich tätig. Dies entspricht einer Steigerung um 2 Prozentpunkte im Vergleich zu 1999.[43] 81 % der ehrenamtlichen Tätigkeit wird in privaten Nonprofit-Organisationen ausgeübt, wobei mit 43 % „Vereine das wichtigste organisatorische Umfeld des freiwilligen Engagements

---

39 „Ehrenamt" beziehungsweise „ehrenamtliche Arbeit" wird im Alltag und auch in der Fachliteratur oft mit „bürger-/zivilgesellschaftlichem Engagement", „Freiwilligenarbeit", „freiwilligem Engagement" oder „Volunteering" bezeichnet. Vgl. Witt, Dieter / Zitzmann, Thomas / Sturm, Hilmar (2008), S. 50. Unter diesen, im Folgenden synonym verwendeten Begriffen sollen *freiwillige Tätigkeiten* verstanden werden, die *unentgeltlich* oder gegen eine *geringere als marktübliche Vergütung* zur Verfügung gestellt werden. Zu unterschiedlichen Definitionsansätzen des Begriffs „Ehrenamt" vgl. Stanienda, Roland (2003), S. 15 ff.

40 Beispiele für ehrenamtlich beschäftigte Personen in erwerbswirtschaftlichen Unternehmen sind Volontäre in einer Zeitungsredaktion oder Gastärzte in Kliniken, die sich durch ihr Engagement häufig bessere Karrierechancen ausrechnen. Vgl. Badelt, Christoph / More-Hollerweger, Eva (2007), S. 507.

41 Vgl. Badelt, Christoph / More-Hollerweger, Eva (2007), S. 503, Greiling, Dorothea (2009), S. 46 und Eckardstein, Dudo von (2007), S. 274.

Der ersten Verbändeumfrage des Seminars für Vereins- und Verbandsforschung von 1996/97 zufolge geben lediglich 15,6 % der 454 antwortenden Nonprofit-Organisationen an, keine ehrenamtlichen Mitarbeiter zu beschäftigen. Vgl. Seufert, Gernot (1999), S. 357.

42 Vgl. zum Ehrenamt als Form der indirekten Eigenfinanzierung Seufert, Gernot (1999), S. 44 f.

43 Vgl. Gensicke, Thomas / Picot, Sybille / Geiss, Sabine (2005), S. 17.

darstellen“[44], gefolgt von „Kirchen und religiösen Einrichtungen“, in denen 15 % der ehrenamtlich Tätigen engagiert sind.[45] Um zu verdeutlichen, welchen hohen Stellenwert das Ehrenamt beispielsweise im sozialen Bereich einnimmt, kann Tabelle 1 herangezogen werden. Die Abbildung stellt die Mitarbeiterstruktur des Deutschen Roten Kreuzes im Jahre 2005 dar; ihr ist zu entnehmen, dass die Anzahl der ehrenamtlich Tätigen jene der hauptamtlichen Mitarbeiter um ein Vielfaches übersteigt.[46]

freiwillige Helferinnen und Helfer (davon Kinder und Jugendliche im Jugendrotkreuz)	379.075 (116.062)
Rotkreuzschwestern	20.667
Mitarbeiter/innen	91.340
Zivildienstleistende	5.148

Tabelle 1: Mitarbeiterstruktur des Deutschen Roten Kreuzes in 2005[47]

In vielen Fällen erhalten Ehrenamtliche Aufwandsentschädigungen für ihr geleistetes Engagement, die je nach Art und Höhe einen versteckten Entlohnungscharakter offenbaren können.[48] Auch werden zur Förderung ehrenamtlicher Arbeit immer öfter geringfügige Beschäftigungsverhältnisse angeboten.[49] In diesen Fällen gestalten sich die Grenzen zwischen Haupt- und Ehrenamt fließend.

Die Frage nach den Motiven für ein ehrenamtliches Engagement in NPO kann folgendermaßen beantwortet werden: Zumeist handelt es sich um eine komplexe Motivati-

44 Gensicke, Thomas / Picot, Sybille / Geiss, Sabine (2005), S. 31. Den Angaben des Freiwilligensurveys zufolge umfasst die Organisationsform “Verein” insbesondere die Engagementbereiche „Sport und Bewegung“, „Kultur und Musik“ sowie „Freizeit und Geselligkeit“.

45 Zur Beantwortung der Frage, in welchen Organisationsformen ehrenamtliche Tätigkeiten ausgeübt wird, standen auch die Formen „Gruppen, Initiativen“ (11 %), „Verband“ (7 %) und „Partei und Gewerkschaft“ (5 %) zur Auswahl, wobei auf die Abgrenzungsproblematik dieser Differenzierung hinzuweisen ist. Vgl. Gensicke, Thomas / Picot, Sybille / Geiss, Sabine (2005), S. 31. Zur Abgrenzungsproblematik siehe auch Witt, Dieter / Zitzmann, Thomas / Sturm, Hilmar (2008), S. 51.

46 Dabei muss beachtet werden, dass Ehrenamtliche oft in Teilzeit und darüber hinaus unregelmäßig beschäftigt sind. Nach einer Statistik von Zimmer / Priller / Hallmann kommen über alle NPO-Typen betrachtet auf drei hauptamtliche Vollzeitkräfte zwei ehrenamtliche Vollzeitäquivalente. Vgl. Zimmer, Annette / Priller, Eckhard / Hallmann, Thorsten (2001), S. 215.

47 Siehe „Struktur- und Leistungsdaten des DRK 2005“ unter http://www.drk.de/generalsekretariat /index.html, Abruf am 23.04.2009.

48 Vgl. Badelt, Christoph / More-Hollerweger, Eva (2007), S. 504.

49 Vgl. Greiling, Dorothea (2009), S. 46. Zur Erhöhung des Anreizes erhalten beispielsweise Beschäftige im Altenpflegedienst verstärkt kleinere persönliche Entgelte, die keine Steuer- und Sozialversicherungspflicht auslösen. Vgl. Badelt, Christoph / More-Hollerweger, Eva (2007), S. 504.

onslage, die individuell sehr unterschiedlich ist und von traditionellen Tugenden („anderen Menschen helfen“, „etwas Nützliches für das Gemeinwohl tun“, „mehr für den Zusammenhalt der Menschen tun“) bis hin zu selbstentfaltungsbezogenen Motiven (beispielsweise „Spaß haben“, „eigene Fähigkeiten und Kenntnisse einbringen und weiterentwickeln“, „interessante Menschen kennen lernen“) reicht.[50] Grundsätzlich können zur Analyse der Arbeitsmotivation Theorien herangezogen werden, die einerseits nach der Herkunft der Motivation (ex- versus intrinsische Motive) und andererseits hinsichtlich der gewählten Adressaten verhaltensbedingter Nutzenstiftung (egoistische versus altruistische Motive) differenzieren.[51]

Altruistische Handlungsmotive kommen insbesondere bei gemeinnützigen Fremdhilfeorganisationen, wie etwa Wohlfahrtsverbänden, zum Tragen.[52] Hier stimmen die Bedürfnisse, welche die Menschen zum ehrenamtlichen Handeln motivieren, in der Regel nicht mit den Bedürfnissen der Leistungsempfänger der Organisationen überein.[53] In Fremdhilfeorganisationen sind ehrenamtlich Engagierte darüber hinaus zumeist intrinsisch motiviert, das heißt, sie haben in erster Linie „Interesse und Freude am Tun“ beziehungsweise sehen den Sinn ihres Schaffens in der Arbeit an sich.[54] In der Umsetzung gemeinwohlorientierter Ideale und Wertvorstellungen ist der Charakter des Dienstprinzips herauszulesen: „Das Dienstprinzip ist Leitmaxime für ein Handeln, das nicht durch Streben nach Gewinn, sondern durch Hilfe und Unterstützung für einzelne oder eine Gemeinschaft gekennzeichnet wird.“[55]

---

50 Vgl. Greiling, Dorothea (2009), S. 49.

51 Vgl. hierzu auch Krönes, Gerhard (2008), S. 158 ff. und Seufert, Gernot (1999), S. 47 ff.

52 Zur Unterscheidung von Selbst- und Fremdhilfe-NPO siehe Fußnote 22 in Abschnitt II.A.1.

53 Wird ehrenamtliches Engagement aus altruistischen Motiven heraus geleistet, setzt dies eine hinreichende Information der Ehrenamtlichen über die Bedürfnisse der Leistungsempfänger voraus. Dies ist mitunter in der Praxis, insbesondere im Sozialen Bereich nicht der Fall: Die Vorstellungen der ehrenamtlichen Mitarbeiter über die Bedürfnisse der Leistungsempfänger stimmen dann nicht mit deren tatsächlichen Bedürfnissen überein. Vgl. hierzu Badelt, Christoph / More-Hollerweger, Eva (2007), S. 514.

54 Vorstellbar ist auch die Kombination altruistischer und extrinsischer Motivation: Ehrenamtlich Tätige handeln zur unmittelbaren Befriedigung fremder Bedürfnisse (beispielsweise in einer Wohlfahrtsorganisation), werden zu dieser Handlung jedoch (auch) durch äußere Anreize bewogen. Dies kann entweder in monetärer Form oder nicht monetärer Form (beispielsweise Streben nach Anerkennung / Macht) der Fall sein.

55 Witt, Dieter (1991), S. 293. Das Dienstprinzip wird insbesondere als Handlungsmaxime für Mitarbeiter in der öffentlichen Wirtschaft diskutiert. Vgl. Oettle, Karl (1976a), S. 15 ff. Hinsichtlich des gemeinsamen Merkmals der Bedarfswirtschaftlichkeit kommt es darüber hinaus auch in gemeinnützigen NPO zum Tragen. Zur Übertragung des Dienstprinzips auf soziale NPO siehe Witt, Dieter (1996), S. 26 ff.

Im Unterschied zu Fremdhilfeorganisationen sind in Selbsthilfeorganisationen, wie beispielsweise Gewerkschaften oder anderen Wirtschaftsverbänden, ehrenamtlich Engagierte nicht selten selbst Mitglieder. Das bedeutet, dass sie Adressat der Organisationsleistung in eigener Person sind, womit egoistische Motive ihres Handelns im Vordergrund stehen.[56] Intrinsische Faktoren – Handlungsmotiv ist die Arbeitstätigkeit selbst, von deren Ergebnis der ehrenamtlich Aktive als Mitglied der Organisation jedoch unmittelbar betroffen ist – können hier genauso von Bedeutung sein wie extrinsische Faktoren, die in monetären Anreizen (direkt durch Entlohnung oder indirekt als Beitrag zur Förderung der eigenen Karriere) oder in nicht monetären Anreizen (Streben nach sozialer Anerkennung und Macht) zum Ausdruck kommen können.

In Bezug auf die zeitliche Bereitschaft zu einem ehrenamtlichen Engagement lässt die generelle Entwicklung erkennen, „dass sich viele Menschen nicht langfristig an ein „Amt“ binden wollen, sondern sich eher in einem zeitlich begrenzten Projekt mit klarem Ziel, vorher festgelegten Prozessschritten und verantwortungsvollem Inhalt engagieren wollen.“[57] Die zum Engagement grundsätzlich bereiten Menschen hinterfragen heute häufiger den persönlichen Nutzen ihrer ehrenamtlichen Betätigung und wägen stärker ab, wo und für wen oder was sie sich zeitlich begrenzt engagieren.[58]

Die zeitliche und thematische Bereitschaftseinschränkung sowie der oben aufgeführte unterschiedliche Motivationshintergrund der ehrenamtlich Tätigen stellt die Rekrutierung Ehrenamtlicher vor besondere Herausforderungen.[59] Um die Gewinnung und Betreuung ehrenamtlicher Mitarbeiter zu verbessern, ist es erforderlich, ihre Ansprüche und Erwartungen zu kennen und daraufhin geeignete Aufgabenfelder zu identifizieren. Dabei kann auch die Inanspruchnahme von Freiwilligenagenturen zielführend sein, die sich nach Vorbildern in den Niederlanden, Großbritannien und den USA mittlerweile auch in Deutschland etabliert haben.[60]

---

56 Siehe auch Seufert, Gernot (1999), S. 51.

57 Witt, Dieter / Zitzmann, Thomas / Sturm, Hilmar (2008), S. 51. Vgl. auch Badelt, Christoph / More-Hollerweger, Eva (2007), S. 518.

58 Vgl. Greiling, Dorothea (2009), S. 49.

59 Einem Ergebnis der Verbändeumfrage 2005 zufolge haben 73 % der 337 antwortenden NPO Schwierigkeiten bei der Gewinnung ehrenamtlicher Mitarbeiter, vgl. Witt, Dieter / Velsen-Zerweck, Burkhard von / Thiess, Michael / Heilmair, Astrid (2006), S. 139.

60 Die Einrichtungen der Freien Wohlfahrtspflege wiesen 1996 noch keine einzige, im Jahr 2000 jedoch schon 352 Freiwilligenagenturen aus. Vgl. Greiling, Dorothea (2009), S. 49.

In diesem Zusammenhang ist auch auf die fehlenden Qualifikationen als ein häufiges Problem bei der Gewinnung ehrenamtlicher Mitarbeiter hinzuweisen:[61] Die Verbändeumfrage des Seminars für Vereins- und Verbandsforschung von 2005 gibt darüber Aufschluss, dass insbesondere soziale Organisationen Schwierigkeiten haben, qualifizierte ehrenamtliche Mitarbeiter zu rekrutieren. Fast jede zweite dieser Organisationen gibt an, dass fachlich qualifiziertes ehrenamtliches Personal nur schwer zu finden ist.[62] Dies kann auch als Hinweis darauf gesehen werden, dass die Aus-, Fort- und Weiterbildung in den Organisationen selbst systematisch verbessert werden muss. Darüber hinaus ist eine klare Aufgabenteilung zwischen haupt- und ehrenamtlichen Mitarbeitern zu definieren.

Ehrenamtliche Mitarbeiter sind oft auf allen Organisationsebenen zu finden. Dadurch erhöht sich die Unterschiedlichkeit der Motivationshintergründe und die Verschiedenartigkeit der Charaktere ehrenamtlicher Mitarbeiter in der Organisation, was mitunter zu Problemen führen kann. An dieser Stelle sollen zwei Ebenen herausgegriffen werden, in denen ehrenamtliche Tätigkeiten in Nonprofit-Organisationen besonders ausgeprägt sind: Zum einen übernehmen viele freiwillig Engagierte aushelfende Tätigkeiten in vornehmlich kirchlichen und sozialen NPO; zum anderen wirken ehrenamtliche Funktionäre in den obersten Führungsorganen von Nonprofit-Organisationen (beispielsweise im Vorstand oder Stiftungsrat) mit.[63]

Einer Studie der Universität Potsdam und KPMG zufolge sind mit 96,6 % in nahezu allen befragten Nonprofit-Organisationen Ehrenamtliche in Leitungsfunktionen eingebunden, indem sie Aufgaben der Geschäftsführung, der Überwachung der Geschäftsführung und/oder der Beratung der Geschäftsführung wahrnehmen. Die Überwachungsorgane sind überall mit ehrenamtlich Tätigen besetzt.[64] Als wichtigstes Kriterium für die Besetzung ehrenamtlicher Gremien nennen fast 90 % der interviewten NPO-Geschäftsführer die Fachkompetenz der Ehrenamtlichen.[65] Dies ist verständlich, denn genau in diesem Punkt entzünden sich zwischen Haupt- und Ehrenamt in vielen

---

61 Vgl. Bruhn, Manfred (2005), S. 48.

62 Vgl. Witt, Dieter / Velsen-Zerweck, Burkhard von / Thiess, Michael / Heilmair, Astrid (2006), S. 144.

63 Vgl. Purtschert, Robert (2005), S. 45 und Badelt, Christoph / More-Hollerweger, Eva (2007), S. 506.

64 Vgl. Hardenberg, Christian von / Siebart, Patricia (2006), S. 13. Die Studie basiert auf Ergebnissen aus 89 teilstrukturierten Interviews mit Geschäftsführern von Nonprofit-Organisationen aus Deutschland, der Schweiz und Österreich, die in unterschiedlichen Bereichen tätig sind. Vgl. auch Proeller, Isabella / Siebart, Patricia / Polzer, Tobias (2008), S. 260 f.

65 Vgl. Proeller, Isabella / Siebart, Patricia / Polzer, Tobias (2008), S. 262.

Fällen erhebliche Spannungen und Konflikte: Da ehrenamtliche Funktionäre häufig ihre Tätigkeit in der NPO aufgrund anderweitiger Verpflichtungen auf ein Minimum begrenzen, haben angestellte Geschäftsführer und Mitarbeiter oftmals eine höhere Detailkenntnis bezüglich den originären Aufgaben der NPO. Dieser Informationsvorsprung führt dann nicht selten zu Machtproblemen innerhalb der Nonprofit-Organisation, da der ehrenamtliche Vorstand seiner Überwachungs- und Steuerungsfunktion nicht in ausreichendem Maße nachkommen kann.[66] Im Rahmen einer – gegenüber erwerbswirtschaftlichen Unternehmen zeitlich versetzten – Governance-Debatte in NPO wird vermehrt die Sinnhaftigkeit ehrenamtlicher Vorstände aufgrund fehlender Fachkompetenzen und Zeitressourcen insbesondere in größeren Nonprofit-Organisationen hinterfragt.[67]

Auch auf der operativen Ebene kann es zu Problemen in der Zusammenarbeit zwischen haupt- und ehrenamtlichen Mitarbeitern kommen, die oftmals auf wechselseitige Geringschätzung und/oder Konkurrenzängste zurückzuführen sind.[68] Um diesen Problemen vorzubeugen, bedarf es aus Managementsicht einer besonderen Integrations- und Koordinationsleistung ehrenamtlicher Mitarbeiter und Funktionäre. Zur Verbesserung der Zusammenarbeit und im Hinblick auf die Leistungsqualität der NPO müssen außerdem Kooperationsmodelle entworfen werden, aus denen eine klare Aufgabenteilung zwischen ehrenamtlichen und hauptamtlichen Mitarbeitern abgeleitet werden kann. Darüber hinaus müssen die Arbeitsbedingungen und Zielvorgaben für beide Bereiche fixiert werden, sodass wechselseitige Erwartungshaltungen formuliert und diskutiert werden können.

Insgesamt werden sich neue Managementinstrumente wie ein Immobilienmanagement in Nonprofit-Organisationen nur dann durchsetzen können, wenn in deren Konzeption die Eigenheiten der NPO wie beispielsweise die ehrenamtliche Mitarbeit – hier insbesondere die Vielfalt der Motive zur Mitarbeit und die Problematik im Zusammenspiel zwischen Haupt- und Ehrenamt – entsprechend berücksichtigt werden. Im Hinblick auf die Akzeptanz solcher Managementinstrumente sollte auch die Aus- und Weiterbildung ehrenamtlicher Mitarbeiter verbessert und auf betriebswirtschaftliches Handeln ausgerichtet werden.

---

66 Vgl. Witt, Dieter / Sturm, Hilmar (2004), S. 309 f.

67 Hierzu und zu grundsätzlichen Fragen der Governance in NPO vgl. Gronemann, Josef (2002), S. 5, Schuhen, Axel (2002), S. 84 ff., Greiling, Dorothea (2009), S. 51 und Siebart, Patricia (2006).

68 Vgl. Badelt, Christoph / More-Hollerweger, Eva (2007), S. 519.

B. Grundlagen zu Immobilien und zum Immobilienmanagement

1. Betrachtungsgegenstand Immobilie

Nachdem im vorangegangenen Kapitel der Untersuchungsgegenstand „Nonprofit-Organisation" in seinen theoretischen Grundlagen erfasst worden ist, erfolgt im nächsten Schritt eine nähere Spezifikation des Betrachtungsgegenstandes „Immobilie".

a) Charakterisierung des Wirtschaftsgutes Immobilie

Immobilien stehen dem Menschen in der Regel weder unbegrenzt noch kostenlos zur Verfügung und zählen somit zu den knappen Wirtschaftsgütern.[69] Das Wirtschaftsgut „Immobilie" weist mit ihrer

- Standortgebundenheit,
- Heterogenität,
- Dauer des Entwicklungsprozesses,
- Höhe des Kapitaleinsatzes,
- Höhe der Transaktionskosten bei Eigentumsübertragungen und
- langen Lebensdauer[70]

einige herausstechende Merkmale auf, die im Folgenden erläutert werden.

Das Wort Immobilie leitet sich aus dem Lateinischen „im-mobilis" für eine „nicht bewegliche Sache" her[71] und deutet damit auf das zentrale Charakteristikum einer Immobilie, ihre *Standortgebundenheit*, hin. Die Nutzenstiftung einer Immobilie ist unmittelbar von den rechtlichen Gegebenheiten des Grund und Bodens sowie den sozialen Ge-

---

69 Wirtschaftsgüter grenzen sich von freien Gütern ab, die in der Natur in beliebiger Menge vorhanden sind und demzufolge nicht nach wirtschaftlichen Prinzipien verteilt und gehandelt werden müssen. Vgl. Wöhe, Günter (2005), S. 323 und Thommen, Jean-Paul / Achleitner, Ann-Kristin (2006), S. 35.

70 Die gewählte Darstellung folgt größtenteils den Ausführungen von Bone-Winkel, Stephan (1994), S. 27 ff. Vgl. auch Gondring, Hanspeter (2009), S. 18 ff., Brauer, Kerry-U. (2006), S. 26 ff., Bone-Winkel, Stephan / Schulte, Karl-Werner / Focke, Christian (2008), S. 16 ff. und Kühne-Büning, Lidwina (2005), S. 7 ff.

71 Vgl. Duden Fremdwörterbuch (1982), S. 331.

gebenheiten des baulichen Umfelds abhängig: In rechtlicher Hinsicht ist die Entwicklungsmöglichkeit einer Immobilie an die Entscheidungen der kommunalen Bauleitplanung beziehungsweise übergeordneter Institutionen gebunden.[72] Durch ihre Ortsgebundenheit ist eine Immobilie darüber hinaus in sozialer respektive gesellschaftlicher Hinsicht von seinem benachbarten Umfeld abhängig, sodass immobilienwirtschaftliche Entscheidungen in der Regel Abstimmungen mit angrenzenden Eigentümern und Nutzern erfordern.[73]

Aus der Standortgebundenheit leitet sich das zweite Merkmal, die *Heterogenität*, von Immobilien ab. Selbst wenn theoretisch die Faktoren Nutzungsart und architektonische Gestaltung zweier Immobilien identisch sind, unterscheiden sie sich in ihrer Lage. Immobilien zeichnen sich also durch eine vergleichsweise hohe Unterschiedlichkeit aus; sie sind damit nur begrenzt substituierbar.[74]

Die *Entwicklung eines Bauwerks* von der Investitionsentscheidung bis zur Baufertigstellung und schließlich Nutzungsübergabe ist in Abhängigkeit der Größenordnung ein *langer*, das heißt in der Regel mehrjähriger und mitunter unsicherer *Prozess*. Unsicherheiten resultieren insbesondere aus möglichen witterungsbedingten und bautechnischen Verzögerungen in der Bauphase und einer oftmals nicht vorhersehbaren Dauer des Genehmigungsprozesses.[75] Dadurch ergeben sich wirtschaftliche Risiken für den Bauherrn,[76] auch weil während der Entwicklungszeit einer Immobilie nur bedingt auf veränderte Marktlagen reagiert werden kann.

Investitionen in Immobilien bedingen gemeinhin einen *hohen Kapitaleinsatz*, wobei die Dauerhaftigkeit der Kapitalbindung vom Zeitraum des Eigentums abhängt.[77] Es

---

72 Die Bauleitplanung ist ein kommunales Planungsinstrumentarium zur Lenkung der städtebaulichen Entwicklung und Vorbereitung der baulichen und sonstigen Nutzung der Grundstücke einer Gemeinde. Zu Aufgaben und Instrumenten der Bauleitplanung siehe Hangarter, Ekkehard (2006), S. 6 f. und Hahn, Jürgen (1985), S. 665 ff.

73 Vgl. Bone-Winkel, Stephan (1994), S. 27, Bone-Winkel, Stephan / Schulte, Karl-Werner / Focke, Christian (2008), S. 17 und Gondring, Hanspeter (2009), S. 19.

74 Vgl. Kühne-Büning, Lidwina (2005), S. 11.

75 Vgl. Brauer, Kerry-U. (2006), S. 27.

76 Nach Pfarr ist der Bauherr derjenige, „der selbst oder durch Dritte, im eigenen Namen und auf eigene Verantwortung, für eigene oder fremde Rechnung ein Bauvorhaben wirtschaftlich und technisch vorbereitet und durchführt bzw. vorbereiten und durchführen lässt." [Pfarr, Karlheinz (1984), S. 99].

77 Vgl. Schäfers, Wolfgang (1997), S. 73.

können beispielsweise über sogenannte Sale and Lease Back-Konstruktionen[78] die Eigentumsrechte an einer Immobilie übertragen und gebundenes Kapital freigesetzt werden.

Die Übertragung von Immobilieneigentum verursacht *Transaktionskosten* etwa in Form von Kontraktions- (Grunderwerbsteuer, Makler-, Notar- und Amtsgerichtsgebühren) und Informationskosten (beispielsweise Aufwendungen für Wertgutachten). Die Höhe solcher Übertragungs- und Informationskosten in Verbindung mit einem hohen Kapitaleinsatz ist häufig eine Ursache für eine eingeschränkte Fungibilität von Immobilien.[79]

Da Grund und Boden in der Regel unbegrenzt nutzbare Ressourcen darstellen, zählen Immobilien zu den *langlebigsten Wirtschaftgütern*. Ein Gebäude unterliegt allerdings einem natürlichen, vor allem aber nutzungsbedingten Alterungsprozess, der durch geeignete Instandhaltungs- und Modernisierungsmaßnahmen[80] abgeschwächt werden kann.

b) Der Immobilienbegriff aus rechtlicher, sozialer und betriebswirtschaftlicher Perspektive

Eine einheitliche Definition des Begriffs „Immobilie" sucht man in der deutschsprachigen Fachliteratur bislang vergeblich.[81] Dies macht eine Erläuterung des Immobilienbegriffs und seiner Inhalte erforderlich.

Grundsätzlich kann der Immobilienbegriff aus einer rechtlichen, sozialen und betriebswirtschaftlichen Perspektive untersucht werden. In *rechtlicher Hinsicht* ist festzustellen, dass in deutschen Gesetzen der Begriff „Immobilie" zwar verwendet, nicht

---

78 Unter „Sale and Lease Back" versteht man den Verkauf einer Immobilie bei gleichzeitigem Abschluss eines Leasingvertrages über dieselbe Immobilie. Während die Eigentumsrechte an den Leasinggeber übertragen werden, behält der Verkäufer der Immobilie das Nutzungsrecht für einen im Leasingvertrag vereinbarten Zeitraum. Vgl. auch Unterabschnitt II.B.3.b) S. 62 f.

79 Vgl. Bone-Winkel, Stephan (1994), S. 30 und Gondring, Hanspeter (2009), S. 20.

80 Zur Instandhaltung gehören die Bereiche Inspektion, Wartung und Instandsetzung. Gemäß DIN 32736 subsumiert der Begriff Instandhaltung alle „Maßnahmen zur Bewahrung und Wiederherstellung des Soll-Zustandes sowie zur Feststellung und Beurteilung des Ist-Zustandes von technischen Mitteln eines Systems". Im Gegensatz dazu führt die Modernisierung einer Immobilie zu einer Veränderung des Sollzustandes. Vgl. auch Pierschke, Barbara (2000), S. 296.

81 Vgl. Pfnür, Andreas (2004), S. 5. Die Vielgestaltigkeit des Begriffs wird anhand der im umgangssprachlichen Bereich teilweise synonym gebrauchten Wörter „Grundstück", „Grund und Boden", „Gebäude" oder „Liegenschaft" deutlich. Vgl. Bone-Winkel, Stephan / Schulte, Karl-Werner / Focke, Christian (2008), S. 5.

jedoch explizit definiert wird. Stattdessen erfolgt indirekt eine Erklärung über den Begriff „Grundstück“:[82] Unter einem Grundstück ist, juristisch gesehen, ein räumlich abgegrenzter Teil der Erdoberfläche zu verstehen, der im Bestandsverzeichnis eines Grundbuchblattes unter einer eigenen Nummer eingetragen ist und aus mehreren Flurstücken bestehen kann.[83] Gemäß § 94 Absatz 1 des Bürgerlichen Gesetzbuches (BGB) gehören zu den wesentlichen Bestandteilen eines Grundstücks „die mit dem Grund und Boden fest verbundenen Sachen, insbesondere Gebäude, sowie die Erzeugnisse des Grundstücks, solange sie mit dem Boden zusammenhängen.“[84]

Darüber hinaus ist in § 96 BGB geregelt, dass die mit dem Eigentum an einem Grundstück verbundenen Rechte ebenfalls als Bestandteile eines Grundstücks gelten. Zu diesen Rechten zählen insbesondere das Eigentumsrecht, aber auch Nutzungsrechte an Grundstücken, wie Grunddienstbarkeiten,[85] Erbbaurechte oder Dauernutzungsrechte gemäß der §§ 31 ff. des Wohneigentumsgesetzes.

Es lässt sich demnach festhalten, dass der deutsche Gesetzgeber keine Kodifizierung des Begriffs „Immobilie“ vornimmt, sondern diesen mittelbar über das Grundstück definiert. Überdies werden „Gebäude“ nicht als rechtlich eigenständig, sondern als Bestandteile des Grundstücks aufgefasst.[86] Die rechtliche Betrachtungsweise des Grundstücksbegriffs zielt ferner auf die Klärung der Eigentumsverhältnisse eines bestimmten Teils der Erdoberfläche sowie auf eine Zuordnung der mit dem Grundstückseigentum verbundenen Rechte und Pflichten ab.[87] Im Kontext der Erarbeitung von Strategien zur Immobilienbereitstellung und -verwertung für Nonprofit-Organisationen ist daher auf das juristische Verständnis des Grundstücksbegriffs zurückzukommen.

---

[82] Vgl. Schäfers, Wolfgang (1997), S. 13, Falk, Bernd (Hrsg.) (2004), S. 436, Bone-Winkel, Stephan (1994), S. 20 und Straßheimer, Petra (1999), S. 72.

[83] Vgl. Thiele-Mühlhan, Irene (2006), S. 59 und Pfnür, Andreas (2004), S. 5.

[84] § 94 Absatz 1 Bürgerliches Gesetzbuch (2002).

[85] Die Grunddienstbarkeit ist nach § 1018 BGB ein beschränktes dingliches Recht an einem Grundstück, das zugunsten des jeweiligen Eigentümers eines anderen Grundstücks in der Weise belastet wird, „dass dieser das Grundstück in einzelnen Beziehungen benutzen darf oder dass auf dem Grundstück gewisse Handlungen nicht vorgenommen werden dürfen oder dass die Ausübung eines Rechts ausgeschlossen ist, das sich aus dem Eigentum an dem belasteten Grundstück dem anderen Grundstück gegenüber ergibt.“ [§ 1018 Bürgerliches Gesetzbuch (2002)]. Vgl. auch Frischknecht, Manfred (1997), S. 402 f. und Gondring, Hanspeter (2009), S. 92.

[86] Vgl. Bone-Winkel, Stephan / Schulte, Karl-Werner / Focke, Christian (2008), S. 10.

[87] Vgl. Pfnür, Andreas (2004), S. 6.

Der Immobilienbegriff enthält – wie im vorangehenden Unterabschnitt bereits angedeutet – eine *soziale*, gesellschaftliche *Dimension*. Immobilienbezogene Entscheidungen tangieren oftmals die Interessen einer Vielzahl von Stakeholdern[88] der betreffenden Organisation.[89] Investitionen und Desinvestitionen in den Gebäudebestand, vor allem auch Abriss und Umwidmung von Gebäuden und baulichen Anlagen üben eine mitunter große Wirkung auf Gesellschaft und Umwelt aus, kann sich doch damit die Lebensqualität und das menschliche Zusammenleben in der unmittelbaren Nachbarschaft verändern.[90] In Nonprofit-Organisationen finden sich in der Regel eine Vielzahl unterschiedlicher Anspruchsgruppen respektive Stakeholder. SCHWARZ ET AL. betonen, dass in NPO insbesondere den externen Stakeholdern wie Staat, Öffentlichkeit und Spendern, „eine weitaus größere Bedeutung und Beachtung eingeräumt werden muss als in einer Unternehmung"[91]. Dieser Ansicht folgend ist die gesellschaftliche Komponente des Immobilienbegriffs im Rahmen immobilienbezogener Entscheidungen in Nonprofit-Organisationen entsprechend zu berücksichtigen.

Die wirtschaftliche Dimension einer Immobilie ergibt sich nicht aus ihrer Produktion beziehungsweise ihrem physischen Dasein,[92] sondern erst aus ihrer Nutzung.[93] Die *betriebswirtschaftliche Betrachtungsweise* orientiert sich an Kosten und Nutzen, wie in folgender Aussage von PFNÜR deutlich wird: „Immobilien werden als Wirtschaftsgut [...] in dem Maße bedeutsam, wie Wirtschaftssubjekte Kosten- oder Nutzenwirkungen von ihnen wahrnehmen."[94] Immobilien werden in betriebswirtschaftlicher Hinsicht einerseits als Produktionsfaktor im betrieblichen Leistungserstellungsprozess (produktionstheoretische Perspektive) und andererseits als unmittelbar Rendite erwirtschaftende Investition (investitionstheoretische Perspektive) untersucht.

Nach *produktionstheoretischem Blickwinkel* werden Immobilieninvestitionen nach Abwägung ihrer Unterstützungsleistung für das Kerngeschäft des Unternehmens getä-

---

88 Der Begriff Stakeholder stammt aus der Managementtheorie und bezeichnet interne und externe Bezugsgruppen eines Betriebes. Vgl. Ulrich, Peter / Fluri, Edgar (1992), S. 77. Siehe zum Stakeholderansatz des Strategischen Managements auch Freemann, R. Edward (1984).

89 Vgl. Homann, Klaus (1999), S. 27.

90 Gondring bemerkt diesbezüglich: „Aufgrund ihrer schieren Größe prägen Immobilien unsere Umwelt wie sonst kein anderes Wirtschaftsgut." [Gondring, Hanspeter (2009), S. 3].

91 Schwarz, Peter et al. (2009), S. 53. Siehe zum Stakeholder-Management in Nonprofit-Organisationen auch Theuvsen, Ludwig (2001).

92 Vgl. Gondring, Hanspeter (2009), S. 16.

93 Vgl. Bone-Winkel, Stephan (1994), S. 23, Falk, Bernd (Hrsg.) (2004), S. 437 und Gondring, Hanspeter (2009), S. 16.

94 Pfnür, Andreas (2004), S. 6.

tigt.[95] In Kombination mit anderen Produktionsfaktoren werden sie in einem Transformationsprozess zur Herstellung von Sachgütern und/oder Bereitstellung von Dienstleistungen eingesetzt.[96] Immobilien stellen damit in der Regel eine wichtige Voraussetzung für den betrieblichen Leistungserstellungsprozess dar. Je nach Gestaltung können sie nach GUTENBERG den Leistungserstellungsprozess unterstützen, aber auch beeinträchtigen: „Die betriebliche Fertigung stellt also jeweils ganz verschiedene Forderungen an die […] räumliche Gestaltung der Werks- und Verwaltungsgebäude. In dem Maße, wie die Eigenschaften der Gebäude diesen Forderungen entsprechen, nimmt ihr Maß an Eignung für die betrieblichen Zwecke zu. In dem Maße, wie die Gebäude diese Forderungen nicht erfüllen, sinkt der Eignungswert der Gebäude und damit der produktive Beitrag, den sie zu leisten imstande sind."[97]

Immobilien werden als Betriebsmittel[98] darüber hinaus mit Potentialfaktoren gleichgesetzt.[99] Dies bedeutet, dass Grundstücke und Gebäude im Leistungserstellungsprozess nicht ver-, sondern gebraucht werden. PFARR bemerkt hierzu, dass es sich bei Bauobjekten „um Güter handelt, die nicht in einem einmaligen Konsumakt verzehrt werden, sondern um dauerhafte Güter, deren wirtschaftliche Verwertung in der Nutzung besteht."[100]

Nach *investitionstheoretischer Sicht* werden Immobilieninvestitionen mit dem Primärziel der Renditeerwirtschaftung getätigt. Eine Immobilie wird als Kapitalanlage betrachtet. Von einer Kapitalanlage wird beispielsweise im Rahmen einer Immobilienvermietung gesprochen, bei der zeitlich determinierte Nutzungsrechte übertragen werden; dabei ergibt sich ein wirtschaftlicher Nutzen durch Transformation von Raum-

---

95 Vgl. Gier, Sonja (2006), S. 16.

96 Vgl. Jung, Hans (2002), S. 409.

97 Gutenberg, Erich (1983), S. 78.

98 Nach Gutenberg zählen zu den Arbeits- und Betriebsmitteln unter anderem „alle bebauten oder unbebauten Betriebs-, Verwaltungs-, Wohn- und Abbaugrundstücke" [Gutenberg, Erich (1983), S. 4].

99 Vgl. Heinen, Edmund (1970), S. 254, Thommen, Jean-Paul / Achleitner, Ann-Kristin (2006), S. 36. Busse von Colbe / Lassmann beschreiben ausführlich die Leistungsbeiträge von Potentialfaktoren im Produktionsprozess. Sie unterteilen die Potentialfaktoren in solche mit und ohne Abgabe von Werkverrichtungen. Gebäude und Grundstücke gehören demnach zu den Potentialfaktoren ohne Abgabe von Werkverrichtungen. Sie dienen nicht aktiv dem Fertigungsfortschritt, sondern ermöglichen das Produktionsgeschehen, indem sie eine Schutzfunktion vor Außeneinflüssen einnehmen. Vgl. Busse von Colbe, Walther / Lassmann, Gert (1991), S. 80. Kern spricht in diesem Zusammenhang von aktiven (beispielsweise die menschliche Arbeitskraft) und passiven Betriebsmitteln (beispielsweise Gebäude und Grundstücke). Vgl. Kern, Werner (1990), S. 14.

100 Pfarr, Karlheinz (1984), S. 141.

Zeit-Einheiten[101] in Geld-Zeit-Einheiten.[102] Der wirtschaftliche Nutzen des Investors beziehungsweise Vermieters einer Immobilie ist monetär in Form des Nutzungsentgeltes je Zeiteinheit bewertet.

Als Beispiel für eine Immobilienhaltung primär aus renditeorientierten Gründen in Nonprofit-Organisationen kann auf die sogenannten Pfarrpfründestiftungen kirchlicher Organisationen verwiesen werden, die Grundstücke verpachten oder Bauland im Wege des Erbbaurechts vergeben, um aus den Erträgen zumindest teilweise die Besoldung der Geistlichen zu ermöglichen.[103]

Es sei noch ergänzt, dass sich die räumliche Abgrenzung einer Immobilie aus betriebswirtschaftlicher Perspektive an der wirtschaftlichen Nutzungsmöglichkeit ausrichtet und nicht an der juristischen Sichtweise. Das bedeutet zum einen, dass eine immobiliare Einheit sowohl aus mehreren Grundstücken als auch nur aus Teilen von Grundstücken im juristischen, grundbuchrechtlichen Sinn bestehen kann.[104] Zum anderen werden – insbesondere nach produktionstheoretischem Verständnis – Immobilien betrachtet, die von Wirtschaftssubjekten unabhängig von den Eigentumsverhältnissen genutzt werden, also zum Beispiel gekauft, gemietet oder geleast sein können.[105] Im Vordergrund steht die tatsächliche Herrschaft über eine Sache.[106] Im Hinblick auf eine Strategiefindung zur Optimierung der Immobilienbereitstellung sollen daher nicht nur Immobilien eingeschlossen sein, die sich im Eigentum einer Nonprofit-Organisation befinden, sondern auch solche, an denen die Organisation ein temporäres Verfügungsrecht besitzt.

---

101 Für sich genommen stellen Raum-Zeit-Einheiten noch keinen Nutzen im ökonomischen Sinne dar, sondern lediglich Nutzungsmöglichkeiten. Nutzenwirkungen entfalten sich nach investitionstheoretischem Begriffsinhalt erst durch den Verkauf von zeitlich determinierten Nutzungsmöglichkeitseinheiten in Form bestimmter Flächen respektive Räume. Vgl. Bone-Winkel, Stephan / Schulte, Karl-Werner / Focke, Christian (2008), S. 11.

102 Pyhrr et al. haben diese Investorensicht auf Immobilien folgendermaßen zusammengefasst: „Real Estate is Space and Money over Time“ [Pyhrr, Stephen A. et al. (1989), S. 4].

103 Siehe zu Pfarrpfründestiftungen die ausführlichen Erläuterungen in Abschnitt IV.A.2. S. 116 f. sowie zum Erbbaurecht Abschnitt IV.A.3. S. 121 f.

104 Vgl. Pfnür, Andreas (2004), S. 7.

105 Eine detaillierte Gegenüberstellung und Begriffsabgrenzung der Bereitstellungsvarianten Immobilienkauf, -miete, -leasing und -entwicklung wird im weiteren Verlauf dieser Arbeit in Unterabschnitt II.B.3.b) S. 50 ff. vorgenommen.

106 Vgl. Gier, Sonja (2006), S. 16, Schweiger, Michael (2006), S. 15, Pfnür, Andreas (2004), S. 7 und Pierschke, Barbara (2001), S. 11.

Für die vorliegende Arbeit wird der Immobilienbegriff, die vorangehenden Aspekte und Blickrichtungen berücksichtigend, wie folgt definiert:

> *Immobilien sind Wirtschaftsgüter in Form von Grundstücken und den mit ihnen verbunden Sachen, insbesondere Gebäuden, sowie Rechten, die auf Wirtschaftssubjekte innerhalb eines bestimmten Zeitraums im Rahmen physisch-technischer und rechtlicher Grenzen Kosten- und Nutzenwirkungen im Sinne wirtschaftlicher, aber auch gesellschaftlicher Ausprägungen entfalten.*

In dieser Definition findet sich sowohl die rechtliche als auch die gesellschaftliche und wirtschaftliche Komponente des Immobilienbegriffs wieder. Ergänzend wurde der physisch-technische Aspekt[107] mit in die Definition aufgenommen, um physische (räumliche und technische) Grenzen der Immobiliennutzung zum Ausdruck zu bringen.

c) Der Lebenszyklus von Immobilien

In Analogie zu anderen Lebenszyklusmodellen zur Darstellung der Entwicklung von Produkten, Technologien oder Betrieben[108] wird in der betriebswirtschaftlichen Auseinandersetzung mit Immobilien vielfach ebenfalls eine Einteilung in unterschiedliche „Lebensphasen" vorgenommen.[109]

---

107 Siehe hierzu auch Bone-Winkel, Stephan / Schulte, Karl-Werner / Focke, Christian (2008), S. 7 und 16.

108 Vgl. beispielhaft zum Produktlebenszyklus Engelhardt, Werner Hans (1989), S. 1591 ff. Velsen-Zerweck entwickelte ein Entwicklungsphasenmodell für Verbände, das als Beispiel für einen Betriebslebenszyklus anzusehen ist. Vgl. Velsen-Zerweck, Burkhard von (1998), S. 89 ff.

109 Der hier vorgestellte Lebenszyklus bezieht sich auf Gebäude und Bauwerke und nicht auf Grundstücke, da Letztere keine befristete Lebensdauer haben und damit keinem Lebenszyklus unterliegen.

Vgl. zum Lebenszykluskonzept von Immobilien auch Schäfers, Wolfgang (1997), S. 25 ff., Bone-Winkel, Stephan (1994), S. 47, Pyhrr, Stephen A. et al. (1989), S. 46 ff. und Homann, Klaus (1999), S. 32 ff.

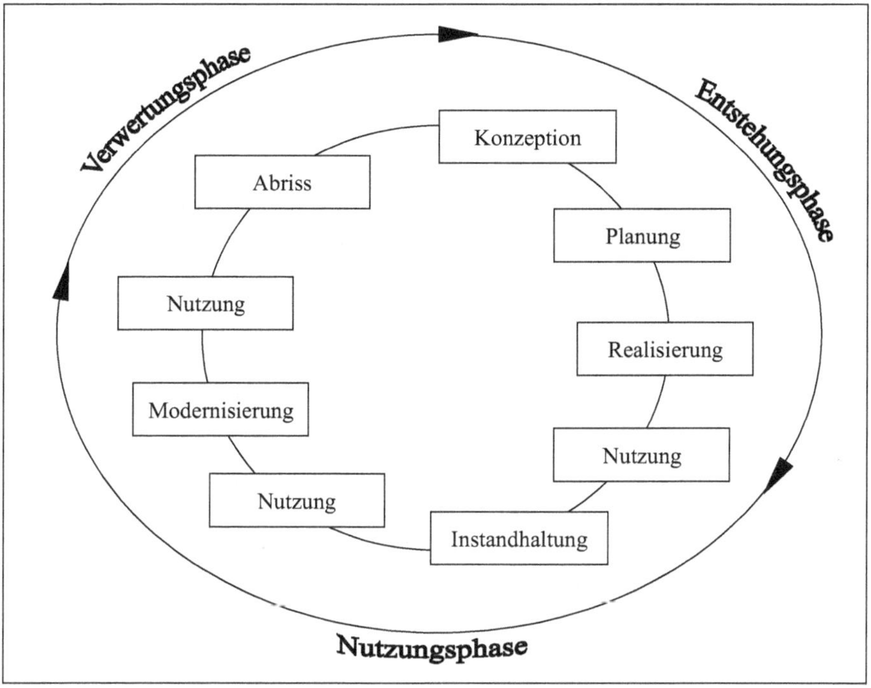

Abbildung 3: Der Immobilienlebenszyklus[110]

Wie in Abbildung 3 dargestellt, gliedert sich der Immobilienlebenszyklus in die drei Hauptphasen Entstehung, Nutzung und Verwertung. Die *Entstehungsphase* reicht von der Projektinitiierung, also dem Zeitpunkt der Idee zur Entwicklung einer Immobilie bis zur Fertigstellung. Dabei untergliedert sich die Entstehungsphase in die Teilphasen Konzeption, Planung und Realisierung. In den beiden erstgenannten Teilphasen wird die anfängliche Projektidee konkretisiert und mit zunehmendem Fortschritt in detaillierte und verbindliche Pläne transformiert.[111] Die Realisierungsphase besteht aus bauvorbereitenden und -ausführenden Tätigkeiten. Hierbei erfolgt eine „Materialisierung des ehemalig gedanklichen Konstruktes der Projektkonzeption“[112] mit dem Ziel der Baufertigstellung und Übergabe der Immobilie an den Nutzer. Die Wahrnehmung der Planungs- und Baumanagementaufgaben während der Entstehungsphase hängt in ers-

---

110 Darstellung angelehnt an Bone-Winkel, Stephan (1994), S. 47, Schäfers, Wolfgang (1997), S. 26, Homann, Klaus (1999), S. 33.

111 Zur ausführlichen Darstellung und Beschreibung der Konzeptions- und Planungsphase siehe Homann, Klaus (1999), S. 34 und Schäfers, Wolfgang (1997), S. 27 f.

112 Homann, Klaus (1999), S. 35.

ter Linie von der Wahl der Immobilienbereitstellungsform ab. Kauft, least oder mietet der spätere Nutzer die zu erstellende Immobilie, werden die Aufgaben in der Regel vom Projektentwickler beziehungsweise Bauträger und/oder Investor wahrgenommen.[113] Auch im Rahmen einer Selbsterstellung der Immobilie wird der spätere Nutzer die Planungs- und bauausführenden Leistungen zumeist von externen Fachkräften wie Architekten, Fachingenieuren und Bauunternehmen durchführen lassen. Die Möglichkeit der Einflussnahme des Nutzers auf Details der Immobilienentwicklung ist gegenüber den oben genannten Bereitstellungsvarianten Kauf, Leasing und Miete naturgemäß höher.[114]

Mit Baufertigstellung beginnt die *Nutzungsphase* der Immobilie. Immobilienbezogene Aufgaben sind darauf ausgelegt, die Immobilie und ihre technischen Anlagen funktionsfähig zu halten und auf die Nutzeranforderungen anzupassen. Das in der Entstehungsphase aufgebaute Nutzungspotential steht einem natürlichen Abnutzungsprozess gegenüber.[115] Einer solchen Abnutzung gilt es durch Instandhaltungs- und Modernisierungsmaßnahmen zu begegnen, um eine Nutzung der Immobilie weiterhin zu gewährleisten. Im Zentrum der Entscheidung solcher Maßnahmen steht die Gegenüberstellung der hierdurch erzielbaren Nutzenstiftung einerseits und der hierdurch bedingten Kosten andererseits.[116] Eine Immobilie durchläuft oftmals wechselnde Folgen der Nutzung sowie Instandhaltung respektive Modernisierung, in der es darüber hinaus zu mehreren Eigentümer- und/oder Nutzerwechseln kommen kann.

Der Übergang in die *Verwertungsphase*, die schließlich mit dem Abriss des Gebäudes / Bauwerks abgeschlossen wird, kann vielfältige Gründe haben. Zum einen können die durch physische Abnutzung wichtiger Gebäudeelemente ausgelösten Nutzungseinschränkungen nicht mehr durch entsprechende Instandhaltungs- und Modernisierungsmaßnahmen behoben werden, da sie im Sinne eines „Grenzkosten-Grenznutzen-Kalküls“[117] unwirtschaftlich wären. Zum anderen können Veränderungen der Standortqualität oder der Marktverhältnisse zu einer Beendigung der Nutzung und damit zur Verwertung der Immobilie führen. Auch sind innerbetriebliche Gründe, wie ein sich ändernder Flächenbedarf oder Standortverlagerungen, denkbar, die zur Beendigung

---

113 Zur Abgrenzung der Wirtschaftssubjekte Projektentwickler und Bauträger siehe Brauer, Kerry-U. (2006), S. 50 und Moegelin, Gernot (1985), S. 104.

114 Vgl. Schäfers, Wolfgang (1997), S. 28.

115 Vgl. Rottke, Nico / Wernecke, Martin (2008), S. 217.

116 Vgl. Isenhöfer, Björn / Väth, Arno (2000b), S. 145.

117 Schäfers, Wolfgang (1997), S. 30.

der Immobiliennutzung führen, sollte für die Immobilie keine anderweitige Nutzung gefunden werden. Diesbezüglich könnte es sogar zu einer Verkürzung des Immobilienlebenszyklus kommen, wenn beispielsweise wenige Jahre nach Fertigstellung eines Gebäudes eine höherwertige Nutzung des Grundstücks durch Änderung des Baurechts ermöglicht wird.[118]

Der Immobilienlebenszyklus endet mit dem Abriss des Gebäudes beziehungsweise Bauwerks; mit der Neuentwicklung des Grundstücks beginnt ein neuer Immobilienlebenszyklus.

d) Systematisierung von Immobilien anhand des Bebauungszustands sowie grundsätzlicher und spezifischer Nutzungsarten

Die Ausführungen der Unterabschnitte II.B.1.a) und II.B.1.b) haben die Besonderheiten des Wirtschaftsgutes Immobilie und die Vielgestaltigkeit des Immobilienbegriffs verdeutlicht. Im Hinblick auf eine Spezifizierung des Betrachtungsgegenstandes erfolgt im Folgenden eine Systematisierung von Immobilien anhand der Kriterien Bebauungszustand und Nutzungsart.[119]

Anhand des Kriteriums *Bebauungszustand* können unbebaute von bebauten Grundstücken abgegrenzt werden. Unbebaute Grundstücke sind gemäß § 4 der „Verordnung über Grundsätze für die Ermittlung der Verkehrswerte von Grundstücken" (Wertermittlungsverordnung – WertV) in Agrarland, begünstigtes Agrarland, Bauerwartungsland, Rohbauland und baureifes Land eingeteilt.[120] Agrarland steht auf absehbare Zeit nur für land- oder forstwirtschaftliche Zwecke zur Verfügung; im Falle von begünstigtem Agrarland erscheint eine Entwicklung zu einer Bauerwartung möglich. Bauerwartungsland, Rohbauland und baureifes Land sind – genannt nach aufsteigendem Erschließungsgrad – für eine bauliche Nutzung vorgesehen.[121]

Bebaute und bebaubare Grundstücke sind nach den Bestimmungen der Bauleitplanung in Gebietstypen eingeteilt, die eine mögliche bauliche Nutzung festschreiben. Art und

---

118 Vgl. Isenhöfer, Björn / Väth, Arno (2000b), S. 146.

119 Das Kriterium Bebauungszustand bezieht sich auf Grundstücke, die Art der Nutzung auf Gebäude.

120 Vgl. hierzu auch Homann, Klaus (1999), S. 28.

121 Zur näheren Abgrenzung der Entwicklungsstufen unbebauter Grundstücke siehe Schulz-Eickhorst, Antje / Focke, Christian / Pelzeter, Andrea (2008), S. 145 f.; zur Abgrenzung von Bauerwartungsland, Rohbauland und baureifem Land vgl. auch Becker, Jürgen (1997), S. 77.

Maß der baulichen Nutzung sind in der Baunutzungsverordnung (BauNVO) fixiert. Hier werden die Flächen nach allgemeiner und besonderer Art ihrer baulichen Nutzung klassifiziert.[122]

Ein weiteres Kriterium zur Systematisierung von Immobilien ist die *Art ihrer Nutzung*. Einer funktionellen Analyse der Nutzungsart folgend, lassen sich Immobilien grundsätzlich in Wohn- und Gewerbeimmobilien unterscheiden (vgl. Abbildung 4).[123]

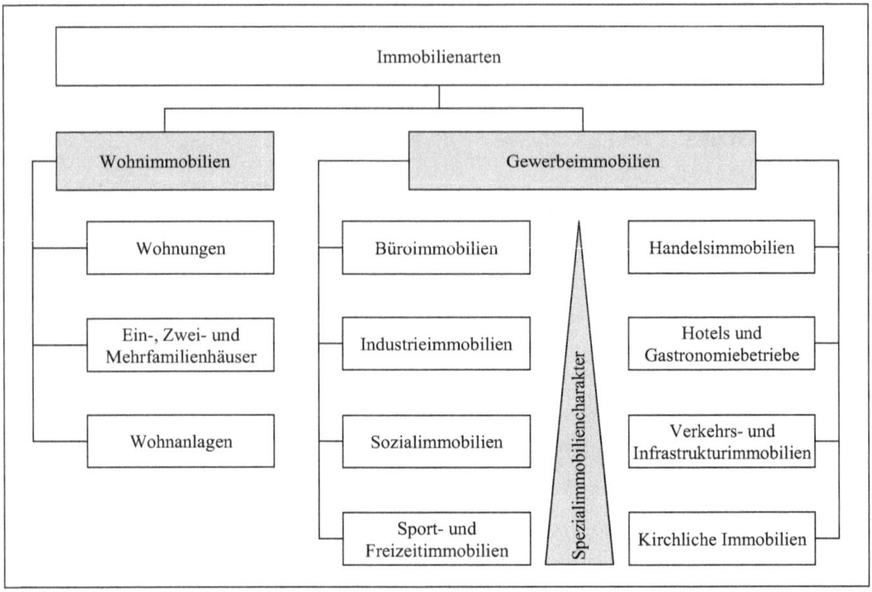

Abbildung 4: Systematisierung von Immobilien nach der Nutzungsart

Wohnimmobilien dienen ausschließlich oder überwiegend Wohnzwecken. LÜTGE definiert eine Wohnimmobilie als ein „langfristiges, bodengebundenes Gebrauchsgut, dessen Zweck es ist, den Menschen (…) eine nachhaltige Befriedigung der Wohnbedürfnisse zu gewährleisten“[124]. Wohnimmobilien lassen sich nach Anzahl der Wohneinhei-

---

122 Siehe zur Art der baulichen Nutzung von Grundstücken §§ 1-15 BauNVO. Bestimmungen zum Maß der baulichen Nutzung von Grundstücken finden sich in §§ 16-21a BauNVO. Siehe diesbezüglich auch Schulz-Eickhorst, Antje / Focke, Christian / Pelzeter, Andrea (2008), S. 150 ff.

123 Homann hebt als weitere Nutzungsart „gemischt genutzte Immobilien“ als Kombination der Flächennutzung zu Wohn- und Gewerbezwecken hervor. Vgl. Homann, Klaus (1999), S. 29.

124 Lütge, Friedrich (1949), S. 34.

ten in Wohnungen, Ein-, Zwei- und Mehrfamilienhäuser sowie Wohnanlagen untergliedern.[125]

Immobilien, die vorwiegend der Produktion von Sachgütern und/oder Dienstleistungen dienen, werden den *Gewerbeimmobilien* zugeordnet. Hierzu gehören zunächst Büroimmobilien, Immobilien des Groß- und Einzelhandels und Industrieimmobilien; zu Letzteren können beispielsweise Fertigungsgebäude, Lagerhallen, Werkstätten und Distributionszentren gezählt werden.

In der Fachliteratur wird neben Wohn- und Gewerbeimmobilien mitunter gesondert die Immobilienart „Spezialimmobilie" – auch „Sonderimmobilie" genannt – aufgeführt.[126] Spezialimmobilien sind in ihrer Konzeption auf eine spezielle Verwendung zugeschnitten, was bedeutet, dass der Nutzer oft bereits in die Planung der Immobilie eingebunden ist und die Immobilie auf Basis seiner spezifischen Anforderungen „maßgeschneidert" wird.[127] Spezialimmobilien sind aus diesem Grund nur eingeschränkt drittverwendungsfähig; eine Umnutzung erfordert in der Regel hohe Investitionsausgaben.[128] Die Erscheinungsformen von Spezialimmobilien sind dementsprechend vielgestaltig und heterogen. Ihr werden eine Reihe spezifischer Immobilienarten wie etwa Hotels, Gastronomiebetriebe, Verkehrs- und Infrastrukturimmobilien[129] zugeordnet, ebenso Freizeitimmobilien,[130] kirchliche Immobilien und sogenannte Sozialimmobilien wie Kliniken, Senioren- und Behinderteneinrichtungen.

Einer Dreiteilung der Immobilienarten in Wohn-, Gewerbe- und Spezialimmobilien soll hier nicht gefolgt werden. Zum einen können die zur Gruppe der Gewerbeimmobilien gehörenden Büro-, Handels- und Industrieimmobilien ebenfalls vereinzelt für einen spezifischen Nutzer „maßgeschneidert" worden sein, womit es bei einer Dreiteilung zwangsläufig zu Abgrenzungsproblemen zwischen Gewerbe- und Spezialimmobilien kommen würde. Zum anderen können Wohn- und Gewerbeimmobilien, nicht aber Spezialimmobilien, nach dem Kriterium Nutzungszweck unterschieden werden;

---

125 Vgl. Gondring, Hanspeter (2009), S. 17 und Walzel, Barbara (2008), S. 120.

126 Vgl. Gondring, Hanspeter (2009), S. 18 und Walzel, Barbara (2008), S. 120.

127 In der Literatur werden Spezialimmobilien daher auch als „single used"-Immobilien bezeichnet. Vgl. Gondring, Hanspeter (2009), S. 17.

128 Vgl. Walzel, Barbara (2008), S. 137.

129 Verkehrs- und Infrastrukturimmobilien sind beispielsweise Bahnhöfe, Flughäfen sowie Brücken und Tunnel. Vgl. Walzel, Barbara (2008), S. 137.

130 Unter Freizeitimmobilien subsumieren sich Einrichtungen aus den Bereichen Sport, Kultur und Freizeit wie beispielsweise Sportstätten, Theater, Jugend- und Erholungsheime, Kinos und Vergnügungsparks.

die oben aufgeführten Spezialimmobilien dienen vorwiegend der Produktion von Dienstleistungen, womit sie – wie Abbildung 4 verdeutlicht – der Immobilienart Gewerbeimmobilie unterzuordnen sind.[131] Der unterschiedlich stark ausgeprägte Spezialimmobiliencharakter innerhalb der Gruppe der Gewerbeimmobilien ist in Abbildung 4 schematisch und beispielhaft dargestellt.

WALZEL und SCHMITZ-MORKRAMER klassifizieren Immobilien (Walzel) beziehungsweise Gewerbeimmobilien (Schmitz-Morkramer) nach institutionellen Gesichtspunkten, indem sie unterschiedlichen Institutionen nutzerspezifische Immobilientypen zuordnen.[132] Da umgekehrt allerdings keine eindeutige Zuordnung möglich ist – eine Büroimmobilie kann sowohl von Dienstleistungsunternehmen als auch von Sachgüter produzierenden Unternehmen und Nonprofit-Organisationen genutzt werden – soll dieser Systematisierung nicht weiter gefolgt werden. Eine detaillierte empirische und theoretische Betrachtung der speziell in Nonprofit-Organisationen genutzten Immobilienarten erfolgt separat innerhalb der Teile III und IV der Arbeit.

e) Erläuterung und Spezifizierung immobilienbezogener Maßgrößen

Um Wirtschaftlichkeitsvergleiche zwischen Immobilien mit gleicher Zweckbestimmung durchführen zu können, bedarf es einer Systematisierung immobilienbezogener Maßgrößen, die nun in Bezug auf immobilienbezogene Flächen und Kosten vorgestellt wird.

(1) Darstellung und Systematisierung immobilienbezogener Flächen

Mit der DIN 277 „Grundflächen und Rauminhalte von Bauwerken im Hochbau“[133] existiert eine normierte Grundlage für die Ermittlung von Gebäudeflächen und -rauminhalten. Die im ersten Teil der DIN 277 getroffene Flächenstrukturierung ist in Abbildung 5 dargestellt.

---

[131] Bone-Winkel unternimmt eine weitere Unterteilung der Nutzung von Dienstleistungsflächen in Nutzungen mit und ohne Erwerbscharakter, der allerdings aufgrund der hier eingenommenen institutionenunabhängigen Sichtweise nicht gefolgt werden soll. Vgl. Bone-Winkel, Stephan (1994), S. 33.

[132] Schmitz-Morkramer unterscheidet vier Nutzergruppen: Produzierende Unternehmen, Dienstleistungsunternehmen, Handelsunternehmen und Organisationen ohne Erwerbszweck. Vgl. Schmitz-Morkramer, Gerd (1994), S. 440. Walzel ergänzt diesbezüglich um private Haushalte. Vgl. Walzel, Barbara (2008), S. 119.

[133] Vgl. DIN 277 (2005).

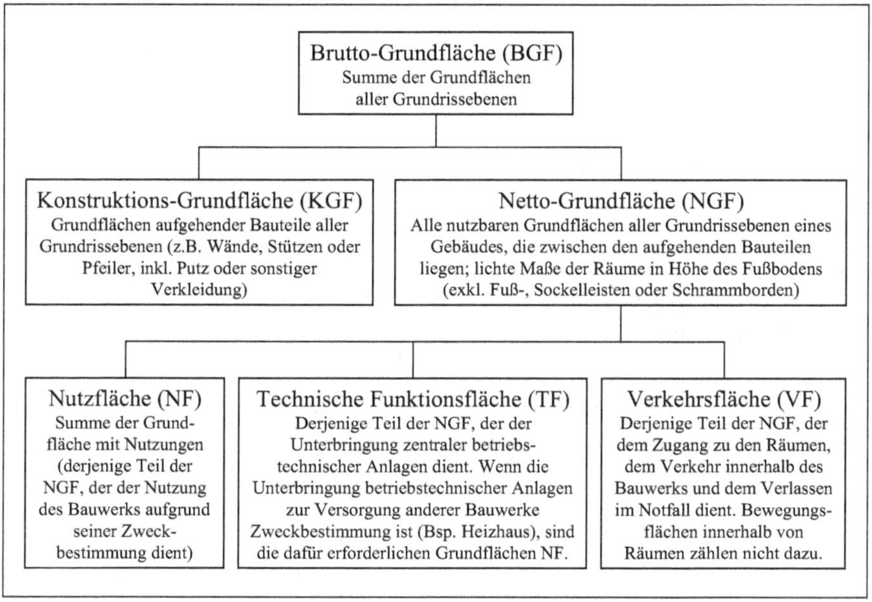

Abbildung 5: Flächenbegriffe der DIN 277, Teil 1

In Teil 1 der DIN 277 sind darüber hinaus Regeln für die Berechnung von Rauminhalten von Bauwerken festgelegt. Teil 2 teilt die in Teil 1 definierte Nutzfläche von Gebäuden nach Gruppen unterschiedlicher Nutzungsarten auf.[134]

Die Flächen- und Rauminhaltsbegriffe und -berechnungsregeln der DIN 277 bilden damit eine fundierte Grundlage für einen Wirtschaftlichkeitsvergleich verschiedener Gebäude in Form einer Kennzahlenanalyse.

(2) Darstellung und Systematisierung immobilienbezogener Kosten

Zur Definition und Abgrenzung von Immobilienkosten[135] werden in der Fachliteratur gemeinhin zwei Normen herangezogen. Nach der DIN 276 werden Kosten im Hochbau definiert als „Aufwendungen für Güter, Leistungen und Abgaben einschließlich

---

134 Vgl. zu den Flächen- und Rauminhaltsbegriffen und -berechnungen nach DIN 277 auch Schulz-Eickhorst, Antje / Focke, Christian / Pelzeter, Andrea (2008), S. 155 ff.
Eine Möglichkeit für die Flächenberechnung vermietbarer Flächen bietet die gif-Richtlinie MF-G „Richtlinie zur Berechnung der Mietfläche für gewerblichen Raum".

135 Die in der Fachliteratur parallel gebrauchten Begriffe „Gebäudekosten" beziehungsweise „Raumkosten" werden im Weiteren synonym mit dem Begriff „Immobilienkosten" verwendet.

Umsatzsteuer, die für die Planung und Errichtung von Hochbauten erforderlich sind“[136]. Damit handelt es sich jedoch nicht um Kosten im betriebswirtschaftlichen Sinn, also um einen bewerteten Verzehr von Gütern und Dienstleistungen, sondern vielmehr um Ausgaben.[137] Die DIN 276 dient insofern der Ermittlung und Zuordnung von Investitionsausgaben im Rahmen eines Bauvorhabens.

Mit der DIN 18960 existiert eine Norm, die immobilienbezogene Kosten auch im betriebswirtschaftlichen Sinn erfasst und gliedert. Die Norm bezieht sich gemäß Titel vornehmlich auf „Nutzungskosten im Hochbau“[138]; mit der Kostengruppe „Kapitalkosten“, die in Fremdmittel, Eigenmittel, Abschreibungen und sonstige Kapitalkosten untergliedert ist, werden jedoch auch Kosten aus dem Bereich der Immobilienbereitstellung aufgeführt. Nach der Quelle ihrer Entstehung lassen sich demnach *Immobilienbereitstellungskosten* und *Immobiliennutzungskosten* unterscheiden (vgl. Abbildung 6).[139]

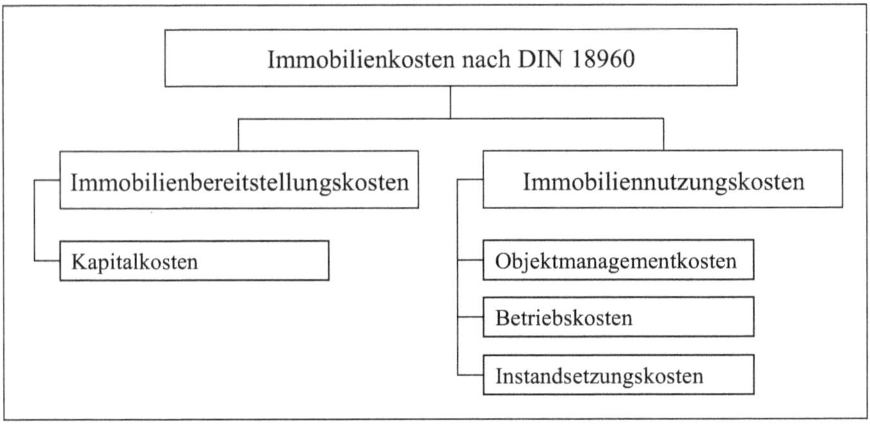

Abbildung 6: Immobilienkosten nach DIN 18960

Unter Immobiliennutzungskosten subsumieren sich die drei Kostengruppen Objektmanagementkosten, Betriebskosten und Instandsetzungskosten. *Objektmanagementkosten* – in früheren Ausgaben der DIN 18960 Verwaltungskosten genannt – umfassen Kosten der Fremd- und Eigenleistungen der zur Verwaltung der Immobilie erforderlichen Arbeitskräfte und Einrichtungen. Bei den *Betriebskosten* handelt es sich um re-

---

136 DIN 276 (2008).

137 Zur Kritik am Kostenbegriffsverständnis in der Baubetriebslehre vgl. Pfnür, Andreas (2002), S. 39, Homann, Klaus (1999), S. 46 und Schäfers, Wolfgang (1997), S. 65.

138 DIN 18960 (2008).

139 Vgl. auch Homann, Klaus (2000), S. 730.

gelmäßig anfallende Kosten, die zur Gewährleistung der Nutzung der Immobilie entstehen. Zu ihnen zählen Kosten aus den Bereichen Versorgung (Wasser, Strom, Wärme und Kälte), Entsorgung (Abwasser, Abfall), Bedienung, Wartung und Inspektion, Gebäudereinigung sowie Sicherheits- und Überwachungsdienste.

Die dritte Kostengruppe der Immobiliennutzungskosten wurde gegenüber älteren Fassungen der DIN 18960 in *Instandsetzungskosten* (früher Bauunterhaltungskosten) umbenannt. Damit wurde zwar die beabsichtigte Abgrenzung der Kosten der Instandhaltung nach den Bereichen der Instandhaltung – Inspektion, Wartung und Instandsetzung –[140] begrifflich verdeutlicht: Die laufend anfallenden Kosten der Inspektion und Wartung sollen unter die Betriebkosten (siehe oben), die diskontinuierlich anfallenden Kosten der Instandsetzungsmaßnahmen unter die Instandsetzungskosten fallen. Mit der Begriffsänderung ist jedoch die Schwachstelle der Zuordnung der Kosten der Instandhaltung nicht vollständig beseitigt worden: Einige Kosten der Instandhaltung fallen sowohl in die Gruppe der Betriebskosten (Wartung und Inspektion) als auch in die Gruppe der Instandsetzungskosten. Die begriffliche Änderung kann diese Zuordnungsprobleme der Kosten der Instandhaltung nicht vollständig beheben, sodass davon auszugehen ist, dass es weiterhin Fälle geben wird, für die keine klare Zuordnung möglich ist.

Dessen ungeachtet stellt die DIN 18960 eine gute Grundlage dar, immobilienbezogene Kosten voneinander abzugrenzen. Auch sind betriebswirtschaftliche Vergleiche zwischen Immobilien mit gleicher Zweckbestimmung auf der Basis dieser Norm möglich.

2. Immobilienmanagement – Gegenstand und Begriffsabgrenzung

Wie eingangs dargestellt, hat sich in Deutschland in den vergangenen zwei Jahrzehnten ein Paradigmenwechsel im Umgang mit Immobilien vollzogen. Damit hat auch die Bedeutung des Immobilienmanagements einen neuen Stellenwert erhalten:[141] Weg von der traditionellen Liegenschaftsverwaltung hin zum strategischen Immobilienmanagement. Angestoßen wurde diese Entwicklung durch die immobilienwirtschaftliche Forschung, die ihren Ursprung in den USA hat und mittlerweile auch in Deutschland eine Vielzahl von – inhaltlich nicht immer redundanzfreien – Managementansätzen hervorgebracht hat.

---

[140] Inspektion, Wartung und Instandsetzung werden nach DIN 32736 unter dem Oberbegriff „Instandhaltung" zusammengefasst. Vgl. auch Fußnote 80 in Unterabschnitt II.B.1.a).

[141] Vgl. Falk, Bernd (1997), S. 13 und Hallenberg, Bernd (1997), S. 211.

Ausschlaggebend für unterschiedliche Managementansätze sind in erster Linie unterschiedliche Blickwinkel auf den Untersuchungsgegenstand. Je nach zugrunde liegender Perspektive sind Ansätze zu Problembereichen betrieblich genutzter Immobilien von solchen Ansätzen zu differenzieren, die Immobilien unter Kapitalanlagegesichtspunkten betrachten.[142]

Gegenwärtig existieren in Fachliteratur und Praxis infolgedessen verschiedene Bezeichnungen und Untergliederungen im Bereich des Immobilienmanagements. Für den weiteren Verlauf der Arbeit ist daher eine klare Einordnung und inhaltliche Abgrenzung der unterschiedlichen immobilienwirtschaftlichen Managementbegriffe und -ansätze erforderlich. Dabei werden zunächst zwei jüngst erschienene Vorschläge zur Strukturierung immobilienbezogener Managementbegriffe diskutiert, bevor nachfolgend eine Begriffsabgrenzung des Immobilienmanagements erfolgt.

a) Begriffsvielfalt – Zwei Ansätze zur Strukturierung immobilienwirtschaftlicher Managementbegriffe

Seit Beginn der strategisch orientierten Auseinandersetzung mit Immobilien in der immobilienwirtschaftlichen Forschung und Praxis haben sich vielfältige immobilienbezogene Managementdisziplinen und inhaltlich sich teils überlappende Begrifflichkeiten entwickelt.[143] Dies führt dazu, dass kein einheitliches Verständnis von Begriffen und Leistungen verschiedener Managementdisziplinen der Immobilienwirtschaft existiert und infolgedessen regelmäßig zeit- und kostenintensive Abstimmungen notwendig werden, um ein gemeinsames Verständnis zu erzielen.

TEICHMANN und KÄMPF-DERN schlagen jeweils unterschiedliche Strukturierungsmöglichkeiten vor, die darauf abzielen, in ordnenden Schemata eine Übersicht und Abgrenzung der zahlreichen Managementbegrifflichkeiten zu liefern. Ihre Vorschläge unterscheiden sich insbesondere in der Wahl der Differenzierungskriterien.

---

[142] Pfnür gibt einen Überblick über Managementansätze, in denen Immobilien primär als Kapitalanlageform behandelt werden. Vgl. Pfnür, Andreas (2001), S. 410. Einen Überblick über die Entwicklung von Ansätzen zu Problembereichen betrieblich genutzter Immobilien findet sich bei Hartmann, Steffen / Lohse, Moritz / Pfnür, Andreas (2007), S. 2 ff.

[143] Gondring spricht von „mannigfachen und teils konfusen Begriffsvariationen“ [Gondring, Hanspeter (2009), S. 472].

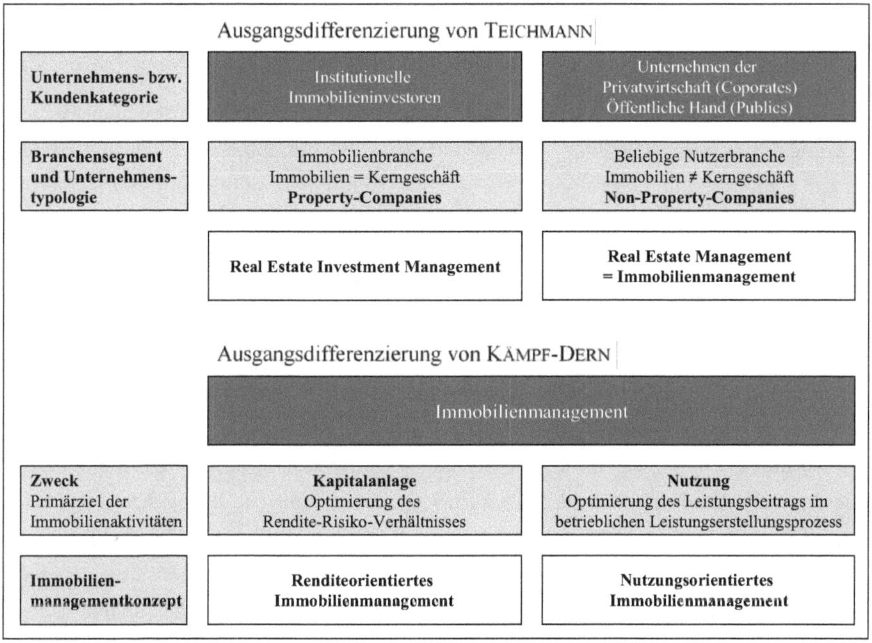

Abbildung 7: Strukturierungsvorschläge immobilienwirtschaftlicher Managementbegriffe nach Teichmann und Kämpf-Dern[144]

Während TEICHMANN auf eine gängige Ausgangsdifferenzierung nach Organisationstypen zurückgreift und dementsprechend zwischen institutionellen Immobilieninvestoren[145] einerseits und sogenannten „Non-Property-Companies"[146] der Privatwirtschaft (Corporates) und der öffentlichen Hand (Publics) andererseits unterscheidet,[147] nimmt KÄMPF-DERN eine auf einen Ansatz von PFNÜR[148] zurückgehende Differenzierung nach dem Zweck der Immobilienhaltung vor.[149] Nach diesem zweckabgeleiteten Struk-

---

[144] Vgl. Teichmann, Sven A. (2007), S. 9 und Kämpf-Dern, Annette (2008), S. 60.

[145] Nach Bone-Winkel / Müller / Pfrang lassen sich institutionelle Immobilieninvestoren in fünf Gruppen einteilen: Versicherungen und Pensionskassen, geschlossene Immobilienfonds, offene Immobilienfonds (Publikumsfonds und Immobilienspezialfonds), Immobilienleasinggesellschaften und Immobilienaktiengesellschaften. Vgl. Bone-Winkel, Stephan / Müller, Tobias / Pfrang, Dominique C. (2008), S. 38.

[146] Unter „Non-Property-Companies" – also „Nicht-Immobilienunternehmen" – werden solche Betriebe verstanden, deren Kerngeschäft nicht im Immobilienbereich liegt; immobilienspezifische Leistungen stellen demnach Sekundärleistungen dar. Vgl. Gondring, Hanspeter (2009), S. 454, Schäfers, Wolfgang (1997), S. 17 und Abschnitt II.B.3.

[147] Vgl. Teichmann, Sven A. (2007), S. 8 f.

[148] Vgl. Pfnür, Andreas (2002), S. 11.

[149] Vgl. Kämpf-Dern, Annette (2008), S. 61.

turierungsvorschlag stehen sich Immobilien, die aus Kapitalanlagegesichtspunkten gehalten werden und betrieblich genutzte Immobilien gegenüber.

Die Zweckunterschiede der Immobilienhaltung bringen prinzipiell abweichende Zielsetzungen des Immobilienmanagements mit sich: Bei Immobilien, die vor dem Hintergrund einer Kapitalanlage angeschafft werden, steht eine Optimierung von Rentabilität, Liquidität und Risiko im Vordergrund. Demgegenüber zielt das Management betrieblich genutzter Immobilien auf deren Leistungsbeitrag im Prozess der betrieblichen Leistungserstellung ab.[150]

Die Methoden und Instrumente eines *Managements von Kapitalanlageimmobilien* unterscheiden sich dementsprechend grundlegend von solchen eines *Managements betrieblich genutzter Immobilien.* Wenngleich auch in TEICHMANNS Strukturierungsvorschlag indirekt eine zweckbezogene beziehungsweise zielabgeleitete Konzeptdifferenzierung zum Ausdruck kommt, muss seiner Organisationstypen-bezogenen Strukturierung folgende Unschärfe konstatiert werden: Institutionelle Immobilieninvestoren bewirtschaften freilich überwiegend Kapitalanlageimmobilien, darüber hinaus jedoch auch selbstgenutzte Immobilien. Infolgedessen müssen sie sich mit den anders gearteten Zielsetzungen eines *nutzungsorientierten* Immobilienmanagements – bei TEICHMANN heißt es unspezifiziert „Immobilienmanagement" respektive „Real Estate Management"[151] – auseinandersetzen. Andererseits beschränkt sich das Management von Non-Property-Companies nicht zwangsläufig auf ihre betrieblich genutzten Immobilien. Aus historischen und/oder strategischen Gründen kann ein Teil ihres Immobilienportfolios aus Immobilien zur Vermögensanlage bestehen, für die die Zielsetzungen eines *renditeorientierten* Immobilienmanagements[152] ausschlaggebend sind.[153] Diesbezüglich stringenter ist der rein nach dem Primärziel der Immobilienaktivitäten abgeleitete Strukturierungsvorschlag von KÄMPF-DERN; hierauf soll daher im Folgenden Be-

---

[150] Vgl. Schulte, Karl-Werner et al. (2006), S. 26 und Pfnür, Andreas (2004), S. 9.

[151] Vgl. Teichmann, Sven A. (2007), S. 11. Teichmann benutzt „Immobilienmanagement" als Oberbegriff für die Immobilienaktivitäten in Non-Property-Companies. In Anlehnung an Kämpf-Dern erscheint dies problematisch, da aus allgemeinsprachlichen Gründen ein unspezifizierter Begriff sämtliche spezifizierten Managementbegriffe – unabhängig ihrer Anwendung in speziellen Organisationstypen – und somit auch das Management institutioneller Investoren umfassen sollte. Vgl. Abbildung 7 und Kämpf-Dern, Annette (2008), S. 61.

[152] Bei Teichmann heißt es „Real Estate Investment Management".

[153] Auch Bogenstätter kritisiert die Differenzierung nach Property-Companies und Non-Property-Companies: „Die Unterscheidung in Property und Non-Property Unternehmen ist wenig hilfreich. Entscheidend ist, ob immobilienspezifische Aufgaben professionell durchgeführt werden." [Bogenstätter, Ulrich (2008), S. 3].

zug genommen werden, um immobilienwirtschaftliche Managementbegriffe und -disziplinen einzuordnen und voneinander abzugrenzen. Dies ist auch deshalb sinnvoll, da andere Halter von Immobilien, die nicht den Organisationstypen „institutionelle Investoren“, „Unternehmen“ und „öffentliche Hand“ zuzuordnen sind – wie die in dieser Arbeit betrachteten Nonprofit-Organisationen – im Strukturierungsvorschlag von TEICHMANN fehlen.

b) Einordnung immobilienwirtschaftlicher Managementbegriffe und -disziplinen

Wie zuvor erläutert und in Abbildung 8 dargestellt, steht „Immobilienmanagement“ als Oberbegriff über allen immobilienbezogenen Aktivitäten und umfasst *organisationstypen-* und *zielsetzungsunabhängig* sämtliche spezifizierte Managementdisziplinen.

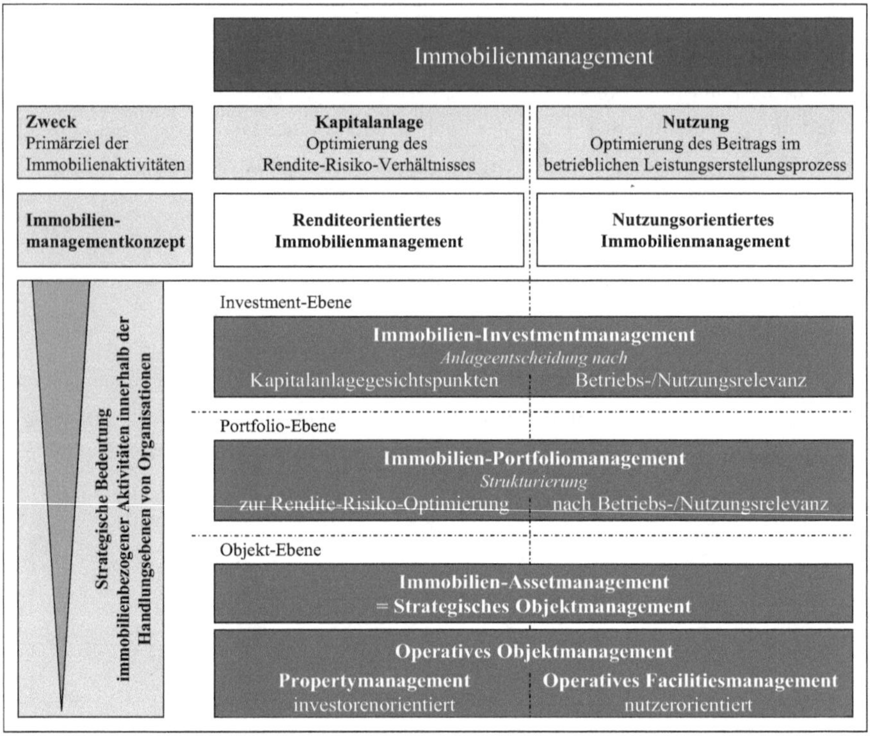

Abbildung 8: Übersicht immobilienwirtschaftlicher Managementdisziplinen[154]

Die Managementdisziplinen sind nach ihrer strategischen Bedeutung der Immobilienaktivitäten in Handlungsebenen eingestuft. Dabei orientiert sich die Ausrichtung der Ebenen an hierarchisch strukturierten Managementmodellen der strategischen Managementtheorie,[155] die in der Regel so aufgebaut sind, dass die jeweils übergeordneten Managementaufgaben den Rahmen für die nachgeordneten Aufgaben bilden.

Die Handlungsebenen und Managementdisziplinen in Abbildung 8 sind infolgedessen so zu charakterisieren, dass

---

154 In Anlehnung an Kämpf-Dern, Annette (2008), S. 60.

155 Das St. Galler Management-Modell untergliedert in eine richtungsvorgebende Managementebene mit normativen Orientierungsprozessen, eine strategische Managementebene mit strategischen Entwicklungsprozessen und in eine operative Managementebene mit operativen Führungsprozessen. Vgl. Rüegg-Stürm, Johannes (2003), S. 71 f. Ein ähnlich strukturiertes Managementmodell findet sich bei Hungenberg, Harald (2006), S. 23 f.

- das *Immobilien-Investmentmanagement* die richtungsvorgebende Ebene (bezogen auf Immobilieninvestments),
- das *Immobilien-Portfoliomanagement* die strategische Ebene (bezogen auf Portfolien),
- das *Immobilien-Assetmanagement* beziehungsweise *strategische Objektmanagement* die strategische Ebene (bezogen auf Objekte) und
- das *operative Objektmanagement* die operative Managementebene

darstellen.

Die hier genannten Managementdisziplinen gelten jeweils sowohl für den Zweig des renditeorientierten Immobilienmanagements als auch den des nutzungsorientierten Immobilienmanagements. Die konkrete Ausgestaltung der Aufgabeninhalte und der Organisation unterscheidet sich jeweils abgeleitet aus den anders gearteten Zielen.

So erfolgt beim *Immobilien-Investmentmanagement* – hier wird auf richtungsvorgebender Geschäftsführungsebene über Immobilieninvestitionen und -desinvestitionen entschieden – die Anlageentscheidung primär nach Kapitalanlagegesichtspunkten (renditeorientiertes Immobilienmanagement) respektive nach der Betriebs-/ Nutzungsrelevanz (nutzungsorientiertes Immobilienmanagement).[156]

Nach WELLNER ist das *Immobilien-Portfoliomanagement* „ein komplexer, kontinuierlicher und systematischer Prozess der Analyse, Planung, Steuerung und Kontrolle von Immobilienbeständen, der die Transparenz für den Immobilieneigentümer bzw. -investor erhöhen soll“[157]. Kernaufgabe des Portfoliomanagements ist die „Formulierung und Aktualisierung der Portfoliostrategie“[158], die mit der allgemeinen Anlagestrategie des renditeorientierten Immobilienmanagements beziehungsweise mit der übergeordneten Organisationsstrategie eines nutzungsorientierten Immobilienmanagements

---

[156] Im gegenwärtigen Verständnis in Wissenschaft und Praxis wird das Immobilien-Investmentmanagement beziehungsweise Real Estate Investment Management oftmals allein dem renditeorientierten Immobilienmanagement zugeschrieben. Vgl. Gesellschaft für immobilienwirtschaftliche Forschung e. V. (2004), S. 3. Dabei wird ignoriert, dass „Unternehmen im Rahmen der Investitionen und Desinvestitionen ihrer betrieblich genutzten Immobilien selbstverständlich ebenfalls Investmentaufgaben der Unternehmensebene wahrnehmen“ [Kämpf-Dern, Annette (2008), S. 62].

[157] Wellner, Kristin (2002), S. 35.

[158] Bone-Winkel, Stephan et al. (2008), S. 783.

abzustimmen ist. Ziel ist eine optimale Strukturierung des Immobilienbestandes nach Rendite-Risiko- / nutzungsorientierten Aspekten.

Im *Immobilien-Assetmanagement* werden einzelne Objekte des Immobilienportfolios betrachtet; es steht daher mit dem Immobilien-Portfoliomanagement in enger Wechselwirkung. Zentrale Aufgabe ist die Entwicklung wertorientierter – das heißt wertsteigernder und/oder kostensenkender – Strategien für einzelne Immobilienobjekte; Immobilien-Assetmanagement kann synonym mit der Bezeichnung „Strategisches Objektmanagement" gesetzt werden.[159]

Die Operationalisierung von wertsteigernden und kostensenkenden Maßnahmen erfolgt im *Operativen Objektmanagement.* In Abhängigkeit vom Primärziel des Immobilienmanagements gibt es analog zu den übergeordneten Handlungsebenen unterschiedliche Ausgestaltungen und Begrifflichkeiten. Bei den operativen Managementaktivitäten eines renditeorientierten Immobilienmanagements spricht man vom sogenannten *Propertymanagement.* Hier handelt es sich neben allgemeinen technischen, infrastrukturellen und kaufmännischen Managementaufgaben[160] in erster Linie um investorenbezogene Aufgaben im Bereich des Immobilienmarketings oder Vermietungsmanagements.

Auf nutzungsorientierter Seite des operativen Objektmanagements stehen Aufgaben, die auf die konkrete Nutzung einer Immobilie abzielen, wie etwa Flächenmanagement oder Umzugsplanung, im Vordergrund.[161] Diesen nutzungsorientierten Zweig des operativen Objektmanagements nennt KÄMPF-DERN *operatives immobilienbezogenes Facilitiesmanagement* und macht damit zweierlei deutlich: Erstens bezieht sich der Begriff Facilitiesmanagement gemäß seinem gegenwärtigen Verständnis als „Management von Sekundärprozessen und -ressourcen mit dem Ziel der optimalen Unterstützung und Verbesserung der Geschäfts- bzw. Primärprozesse"[162] auf die gesamte Infrastruk-

[159] Vgl. Teichmann, Sven A. (2007), S. 9 und Kämpf-Dern, Annette (2008), S. 60.

[160] Der auf die Nutzungsphase einer Immobilie ausgerichtete Ansatz des Gebäudemanagements unterteilt in die Aufgabenfelder des technischen, infrastrukturellen und kaufmännischen Gebäudemanagements. Vgl. zur genauen Ausgestaltung dieser Aufgabenbereiche Unterabschnitt II.B.3.b) S. 58 ff.

[161] Vgl. Kämpf-Dern, Annette (2008), S. 63.

[162] Teichmann, Sven A. (2007), S. 22. Nachdem in der Vergangenheit das Facilitiesmanagement auf Gebäude und „nicht selten auf das Betreiben der Gebäudetechnik oder gar auf Hausmeisterdienste beschränkt" [Pierschke, Barbara (2001), S. 24] war, ist das gegenwärtige Begriffsverständnis von einem bezüglich des Leistungsumfangs weit gefassten Verständnis geprägt. Vgl. auch die Definition der „German Facility Management Association" (GEFMA): „Facility Management (FM) ist eine Managementdisziplin, welche die notwendigen Unterstützungs- (Sekundär-) Prozesse des

tur einer Organisation und geht damit deutlich über die Facility „Immobilie“ hinaus.[163] Zweitens umfasst Facilitiesmanagement nicht nur operative Managementaufgaben, sondern alle Dimensionen des Managements auf operativer, strategischer und normativer Ebene.[164]

Wenn Facilitiesmanagement als Management von Sekundärprozessen aufgefasst wird, welches sowohl die gesamte Infrastruktur einer Organisation (und somit nicht nur Immobilien) als auch alle Managementebenen einbezieht, lässt sich ferner schließen, dass

- das Facilitiesmanagement ein nutzungsorientiertes Konzept darstellt,[165] weil im Strang des renditeorientierten Immobilienmanagements „Immobilienmanagementprozesse ganz überwiegend Primärprozesse sind“[166], und darüber hinaus
- das nutzungsorientierte Immobilienmanagement eine Teildisziplin des Facilitiesmanagement darstellt – nicht jedoch umgekehrt.

Die Bezeichnung *operatives immobilienbezogenes Facilitiesmanagement* ist daher im Hinblick darauf, dass es sich als nutzungsorientiertes Management immobilienbezogener Sekundärprozesse deutlich vom *Propertymanagement* als operatives investorenorientiertes Management immobilienbezogener Kernprozesse unterscheidet, logisch stringent.

Die hier dargestellten immobilienwirtschaftlichen Managementdisziplinen wurden je nach Handlungsebene und Blickwinkel auf den Untersuchungsgegenstand Immobilie (Kapitalanlage versus betriebliche Nutzung) eingeordnet und gegeneinander abgegrenzt.

Kerngeschäfts eines Unternehmens vereint.“ [http://www.gefma.de/definition.html, Abruf am 03.01.2009].

163 Obwohl sich in Deutschland die amerikanische Schreibweise *Facility Management* durchgesetzt zu haben scheint, wird im Rahmen dieser Arbeit der amerikanische Ausdruck *Facilitiesmanagement* verwendet, um deutlich zu machen, dass sich die Managementdisziplin nicht nur auf eine Facility (oder *die* eine Facility „Immobilie“), sondern auf die gesamte Organisationsinfrastruktur bezieht. Vgl. auch Pierschke, Barbara (2001), S. 19.

164 Vgl. Kämpf-Dern, Annette (2008), S. 63 f.

165 Siehe auch Pierschke: „Facilities Management ist ein am Nutzer orientierter Ansatz des Immobilienmanagements.“ [Pierschke, Barbara (2000), S. 277].

166 Kämpf-Dern, Annette (2008), S. 64.

Im Folgenden der Arbeit wird überwiegend auf den Strang des nutzungsorientierten Immobilienmanagements Bezug genommen. In den wenigen Passagen der Arbeit, die sich auf ein renditeorientiertes Immobilienmanagement beziehen, sei hier abschließend nochmals auf die prinzipiell abweichende Zielsetzung dieses Stranges des Immobilienmanagements hingewiesen.

3. Immobilienwirtschaftliches Managementkonzept für erwerbswirtschaftliche Unternehmen: Corporate Real Estate Management

Vor dem Hintergrund hoher in Immobilien gebundener Finanzmittel, einer häufig langfristigen Bindungsdauer und mangelnden Korrekturfähigkeit bei Fehlentscheidungen hat ein aktives und strategisches Management von Immobilien erwerbswirtschaftlich orientierter Unternehmen in den letzten Jahren stark an Bedeutung gewonnen.[167] Mit der Erkenntnis hoher Kosten- und Vermögensdimensionen unternehmenseigener Immobilien[168] entdecken Unternehmen sukzessiv ihre bislang zumeist vernachlässigte Ressource „Immobilie“ und weisen ihrem früher häufig als „Gehäuse für die Produktion und Verwaltung“[169] angesehenen Immobilienbesitz einen neuen, höheren Stellenwert zu.[170]

Unter *Corporate Real Estate Management (CREM)* wird eine Managementkonzeption verstanden, die sich in strategischer Hinsicht mit dem Immobilienbestand von Non-Property-Companies auseinandersetzt, Unternehmen also, deren originärer Geschäftszweck außerhalb des Immobilienbereichs liegt.[171]

Dieser Abschnitt rückt damit einen *organisationstypenspezifischen* Managementansatz in den Vordergrund. CREM, als ein für die Anwendung in erwerbswirtschaftlichen Unternehmen entwickeltes Immobilienmanagementkonzept, steht in der Übersicht immobilienwirtschaftlicher Managementdisziplinen des vorausgehenden Abschnitts[172] anstelle des – dort organisationstypenunabhängig betrachteten – „Immobilienmanage-

---

[167] Vgl. Schäfers, Wolfgang (1997), S. 73.

[168] Empirischen Untersuchungen zufolge stellen Immobilienkosten nach den Personalkosten regelmäßig den zweitgrößten Kostenfaktor von Unternehmen dar. Die Erkenntnis verdeutlicht die hohe strategische Bedeutung von Immobilien für den Unternehmenserfolg. Vgl. Pfnür, Andreas (2004), S. 19, Henzelmann, Torsten (2004), S. 62 und Cock, Robert / French, Nick (2001), S. 4.

[169] Pfarr, Karlheinz (1984), S. 102.

[170] Vgl. Falk, Bernd (1997), S. 34.

[171] Vgl. Gondring, Hanspeter (2009), S. 454.

[172] Vgl. Abbildung 8 in Unterabschnitt II.B.2.b) S. 42.

ments“, also an oberster Stelle. CREM greift insofern beide Stränge des Immobilienmanagements auf. Der Ansatz stellt eine unternehmerische Führungskonzeption dar, die auf einen optimalen Leistungsbeitrag der Unternehmensimmobilien im Prozess der betrieblichen Leistungserstellung abzielt[173] und infolgedessen primär dem Strang des nutzungsorientierten Immobilienmanagements „folgt“. Es wurde allerdings darauf verwiesen, dass Non-Property-Companies durchaus auch Immobilien aus Kapitalanlagegesichtspunkten im Bestand haben können,[174] für die ein renditeorientiertes Immobilienmanagement anzuwenden ist.

Das auch mit „betriebliches Immobilienmanagement“ übersetzte CREM vereint demnach nutzungs- und renditeorientierte Zielsetzungen und kann gemäß einer Definition von SCHÄFERS als „Führungskonzeption für die Immobiliendimension in Non-property-companies“[175] aufgefasst werden,

> *„in deren Mittelpunkt ein spezieller Prozess steht, der ausgehend von den strategischen Zielsetzungen der Unternehmung durch eine systematische Planung, Steuerung und Kontrolle aller immobilienbezogenen Unternehmensaktivitäten einen Beitrag zur nachhaltigen Wettbewerbsfähigkeit der Unternehmung leisten will.“*[176]

Der Definition zufolge liegt das Ziel des CREM-Ansatzes in einer Unterstützung des Kerngeschäfts eines Unternehmens, indem immobilienbezogene Kostensenkungs- und Effizienzpotentiale identifiziert und realisiert werden sollen.[177] Durch Einbindung in die langfristige Unternehmensstrategie wird das betriebliche Immobilienmanagement zur Führungsaufgabe und damit grundlegend neu ausgerichtet. Um die finanz- und leistungswirtschaftliche Situation des Unternehmens zu verbessern, weicht die in der herkömmlichen Immobilienverwaltung überwiegende Objekt- und Technikorientierung einem betriebswirtschaftlichen Denken in Nutzer- und Portfoliokategorien.[178]

---

173 Vgl. Homann, Klaus (1999), S. 64 und Straßheimer, Petra (1999), S. 71.

174 Der Zweck der Immobilienhaltung kann sich auch aufgrund von (Neu-)Strukturierungen des Unternehmensimmobilienbestands in für die Leistungserstellung des Unternehmens notwendige und nicht (mehr) notwendige Immobilien geändert haben, sodass für letztere Immobiliengruppe nun primär renditeorientierte Ziele verfolgt werden.

175 Schäfers, Wolfgang (1997), S. 81.

176 Schäfers, Wolfgang (1997), S. 81.

177 Siehe auch Schulte, Karl-Werner / Schäfers, Wolfgang (2004), S. 34 und Schwarz, Martin E. (2004), S. 119.

178 Vgl. Hallenberg, Bernd (1997), S. 211.

a) Fünf Entwicklungsstufen im Corporate Real Estate Management

Mit dem Ziel, die Entwicklung hin zu einem strategisch orientierten betrieblichen Immobilienmanagement – in dem Immobilien- und Unternehmensstrategie eng miteinander verknüpft sind – zu beschreiben, entwickelte eine Forschergruppe am Massachusetts Institute of Technologie ein Fünf-Stufen-Modell. Von der ersten bis zur fünften Stufe des Modells soll das Corporate Real Estate Management eines Unternehmens einen kontinuierlichen Prozess durchlaufen, um den betrieblichen Immobilienbestand in Bezug auf die langfristige Unternehmensausrichtung zu optimieren.[179]

Die fünf Entwicklungsstufen sollen im Folgenden dargestellt werden,[180] zumal nach einer empirischen Studie von PFNÜR / HEDDEN nur bei rund 50 % der deutschen Unternehmen die Immobilienstrategie mit der strategischen Gesamtausrichtung der Unternehmen verknüpft ist:[181]

In der *niedrigsten Entwicklungsstufe* des Corporate Real Estate Managements liegen die Schwerpunkte auf technischen Aufgaben im Bereich der Gebäudeerstellung und -bewirtschaftung. Die Immobilienabteilung agiert auf angemeldete Flächenbedarfe der Nutzer; die Aufgaben sind daher als reaktiv zu charakterisieren; ein strategisches Denken ist nicht erforderlich. Die mit der Nutzung von Immobilien verbundenen Kosten werden als Gemeinkosten im Rechnungswesen des Unternehmens berücksichtigt.

In der *zweiten Stufe* stehen Aufgaben des immobilienbezogenen Kostenmanagements im Vordergrund: Mit Hilfe kostenanalytischer Methoden werden Maßnahmen zur Kostensenkung durchgeführt. Es wird darüber hinaus eine engere Kooperation mit den Nutzern / Geschäftsbereichen angestrebt, indem erstens durch Ermittlung des kurz- und langfristigen Flächenbedarfs Immobilienflächen effizienter bereitgestellt werden und zweitens die Nutzer über interne Verrechnungspreise in Höhe der jährlichen Abschreibungen zu einem wirtschaftlichen Umgang mit Immobilien angeregt werden.

Die Generierung von Wertschöpfungspotentialen durch (Neu-)Strukturierung des Immobilienportfolios sowie Identifikation und Verwertung nicht betriebsnotwendiger

---

179 Vgl. Gondring, Hanspeter (2009), S. 457.

180 Vgl. hierzu Joroff, M. et al. (1993), S. 14 ff. und Gondring, Hanspeter (2009), S. 457 ff. Ähnlich auch Pfnür, Andreas (2002), S. 122 f. und Schäfers, Wolfgang (1997), S. 82 ff.

181 Vgl. Pfnür, Andreas / Hedden, Nele (2002), S. 23. In der 2002 durchgeführten Studie wurden mittels telefonischer Interviews insgesamt 70 Immobilien- und 58 Finanzverantwortliche deutscher Großunternehmen mit mehr als 9.000 Mitarbeitern zur Institutionalisierung des betrieblichen Immobilienmanagements befragt.

Immobilien stehen im Zentrum der *dritten Stufe*. Auch werden mittels Benchmarking Marktvergleiche in Bezug auf Kosten, Flächenverbrauch und Raumstandards durchgeführt, um weitere Einsparpotentiale aufzudecken und Nutzungskosten zu minimieren. Die internen Mieten werden in Höhe der Vollkostenpreise unter Berücksichtigung kalkulatorischer Kosten – etwa Opportunitätskosten des in Immobilien gebundenen Kapitals – angesetzt.

In der *vierten Stufe* des Entwicklungsmodells wird das Immobilienmanagement in die strategische Vorausplanung des Gesamtunternehmens eingebunden, indem die Ressourcenplanung im Immobilienbereich darauf ausgerichtet wird und demzufolge proaktives Handeln gewährleistet ist. Das Immobilienmanagement ist als selbstständiges Profit-Center organisiert, das von den Unternehmenseinheiten marktübliche Preise für die erbrachten Leistungen auf der Grundlage unternehmensexterner Vergleiche verlangt. Die Immobilienleistungen sind in Teilen dem externen Wettbewerb ausgesetzt; sie können fremdvergeben oder selbst auf dem Markt angeboten werden.

Das Verständnis des Immobilienmanagements in der *höchsten Entwicklungsstufe* des Corporate Real Estate Managements ist durch eine enge Zusammenarbeit von Führungsebene, den strategischen Unternehmenseinheiten und der Immobiliengeschäftseinheit in Form einer „integrierten Unternehmens- und Immobilienplanung“[182] geprägt. Ökonomische und technische Trends sind unter Berücksichtigung der strategischen Herausforderungen des Unternehmens zu erkennen, zu bewerten und in die zukünftige Struktur des Immobilienportfolios zu integrieren.

b) Phasenbezogene Aufgabenfelder und Ziele des Corporate Real Estate Managements

Die grundlegende Neuausrichtung und geänderte Zielsetzung immobilienbezogener Aktivitäten erweitern das Aufgabenspektrum im betrieblichen Immobilienmanagement. Ehemals von unterschiedlichen Akteuren isoliert bearbeitete immobilienbezogene Aufgaben sollen – einer strategischen Grundorientierung folgend – zusammengeführt werden.[183] Mit Blick auf die Gesamtstrategie des Unternehmens werden in den drei zentralen Aufgabenfeldern Immobilienbereitstellung, -bewirtschaftung und -verwertung strategische und operative Konzepte erarbeitet und umgesetzt.

---

[182] Schäfers, Wolfgang / Gier, Sonja (2008), S. 858.

[183] Vgl. Homann, Klaus (1999), S. 59.

Mittels Portfolioanalysen werden darüber hinaus betriebsnotwendige und nicht betriebsnotwendige Unternehmensimmobilien identifiziert. Für die Gruppe der betriebsnotwendigen Immobilien kommen kosten- und nutzenanalytische Methoden mit dem Ziel einer Optimierung der Kosten-Nutzen-Relationen zur Anwendung. Die Verwertung von – vorrangig nicht betriebsnotwendigen, aber auch betriebsnotwendigen – Unternehmensimmobilien ermöglicht eine finanzielle Nutzenziehung aus dem Gesamtimmobilienbestand beziehungsweise eine Freisetzung bislang gebundenen Kapitals; die Immobilienverwertung steht somit primär unter renditeorientierten, monetären Zielsetzungen.[184]

Die Teilbereiche des betrieblichen Immobilienmanagements – Immobilienbereitstellung, -bewirtschaftung und -verwertung – sind an die in Unterabschnitt II.B.1.c) dargestellten Lebenszyklusphasen angelehnt. Dabei ist jedoch zu beachten, dass sich der Lebenszyklus in Abbildung 3[185] auf Immobilien als Objekt bezieht. Die hier betrachteten Aufgabenbereiche zielen darüber hinaus auf den *einen* Immobiliennutzer, das Unternehmen, ab. Der *objektbezogene* Immobilienlebenszyklus ist daher um diesen Nutzerbezug zu erweitern. Dies schlägt sich zum einen in der Umbenennung der ersten beiden Phasen – Bereitstellung (statt: Entstehung) und Bewirtschaftung (statt: Nutzung) – nieder, wodurch ferner eine stärkere Managementorientierung zum Ausdruck kommt. Zum anderen bedarf es einer inhaltlichen Anpassung beziehungsweise zeitlichen Verschiebung der Verwertungsphase im Lebenszyklus. Die Verwertung der Immobilie umfasst nicht allein den Abriss eines Gebäudes / Bauwerks. Von einer *nutzerbezogenen* Immobilienverwertung wird bereits gesprochen, wenn eine Immobilie verkauft oder vermietet wird, das Unternehmen sich also vom Nutzungs- und/oder Eigentumsrecht an der Immobilie trennt.

Im Folgenden sollen die drei zentralen, phasenbezogenen Aufgabenfelder des Corporate Real Estate Managements näher dargestellt und diskutiert werden.

(1) Immobilienbereitstellung – Darstellung und Diskussion grundsätzlicher Bereitstellungsmöglichkeiten

Steht ein Flächenbedarf an, der mit dem in einem Unternehmen vorhandenen Flächenbestand nicht gedeckt werden kann – sei es aufgrund eines zusätzlichen Flächenbe-

---

184 Vgl. Hallenberg, Bernd (1997), S. 211.

185 Vgl. Unterabschnitt II.B.1.c) S. 29.

darfs oder weil Teile des Bestands entweder den Anforderungen des Unternehmens nicht mehr genügen oder einer ertragreicheren Verwendung am Markt zugeführt wurden –,[186] hat sich das betriebliche Immobilienmanagement über die Form der Immobilienbereitstellung Gedanken zu machen. Hierzu stehen dem Unternehmen mit Miete, Leasing, Kauf und (Neu-)Entwicklung von Immobilien grundsätzliche Möglichkeiten zur Bereitstellung immobiliarer Ressourcen zur Verfügung, die im Folgenden vorgestellt und diskutiert werden.

Mit der *Anmietung* einer Immobilie wird gegen Zahlung einer monetären Gegenleistung ein zeitlich befristetes Nutzungsrecht an der Immobilie begründet.[187] Im Unterschied zur Anmietung von Immobilien zu Wohnzwecken herrscht im Gewerbemietrecht weitgehende Vertragsfreiheit, sodass die Vorteilhaftigkeit der Miete gegenüber anderen Bereitstellungsformen zum großen Teil von der Vertragsgestaltung abhängt. Insbesondere in Zeiten von Angebotsüberhängen auf dem Flächenmarkt können zusätzlich vereinbarte Nebenabreden die Attraktivität der Bereitstellungsvariante Miete erhöhen.[188] Dass die Instandhaltungs- und Wartungsarbeiten rund um die gemietete Immobilie im Verantwortungsbereich des Vermieters bleiben, wird in der Regel aus der Sicht des Mieters ebenfalls positiv bewertet.

Unter *Immobilienleasing* wird „die mittel- bis langfristige Vermietung von Grundstücken, Gebäuden und deren Zubehör durch Finanzierungsinstitute und anderen Unternehmen verstanden“[189]. Immobilienleasing wird – auch weil es gesetzlich nicht verankert und nur in Teilbereichen wie dem Bilanz- und Steuerrecht erwähnt ist – häufig als Form der Miete mit Einzelelementen aus Kauf und Darlehen angesehen.[190] Im Unterschied zur Miete wird beim Leasing die Pflicht zur Aufrechterhaltung der Gebäudefunktion auf den Leasingnehmer übertragen.[191] Auf eine detaillierte Charakterisierung des Leasings soll aufgrund seiner verschiedenartigen Ausprägungsmöglichkeiten an

---

[186] Vgl. zu den Entscheidungsanlässen der Bereitstellung von betrieblich genutzten Immobilien Pfnür, Andreas (2002), S. 303 f.

[187] Rechtlich verankert ist ein Mietverhältnis in den §§ 535 bis 580 BGB.

[188] Vgl. Schäfers, Wolfgang (1997), S. 162.

[189] Büschgen, Hans Egon (Hrsg.) (1998), S. 2 f.

[190] Vgl. Pfnür, Andreas (2002), S. 226.

[191] Der Leasingnehmer hat für den gebrauchsgemäßen Zustand der Immobilie zu sorgen und übernimmt damit eine eigentümerähnliche Verantwortung für die Nutzung des Objektes. Vgl. Gondring, Hanspeter (2009), S. 461.

dieser Stelle verzichtet werden.[192] Grundsätzlich zeichnet sich Leasing durch vergleichsweise langfristige Mietverträge aus. Die Grundmietzeit, die in der Regel unkündbar ist, liegt zwischen 60 bis 80 % der betriebsgewöhnlichen Nutzungsdauer. Am Ende der Vertragslaufzeit wird die Immobilie an den Leasingnehmer verkauft (Kaufoption) oder weitervermietet (Verlängerungsoption) oder bei Nicht-Ausübung der Optionsrechte an den Leasinggeber zurückgegeben.[193] Als charakteristisch gilt ferner die Dienstleistungsfunktion des Leasings, die im Falle der Neuerrichtung einer Immobilie dann besonders ausgeprägt ist, wenn die Leasinggesellschaft neben der Finanzierung zusätzliche Dienstleistungen der Grunderwerbs-, Planungs-, Bau- und Nutzungsphase übernimmt. Zwar werden diese dem Leasingnehmer in Rechnung gestellt, es können sich gegenüber der eigenen Durchführung der Bauvorhaben oder der Beauftragung Dritter allerdings Effizienzvorteile ergeben, die häufig mit der Sachkunde und Marktmacht der Leasinggesellschaft im Bau- und Gebäudemanagement begründet werden.[194] Auch werden über die Dienstleistungsfunktion des Leasings die Kosten der Immobiliennutzung und gegebenenfalls -erstellung offen gelegt. Dies kann – ebenso wie bei der Mietvariante – die Einführung eines immobilienbezogenen Verrechnungspreissystems erleichtern, da die unternehmensinterne Flächeninanspruchnahme verursachergerecht zugeordnet werden kann.[195]

Im Unterschied zu den bisher dargestellten Bereitstellungsalternativen verschafft der *Kauf* dem Unternehmen das Eigentum an der Immobilie.[196] Das Eigentumsrecht gewährt dem Eigentümer die umfassende Herrschaft über eine Sache, schränkt ihn allerdings auch in einigen Bereichen ein.[197] Die Bereitstellung einer Immobilie in Form eines Kaufs kann aufgrund umfangreicher Prüfungen der rechtlichen Situation daher sehr zeitintensiv sein.[198] Durch den Eigentümerwechsel ergeben sich für das Unter-

---

[192] Siehe hierzu ausführlich Gabele, Eduard / Dannenberg, Jan / Kroll, Michael (2001), Büschgen, Hans Egon (Hrsg.) (1998) und Tacke, Helmut R. (1999).

[193] Vgl. Schäfers, Wolfgang (1997), S. 159.

[194] Vgl. Pfnür, Andreas (2002), S. 235.

[195] Vgl. Straßheimer, Petra (1999), S. 93 f.

[196] Rechtgrundlagen des Immobilienkaufs sind die §§ 433 bis 514 BGB.

[197] Artikel 14 des Grundgesetzes gewährleistet das Eigentumsrecht eines Einzelnen, stellt allerdings gleichzeitig eine mit dem Eigentum einhergehende soziale Verpflichtung her. Die Nutzung eines Grundstücks kann so beispielsweise durch das Nachbarschaftsrecht oder durch öffentlich-rechtliche Vorschriften des Baurechts, Bauplanungs- und Raumordnungsrechts beschränkt sein. Weitere Beschränkungen des Eigentums an Grundstücken können sich aus dem Natur-, Denkmal- und Umweltschutzrecht, dem Urheberrecht (bei einem bebauten Grundstück) oder als quasi letztes Mittel der sozialen Verpflichtung durch das Recht der Enteignung zum Wohle der Allgemeinheit ergeben. Siehe auch Pfnür, Andreas (2002), S. 220 f. und die dort zitierte Literatur.

[198] Vgl. Gondring, Hanspeter (2009), S. 461 und Pfnür, Andreas (2002), S. 223.

nehmen steuerliche Konsequenzen in Form der Grunderwerbsteuer, der Grundsteuer, der Körperschaftsteuer und der Gewerbesteuer.

Die Bewertung der grundsätzlichen Vor- und Nachteile der drei Bereitstellungsformen Miete, Leasing und Kauf ist mit Hilfe der Theorie der Verfügungsrechte (property rights) und der Transaktionskostentheorie aus der Neuen Institutionenökonomie möglich.[199] Zunächst soll eine Beurteilung der Bereitstellungsvarianten anhand der Verfügungsrechte erfolgen, bevor anschließend die Unterschiede anhand der mit der Transaktion verbundenen Kosten herausgearbeitet werden.

Die Property-Rights-Theorie[200] versteht unter *Verfügungsrechten* eine Reihe von Rechten, und zwar[201]

- Rechte, die die Art der Nutzung betreffen,
- Rechte zur materiellen Veränderung eines Gutes,
- Rechte zur Einbehaltung von Gewinnen und Verlusten, die durch die Nutzung des Gutes entstehen sowie
- Veräußerungsrechte eines Wirtschaftgutes.

Mit der Wahl zwischen Miete, Leasing und Kauf einer Immobilie sind die Verfügungsrechte unterschiedlich verteilt (vgl. Tabelle 2) und somit im Wesentlichen auch der „Nutzen, den ein Unternehmen aus der Flächennutzung gewinnen kann.“[202]

---

199 Eine Übersicht über die Neue Institutionenökonomie geben Picot, Arnold / Reichwald, Ralf / Wigand, Rolf (2003), S. 60 ff.

200 Die Property-Rights-Theorie befasst sich unter anderem mit der Begrenzung des Handlungs- und Verfügungsbereiches des Einzelnen hinsichtlich der Nutzung seiner Güter gegenüber anderen Personen mithilfe von Nutzungs- und Verfügungsrechten. Grundannahme der Theorie ist, dass jeder Akteur seinen Nutzen durch die Erlangung von Verfügungsrechten an Wirtschaftgütern zu maximieren versucht. Vgl. Spars, Guido (2001), S. 33. Grundlegendes über die Property-Rights-Theorie findet sich bei Picot, Arnold / Reichwald, Ralf / Wigand, Rolf (2003), S. 67 ff.

201 Vgl. Fritsch, Michael / Wein, Thomas / Ewers, Hans-Jürgen (2007), S. 8.

202 Pfnür, Andreas (2002), S. 307.

Verfügungsrecht	Miete	Leasing	Kauf
Nutzungsrecht	• Zeitlich befristet • Auf vertraglich festgelegten Nutzungszweck beschränkt	• Zeitlich befristet • In der Regel nur durch rechtliche Regelungen beschränkt	• Nur durch rechtliche Regelungen beschränkt
Veränderungsrecht	• Erfordert Abstimmung mit Vermieter	• Erfordert Abstimmung mit Leasinggeber	• Nur durch rechtliche Regelungen beschränkt
Recht zur Einbehaltung von Gewinnen und Verlusten	• Untervermietung in der Regel unzulässig	• Untervermietung einzelvertraglich in der Regel zulässig • Partizipation an Wertsteigerung	• Uneingeschränkt
Veräußerungsrecht	• Nein	• Erst nach Ausübung der Kaufoption	• Jederzeit

Tabelle 2: Verteilung der Verfügungsrechte bei alternativen Bereitstellungsformen[203]

Wie bereits erwähnt, wird im Fall von Miete und Leasing lediglich ein zeitlich befristetes Nutzungsrecht erworben. Durch den Abschluss zumeist langfristiger Leasingverträge und der Wahrnehmung der Kauf- oder Mietverlängerungsoption kann der Leasingnehmer einige Vorteile des Immobilienkaufs in Form einer langfristigen Standortsicherung sowie der Partizipation an einer möglichen Wertsteigerung der Immobilie erzielen.[204] Ein Mieter ist diesbezüglich aufgrund eines in der Regel kurz- bis mittelfristigen Mietvertrages ohne Vorzugsrechte erheblich eingeschränkt. Auch trägt er bei einer für ihn ungünstigen Vertragsgestaltung das Risiko der unkalkulierten Mietpreisanhebung und vorzeitigen Vertragskündigung.[205] Andererseits eröffnet die Miet- gegenüber der Leasingvariante einen größeren Handlungsspielraum, indem kurzfristiger auf Flächenbedarfsänderungen reagiert und/oder ein Sinken der Preise auf dem Mietmarkt ausgenutzt werden kann.[206]

Der Eigentümer kann in Abhängigkeit der Marktlage die Immobilie jederzeit verkaufen oder vermieten. Mieter oder Leasingnehmer können demgegenüber Untervermie-

[203] In Anlehnung an Pfnür, Andreas (2002), S. 308.

[204] Vgl. Straßheimer, Petra (1999), S. 94.

[205] Vgl. Pfnür, Andreas (2002), S. 226.

[206] Vgl. Schäfers, Wolfgang (1997), S. 162.

tungen oder vorzeitige Kündigungen nur bei entsprechender Vertragskonstruktion oder bei Inkaufnahme zusätzlicher Kosten vornehmen.[207]

Insbesondere das Recht der materiellen Veränderung einer Immobilie ist bei der Bereitstellungsform Miete nahezu ausgeschlossen, ist es doch dem Mieter ohne Abstimmung mit dem Vermieter nicht möglich, auf die Gestaltung des Gebäudes Einfluss zu nehmen. Der Vermieter wird grundsätzlich nicht bereit sein, auf individuelle Wünsche des Mieters einzugehen, welche die Markt- und Ertragsfähigkeit der Immobilie beeinträchtigen. Im Falle des Leasings ist es dem Leasingnehmer aufgrund der langfristigen Mietdauer eher möglich, seine Gestaltungswünsche durchzusetzen, insbesondere dann, wenn der Leasinggeber an der Ausübung der Anschlussoptionen interessiert ist.[208]

Der Vergleich der Bereitstellungsmöglichkeiten ist ohne Berücksichtigung der *Transaktionskosten* unvollständig. Durch den Vertragsabschluss entstehen auf Seiten beider Vertragsparteien Transaktionskosten der Anbahnung, Durchführung, Kontrolle und der Anpassung des Vertragswerkes. Inwieweit die Kosten der Verkäufer-, Vermieter- und Leasinggeberseite auf die jeweils andere Partei abgewälzt werden können, ist abhängig von der Marktlage respektive -macht der Parteien. Bei einem Vergleich der Varianten Kauf und Miete dürften die Anbahnungs- und Durchführungskosten bei der Miete tendenziell geringer ausfallen, da das zu verhandelnde Vertragswerk in der Regel weniger umfangreich ist. Anders sieht es bei den Transaktionskosten in der Kontroll- und der Anpassungsphase aus. Bei einem Mietvertrag handelt es sich nach der ökonomischen Vertragstheorie[209] um einen neoklassischen Vertrag, der im Gegensatz zum zeitpunktbezogenen Kaufvertrag – klassischer Vertrag – zeitraumbezogen, aber befristet ist. Dementsprechend ist die Einhaltung eines Mietvertrags während der Mietdauer regelmäßig zu überprüfen und gegebenenfalls anzupassen, sodass sich hier prinzipiell Vorteile für die Kaufvariante ergeben. Bei der Leasingvariante sind die Transaktionskosten aufgrund der in der Regel komplexen Verfügungsrechts- und Vertragskonstruktion über alle Phasen der Transaktion hinweg als hoch zu bewerten.[210]

Betrachtet man die Zeitspanne von der Vertragsanbahnung bis zur tatsächlichen Bereitstellung der Immobilie unter Kostenaspekten, lassen sich nach PFNÜR „indirekte

---

207 Vgl. Pfnür, Andreas (2004), S. 203 f.

208 Vgl. Straßheimer, Petra (1999), S. 95.

209 Die ökonomische Vertragstheorie untersucht unterschiedliche Vertragsformen, die sich durch den Grad der Komplexität des Vereinbarten unterscheiden und diesbezüglich als klassisch, neoklassisch oder relational bezeichnet werden. Vgl. Spars, Guido (2001), S. 37.

210 Vgl. Pfnür, Andreas (2002), S. 312 f.

Transaktionskosten in Form von Opportunitätskosten für entgangene Nutzungszeiten"[211] in die Bewertung der Bereitstellungsvarianten einbeziehen. Durch Prüfungen der rechtlichen Situation kann die Übertragung der Eigentumsrechte beim Kauf einer Immobilie, wie zuvor beschrieben, sehr zeitintensiv ausfallen. Ähnlich hohe Opportunitätskosten können die Vertragsverhandlungen beim Leasing hervorrufen. Eine angemietete Immobilie kann im Gegensatz dazu durch Verwendung von Standardmietverträgen vergleichsweise schnell bereitgestellt werden.[212]

Der kurzfristige Kapitaleinsatz fällt bei der Anmietung einer Immobilie ohne Zweifel geringer aus als bei allen anderen Bereitstellungsformen. Für das kapitalintensivere Immobilienleasing werden als Hauptmotiv häufig Finanzierungsaspekte angeführt. Gegenüber einem kreditfinanzierten Kauf fallen die Finanzierungskosten beim Leasing allerdings nur dann geringer aus, wenn aufgrund großer Bonitätsunterschiede zwischen Leasinggesellschaft und Unternehmen günstigere Kreditkonditionen erzielt und diese an den Leasingnehmer weitergereicht werden.[213] Ob Anmietung und Leasing auch im langfristigen Vergleich zu geringeren Ausgaben führen, kann letztendlich nur über Wirtschaftlichkeitsberechnungen und Verfahren der dynamischen Investitionsrechnung beurteilt werden,[214] in die auch die gegenwärtige und prognostizierte Situation auf den immobilienbezogenen Märkten einfließen muss.[215]

In der bisherigen Diskussion über die Bereitstellungsmöglichkeiten von betrieblich genutzten Immobilien ging es fast ausschließlich darum, welche Variante hinsichtlich Eigentum (Kauf) und Besitz (Miete und Leasing) einer bereits fertig gestellten Immobilie gewählt wird. Mit der *Immobilienentwicklung* hat ein Unternehmen zusätzlich die Möglichkeit einen Flächenbedarf zu decken, sei es in Form einer Neuentwicklung einer Immobilie – der sogenannten Projektentwicklung – oder in Form einer Umwidmung einer bestehenden Immobilie. Die Umwidmung wird in der Fachliteratur als Redevelopment bezeichnet und gliedert sich in die Unterformen Flächenrecycling und

---

211 Pfnür, Andreas (2004), S. 207.

212 Vgl. Schäfers, Wolfgang (1997), S. 162.

213 Vgl. Schäfers, Wolfgang (1997), S. 160.

214 Vgl. Schäfers, Wolfgang / Gier, Sonja (2008), S. 875. Die Verfahren der dynamischen Investitionsrechnung basieren auf allen Zahlungsströmen, die durch die Investition hervorgerufen werden. Sie erfasst damit die zahlungswirksamen Auswirkungen einer Investitionsentscheidung über den gesamten Immobilienlebenszyklus. Siehe auch Gondring, Hanspeter (2009), S. 521.

215 Für Pfnür hängen die Kosten der Bereitstellung einer Immobilie auch von der Situation auf dem Flächenmarkt, dem Kapitalmarkt und dem Markt für Bauleistungen ab. Da diese drei Märkte zeitlich in – selten synchronen – Zyklen verlaufen, können zeitpunktbezogene Kostenvorteile für einzelne Bereitstellungsformen bestehen. Vgl. Pfnür, Andreas (2002), S. 313 f.

Revitalisierung.[216] Der zentrale Vorteil der Immobilienentwicklung liegt in der Möglichkeit, eine auf die spezifischen Unternehmensbedürfnisse zugeschnittene Immobilie bereitzustellen.[217] Für ein Unternehmen stellt die Immobilienentwicklung darüber hinaus die einzige Bereitstellungsmöglichkeit dar, sollte eine Immobilie unabhängig von speziellen Nutzungsanforderungen am Markt nicht verfügbar sein. Allerdings muss ein Unternehmen die mit der Entwicklung einer Immobilie verbundenen Risiken eingehen,[218] die eine spezielle Sachkunde im Projekt- und Baumanagement erfordern.[219] Dies ist vermutlich der Grund, warum Unternehmen als Initiator von Immobilienentwicklungen in der Praxis von vergleichsweise geringer Bedeutung sind.[220] In den Fällen, in denen Unternehmen aufgrund spezieller Nutzungsanforderungen oder fehlender Marktangebote zur Immobilienentwicklung keine Alternative haben, kommt es oft zur Inanspruchnahme externer Partner.[221]

(2) Immobilienbewirtschaftung – Immobilienbezogene Aufgaben- und Optimierungsbereiche in der Nutzungsphase

In der Bewirtschaftungsphase liegt das Hauptaugenmerk des Corporate Real Estate Managements einerseits auf dem Kostenverhalten und andererseits auf der Verfügbarkeit und Nutzbarkeit der Unternehmensimmobilien.[222] Dementsprechend lassen sich kostenminimierende und nutzenmaximierende immobilienbezogene Aufgaben unter-

---

216 Im Gegensatz zum Flächenrecycling, bei dem eine Nutzungsänderung der Flächen erfolgt, wird bei der Revitalisierung der ursprüngliche Nutzungszweck beibehalten. Vgl. Pfnür, Andreas (2002), S. 259. Zur Begriffsabgrenzung im Bereich der Immobilienentwicklung siehe auch Schäfer, Jürgen / Conzen, Georg (Hrsg.) (2007), S. 1 und Diederichs, Claus Jürgen (1996), S. 349 ff.

217 Dieser Vorteil ist bei der Projektentwicklung stärker ausgeprägt als beim Redevelopment, das aufgrund rechtlicher, soziokultureller und technischer Rahmenbedingungen hinsichtlich der Umgestaltung stärker eingeschränkt ist. Vgl. Pfnür, Andreas (2002), S. 270. Hierzu auch Gutenberg: „Der ideale Fall, dass die bauliche Gesamtanlage vollkommen für die betrieblichen Notwendigkeiten eingerichtet ist, wird sich nur bei vollkommenem Neubau der gesamten Werksanlage erreichen lassen." [Gutenberg, Erich (1983), S. 77 f.].

218 Die Risiken einer Immobilienentwicklung sind in der Fachliteratur umfassend behandelt worden. Auf eine Darstellung soll daher an dieser Stelle verzichtet und stattdessen auf folgende Quellen verwiesen werden: Diederichs, Claus Jürgen (1996), S. 357 ff. und Isenhöfer, Björn / Väth, Arno (2000a), S. 175 ff.

219 Vgl. Schäfers, Wolfgang / Gier, Sonja (2008), S. 871.

220 Vgl. Pfnür, Andreas (2002), S. 316.

221 Vgl. Schäfers, Wolfgang (1997), S. 154.

222 Vgl. Homann, Klaus (2000), S. 716.

scheiden,[223] die zu den Leistungsbereichen des – stark operativ geprägten – Gebäudemanagements gezählt werden können.

Das Gebäudemanagement wird in Anlehnung an die DIN 32736 „Gebäudemanagement – Begriffe und Leistungen“[224] in folgende Bereiche eingeteilt:

- technisches Gebäudemanagement,
- infrastrukturelles Gebäudemanagement,
- Flächenmanagement und
- kaufmännisches Gebäudemanagement.

Während die Tätigkeiten der drei erstgenannten Leistungsbereiche vor allem eine bestmögliche Versorgung der Nutzer mit Flächen, technischen Anlagen und immobilienbezogenen Dienstleistungen zum Ziel haben, orientieren sich die Aufgaben des kaufmännischen Gebäudemanagements primär an einer Senkung der Immobiliennutzungskosten. Die Inhalte des Gebäudemanagements sind in der Fachliteratur umfassend dokumentiert.[225] Die folgende Vorstellung der Aufgabenbereiche beschränkt sich daher auf eine kurze Darstellung.

Das *technische Gebäudemanagement* umfasst technisch-handwerkliche Tätigkeiten, die darauf abzielen, unter Berücksichtigung sich verändernder Nutzeranforderungen eine kontinuierliche und wirtschaftliche Verfügbarkeit und Funktionsfähigkeit der Gebäude und Anlagen zu sichern.[226] Zu den Aufgaben gehört insbesondere die Instandhaltung von Immobilien. Der Oberbegriff „Instandhaltung“ umfasst sowohl die Inspektion und Wartung als auch die Instandsetzung von Immobilien und insofern alle Maßnahmen, die der Wahrung und Wiederherstellung der Funktionsfähigkeit der Im-

---

223 Insofern folgen die Aufgaben dem Minimal- und dem Maximalprinzip zur Bestimmung der optimalen Relation von Mitteleinsatz und Zwecksetzung. Die Wirtschaftlichkeit einer Immobilie kann durch Maximierung des Nutzens, den sie stiftet (bei gleich bleibenden Kosten) oder durch Minimierung der Kosten, die sie verursacht (bei einem bestimmten Nutzen), gesteigert werden. Vgl. zum wirtschaftlichen Nutzen einer Immobilie im betrieblichen Leistungserstellungsprozess Unterabschnitt II.B.1.b). Vgl. zu den beiden unterschiedlichen Wirtschaftlichkeitsprinzipien auch Eichhorn, Peter (2000a), S. 136 f.

224 Vgl. DIN 32736 (2000).

225 Vgl. DIN 32736: Gebäudemanagement – Begriffe und Leistungen, Gondring, Hanspeter (2009), S. 492 ff., Pierschke, Barbara (2000), S. 291 ff. und Schmieder, Matthias (2001), S. 481.

226 Vgl. Gondring, Hanspeter (2009), S. 505.

mobilien dienen.[227] Ferner werden dem technischen Gebäudemanagement Aufgaben aus den Bereichen Energiemanagement, Modernisierung, Sanierung und Umbau zugewiesen.

Bei den Aufgaben des *infrastrukturellen Gebäudemanagements* handelt es sich um „Dienstleistungen, die sich geschäftsunterstützend auf den Nutzer sowie bestandspflegend auf die Immobilie auswirken“[228] und so die Nutzung von Gebäuden verbessern. Hierzu gehören etwa Reinigungs-, Sicherheits-, Umzugs-, Gärtner-, Winter-, Parkraumbetreiber-, Hausmeister-, Datenverarbeitungs-, Catering-, interne Post- und Logistikdienste sowie Dienste der Ver- und Entsorgung.[229]

Das *Flächenmanagement* strebt eine höhere Flächenproduktivität durch effizientere Ausnutzung aller Flächen einer Immobilie an[230] und untergliedert sich nach DIN 32736 in ein nutzerorientiertes, ein anlagenorientiertes, ein immobilienwirtschaftlich orientiertes sowie ein serviceorientiertes Flächenmanagement. Zu den Aufgaben zählen beispielhaft die flächenoptimierte Belegungs- und Nutzungsplanung (nutzerorientiert), das „Kümmern“ um raumbezogene Sollwerte wie beispielsweise Lufttemperatur und -feuchtigkeit (anlagenorientiert), das Erfassen, Bewerten und Verringern von Leerständen (immobilienwirtschaftlich orientiert) sowie das Bereitstellen von Medien- und Konferenztechnik (serviceorientiert).[231] Insgesamt ergeben sich viele Schnittstellen und Überschneidungen mit dem technischen und infrastrukturellen Gebäudemanagement, sodass das Flächenmanagement oft auf diese Leistungsbereiche aufgeteilt wird.

Unter der Zielsetzung, die Wirtschaftlichkeit des Gebäudebetriebs durch die Erschließung von Kostensenkungspotentialen sicherzustellen, finden sich im *kaufmännischen Gebäudemanagement* die finanziellen Aspekte der vorgenannten Leistungsbereiche wieder.[232] Neben dem termingerechten und kostengünstigen Beschaffen der für das Gebäudemanagement notwendigen Sachgüter und Leistungen, der Objektbuchhaltung und dem Vertragsmanagement kommt dem Kostenmanagement eine zentrale Bedeu-

---

[227] Vgl. Homann, Klaus (1998), S. 315.
[228] Gondring, Hanspeter (2004), S. 487.
[229] Vgl. hierzu genauere Ausführungen bei Pierschke, Barbara / Pelzeter, Andrea (2008), S. 379 f.
[230] Vgl. Falk, Bernd (1997), S. 25.
[231] Vgl. DIN 32736: Gebäudemanagement – Begriffe und Leistungen.
[232] Vgl. Gondring, Hanspeter (2009), S. 492.

tung zu. Für ein immobilienbezogenes Kostenmanagement ergeben sich folgende Aufgaben:[233]

- eine präzise Erfassung und verursachergerechte Zuordnung immobilienspezifischer Kosten auf Kostenstellen und -träger im Rahmen einer immobilienbezogenen Kostenrechnung,
- die Planung und Budgetierung immobilienspezifischer Kosten im Rahmen einer Lebenszykluskostenrechnung,[234] in der Kosteninformationen aus den Erfahrungen in der Betriebsphase für die Phase der Immobilienbereitstellung generiert werden,
- die Erschließung und Realisierung von Einsparpotentialen und
- die Durchführung von Abweichungsanalysen und Steuerungsmaßnahmen.

Ein wichtiges Instrument zur Erschließung und Realisierung von Einsparpotentialen sowie zur Einleitung von Steuerungsmaßnahmen ist das Immobilien-Benchmarking. Benchmarking – als ein System von Vergleichsmaßstäben – stellt eine Analysemethode zur Aufdeckung von Handlungsbedarf dar.[235] Unter Immobilien-Benchmarking wird „ein systematischer und kontinuierlicher Prozess zur Erhebung und Analyse von Daten verstanden, der anhand geeigneter Vergleichsindikatoren eine relative Bestimmung der strategischen Ausgangslage des unternehmenseigenen Immobilienportfolios im Verhältnis zu anderen führenden Unternehmen („best of class") ermöglicht."[236] Ergänzend

---

233 Weiterführende Ausführungen zum immobilienbezogenen Kostenmanagement finden sich bei Homann, Klaus / Schäfers, Wolfgang (2004), S. 196 ff., Gondring, Hanspeter (2009), S. 494 ff. und Pfnür, Andreas (2002), S. 134.

234 Ein Großteil der Immobilienlebenszykluskosten liegt in der Nutzungsphase, über deren Höhe allerdings bereits in der Planungs- und Bereitstellungsphase maßgeblich entschieden wird. Das zeitliche Auseinanderfallen von Kostenentstehung und Kostenbeeinflussbarkeit sowie eine negative Korrelation zwischen Investitionsausgaben und Immobiliennutzungskosten erfordert eine den gesamten Lebenszyklus einer Immobilie umfassende Kostenplanung mit dem Ziel der Minimierung der Immobilienlebenszykluskosten. Vgl. Pfnür, Andreas (2004), S. 110 f. und Hellerforth, Michaela (2000), S. 303 ff. Eine ausführlichere Darstellung der Lebenszykluskostenrechnung findet sich in Unterabschnitt V.C.5.b).

235 Der Begriff „Benchmark" stammt ursprünglich aus dem angloamerikanischen Landvermessungswesen und kann mit „Mess- und Bezugspunkt für Höhen- und Richtungsvergleiche" übersetzt werden. Vgl. Camp, Robert C. (1994), S. XI. „Benchmarking" steht für „to set a benchmark" und bedeutet wörtlich übersetzt „einen Maßstab setzen". An diesem Prinzip des Setzens von Orientierungswerten knüpft die Übertragung auf die Wirtschafts- und Sozialwissenschaft an. Vgl. Reisbeck, Tilman / Schöne, Lars Bernhard (2006), S. 31. Siehe zu den Grundlagen und -typen des Benchmarkings auch Horváth, Peter / Herter, Ronald N. (1992), S. 4 ff.

236 Homann, Klaus / Schäfers, Wolfgang (2004), S. 200.

zu dieser Definition sollen neben unternehmensexternen zusätzlich -interne Vergleiche herangezogen werden,[237] um auch auf diese Weise Hinweise für Verbesserungs- und Einsparpotentiale zu erhalten.[238]

Wichtigste Voraussetzung für ein aussagekräftiges Benchmarking ist die Auswahl geeigneter Vergleichskennzahlen. In Abhängigkeit von den Zielsetzungen des Benchmarkings können leistungswirtschaftliche (wie der Nutzungsgrad oder die Zufriedenheit der Mitarbeiter mit der Gebäudequalität) oder finanzwirtschaftliche Kennzahlen (wie Gebäudekosten je Mitarbeiter oder je Quadratmeter) zum Einsatz kommen.[239] Bei Einbeziehung immobilienbezogener Maßgrößen wie Flächen und Kosten ist eine Aufbereitung der Größen nach einheitlichen Definitionen erforderlich.[240]

(3) Immobilienverwertung – Monetarisierung von Unternehmensimmobilien

Im Bereich der Immobilienverwertung des Corporate Real Estate Managements wird nicht nur die Verwertung der für den Leistungserstellungsprozess entbehrlich gewordenen – also nicht betriebsnotwendigen – Unternehmensimmobilien behandelt. Gegenstand der Überlegungen ist zunehmend die Monetarisierung[241] auch betriebsnotwendiger Immobilien durch Restrukturierung der Eigentümerposition. Anlass dieser Aufgabenerweiterung ist die vergleichsweise hohe Kapitalbindung in deutschen Unternehmensimmobilien.[242] In Zeiten angespannter Kapitalmärkte und zunehmenden Wettbewerbs auf der Finanzierungsseite wird die Freisetzung dieser Kapitalmittel verstärkt als alternative Quelle der Unternehmensfinanzierung und Stärkung des Kerngeschäfts angesehen.[243] Unter Monetarisierung von Unternehmensimmobilien versteht SCHÄFERS „die Freisetzung von Kapital durch eine Restrukturierung der Eigentümer-

---

237 Werden keine „best practices", also keine Vergleiche zum „best of class" analysiert, sondern grundsätzlich durchgeführt, spricht man in Abgrenzung zum Benchmarking von einer Kennzahlenanalyse. Vgl. Eichhorn, Peter (2000a), S. 242.

238 Vgl. Pierschke, Barbara (2000), S. 304.

239 Vgl. Schäfers, Wolfgang (1997), S. 201.

240 Vgl. Schmieder, Matthias (2001), S. 494. Zur Systematisierung und Abgrenzung immobilienbezogener Maßgrößen siehe Unterabschnitt II.B.1.e).

241 Unter Monetarisierung von Unternehmensimmobilien soll im Folgenden eine finanzielle Nutzenziehung aus Immobilien durch Vermietung oder Verkauf verstanden werden. Vgl. auch die nachfolgende Definition von Schäfers.

242 Die Eigentümerstrukturen von europäischen Unternehmensimmobilien unterscheiden sich von denen in den USA. So befinden sich nach einer Studie von Jones Lang LaSalle im Jahr 2002 in Europa rund 67 % der Immobilien im Eigentum der Unternehmen, während in den USA die Quote bei etwa 24 % liegt. Vgl. Jones Lang LaSalle (Hrsg.) (2002), S. 1.

243 Vgl. Gier, Sonja (2006), S. 245.

position des Immobilienvermögens, d. h. die Veräußerung betrieblicher Immobilien mit oder ohne eine gleichzeitige Rückmietung."[244] In Ergänzung zu dieser Definition soll sich die Monetarisierung von Immobilien nicht nur auf den Verkauf, sondern ebenso auf die Vermietung von Unternehmensimmobilien beziehen, die eine finanzielle Nutzenziehung insbesondere aus nicht betriebsnotwendigen Immobilien darstellt.

In Abhängigkeit der Entbehrlichkeit von Unternehmensimmobilien kann die Herangehensweise in der Immobilienverwertung in zwei Gruppen unterteilt werden: Die Verwertung von betriebsnotwendigen Immobilien und jene der nicht betriebsnotwendigen Immobilien.

Verwertung von betriebsnotwendigen Immobilien

Entscheidet sich ein Unternehmen für die Verwertung – hier Verkauf – von betriebsnotwendigen Immobilien, geht dies mit einer Entscheidung aus dem Bereich der Immobilienbereitstellung einher, da mit der Veräußerung in der Regel eine gleichzeitige Rückanmietung der Immobilien verbunden ist.[245] Das Unternehmen tauscht seine Eigentums- in Nutzungsrechte ein, um einen Liquiditätszufluss zu realisieren und diesen in sein Kerngeschäft zu investieren.[246] Finanzielle Interessen stehen demnach im Vordergrund der Transaktion.

Die Rückanmietung einer zuvor veräußerten Immobilie wird als sogenanntes *Sale and Lease Back*-Verfahren bezeichnet. Sale and Lease Back ist insofern eine Sonderform des bereits diskutierten Immobilienleasings. Während „traditionelle" Sale and Lease Back-Verfahren als „im Kern reine Finanztransaktionen"[247] gewertet werden, haben sich mittlerweile verschiedene Ausformungen des Sale and Lease Back mit dem Ziel entwickelt, eine höhere Flexibilität bei der Immobilienbereitstellung / -verwertung zu erreichen. Diese mit „strukturiertem", „flexiblem", „synthetischem" Sale and Lease Back oder Lease and Lease Back bezeichneten Konstruktionen[248] zielen je nach Art der konkreten Ausformung auf flexible Vertragslaufzeiten und Optionen zur Vertragsverlängerung, zum Rückkauf und zur Flächenaufgabe / -rücknahme ab. Insofern ist durch

---

[244] Schäfers, Wolfgang (2004), S. 531.

[245] Vgl. Schäfers, Wolfgang / Gier, Sonja (2008), S. 882.

[246] Vgl. zu den Beweggründen und Zielsetzungen bei der Verwertung betriebsnotwendiger Unternehmensimmobilien auch Gier, Sonja (2006), S. 236 ff.

[247] Schäfers, Wolfgang (2004), S. 540.

[248] Vgl. zu den unterschiedlichen Ausformungen von Sale and Lease Back-Transaktionen Schäfers, Wolfgang (2004), S. 540 f.

entsprechende Vertragsgestaltung grundsätzlich eine Verwertung sowohl der für ein Unternehmen strategisch bedeutsamen Immobilien als auch solcher Immobilien möglich, die nur vorübergehend für den Ausgleich eines kurzfristigen Flächenbedarfs zurückgemietet werden.[249] Dem Zufluss an Liquidität und Flexibilität steht allerdings der Verlust einer dauerhaften Kontrolle über die Immobilien gegenüber.

Mit der Verfolgung weiterer strategischer Ziele bei der Immobilien-Monetarisierung wie der Konzentration auf Kernkompetenzen und der Verringerung des Immobilien-Engagements durch eine Ausgliederung von Immobilienbeständen und/oder -dienstleistungen wird darüber hinaus dem Trend des Outsourcings sekundärer Prozesse Rechnung getragen. Unter dem angloamerikanischen Begriff „Property Outsourcing" ist neben der reinen Immobilienveräußerung auch die Übertragung von Managementleistungen zu verstehen. Durch die Ausgliederung von Immobilienvermögen und -dienstleistungen können Effizienzsteigerungen dann erreicht werden, wenn der neue Eigentümer eine höhere Immobilienkompetenz vorweist und mit der Steuerung eines umfangreicheren Immobilienportfolios Größenvorteile erzielen kann.[250]

In Abhängigkeit der Investorenziele ist eine ausreichende Drittverwendungsfähigkeit der Immobilien eine zwingende oder eine eher untergeordnete Voraussetzung für die Monetarisierung von Unternehmensimmobilien im Rahmen von Sale and Lease Back-Transaktionen. Langfristig orientierte Investoren zielen in erster Linie auf die Sicherheit der Zahlungsströme ab und bewerten vornehmlich die Bonität des veräußernden Unternehmens sowie die Qualität der Immobilienbetreiberdienstleistungen.[251] So können auch Spezialimmobilien mit der Anlagestrategie langfristig orientierter Immobilieninvestoren und Leasinggesellschaften grundsätzlich vereinbar sein.

Verwertung von nicht betriebsnotwendigen Immobilien

Bei der Verwertung nicht betriebsnotwendiger Unternehmensimmobilien nimmt die Marktfähigkeit der Immobilien eine zentrale Stellung im Verwertungsprozess ein. Findet sich für eine Immobilie am Markt kein Abnehmer, sind entweder Inhalts- und Strukturveränderungen vorzunehmen oder das Eigentum zum Beispiel durch Schen-

---

249 Vgl. Gier, Sonja (2006), S. 259.

250 Vgl. Pfnür, Andreas (2002), S. 238 und Gier, Sonja (2006), S. 248.

251 Vgl. dazu Gier: „Mit abnehmender Marktgängigkeit der Immobilie nimmt der Bedarf für eine langfristige Vertragsbindung und eine gute Bonität des nutzenden Unternehmens zu." [Gier, Sonja (2006), S. 258].

kung aufzugeben.[252] Auch bei marktfähigen Immobilien ist zwischen sogenannten passiven und aktiven Verwertungsoptionen abzuwägen.

Eine *passive Verwertung* führt zu einer unmittelbaren Verwertung durch Verkauf, Vermietung oder eben Schenkung. Während beim Verkauf das in der Immobilie gebundene Kapital freigesetzt wird und dem Unternehmen Liquidität zufließt, behält das Unternehmen bei einer Vermietung weiterhin die Kontrolle über die Immobilie. Sollte ein Flächenüberschuss nur von vorübergehender Dauer sein, können für diese Zeit Mieteinahmen ausgeschöpft und im Anschluss die Flächen für einen eigenen Flächenbedarf wieder selbst genutzt werden.[253] Auch die Marktsituation kann der Vermietungsvariante (vorerst) den Vorzug geben, sollte ein Verkauf zu einem späteren Zeitpunkt als ertragreicher erwartet werden. Ein höherer Verkaufpreis kann insbesondere dann angenommen werden, wenn die Immobilie in vermietetem Zustand veräußert wird, darf der Käufer doch von Beginn an mit Mieteinnahmen rechnen.[254] Unterschiede zwischen Verkauf und Vermietung ergeben sich ferner in der Beanspruchung personeller und fachlicher Kapazitäten.

Genügen die Immobilien hinsichtlich des Standorts, der Gebäude- und Flächenstruktur, Bausubstanz, Architektur und/oder Wirtschaftlichkeit nicht den Anforderungen des Marktes, sind *aktive Verwertungsoptionen* zu wählen, die von rein konzeptionellen Überlegungen alternativer Nutzungsmöglichkeiten über Renovierungs- und Modernisierungsmaßnahmen, eine Baurechtsschaffung/-änderung und Baulandentwicklung bis zum Redevelopment[255] respektive Abriss und Neubau reichen.[256]

Eine aktive Verwertung zielt auf eine Steigerung der Vermarktungsfähigkeit und Ausschöpfung von Wertsteigerungspotentialen ab. Sie kann eine ertragreichere Verwertung der Immobilie ermöglichen, erfordert andererseits jedoch zusätzliche Investitionen und nicht zuletzt den Aufbau eines entsprechenden Know-hows.[257]

Die Wahl zwischen aktiven und passiven Verwertungsoptionen ist auch eine Abwägung zwischen einer möglichen Prämie auf den Veräußerungserlös und einer zeitnahen

---

[252] Vgl. Pfnür, Andreas (2002), S. 130.

[253] Vgl. Schäfers, Wolfgang / Gier, Sonja (2008), S. 885.

[254] Vgl. Straßheimer, Petra (1999), S. 110.

[255] Wie zuvor beschrieben, wird unter Redevelopment die Umwidmung einer bestehenden Immobilie verstanden. Vgl. Unterabschnitt II.B.3.b) S. 56.

[256] Vgl. Gier, Sonja (2006), S. 253.

[257] Vgl. Schäfers, Wolfgang / Gier, Sonja (2008), S. 886.

Kapitalfreisetzung.[258] Ähnlich wie bei einer Entscheidung zur Immobilienbereitstellung müssen Verfahren der dynamischen Investitionsrechnung bei der Entscheidung über die Art der Verwertung hinzugezogen werden.

Die Ziele und Aufgaben des Corporate Real Estate Managements sind in Tabelle 3 zusammenfassend dargestellt. Dabei sind sowohl phasenbezogene Ziele und Aufgabenfelder aufgeführt als auch die phasenübergreifende Zielsetzung des CREM, die in einer engen Verknüpfung von Unternehmens- und Immobilienstrategie sowie einer grundsätzlichen Optimierung des Immobilienportfolios liegt.[259]

<table>
<tr><th>Lebens-zyklusphasen</th><th colspan="2">Ziele des betrieblichen Immobilienmanagements</th><th>Aufgaben des betrieblichen Immobilienmanagements</th></tr>
<tr><td>Bereitstellung</td><td>• Deckung des Flächenbedarfs durch optimale Bereitstellung betriebsnotwendiger Immobilien</td><td rowspan="3">Verknüpfung von Unternehmens- und Immobilienstrategie
Optimierung des Immobilienportfolios</td><td>• Standortwahl
• Evaluierung, Entscheidung (über) und Durchführung der Bereitstellung
• Aufstellung der Finanzierung
• Akquisition und Kontrolle beratender/ausführender Partner</td></tr>
<tr><td>Bewirtschaftung</td><td>• Minimierung der Immobiliennutzungskosten
• Gewährleistung der Verfügbarkeit / Nutzbarkeit der Immobilien entsprechend der Nutzeranforderungen</td><td>• Organisation, Planung und Kontrolle der technischen, infrastrukturellen und kaufmännischen Gebäudedienste
• Kosten- und Flächenmanagement</td></tr>
<tr><td>Verwertung</td><td>• Ertragssteigerung / -generierung zur Stärkung / Finanzierung des Kerngeschäfts</td><td>• Identifizierung betriebsnotwendiger und nicht betriebsnotwendiger Immobilien
• Evaluierung, Entscheidung (über) und Durchführung der Verwertung</td></tr>
</table>

Tabelle 3: Ziele und Aufgaben des Corporate Real Estate Managements

[258] Vgl. Gier, Sonja (2006), S. 252.

[259] Siehe auch Gondring, Hanspeter (2009), S. 464.

III. Überblick über das Immobilienvermögen und -management in deutschen Nonprofit-Organisationen – eine quantitative Untersuchung

A. Ziele, Vorgehensweise und Methodik der quantitativen Untersuchung

1. Zielsetzung der Befragung

Wie bereits ausgeführt, stellen Immobilienkosten in erwerbswirtschaftlichen Organisationen oftmals den größten Kostenblock nach den Personalkosten dar.[260] Unternehmen erkennen in Anbetracht der finanzwirtschaftlichen und unternehmensstrategischen Herausforderungen zusehends ihren eigenen Immobilienbestand als Erfolgsressource und organisieren die Bereitstellung und Nutzung aller Gebäude in Form eines aktiven Immobilienmanagements bedarfsgerecht und wirtschaftlich.

Mit der vorliegenden empirischen Untersuchung soll der Frage nachgegangen werden, ob auch innerhalb der Betriebe des Nonprofit-Sektors Kostensenkungs- und Effizienzpotentiale durch ein systematischeres Immobilienmanagement aufgedeckt und genutzt werden können. Bis auf wenige praxisbezogene Publikationen zu Teilaspekten des Immobilienmanagements in einzelnen Organisationstypen liegen wissenschaftliche und insbesondere empirische Erkenntnisse zu diesem Spezialbereich des Nonprofit-Managements nicht vor.[261]

Die quantitative Untersuchung soll daher einen Überblick über den Bestand, die Nutzung sowie das Management von Immobilien in Nonprofit-Organisationen verschaffen. Es werden die Eigenarten in den einzelnen Organisationsformen des Nonprofit-Sektors hinsichtlich immobilienbezogener Fragestellungen wie etwa des Umfangs des Immobilienbestandes, der Eigentumsverhältnisse, der Kosten- und Vermögensdimension sowie der Organisation des Immobilienmanagements herausgearbeitet. Durch die Studie soll auch die Frage beantwortet werden, für welche Organisationsformen die Erarbeitung eines umfassenden Immobilienmanagementkonzepts besonders sinnvoll erscheint.

---

260 Vgl. Pfnür, Andreas (2004), S. 19, Henzelmann, Torsten (2004), S. 62 und Cock, Robert / French, Nick (2001), S. 4.

261 Eine Ausnahme bildet eine Dissertation von Schwarz, in der ein intermediäres Konzept für wohnungswirtschaftliche NPO erarbeitet wurde. Vgl. Schwarz, Martin E. (2004).

2. Untersuchungsablauf

Der Untersuchungsablauf untergliedert sich in folgende Forschungsphasen:

Definitionsphase

1. Schritt	Definition und Abgrenzung des Problems; Festlegung des Forschungsziels und grundlegende Strukturierung des Forschungsablaufs

Designphase

2. Schritt	Erstellung von Themenblöcken und Vorstrukturierung eines Fragebogens
3. Schritt	Führen von explorativen Interviews mit ausgewählten Verbandsexperten und Wissenschaftlern zur Überprüfung der Relevanz einzelner Themen und abzufragender Variablen sowie Auswahl einer geeigneten Erhebungsmethodik
4. Schritt	Verfeinerung des Fragebogens und Durchführung eines Pretests mit 13 Verbandsexperten als Teilnehmern mit dem Ziel der Überprüfung der Fragen auf Verständlichkeit, Vollständigkeit und Relevanz
5. Schritt	Auswahl einer Adressdatenbank und Bestimmung der Stichprobe nach den Kriterien Mitarbeiteranzahl, Budget, Mitgliederanzahl und Abgleich mit bereits ausgewählten Organisationen

Feldphase

6. Schritt	Versendung der Fragebögen einschließlich Rücklaufformularen; Nachfassaktion zur Erhöhung des Rücklaufs

Analysephase

7. Schritt	Erfassung der Grunddaten in anonymisierter Form in das Statistik-Programm SPSS in der Version 15 für Windows
8. Schritt	Analyse der Grunddaten: univariate Datenauswertung und Datenreduktion durch Bildung von Kategorien; bivariate Datenauswertung durch Kreuztabellierungen, Mittelwertvergleiche und Errechnung von Zusammenhangsmaßen
9. Schritt	Interpretation der Ergebnisse und Erstellung eines Ergebnisberichts

3. Erhebungsmethode und Stichprobe

Auswahl der Erhebungsmethode

Gemäß der zuvor beschriebenen Zielsetzung, einen Überblick über das Immobilienvermögen und -management in Nonprofit-Organisationen zu verschaffen, ist es notwendig, möglichst viele Organisationen aus dem sehr vielfältigen NPO-Sektor[262] anzusprechen. Als hierfür geeignete Erhebungsmethode ist die schriftliche Befragung in Form eines standardisierten Fragebogens ausgewählt worden. Der Umfang der Adressatengruppe hätte im Falle einer mündlichen Erhebung zu enormem Aufwand und erheblichen Kosten geführt; auch nachfolgende Argumente sprechen für eine schriftliche Datenerhebung:[263]

- **Komplexität der Fragen:** Vor allem die Fragen zu quantitativen Größen – beispielsweise Kosten-, Vermögens- und Flächenabfragen – erfordern in der Regel eine gewisse Überlegenszeit respektive interne Abstimmung. Eine mündliche Befragung in Form eines Interviews erscheint hier wenig geeignet.

- **Sensibilität der Daten:** Einige Fragen könnten bei einer mündlichen Erhebung als zu sensibel eingestuft werden; die Wahl der schriftlichen und damit anonymisierbaren Befragung trägt zu einem objektiveren Antwortverhalten bei.

Auswahl und Struktur der Stichprobe

Zur Identifikation der Organisationen wurde auf die Adressdatenbank von Hoppenstedt „Verbände, Behörden und Organisationen"[264] zurückgegriffen. Diese Datenbank enthält neben staatlichen Institutionen insgesamt 14.383 private Nonprofit-Organisationen mit jeweiligen Personenangaben der Organisationsführung, sodass die Geschäftsführung oder der Vorstand der ausgewählten Organisationen persönlich angeschrieben werden konnte.

Zur Bestimmung der Stichprobe wurden die folgenden Kriterien herangezogen:

- Mitarbeiteranzahl,

---

[262] Vgl. Abschnitt II.A.2.

[263] Näheres zu Vor- und Nachteilen einzelner Erhebungsmethodiken siehe Kaya, Maria (2006), S. 58 ff.

[264] Es wurde auf die Ausgabe 2/2006 zurückgegriffen.

- Finanzbudget und
- Mitgliederanzahl.

Zunächst wurden alle Organisationen berücksichtigt, die mehr als 2 hauptamtliche Mitarbeiter beschäftigen.[265] Da nicht alle Organisationen Angaben über ihre Mitarbeiteranzahl gemacht hatten, wurden darüber hinaus solche ausgewählt, die mehr als 500 Mitglieder oder einen Jahresetat mit mehr als 500.000 Euro anführten.

Insgesamt wurden auf diese Weise 3.770 Organisationen identifiziert und ihre Führungskräfte persönlich angeschrieben. Die Struktur der Stichprobe ist Abbildung 9 zu entnehmen.

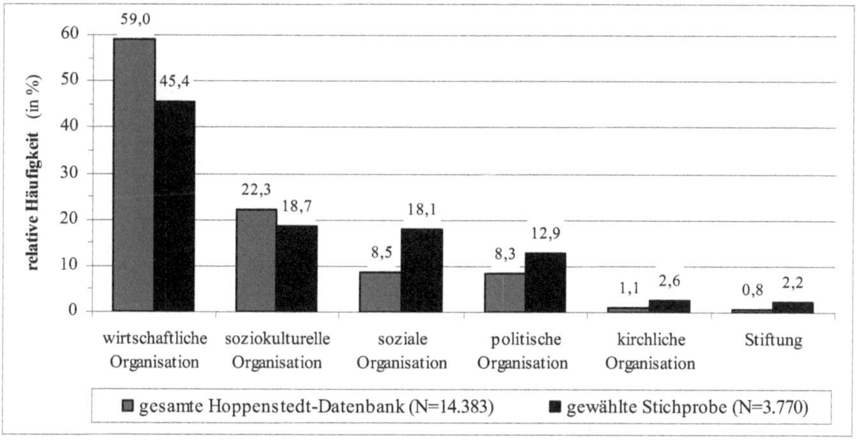

Abbildung 9: Struktur der Stichprobe – Organisationstypen nach Betätigungsfeldern[266]

Es ist ersichtlich, dass mit der Auswahl der Stichprobe der Querschnitt der Gesamt-Datenbank größtenteils erhalten bleibt. Dadurch ist vorausgesetzt, dass die Zielsetzung, einen Überblick über das Immobilienvermögen und -management in den einzel-

---

[265] Für Organisationen mit weniger als 3 Mitarbeitern kann angenommen werden, dass die Verbandsaufgaben in immobilienwirtschaftlich wenig bedeutenden Räumlichkeiten getätigt werden.

[266] Gegenüber der Typeneinteilung von Nonprofit-Organisationen in Abschnitt II.A.2. wird im Folgenden der Arbeit nicht von „Verbänden" sondern von „Organisationen" gesprochen. Dies erfolgt mit Rücksicht auf das Selbstverständnis solcher Organisationen, die der Gruppe der „religiösen Verbände" zugeordnet sind. Diese Organisationen sehen sich selbst weniger als „Verband" wohl aber als „Nonprofit-Organisation" an. Darüber hinaus stehen aus dieser Organisationsgruppe die beiden großen christlichen Kirchen in Deutschland im Fokus der Betrachtung und nicht andere verbandlich organisierte Glaubensgemeinschaften und Sekten. Aus diesem Grund wird für den Fortgang der Arbeit von „kirchlichen Organisationen" gesprochen.

nen Organisationsformen des NPO-Sektors zu verschaffen, erreicht werden kann. Zugleich setzt die Stichprobe einen Akzent auf soziale und kirchliche Organisationen. Dies steht mit der Vermutung im Einklang, dass in diesen Organisationen ein vergleichsweise hoher Immobilienbestand vorhanden ist und damit für sie die Relevanz des Themas besonders hoch sein dürfte.

Die in Kapitel III.B. aufgeführten Auswertungen der Studie beziehen sich auf die Organisationen, die an der Studie tatsächlich teilgenommen haben. Eine Verallgemeinerung auf eine Grundgesamtheit würde voraussetzen, dass die Grundgesamtheit bekannt und abgrenzbar ist. Die Grundgesamtheit im Falle einer Befragung von Verbänden respektive Nonprofit-Organisationen ist allerdings nicht exakt bestimmbar: Es existieren keine präzisen Informationen über die Gesamtanzahl der NPO in Deutschland.[267] Es kann daher in statistischer Hinsicht weder belegt noch widerlegt werden, ob und inwieweit die Studie repräsentativ ist.[268] Ungeachtet dessen ist jedoch davon auszugehen, dass durch die vorliegende Studie weiterführende Erkenntnisse über das Immobilienvermögen und -management in NPO gewonnen werden können, die in ihrer Tendenz für einen Großteil der Nonprofit-Organisationen in Deutschland Gültigkeit haben.

4. Konzeption des Fragebogens und Auswertungsmethodik

Der vierseitige Fragebogen (siehe Anhang) umfasst insgesamt 36 Fragenkomplexe, die in drei Gruppen eingeteilt sind. Es handelt sich hierbei teils um Einzelfragen, teils um

---

[267] Neben der für die Auswahl der Stichprobe herangezogenen Hoppenstedt-Datenbank, in welcher 14.383 private Nonprofit-Organisationen notiert sind, sollen die folgenden Angaben versuchen, den Verbandssektor zahlenmäßig zu erfassen: Happes listet in der Vereinsstatistik 2005 insgesamt 594.277 Verbände in der Rechtsform eines eingetragenen Vereins auf. Vgl. hierzu Happes, Wolfgang (2005), S. 2. Ein Augenmerk auf Verbände, die als institutionelle Interessenvertreter auftreten, richtet die Deutsche Gesellschaft für Verbandsmanagement e.V. (DGVM). Sie führt eine Verbändedatei, nach welcher etwa 12.000 Verbände – rund 8.500 von diesen werden hauptamtlich geführt – existieren. Einen weiteren Anhaltspunkt über die Größe des Verbandssektors liefert die sogenannte „Lobbyliste" des deutschen Bundestags, welche solche Verbände auflistet, die Interessen gegenüber dem Bundestag oder der Bundesregierung vertreten. Gemäß der aktualisierten Fassung (Stand: 30.04.2009) sind in dieser öffentlichen Liste 2.081 Verbände eingetragen. Vgl. Präsidium des Deutschen Bundestags (Hrsg.) (2009).

[268] Zur Repräsentativität empirischer Studien siehe Mayer, Horst O. (2004), S. 59 und Kaya, Maria / Himme, Alexander (2006), S. 90.

Lippe / Kladroba hinterfragen den Status der Repräsentativität als wichtigstes Gütekriterium für Stichproben in empirischen Untersuchungen. Sie weisen auf die Schwächen und Widersprüchlichkeiten der Repräsentativitätseigenschaft hin und widersprechen damit der Notwendigkeit dieser Eigenschaft für Stichproben. Vgl. Lippe, Peter von der / Kladobra, Andreas (2002), S. 227 ff.

„Wenn-Dann-Folgefragen“. Die ersten sieben Fragen zielen auf den Flächenbedarf der Organisation sowie deren gesamten Immobilienbestand, unabhängig von den Eigentumsverhältnissen, ab. Frage 7 ist eine sogenannte Filterfrage; hier wird nach den Eigentumsverhältnissen des Immobilienbestandes gefragt. Organisationen, die mehr als 75 % der genutzten Immobilienflächen anmieten, sind veranlasst, den mittleren Abschnitt des Fragebogens zu überspringen. Dadurch wird verhindert, dass die Befragten das Interesse an der Erhebung verlieren, da die Fragen für sie weniger relevant sind.

Der mittlere Teil des Fragebogens richtet sich an Organisationen, die Immobilien zur Selbstnutzung oder Vermögensanlage im Eigentum halten. In den Fragen 8 bis 29 geht es um Angaben zu Immobilienflächen und -kosten sowie deren Erfassung, um Immobilienarten, Instandhaltungsstrategien, Höhe und Bewertungsarten des Immobilienvermögens und um die Organisation immobilienbezogener Tätigkeiten.

Der Fragebogen schließt ab mit allgemeinen Fragen zur Organisation und persönlichen Angaben des Befragten. Darüber hinaus enthält er ein Freifeld mit der Möglichkeit, Wünsche und/oder Kritik zu äußern.

Auf einem dem Fragebogen separat beigelegten Rücklaufformular konnten die Organisationen vermerken, ob sie an einem Ergebnisbericht der Studie interessiert sind und zu weiterführenden Interviews zur Verfügung stehen. Letztere werden im Anschluss an die quantitative Untersuchung zur weiteren Vertiefung der Thematik und zur Generierung von Erfahrungswissen geführt.[269] Die vollständige Version des versendeten Fragebogens und Rücklaufformulars ist im Anhang zu finden.

Das durch die Erhebung gewonnene Datenmaterial wird mit deskriptiven Verfahren der empirischen Sozialforschung ausgewertet. Neben der Darstellung von Häufigkeitsverteilungen und Berechnungen von Lage- und Streuungsparametern der einzelnen Variablen in der sogenannten univariaten Analyse, werden Kontingenz- respektive bivariate Analysen durchgeführt, um die gemeinsame Verteilung zweier (oder auch mehrerer) Variablen sowie Zusammenhänge zwischen diesen Variablen zu ermitteln und zu veranschaulichen.[270] Die gemeinsame Verteilung zweier nominal skalierter Va-

---

[269] Insgesamt 26 Organisationen beinahe aller Organisationstypen erklärten sich für ein solches Interview bereit. Vgl. zur qualitativen Untersuchung Kapitel V.A.

[270] Näheres zur univariaten respektive bivariaten Analyse zur Beschreibung von Verteilungen und Zusammenhängen siehe Mayer, Horst O. (2004), S. 111 ff.

riablen[271] wird dabei in Form einer Kreuztabellierung abgebildet, die Darstellung der gemeinsamen Verteilung beziehungsweise Ausprägung einer metrisch und einer nominal skalierten Variablen erfolgt in Form eines Mittelwertvergleichs.[272]

Innerhalb der Mittelwertvergleichs-Analyse[273] werden neben arithmetischen Mitteln zum Teil zusätzlich die Mediane der einzelnen Gruppen berechnet, da die Streuung der Werte aufgrund von Extremwerten partiell sehr groß ist und daher nicht von normalverteilten Werten ausgegangen werden kann. Der Median verarbeitet nicht die Werte selbst, sondern ist jener Wert, der dem mittleren Rang, dem Zentralwert, einer der Reihe nach aufsteigenden Werteliste entspricht; er ist daher unempfindlich gegen Ausreißer.[274]

Darüber hinaus werden Zusammenhangsmaße als statistische Kenngrößen errechnet. Um der statistischen Bedeutsamkeit (Signifikanz) des Zusammenhangs zwischen zwei nominalskalierten Variablen nachzugehen, wird der Chi-Quadrat-Unabhängigkeitstest durchgeführt. In diesem Test wird die empirisch beobachtete Verteilung mit einer erwarteten Verteilung verglichen und als Prüfgröße die quadratische Kontingenz (χ^2 nach Pearson) verwendet. Voraussetzung für die Verwendung dieses Tests ist, dass in maximal 20 % der Felder der Kreuztabelle die erwartete Häufigkeit < 5 auftritt.[275] Als Ergebnis des Tests wird die sogenannte asymptotische Signifikanz berechnet, die die Irrtumswahrscheinlichkeit (α) bei der Annahme der Hypothese H_1 (es besteht ein Zusammenhang zwischen beiden Variablen) angibt. Liegt α unterhalb des gewählten Signifikanzniveaus,[276] so muss die Hypothese H_0 (es besteht kein Zusammenhang zwischen beiden Variablen) verworfen und somit der Zusammenhang als signifikant be-

---

271 Die Ausprägungen nominal (auch qualitativ oder kategorial genannt) skalierter Variablen können nicht in eindeutiger Weise geordnet, sondern nur durch ihre Bezeichnung unterschieden werden (beispielsweise Geschlecht oder Organisationszuordnung). Bei metrisch skalierten Variablen haben die Ausprägungen eine eindeutige Anordnung und einen eindeutig definierten Abstand (beispielsweise Einkommen oder Mitarbeiteranzahl). Zur Unterscheidung der Skalenniveaus siehe auch Duller, Christine (2006), S. 12 f.

272 Zu Kreuztabellierungen und Mittelwertvergleichen vgl. Janssen, Jürgen / Laatz, Wilfried (2005), S. 245 ff. beziehungsweise 323 ff.

273 In der einschlägigen Statistikliteratur, die sich mit der Datenanalyse auf Basis der Software SPSS auseinandersetzt, wird stets der Terminus „Mittelwertvergleich" verwendet, selbst wenn nicht (oder nicht nur) der arithmetische Mittelwert, sondern (zusätzlich) andere Lage- und Streuungsparameter, wie beispielsweise der Median untersucht werden.

274 Vgl. hierzu Bellgardt, Egon (2004), S. 31. und Martens, Jul (2003), S. 51.

275 Vgl. Bühl, Achim (2006), S. 261.

276 Für die Auswertungen dieser Studie wurde ein Signifikanzniveau von α =0,05 gewählt.

trachtet werden.[277] Eine Aussage über das Ausmaß des diagnostizierten Zusammenhangs wird über die Berechnung des Kontingenzkoeffizienten (C) ermöglicht. Dieser Koeffizient beruht auf dem Wert der quadratischen Kontingenz (χ^2). Der Wert des Koeffizienten liegt zwischen 0 und 1; je näher er 1 erreicht, desto größer ist der Zusammenhang zwischen den beiden betrachteten Variablen. Er wird folgendermaßen berechnet:

$$C = \sqrt{\frac{\chi^2}{\chi^2 + n}}$$

[χ^2 = quadratische Kontingenz; n = Gesamthäufigkeit der Kreuztabelle]

Ferner kommt der Kruskal-Wallis-H-Test zur Anwendung, um einer unterschiedlichen zentralen Tendenz von Stichproben (Gruppen) nachzugehen. Der Test eignet sich sehr gut, wenn einzelne Gruppen (hier: Typen von NPO) hinsichtlich der Ausprägung einer metrisch skalierten Messgröße, insbesondere ihrer Mittelwerte und Mediane, miteinander verglichen und ein Unterschied der Ausprägung auf seine Signifikanz hin überprüft werden sollen.[278] Im Unterschied zum F-Test der einfaktoriellen Varianzanalyse wird beim Kruskal-Wallis-H-Test keine Normalverteilung der Messgrößen vorausgesetzt. Als Ergebnis wird auch hier die asymptotische Signifikanz errechnet. Die Hypothese H_0 (die betrachteten Gruppen unterscheiden sich nicht in der Ausprägung der metrisch skalierten Variablen) wird verworfen, wenn die asymptotische Signifikanz das gewählte Signifikanzniveau von α=0,05 unterschreitet.[279]

Die Ergebnisdarstellung kennzeichnet durch Angabe der Anzahl gültiger Antworten (N), auf wie viele Organisationen sich die Ergebnisse beziehen. Die Datenerfassung und die Berechnungen erfolgten mit Hilfe des statistischen Programmsystems Superior Performance Software System (SPSS) für Windows Version 15.0. Im Rahmen der Erfassung der halboffenen und offenen Fragen wurden zunächst Kategorien gebildet, denen die Variablenausprägungen dann zugeordnet wurden.

277 Zum Chi-Quadrat-Unabhängigkeitstest vgl. die ausführlichen Darstellungen in Mayer, Horst O. (2004), S. 124 ff. oder Janssen, Jürgen / Laatz, Wilfried (2005), S. 254 ff. Zum Begriff der Signifikanz und der Bezeichnung von Irrtumswahrscheinlichkeiten siehe Mayer, Horst O. (2004), S. 122 f. und Bühl, Achim (2006), S. 115.

278 Vgl. zur Übersicht über gängige Mittelwerttests und deren Auswahl Bühl, Achim (2006), S. 113 f.

279 Zum nichtparametrischen Kruskal-Wallis-H-Test vgl. Pruscha, Helmut (2006), S. 95 f., Janssen, Jürgen / Laatz, Wilfried (2005), S. 545 f., Martens, Jul (2003), S. 164 ff. und Bühl, Achim (2006), S. 324 ff.

B. Darstellung und Interpretation der Ergebnisse

1. Beteiligung an der Befragung und Charakterisierung der Teilnehmer

Bevor in den nachfolgenden Kapiteln im Detail auf die themenspezifischen Ergebnisse der Studie eingegangen wird, sollen zunächst die Befragungsteilnehmer charakterisiert und dem Leser damit ein Überblick über den Untersuchungsgegenstand gegeben werden.

Von den 3.770 angeschriebenen Organisationen haben insgesamt 401 geantwortet. 146 dieser Organisationen gaben Gründe an, warum sie sich nicht an der Befragung beteiligt haben (vgl. Tabelle 4).

Ohne Antwort		**3.369**	**89,4 %**
Nicht teilgenommen, weil:		**146**	**3,9 %**
Ansprechpartner falsch	19		
Organisation nicht mehr existent	9		
Erhebung für Organisation irrelevant	17		
Beantwortung aus Kapazitätsgründen nicht möglich	32		
Immobilienmanagement auf de-/zentraler Ebene durchgeführt	15		
kein(e) Immobilien/-besitz/-vermögen	54		
Auswertbare Fragebögen		**255**	**6,8 %**
Summe		**3.770**	**100,0 %**

Tabelle 4: Beteiligung an der Befragung und Gründe der Nichtteilnahme

Auch wenn sich aus der hohen Zahl begründeter Nichtteilnehmer ein indirekter Zuspruch zur Forschungsaktivität des Seminars für Vereins- und Verbandsforschung ableiten lässt – immerhin erforderte die schriftliche Antwort einen gewissen zeitlichen Aufwand –, wird insgesamt deutlich, dass die Thematik längst nicht allen Organisationen des NPO-Sektors relevant erscheint. Das Ergebnis trägt gleichwohl zur Zielerreichung der Befragung bei, einen Überblick über das Immobilienvermögen und -management in NPO zu schaffen. Insbesondere die Informationen, dass eine Organisation über kein Immobilienvermögen verfügt oder die angeschriebene Organisationseinheit nicht für das Immobilienmanagement verantwortlich ist, da es auf zentraler oder dezentraler Ebene der (Gesamt-)Organisation aufgehängt ist, führen zu einem Erkenntnisgewinn.

Auswertbare Fragebögen gingen von 255 Nonprofit-Organisationen ein. Wenn die beiden letztgenannten Antwortgruppen der Nichtteilnehmer (54 Antworten: kein Immobilienbesitz /-vermögen und 15 Antworten: keine Zuständigkeit für das Immobilienmanagement) dem Rücklauf hinzu gerechnet werden, so liegt die Rücklaufquote der vorliegenden Studie mit 8,6 % in etwa gleichauf bis leicht unterhalb der Quoten, die in Erhebungen des SVV zu Teilbereichen des NPO-Managements[280] oder auch in Erhebungen zum Immobilienmanagement in erwerbswirtschaftlichen Unternehmen[281] erzielt wurden. Nicht zuletzt aufgrund der Breite des Untersuchungsfeldes sowie der Spezialität des Themas kann die Rücklaufquote als gut bewertet werden. Ferner stellt der absolute Rücklauf von 255 auswertbaren Fragebögen eine ausreichende Datenbasis dar, auf der eine Bestandsaufnahme des Immobilienmanagements in NPO durchgeführt werden kann.

Von den 255 Organisationen ordnet sich mit 41,8 % eine deutliche Mehrheit der Gruppe der Wirtschaftsorganisationen zu, was auf ihre Dominanz in der Bruttostichprobe[282] (45,4 %) zurückzuführen ist (vgl. Abbildung 10). Es folgen soziale Organisationen mit 13,9 % aller Teilnehmer sowie politische, kirchliche und soziokulturelle Organisationen mit einem Anteil von je etwa 8 %. Darüber hinaus sind mit einer relativen Häufigkeit von 4 % einige Stiftungen in der Nettostichprobe vertreten. Diese Typenzuordnung beruht auf den Angaben der befragten Organisationen. 16,7 % der NPO fanden sich nicht in den sieben vorgegebenen Organisationstypen[283] wieder und

---

280 An der Verbändeumfrage 2005 nahmen 5,8 % der 6.000 angeschriebenen Verbände teil. Vgl. Witt, Dieter / Velsen-Zerweck, Burkhard von / Thiess, Michael / Heilmair, Astrid (2006), S. 221. Arndt verzeichnete in einer 2005 durchgeführten Erhebung zum Einfluss von Verbänden auf nachhaltigen Konsum einen Rücklauf von 10,1 % bei 722 angeschriebenen Verbänden. Vgl. Arndt, Yvonne (i. V.).

281 In einer von Schäfers 1995 durchgeführten Erhebung beteiligten sich 12,4 % der 897 befragten Unternehmen. Vgl. Schäfers, Wolfgang (1997), S. 232. In einer ähnlichen, 1998 durchgeführten Erhebung von Pfnür, bei der 146 Unternehmen angeschriebenen wurden, betrug die Rücklaufquote 14,38 %. Vgl. Pfnür, Andreas (1998), S. 4.

282 Die Bruttostichprobe beinhaltet alle 3.770 angeschriebenen Organisationen; sie grenzt sich von der Nettostichprobe ab, zu welcher die 255 NPO gehören, die einen auswertbaren Fragebogen zurückgeschickt haben.

283 Folgende Organisationstypen waren vorgegeben: Wirtschaftsorganisation, soziale/karitative Organisation, soziokulturelle Organisation, politische Organisation, kirchliche Organisation, Standesorganisation (wurde innerhalb der Auswertung der Gruppe der Wirtschaftsorganisationen zugerechnet) und Stiftung. Vgl. auch Frage 30 des Fragebogens im Anhang.

ordneten sich „anderen" Organisationen zu. Unter diesem „Organisationstyp" subsumieren sich Angaben wie beispielsweise wissenschaftliche Vereinigungen, Forschungsinstitute, Vereine und Interessenvertretungen.[284] Es zeigt sich hinsichtlich absoluter Häufigkeiten, dass in allen Organisationstypen eine zweistellige Anzahl an Studienteilnehmern in der Nettostichprobe vertreten ist, sodass Aussagen über Ausprägungen einzelner Variablen in Abhängigkeit des Organisationstyps möglich sind.

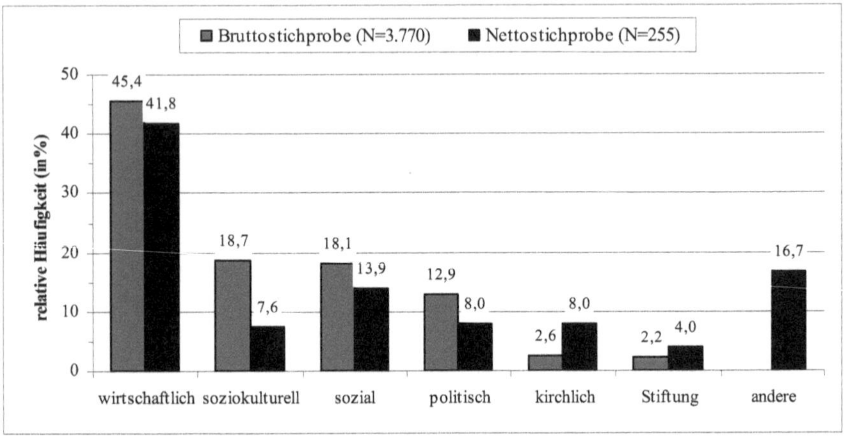

Abbildung 10: Struktur der Teilnehmer nach Organisationstyp

Die Bedeutung, die einzelne Organisationen respektive Organisationstypen dem Thema beimessen, kann indirekt aus dem Vergleich der relativen Häufigkeiten in Brutto- und Nettostichprobe herausgelesen werden. Es ist ersichtlich, dass kirchliche Organisationen gegenüber der Bruttostichprobe (2,6 %) überproportional in der Nettostichprobe (8,0 %) vertreten sind. Auch Stiftungen sind in relativer Hinsicht stärker unter den Befragungsteilnehmern (Nettostichprobe) vertreten als in der Bruttostichprobe. Die Aktualität und Bedeutung der Untersuchung erscheint demnach in diesen Organisationen besonders hoch. Demgegenüber stieß die Befragung insbesondere innerhalb soziokultureller Organisationen auf wenig Interesse; anteilsmäßig nahmen mit 7,6 % sehr viel weniger soziokulturelle Organisationen an der Befragung teil als angeschrieben worden waren (18,7 %).

---

[284] Umwelt-/Naturschutzorganisationen (politische Organisation), Verbraucherverbände (Wirtschaftsorganisation) und Sportverbände (soziokulturelle Organisation) wurden den in Klammern angegebenen Organisationstypen nachträglich zugeordnet.

Die Mehrheit der Organisationen (N=233) ist auf Bundes- (40,8 %) oder Landesebene (34,3 %) tätig. Organisationen auf Regional-, Bezirks-, Kreis- oder Orts-Ebene haben sich mit 16,3 % an der Studie beteiligt. International agierende Organisationen stellen mit 6,4 % eine kleine Gruppe.

Um die befragten Organisationen hinsichtlich ihrer Organisationsgröße klassifizieren zu können, wurden sie nach der Anzahl ihrer Mitglieder und haupt- und ehrenamtlichen Mitarbeiter sowie nach der Höhe des Finanzbudgets im Jahr 2006 befragt.

Da Verbände oftmals Mitglieder unterschiedlicher Mitgliederarten in ihren Reihen haben, wurden die Organisationen gebeten, die Anzahl an Mitgliedern in Abhängigkeit der Mitgliederart anzugeben.[285]

Art der Mitglieder	Anzahl Organisationen	Häufigkeitsverteilung (%) in einzelnen Größenklassen (gebildet nach Mitgliederzahl)					
		bis 20	21-100	101-1.000	1.001-10.000	10.001-100.000	über 100.000
Unternehmen	110	16,4	12,7	35,5	12,7	21,8	0,9
Fachverbände	35	68,6	25,7	0,0	5,7	0,0	0,0
Landesverbände	54	92,6	5,6	0,0	1,9	0,0	0,0
Regionalverbände	29	48,3	37,9	10,3	3,4	0,0	0,0
natürl. Personen	81	4,9	11,1	14,8	28,4	24,7	16,0
Sonstige	38	26,3	15,8	15,8	26,3	10,5	5,3

Tabelle 5: Anzahl Mitglieder in Abhängigkeit der Art der Mitglieder

Erwartungsgemäß sind die sogenannten Basisverbände, deren Mitglieder überwiegend Unternehmen oder natürliche Personen sind, mitgliederstärker als Verbände höherer Ordnung, solche also, die andere Verbände als Mitglieder haben. Bei Letzteren gaben daher nur wenige an, über mehr als 100 Mitglieder – Fach-, Landes- oder Regionalverbände – zu verfügen. Immerhin 13 (16 %) der 81 Personenvereinigungen haben mehr als 100.000 Mitglieder, wobei eine genauere Betrachtung der Organisationstypen ergab, dass 6 dieser 13 NPO kirchlichen Organisationen zuzuordnen sind.

Wie die Darstellung der Mitgliederentwicklung in Abbildung 11 verdeutlicht, ist die Mitgliederanzahl in sozialen, wirtschaftlichen und soziokulturellen Organisationen in

285 Stiftungen besitzen keine Mitglieder; sie wurden daher gebeten, die Fragen zur Mitgliederanzahl und Mitgliederentwicklung zu überspringen.

den vergangenen fünf Jahren tendenziell gewachsen oder gleich geblieben. Lediglich kirchliche Organisationen haben mehrheitlich einen Mitgliederschwund zu verzeichnen.[286] Diese Entwicklung deckt sich mit den Angaben der beiden größten Kirchen in Deutschland, wonach die Zahl der Kirchenmitglieder – bedingt durch Kirchenaustritte, Sterbefälle sowie Rückgänge bei den Taufzahlen und Kircheneintritten – kontinuierlich zurückgeht.[287]

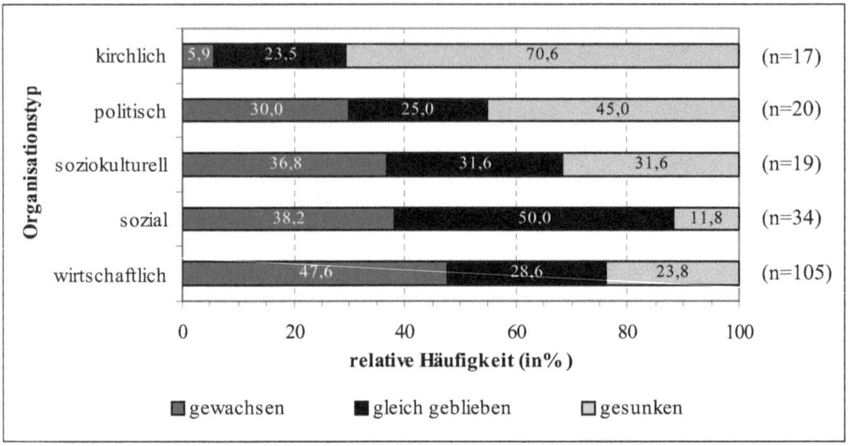

Abbildung 11: Veränderung der Mitgliederanzahl nach Organisationstyp

Ein weiterer Anhaltspunkt zur Klassifizierung der Organisationsgröße ist die Anzahl hauptamtlich und ehrenamtlich beschäftigter Mitarbeiter. Wie auch bei den Mitgliederzahlen ist das Spektrum der Anzahl an Mitarbeitern sehr breit (vgl. Abbildung 53 im Anhang). Die Mehrheit (60,7 %) der Organisationen (N=239) beschäftigt bis zu 50 hauptamtliche Arbeitskräfte – innerhalb dieser Gruppe haben 23,4 % bis zu 5 und 25,9 % zwischen 10 und 50 hauptamtliche Mitarbeiter. Der Median liegt bei 27 Mitarbeitern. Über die Anzahl Ehrenamtlicher gaben nur 161 Organisationen Auskunft. Oh-

286 Ein Zusammenhang zwischen der Mitgliederentwicklung und der Organisationstypenzugehörigkeit konnte statistisch nachgewiesen werden. Gemäß dem Chi-Quadrat-Unabhängigkeitstest beträgt die asymptotische Signifikanz 0,001 und der Kontingenzkoeffizient 0,343, was einem schwachen bis mittleren Zusammenhang entspricht.

287 Die Anzahl der Kirchenmitglieder schrumpfte in den 23 evangelischen Landeskirchen von 26,45 Millionen im Jahr 2001 auf 25,39 Millionen im Jahr 2005. Im gleichen Zeitraum reduzierte sich die Zahl der Kirchenmitglieder in den 27 römisch-katholischen Diözesen um 786.000 Mitglieder auf 25,87 Millionen in 2005. Der Anteil der Kirchenmitglieder an der Bevölkerung in Deutschland ist kontinuierlich von 64,4 % (2001) auf 62,2 % (2005) zurückgegangen. Siehe http://www.dbk.de/imperia/md/content/kirchlichestatistik/bevoelkerung_und_katholiken_1965_2005.pdf, Abruf am 13.03.2008, Evangelische Kirche in Deutschland (2003), S. 6 und Evangelische Kirche in Deutschland (2006), S. 3.

ne ehrenamtliche Mitarbeiter kommen 9 % der Organisationen aus. Der Median liegt hier bei 30 Mitarbeitern.

Die Spannweite der Ergebnisse ist allerdings äußerst groß. So verfügt die größte Organisation über 19.000 hauptamtlich und 150.000 ehrenamtlich beschäftigte Mitarbeiter. Dies macht eine organisationstypenspezifische Betrachtung erforderlich. In Abbildung 12 ist ein Vergleich der Organisationstypen hinsichtlich der arithmetischen Mittelwerte und Mediane der Anzahl hauptamtlicher Mitarbeiter dargestellt.[288]

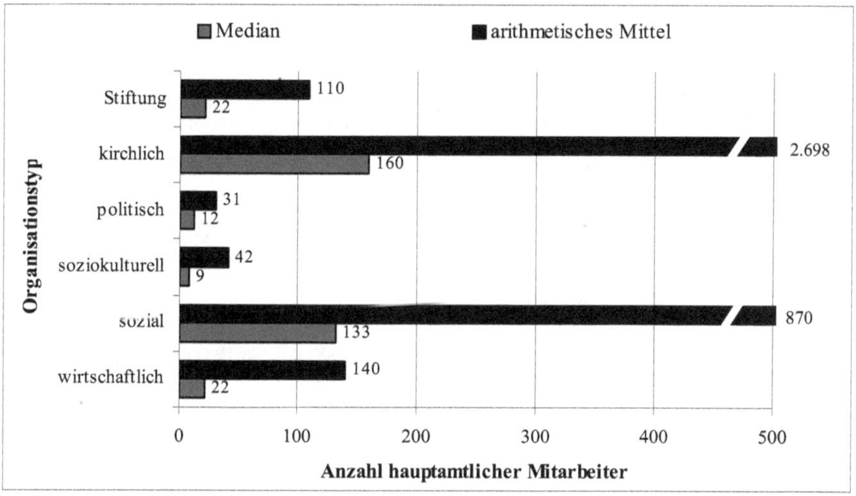

Abbildung 12: Anzahl hauptamtlicher Mitarbeiter – Vergleich der Mittelwerte und Mediane nach Organisationstyp (N=232)

Es zeigt sich, dass soziale und kirchliche Organisationen im Schnitt wesentlich mehr hauptamtliche Mitarbeiter beschäftigen als andere Organisationen. So arbeiten in kirchlichen Organisationen im arithmetischen Durchschnitt 2.698 hauptamtliche Mitarbeiter und damit um ein Vielfaches mehr als in soziokulturellen oder politischen Organisationen. Auch die sozialen Organisationen heben sich mit im Mittel 870 Mitarbeitern deutlich von Organisationen ab, deren Betätigungsfeld im wirtschaftlichen, soziokulturellen oder politischen Bereich liegt. Der Kruskal-Wallis-H-Test ergab für

[288] Wie in Abschnitt III.A.4. erläutert, werden innerhalb der Mittelwertvergleichs-Analyse nicht nur die arithmetischen Mittelwerte, sondern zusätzlich die Mediane der einzelnen Gruppen (Organisationstypen) berechnet, um die teilweise extremen Ausprägungen der Variablen darzustellen.

die Organisationstypen erwartungsgemäß einen höchst signifikanten Unterschied in der Anzahl hauptamtlicher Mitarbeiter.[289]

Der dargestellte Vergleich der Mittelwerte mit den Medianen der einzelnen Gruppen verdeutlicht das Vorhandensein großer Extremwerte. Eine genauere Analyse dieser Extremwerte – betrachtet wurden Organisationen mit mehr als 1.000 hauptamtlichen Mitarbeitern – ergab folgendes Bild: 13 der 14 größten Organisationen sind dem sozialen oder kirchlichen Bereich zuzuordnen; sie beschäftigen zwischen 1.100 und 19.000 hauptamtliche Mitarbeiter. Nur eine Wirtschaftsorganisation schafft es mit 8.000 Mitarbeitern in diese „Höhenbereiche".

Ein ähnliches Bild ergibt die Untersuchung des Finanzbudgets der Organisationen. Auch hier ist für die Organisationstypen ein signifikanter Unterschied in der Höhe des Finanzbudgets zu konstatieren (vgl. Abbildung 13).[290]

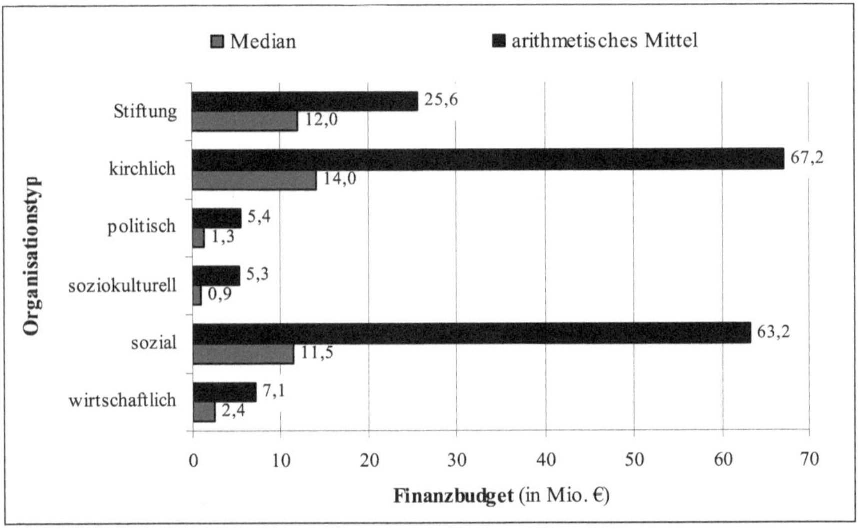

Abbildung 13: Finanzbudget im Jahr 2006 – Vergleich der Mittelwerte und Mediane nach Organisationstyp (N=196)

Kirchliche Organisationen weisen mit durchschnittlich 67,2 Millionen Euro ein überdurchschnittlich hohes Budget aus. Auch soziale Organisationen verfügen mit 63,2 Millionen Euro über ein ähnlich hohes Finanzbudget. Beide Gruppen setzen damit ein

289 Die asymptotische Signifikanz beträgt 0,000 und liegt damit weit unterhalb der 5 %-Irrtumswahrscheinlichkeit. Der Unterschied ist demnach nicht zufällig zustande gekommen.

290 Die asymptotische Signifikanz beträgt hier 0,005.

Vielfaches mehr an Geld um als politische, soziokulturelle oder wirtschaftliche Organisationen und bestätigen damit ihre herausgehobene Stellung hinsichtlich der Organisationsgröße. Hiermit gehen auch die Ergebnisse der Extremwertanalyse konform, in der Organisationen mit einem Budget von mehr als 100 Millionen Euro betrachtet wurden: Die höchsten Etats weisen soziale oder kirchliche Institutionen aus; lediglich 3 der 12 höchsten Finanzbudgets gehen nicht auf diese beiden Organisationstypen zurück.[291]

Beantwortet wurde der Fragebogen zu nahezu 90 % von hauptamtlich tätigen Mitarbeitern der Organisation (N=250). Mit 48,3 % füllten in knapp der Hälfte der Fälle (N=230) die Geschäftsführer und zu einem Viertel (26,5 %) Mitarbeiter in der Position eines Abteilungsleiters die Fragen aus.[292]

2. Ergebnisse zum Immobilienbestand

a) Quantitative Darstellung des Immobilienbestandes

Der Umfang des Immobilienbestandes ist differenziert durch die Variablen

- Größe der Grundstücksfläche,
- Größe der Gebäude-/Mietfläche und
- Anzahl an Gebäuden

abgefragt worden. Dabei wurde zunächst der gesamte Immobilienbestand unabhängig von den Eigentumsverhältnissen betrachtet – also sowohl eigene Immobilien der Organisation als auch angemietete und geleaste Immobilien.

Interessant ist auch hier vor allem die organisationstypenspezifische Betrachtung (Abbildung 14): Die Unterschiede in der Organisationsgröße der einzelnen Organisationstypen spiegeln sich deutlich in der Größe des Immobilienbestandes wider. Kirchliche Organisationen weisen nach Mittelwertberechnung 1.382,3 Gebäude, eine 266.200 m² große Gebäude-/Mietfläche und 26.151.300 m² große Grundstücksfläche

291 Die 12 höchsten Budgets liegen im Bereich 116 bis 410 Millionen Euro.

292 Die übrigen antwortenden Personen sind als „Mitarbeiter“ (7 %), „Referent“ (3,9 %), „Direktor“ (2,2 %) oder „Generalsekretär“ (0,9 %) tätig. Als Vorstandsmitglied (9,1 %) oder Präsident (2,2 %) bezogen auch einige ehrenamtliche Mitarbeiter Stellung.

aus.[293] Auch das Immobilienportfolio der sozialen Organisationen ist mit durchschnittlich 65,4 Gebäuden, 23.900 m² Gebäude-/Mietfläche und 138.000 m² Grundstücksfläche um ein Vielfaches größer als der durchschnittliche Immobilienbestand von Stiftungen, soziokulturellen, wirtschaftlichen und politischen Organisationen.

Die Organisationsgruppen unterscheiden sich in Bezug auf die Größe der Gebäude-/Mietfläche (Signifikanz=0,027) signifikant und bezüglich der Gebäudeanzahl (Signifikanz=0,000) höchst signifikant voneinander; kein signifikanter Unterschied ist für die Variable Grundstücksfläche festzustellen (Signifikanz=0,116).

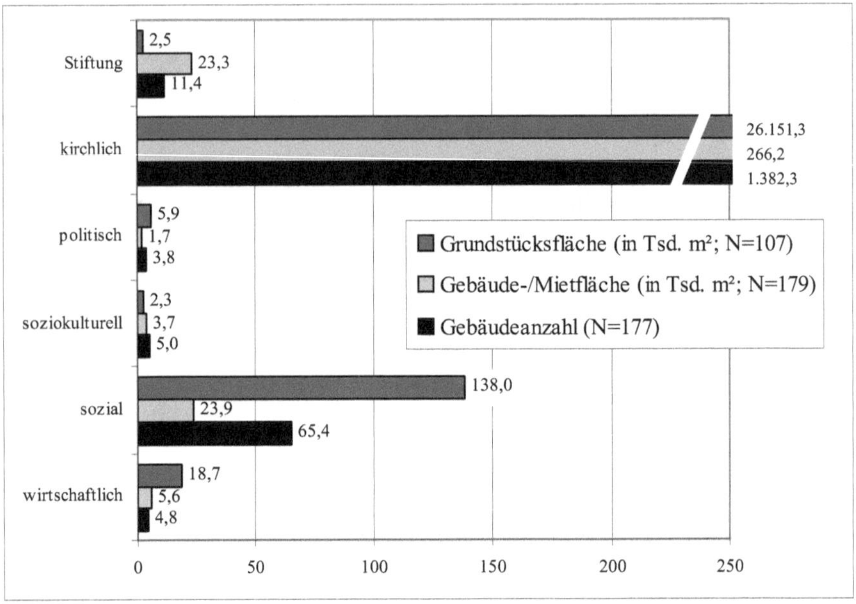

Abbildung 14: Umfang des Immobilienbestandes – Mittelwertvergleiche der Variablen Grundstücksfläche, Gebäude-/Mietfläche und Gebäudeanzahl nach Organisationstyp

Wie ein Vergleich mit den Medianwerten (Abbildung 54 im Anhang) erkennen lässt, liegen den arithmetischen Mittelwerten, die in Abbildung 14 dargestellt sind, teilweise hohe Extremwerte zu Grunde, die zusätzlich den Größenunterschied im Immobilienbestand verdeutlichen und hier nicht unerwähnt bleiben dürfen: Die höchsten Werte der Rubriken Gebäudeanzahl, Grundstücksfläche und Gebäude-/Mietfläche sind bis auf

293 Der Vergleich der Mediane der Variablen Grundstücksfläche, Gebäude-/Mietfläche und Gebäudeanzahl innerhalb der Organisationstypen ist in Abbildung 54 im Anhang dargestellt.

wenige Ausnahmen kirchlichen oder sozialen Organisationen zugeordnet.[294] Zwei Beispiele: Eine kirchliche Organisation verfügt über 2.500 Gebäude und 13.000 ha Grundstücksfläche; eine andere quantifiziert ihren Immobilienbestand mit 5.000 Gebäuden, 500.000 m² Gebäudefläche und 20.000 m² Grundstücksfläche.[295]

Insbesondere die Angabe der Grundstücksfläche erwies sich, wie bereits angedeutet, in vielen Fällen als schwierig: 112 Organisationen gaben überhaupt keine Grundstücksfläche an; für 36 Befragte waren die Flächendaten nicht verfügbar. Auch die Fragen nach Gebäudeanzahl (78 Nichtantworter/Daten nicht verfügbar) und Gebäude-/Mietfläche (76 Nichtantworter/Daten nicht verfügbar) wurden längst nicht von jeder Organisation ausgefüllt. Es ist davon auszugehen, dass hier neben Geheimhaltungsgründen Unkenntnis respektive Intransparenz von Flächen- und Gebäudedaten eine Rolle gespielt haben, worauf in Unterabschnitt III.B.3.b) noch näher eingegangen wird.

Es wurde darüber hinaus nach Veränderungen im Immobilienbestand gefragt, die in den vergangenen fünf Jahren erfolgten und für die kommenden fünf Jahre geplant sind.

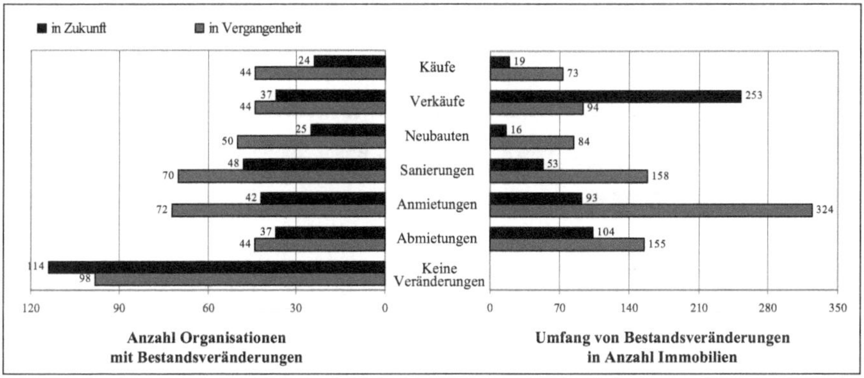

Abbildung 15: Veränderungen im Immobilienbestand – Anzahl Organisationen mit Bestandsveränderungen und Umfang von Bestandsveränderungen

Abbildung 15 stellt auf der linken Seite dar, wie viele Nonprofit-Organisationen solche Veränderungen durchgeführt haben (voraussichtlich durchführen werden). Zum ande-

---

[294] Vgl. Tabellen 3 bis 5 im Anhang.

[295] Innerhalb der Befragung wurde nicht differenziert nach bebauter und unbebauter Grundstücksfläche gefragt. Einige extreme Unterschiede in den Flächenangaben könnten daher auf diese Unklarheit zurückzuführen sein.

ren ist auf der rechten Seite der Abbildung aufgeführt, wie viele Immobilien in der Vergangenheit (in Zukunft) insgesamt gekauft, verkauft, gebaut, saniert, angemietet oder abgemietet worden sind (werden sollen).

In der Vergangenheit wurden von 72 Organisationen insgesamt 324 Immobilien (neu) angemietet; 44 Organisationen trennten sich von insgesamt 155 angemieteten Immobilien. Die Motive wurden ebenfalls abgefragt und sind vielschichtig; so wurde zum einen eine Standortverbesserung und Repräsentationssteigerung angestrebt oder ein besserer Gebäudestandard mit verbesserter technischer Ausstattung der Räume, zum anderen stand eine Standortverlagerung in die Bundeshauptstadt an. Auch lagen Neuanmietungen schlicht in einer Expansion der Organisationen begründet. 70 Organisationen führten an insgesamt 158 Immobilien Sanierungen durch, was vielfach dem Wunsch nach Substanzerhaltung und/oder Nutzungsänderungen entsprach oder auf Gesetzesänderungen vor allem im Bereich Brandschutz zurückzuführen ist.

In Zukunft sind vor allem Immobilienverkäufe geplant; genauer gesagt, beabsichtigen 37 Organisationen insgesamt 253 Immobilien zu verkaufen. Wie in Abbildung 16 ersichtlich, streben dies vor allem Wirtschaftsorganisationen sowie soziale und kirchliche Organisationen an.

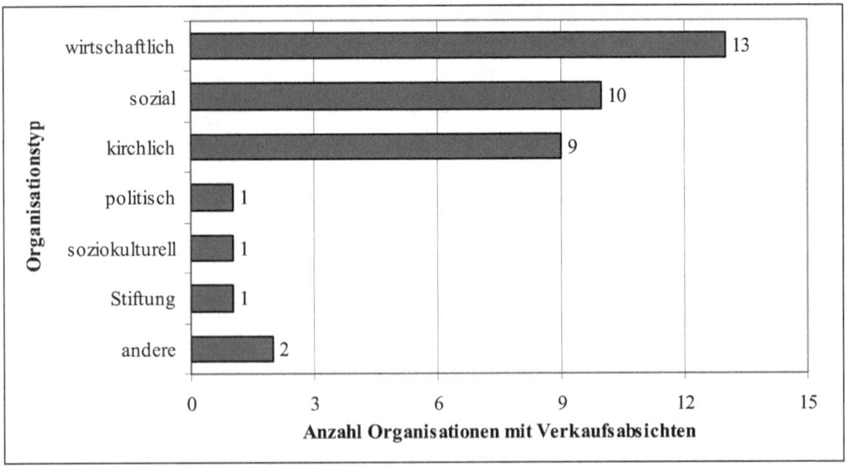

Abbildung 16: Organisationen mit Verkaufsabsichten (N=37)

Die verkaufswilligen 13 wirtschaftlichen und 10 sozialen Organisationen stellen innerhalb ihrer Organisationsgruppe die Minderheit dar, schließlich nahmen insgesamt 105 wirtschaftliche und 35 soziale NPO an der Erhebung teil. Die Motive ihrer Verkaufsabsichten sind darüber hinaus sehr differenziert und reichen von Personalreduzierung über Leerstandsabbau, Standortzusammenführung bis hin zu einem Wechsel der Bereitstellungsvariante „Kauf/Eigentum“ in Richtung „Miete“.

Die Verantwortlichen in kirchlichen Organisationen sind insbesondere aufgrund wirtschaftlicher Zwänge, die sich unter anderem in der Zusammenlegung einzelner Kirchengemeinden widerspiegeln, zum Verkauf von Immobilien gezwungen. Dies drückt sich auch im zukünftigen Flächenbedarf aus, der ebenfalls abgefragt wurde (siehe Abbildung 17): Die Mehrheit der befragten kirchlichen Organisationen geht von einem sinkenden Flächenbedarf aus. Der zukünftige Flächenbedarf wird in allen anderen Organisationstypen größtenteils als gleich bleibend eingeschätzt.

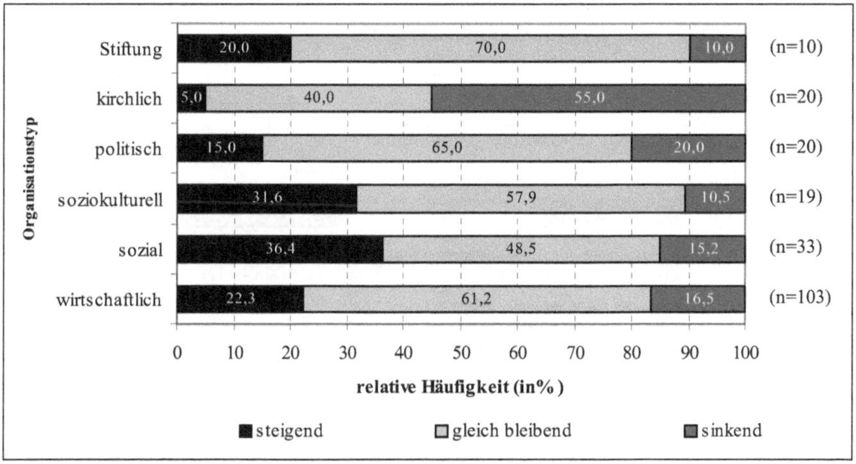

Abbildung 17: Zukünftiger Flächenbedarf nach Organisationstyp

b) Eigentumsverhältnisse im Immobilienbestand

Die Eigentumsverhältnisse der Immobilien geben Aufschluss über die Relevanz weitergehender immobilienbezogener Fragestellungen im mittleren Teil des Fragebogens. Für Organisationen, die überwiegend angemietete Flächen nutzen, sind Fragen etwa zur Instandhaltung, Immobilienvermögensrechnung oder Organisation immobilienbezogener Tätigkeiten wenig relevant. Sie wurden daher gebeten, die Fragen 8 bis 29 zu überspringen.

Mit 51 % hält die Mehrheit der Studienteilnehmer (N=249) die von ihnen genutzten Immobilien größtenteils im Eigentum (Eigentumsquote > 75 %).[296] 16 Organisationen (6,4 %) gaben an, dass die Eigentumsquote des Immobilienbestandes zwischen 25 und 75 % liegt. Insgesamt 106 Organisationen (42,6 %) mieten den Großteil der Immobilien an (Eigentumsquote < 25 %).

In Abbildung 18 ist die Eigentumssituation nach Organisationstyp dargestellt. Es zeigt sich, dass vor allem die kirchlichen (75 %), sozialen (58,8 %) und wirtschaftlichen Organisationen (55,9 %) Immobilien überwiegend im Eigentum halten. Stiftungen und soziokulturelle Organisationen hingegen mieten ihre Immobilien vorwiegend an. Dieses Ergebnis ist unerwartet, da vermutet wurde, dass Stiftungen einen nicht unerheblichen Teil ihres Vermögens in Immobilien anlegen.[297]

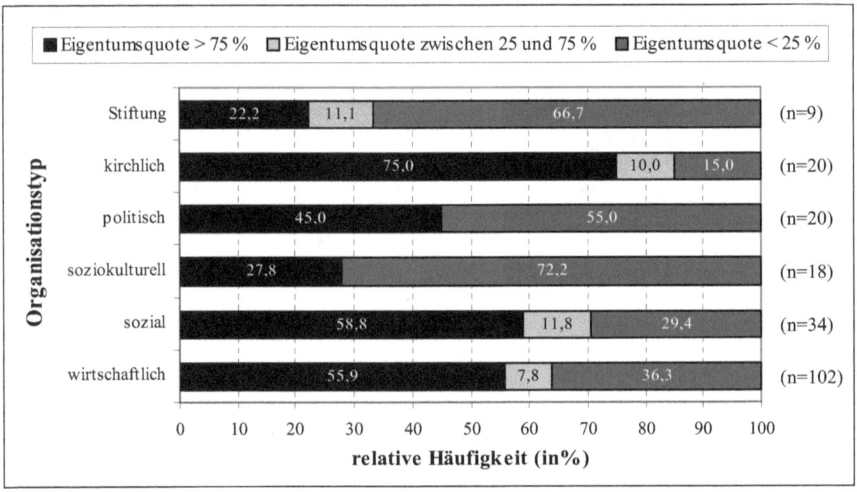

Abbildung 18: Eigentumsverhältnisse im Immobilienbestand nach Organisationstyp[298]

---

296 Es ist davon auszugehen, dass aufgrund der Spezifität des Themas viele der – überwiegend Immobilien anmietenden – NPO nicht an der Studie teilnahmen, da sie sich nicht angesprochen fühlten. Dies geht auch aus der Vielzahl der Antworten derjenigen Organisationen hervor, die angaben, über keine eigenen Immobilien zu verfügen und deshalb den Fragebogen nicht ausfüllten. Vgl. Tabelle 4.

297 Als Eigentumszweck wurde die Vermögensanlage ausdrücklich neben der Selbstnutzung berücksichtigt; dies wurde den Organisationen im Anschreiben auch mitgeteilt.

298 Ein schwacher bis mittlerer Zusammenhang zwischen der Organisationszugehörigkeit und den Eigentumsverhältnissen konnte statistisch nachgewiesen werden (Signifikanz: 0,001, Kontingenzkoeffizient: 0,292). Um den Chi-Quadrat-Unabhängigkeitstest anwenden zu können, mussten al-

Betrachtungsgegenstand nachfolgender Auswertungen sind Nonprofit-Organisationen mit nennenswertem Immobilieneigentum, sprich einer Immobilieneigentumsquote, die größer als 25 % ist. Die Stichprobe beziehungsweise Untersuchungsgruppe reduziert sich also in den folgenden Auswertungen um 106 – vornehmlich Immobilien anmietende – Organisationen auf 149 Organisationen.

Gefragt nach dem Eigentumszweck, hält mit 98 Angaben der weitaus größte Teil dieser Organisationen (N=144) Immobilien zur Selbstnutzung im Eigentum (vgl. Abbildung 55 im Anhang). Lediglich 3 Organisationen geben an, Immobilien zum Zwecke der Vermögensanlage zu halten. 43 Organisationen geben an, eigene Immobilien sowohl zur Selbstnutzung (durchschnittlich 53,4 % der gesamten Gebäudefläche) als auch zur Vermögensanlage (durchschnittlich 46,6 % der Gebäudefläche) zu haben.

c) Weitere Charakterisierung der betriebseigenen Immobilien

Die Organisationen wurden im Weiteren nach den Standorten ihrer Immobilien, getrennt nach Bundesländern und Metropolregionen, befragt. Die meisten Immobilien der NPO liegen demnach in Nordrhein-Westfalen (n=32) gefolgt von Baden-Württemberg (n=24), Berlin (n=23), Bayern und Hessen (mit je n=22). Die Metropolregionen Berlin und Rhein-Main weisen mit je 29 Angaben die meisten Immobilien von Nonprofit-Organisationen auf (vgl. Abbildung 56 und Abbildung 57 im Anhang).

Die Nutzung der Gebäudeflächen geht aus Abbildung 19 hervor. Der überwiegende Teil des Immobilienbestandes, genauer gesagt der Gebäudeflächen, wirtschaftlicher und politischer Organisationen sowie Stiftungen wird demzufolge als Bürogebäude genutzt. Der dienstleistungsorientierte Tätigkeitsbereich dieser NPO, insbesondere solcher, deren Kernaufgabe – stärker noch als in kirchlichen, sozialen und auch soziokulturellen Organisationen – in der Interessenvertretung ihrer Mitglieder liegt, lässt diesbezüglich auch kaum anderes erwarten.

---

lerdings die beiden Ausprägungen „Eigentumsquote zwischen 25 und 75%" und „Eigentumsquote>75%" zusammengefasst werden. Andernfalls hätte in mehr als 20% der gemeinsamen Antwortmöglichkeiten die erwartete Häufigkeit weniger als fünf betragen.

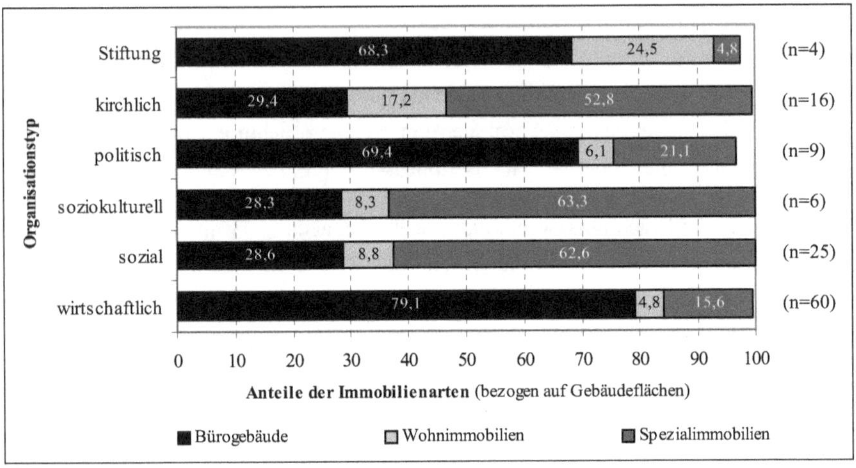

Abbildung 19: Anteile der Immobilienarten an der Gesamt-Gebäudefläche nach Organisationstyp[299]

Ebenfalls nicht überraschen sollte der hohe Anteil von Spezialimmobilien[300] im Eigentum der sozialen, soziokulturellen und kirchlichen Organisationen. 19 soziale NPO geben an, über Pflege- respektive Gesundheitsimmobilien, also Alters-, Pflege- und Behindertenheime, 11 über Bildungsimmobilien wie Kindergärten, Kindertagesstätten und Schulen zu verfügen (vgl. Abbildung 20).

Zum Spezialimmobilienbestand kirchlicher Organisationen zählen neben Bildungsimmobilien naheliegenderweise Kirchenimmobilien, zu denen Kirchengebäude selbst, Pfarrheime und Gemeindezentren gehören. Drei soziokulturelle Organisationen verfügen über Freizeitimmobilien wie Sportstätten, Jugend- und Erholungsheime.

---

299 Aus Gründen der Übersichtlichkeit wurden nur die Immobilienarten „Bürogebäude", „Wohnimmobilien" und „Spezialimmobilien" dargestellt. Die „Ladenlokale" fehlen daher in der Abbildung, können aber aufgrund des geringen Prozentsatzes vernachlässigt werden.

300 Spezialimmobilien dienen einer sehr speziellen, oft „maßgeschneiderten", Nutzung. Sie sind in ihrer Konzeption auf eine spezielle Verwendung zugeschnitten. Vgl. Unterabschnitt II.B.1.d).

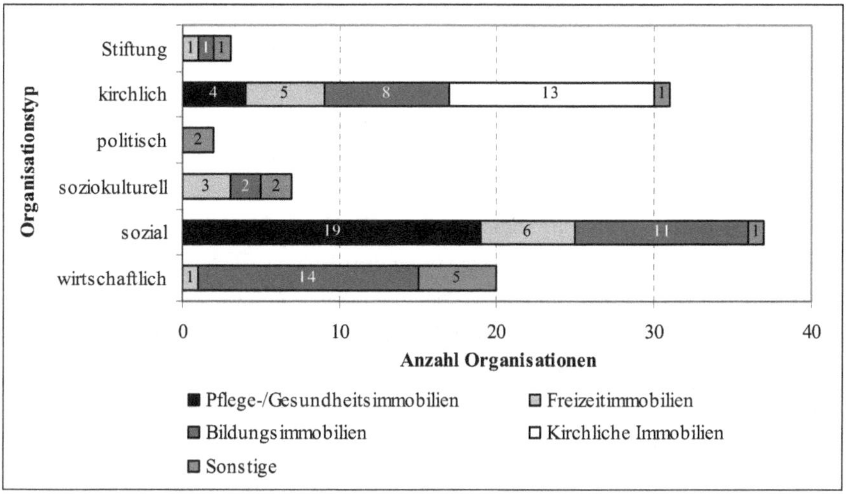

Abbildung 20: Anzahl der Organisationen mit Spezialimmobilien nach Organisations- und Spezialimmobilientyp[301]

Knapp zwei Drittel (65,7 %) der Organisationen (N=137) geben an, keine freistehenden Flächen innerhalb ihres Immobilienbestandes zu haben.

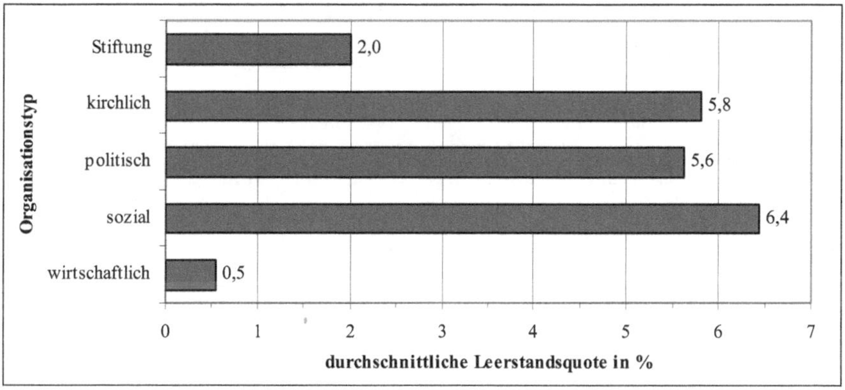

Abbildung 21: Durchschnittliche Leerstandsquote nach Organisationstyp

Die Mittelwertberechnung der Variablen Leerstandsquote deckt daher kein gravierendes Leerstandsproblem in den einzelnen Organisationstypen auf. Allerdings ist besonders in sozialen, kirchlichen und politischen Organisationen eine mögliche Erzielung

---

[301] Zu „sonstigen Spezialimmobilien" sind Angaben wie Labore, Werkstätten, Sporthotels, KFZ-Prüfanlagen, Garagen, Fahrsicherheitszentren, Sperrgrundstücke und Gewächshäuser zusammengefasst.

von Einsparungen durch Aufdeckung von Fehl- und Unterbelegungen sowie ungenutzten Reserven nicht generell auszuschließen (vgl. Abbildung 21).

Unter dem Gesichtpunkt der Kostenverursachung durch Immobilien ist das Alter des Gebäudebestandes von großer Bedeutung. Bei dem gegenwärtigen Trend zu lebenszykluskostenorientierten[302] Neubauten stellen insbesondere die vor 1945 erbauten Gebäude Potentiale dar, die es ermöglichen, durch Neubau oder entsprechende Modernisierung langfristig Immobiliennutzungskosten einzusparen. Den Befragungsergebnissen (Abbildung 22) zufolge sind diese Potentiale vor allem in politischen und kirchlichen Organisationen sowie Stiftungen zu finden, wobei jedoch einschränkend hinzuzufügen ist, dass nicht nach dem Zustand sondern lediglich der Altersstruktur des Gebäudebestands gefragt wurde. Ein vor 1945 erbautes Gebäude kann zur Realisierung von Kosteneinsparpotentialen bereits grundsaniert worden sein.

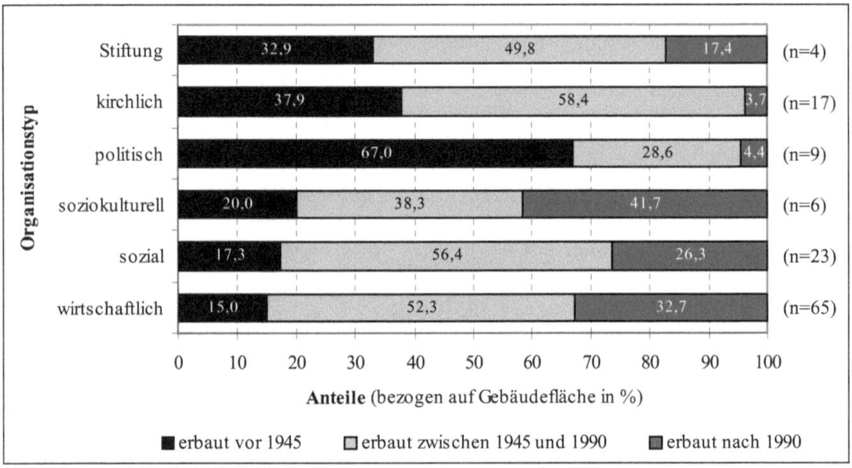

Abbildung 22: Altersstruktur des Gebäudebestandes nach Organisationstyp

[302] Wie in Unterabschnitt II.B.3.b) dargestellt, gliedert sich der Immobilienlebenszyklus in die drei Abschnitte Immobilienbereitstellung, -bewirtschaftung und -verwertung. Der Großteil der Immobilienlebenszykluskosten liegt in der Bewirtschaftungs- beziehungsweise Nutzungsphase, über deren Höhe allerdings bereits in der Bereitstellungsphase maßgeblich entschieden wird. Das zeitliche Auseinanderfallen von Kostenentstehung und Kostenbeeinflussbarkeit sowie eine negative Korrelation zwischen Investitionsausgaben und Nutzungskosten erfordert eine den gesamten Lebenszyklus einer Immobilie umfassende Kostenplanung mit dem Ziel der Minimierung der Immobilienlebenszykluskosten. Vgl. zur Lebenszykluskostenrechnung Unterabschnitt V.C.5.b). Siehe auch Pfnür, Andreas (2004), S. 110 f. und Hellerforth, Michaela (2000), S. 303 ff.

3. Zum Management betriebseigener Immobilien

a) Die Bedeutung von Immobilien innerhalb der Organisationsführung

Um die Ausgestaltung des Immobilienmanagements in den Organisationen interpretieren zu können, ist es zunächst wichtig, die Sichtweise auf Immobilien respektive den Stellenwert von Immobilien in der Organisationsführung zu kennen. Aus diesem Grund wurden die Organisationen nach der Bedeutung befragt, die sie Immobilien beimessen.[303] Das Ergebnis in Abbildung 23 zeigt, dass Immobilien vor allem als Betriebsmittel (68 %, N=253) angesehen werden. Zusammen mit der dritthäufigsten Nennung – 32,8 % der NPO sehen Immobilien als Kostenfaktor – wird die funktions- und kostenorientierte Sicht auf Immobilien der Mehrheit der Organisationen deutlich.

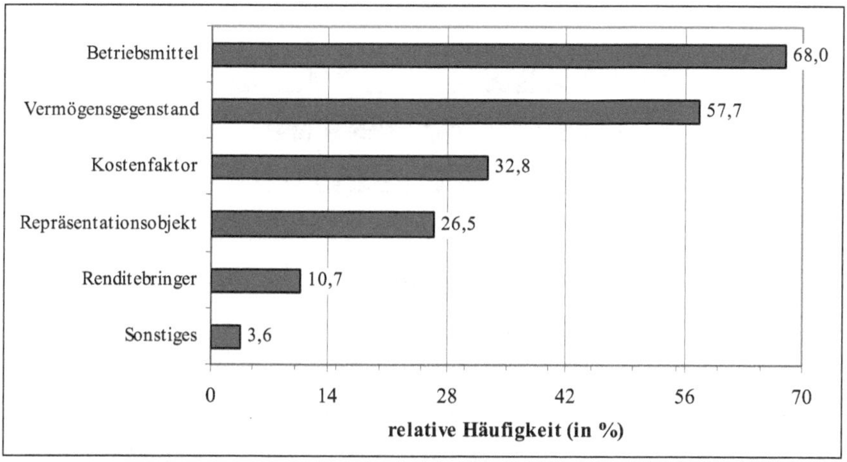

Abbildung 23: Bedeutung von Immobilien (N=253, Mehrfachnennungen möglich)[304]

Ein großer Teil der Organisationen betont allerdings auch den Vermögensanlagecharakter einer Immobilie: Mehr als die Hälfte der Organisationen (57,7 %) betrachten eine Immobilie als Vermögensgegenstand, 10,7 % als Renditebringer. Ebenso zu er-

303 Die Frage richtete sich an alle Organisationen, unabhängig von der Eigentumssituation im Immobilienbestand.

304 Da bei dieser Frage Mehrfachantworten möglich waren, wurde das Ergebnis nach Mustern beziehungsweise typischen Bündeln der Mehrfachantworten analysiert. Die meisten Nennungen bündeln sich im Antwortpaar „Betriebsmittel"/„Vermögensgegenstand" mit 82 gleichzeitigen Nennungen, gefolgt vom Paar „Betriebsmittel"/„Kostenfaktor" mit 50 gleichzeitigen Nennungen. Allerdings ergeben sich hieraus keine weitergehenden Erkenntnisse, da diese drei Bedeutungssichtweisen auf Immobilien bereits in der Einzelauswertung dominierten.

wähnen ist die Repräsentationsdimension einer Immobilie, die von 26,5 % der Organisationen genannt wurde. Dieses Ergebnis ist nicht unerwartet, wenn man bedenkt, dass Verbände, je nach Organisationstyp in unterschiedlichem Ausmaß, die Interessen ihrer Mitglieder vertreten. Hinsichtlich ihrer Präsenz in der Öffentlichkeit ist eine ansprechende Immobilie ein Aushängeschild etwa einer ganzen Branche oder Berufsgruppe.[305]

Zur Einordnung der Bedeutung des Themas Immobilienmanagement wurde die Organisationsführung befragt, in welchem Maße sich ihr Bewusstsein für die Erfolgs- und Vermögenswirksamkeit von Immobilien in der jüngeren Vergangenheit verändert hat. Die organisationstypenspezifische Betrachtung der Ergebnisse zeigt, dass sich für die Mehrheit der wirtschaftlichen, soziokulturellen und politischen Organisationen sowie Stiftungen die Bewusstseinshaltung nicht verändert hat (vgl. Abbildung 24).

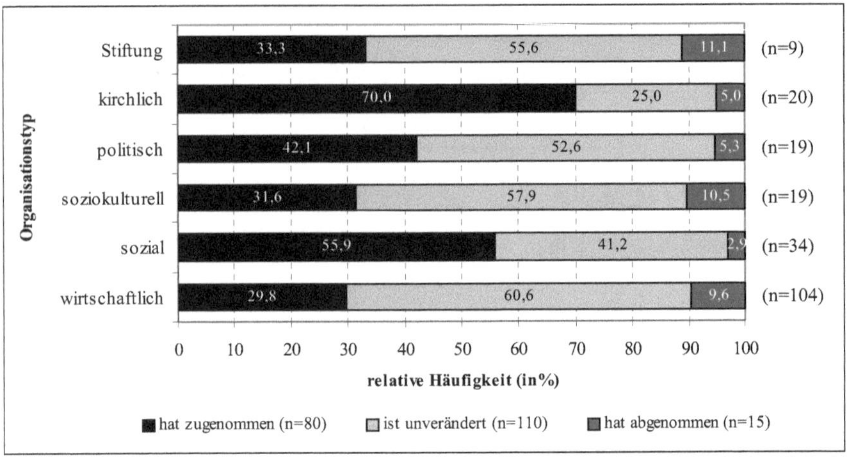

Abbildung 24: Bewusstsein für Erfolgs- und Vermögenswirksamkeit von Immobilien nach Organisationstyp

Zunehmendes Bewusstsein und damit wachsende Anerkennung der Immobilien als Erfolgsressource ist hingegen in sozialen und insbesondere kirchlichen Organisationen zu beobachten. Hier scheint sich die Erkenntnis durchzusetzen, dass eine bestmögliche Nutzung des Immobilienbestandes während der gesamten Lebensdauer und die Optimierung der daraus entstehenden Kosten strategische Managementaufgaben darstellen.

---

305 Witt stellt heraus, dass ein Verbandsgebäude mit seiner Architektur, der Gestaltung der Eingangshalle und der Raumausstattung eine Aussage über die bestehende Verbandskultur zulässt. Vgl. Witt, Dieter (2002), S. 44.

Ein leichter Zusammenhang zwischen der Antwortausprägung und dem Organisationstyp konnte statistisch bestätigt werden.[306]

b) Flächenerfassung und Instandhaltungsmanagement

Eine aktuelle und redundanzfreie Bestandsdokumentation von Immobilienflächen ist in der Regel Voraussetzung weiterer immobilienbezogener Optimierungsmaßnahmen, wie zum Beispiel der Identifikation von „Ausreißern“ in Kosten und Verbrauch in Form einer Kennzahlenanalyse.

Vor diesem Hintergrund wurden die Organisationen nach der Datenerfassung ihrer Immobilienflächen befragt. Wie die Datenauswertung in Abbildung 25 zeigt, sind die Flächen größtenteils – in 107 Organisationen – zentral erfasst. 12 Organisationen beabsichtigen den Aufbau einer zentralen Datenerfassung.

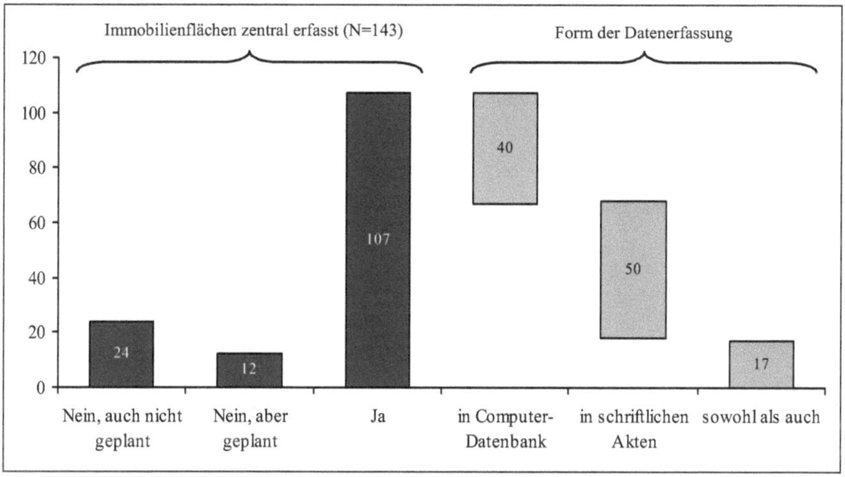

Abbildung 25: Erfassung der Immobilienflächen und Form der Datenerfassung

Weitere 24 Organisationen führen keine zentrale Datendokumentation durch und planen auch nicht, dies zu tun. Hier wäre interessant zu erfahren, warum diese NPO auf eine zentrale Flächenerfassung verzichten; möglicherweise sehen sie einen höheren Aufwand als Nutzen in einer solchen Erfassung. Einen Aufschluss darüber liefert die

306 Der Kontingenzkoeffizient des Chi-Quadrat-Unabhängigkeitstests beträgt 0,262 bei einem Signifikanzniveau von 0,010. Um diesen statistischen Test durchführen zu können, war es notwendig, die beiden Ausprägungen „ist unverändert“ und „hat abgenommen“ zusammenzufassen.

Betrachtung der Flächenerfassung in Abhängigkeit von der Größe des Immobilienbestandes: 12 der 24 Organisationen ohne zentrale Datenerfassung verfügen über bis zu drei Gebäude. Dieser relativ kleine Immobilienbestand könnte ausschlaggebend für eine Kosten-Nutzen-Abwägung zu Lasten einer aufwendigen zentralen Datenerfassung sein. Allerdings verzichten auch weitere 5 Organisationen mit mehr als 10 Gebäuden auf eine solche Flächendokumentation. Bei zweistelligen Gebäudezahlen darf vermutet werden, dass es sehr wohl Sinn macht, sich mit Hilfe einer zentralen Datenerfassung einen Überblick über seine Immobilienflächen zu verschaffen.

Die Auswertung der Frage nach der Form der Datenerfassung ergab folgendes Bild: Mit 50 Nennungen sind in fast der Hälfte der Organisationen die Immobilienflächen in schriftlichen Akten dokumentiert. 40 Organisationen geben an, ihre Flächendaten in einer Computer-Datenbank aufgenommen zu haben. In 17 NPO sind die Immobilienflächen sowohl in einer Datenbank als auch in schriftlichen Akten erfasst.

Im Hinblick auf weiterführende Analysen wie etwa Kennzahlenberechnungen und -vergleiche, kann eine datenbankgestützte Dokumentation gegenüber einer Datenerfassung in schriftlichen Akten Vorteile bieten. Dieser Zusatznutzen überwiegt den unweigerlich entstehenden Aufwand einer EDV-Erfassung allerdings auch hier erst ab einer gewissen Bestandsgröße an Immobilien. Wie Abbildung 26 zeigt, ist ein Zusammenhang zwischen Gebäudeanzahl und der Form der Datenerfassung erkennbar.[307]

[307] Es konnte kein statistischer Zusammenhang berechnet werden, da in zu vielen Fällen die erwartete Häufigkeit weniger als 5 betrug und damit der Chi-Quadrat-Unabhängigkeitstest nicht anzuwenden war.

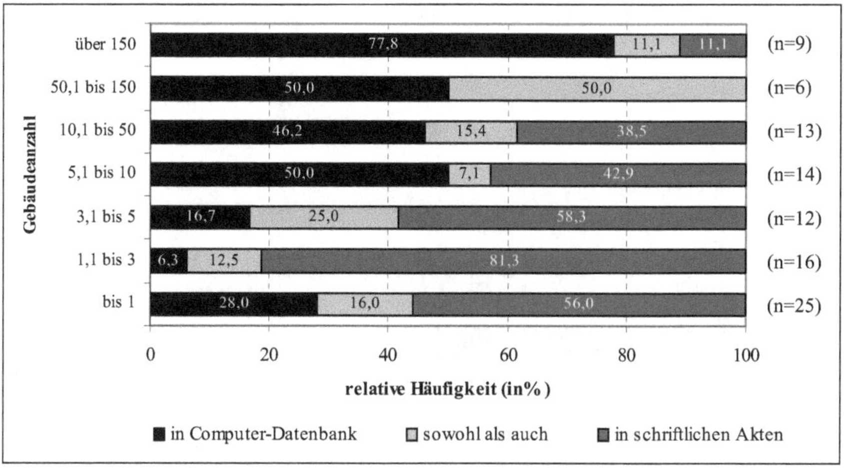

Abbildung 26: Form der Datenerfassung nach der Gebäudeanzahl[308]

Während die Immobilienflächen in Organisationen mit wenigen Gebäuden überwiegend in schriftlichen Akten dokumentiert sind, nimmt der Anteil datenbankgestützter Flächenerfassungen erwartungsgemäß mit größerem Gebäudebestand zu.

Innerhalb der Erhebung zielte eine weitere Frage auf die Planung und Durchführung von Instandhaltungsmaßnahmen ab. Die Ergebnisse sind aus Abbildung 27 ersichtlich. Es zeigt sich, dass mit 68,3 % die deutliche Mehrheit der Organisationen (N=145) gemäß einer sogenannten Korrektivstrategie handelt. Maßnahmen werden erst nach eingetretener Notwendigkeit ergriffen. Die Vorteile dieses passiven Vorgehens liegen in einem geringen Planungsaufwand. Die „Strategie" kann somit insbesondere bei älteren Gebäuden, die nur noch wenige Jahre genutzt werden sollen, sinnvoll sein.[309] Andererseits müssen die aufgetretenen Schäden oft unter Zeitdruck beseitigt werden, um die Ausfalldauer/-kosten zu begrenzen. Dies kann sich negativ auf die Qualität der Ausführung auswirken. Auch besteht zumeist nicht die Möglichkeit, Angebote über Ersatzmaterial und Handwerkerleistungen einzuholen, sodass die Instandhaltung bei plötzlichem Ausfall von Gebäudeelementen tendenziell kostenintensiver wird. Hohe

[308] Die Zehntelstelle hinter dem Komma der Rubrikenachse „Gebäudeanzahl" ist dadurch zu erklären, dass einige Organisationen Teile eines Gebäudes, etwa eine Etage, anmieten beziehungsweise im Eigentum halten.

[309] Vgl. zu Instandhaltungsstrategien auch Unterabschnitt V.C.5.c) sowie Homann, Klaus (1999), S. 334 ff., Voß, Reiner (2000), S. 150 und Homann, Klaus (1998), S. 326 ff.

Lohnkosten, bedingt durch Überstunden oder Feiertagszulagen, können die Kostenintensität weiter steigern.

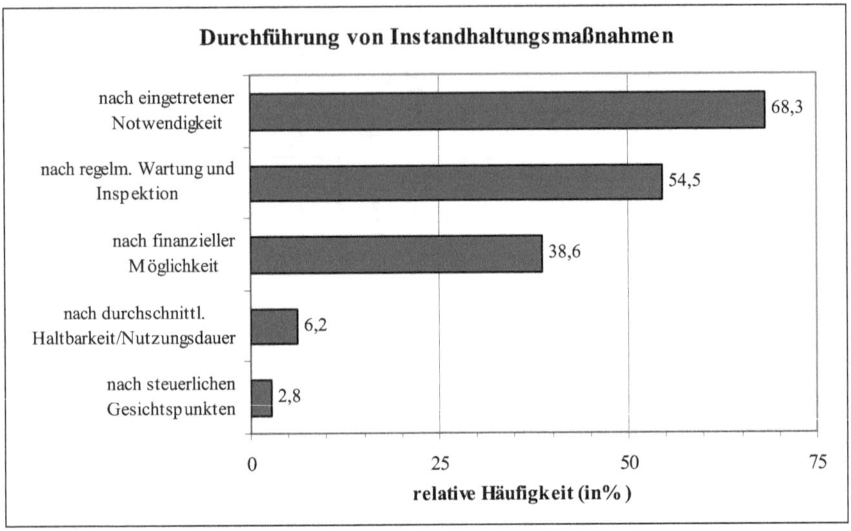

Abbildung 27: Durchführung von Instandhaltungsmaßnahmen (N=145, Mehrfachnennungen möglich)

Von einer langfristigen Planung der Gebäudeinstandhaltung kann im Weiteren dann nicht gesprochen werden, wenn Instandhaltungsmaßnahmen von finanziellen Möglichkeiten abhängen; immerhin 38,6 % der Organisationen geben dies an. 54,5 % der Organisationen erbringen allerdings einen höheren Planungsaufwand, indem sie regelmäßige Wartungen und Inspektionen durchführen, um rechtzeitig vor Schadenseintritt Instandhaltungsmaßnahmen planen und durchführen zu können.

Da auch diese Frage Mehrfachantworten zuließ, ergibt sich insgesamt erst ein abgerundetes Bild, wenn die Mehrfachnennungsbündel betrachtet werden: Die meisten gleichzeitigen Nennungen bündeln sich mit 42 Antworten demnach in dem Antwortpaar „nach eingetretener Notwendigkeit"/„nach finanzieller Möglichkeit"; mit 41 gleichzeitigen Antworten folgt das Bündel „nach eingetretener Notwendigkeit"/„nach regelmäßiger Wartung und Inspektion". Es zeigt sich also, dass häufig zwei gemischte Strategien zur Durchführung von Instandhaltungsmaßnahmen angewendet werden. Im ersten Fall kann allerdings weniger von einer „Strategie", sondern eher einer passiven Ausrichtung des Instandhaltungsmanagements gesprochen werden, da im Grunde kein Planungsaufwand betrieben wird. Instandhaltungen werden erst dann durchgeführt, wenn Schäden zu Tage getreten sind und darüber hinaus finanzielle Mittel zur Verfügung stehen. Eine Strategie stellt da schon eher das zweite Antwortbündel dar, wonach Planungen auf der Basis regelmäßiger Inspektionen und Wartungen erfolgen und Instandsetzungen nach eingetretenem (erwartetem) Ausfall durchgeführt werden.

Wie gesehen hängt die Durchführung von Instandhaltungsmaßnahmen oftmals von deren Finanzierbarkeit ab, sodass sich gut die Auswertung der Frage nach der Bildung von Rücklagen für Instandhaltungsmaßnahmen anschließt: Im Ergebnis bildet mehr als ein Drittel der Organisationen (N=146) keine Rücklagen für Instandhaltungsaufwendungen. Dies ist erstaunlich unter der Prämisse, dass ein großer Teil der Organisationen Immobilien als Vermögensgegenstand ansieht (vgl. Abbildung 23). Idealtypisch sollte sich die Vermögenswertorientierung, die nach dem Verständnis des Verfassers eine dauerhafte Werterhaltung oder gar -steigerung von Immobilien zum Ziel hat, in einer regelmäßigen Budgetierung zukünftig anfallender Instandhaltungsmaßnahmen widerspiegeln.

Auch die Koppelung der Antworten zur Bildung von Instandhaltungsrücklagen mit den Antworten zur Instandhaltungsstrategie (vgl. Abbildung 27) ergibt Unerwartetes: Von den 56 Organisationen, die Instandhaltungsmaßnahmen von finanziellen Möglichkeiten abhängig machen, bilden 42 Organisationen Rücklagen für eben solche Instandhaltungsmaßnahmen. 14 NPO geben an, keine Rücklagen zu bilden, was zunächst für alle 56 Organisationen zu erwarten gewesen wäre. Eine mögliche Schlussfolgerung ist zum einen, dass die finanziellen Mittel aus den Rücklagen nicht für alle zu tätigenden Instandhaltungsmaßnahmen ausreichen; zum anderen kann spekuliert werden, dass die Instandhaltungsrücklagen für andere Zwecke verwendet werden.

Zukünftig anfallende Instandhaltungs- und Modernisierungsmaßnahmen führen zu finanziellen Aufwendungen, die in Form des Investitionsbedarfs in den Gebäudebestand ebenfalls abgefragt wurden. Im Ergebnis ist allerdings lediglich 54 Organisationen (N=148) der Investitionsbedarf in den Gebäudebestand für die nächsten 10 Jahre bekannt; 94 Organisationen können keine Angaben über die monetären Ausmaße des Investitionsbedarfs machen. Es scheint, dass in den nächsten 10 Jahren insbesondere in kirchlichen und sozialen Organisationen hohe Investitionen in den Gebäudebestand anstehen. Dies geht aus Abbildung 28 hervor, in der die Mittelwerte der Höhe des Investitionsbedarfs zwischen den Organisationstypen verglichen werden.

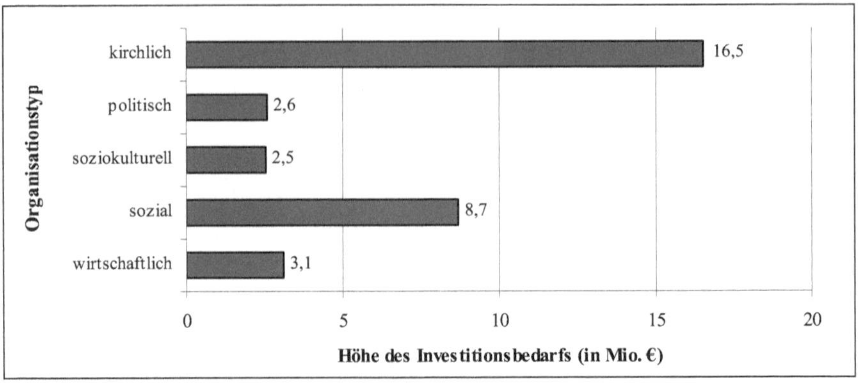

Abbildung 28: Höhe des Investitionsbedarfs in den Gebäudebestand für die nächsten 10 Jahre – Mittelwertvergleich nach Organisationstyp (N=54)

Da weitere monetäre Größen wie die Höhe des Finanzbudgets im Jahr 2006 und die Höhe des Immobilienvermögens[310] abgefragt wurden, ist es möglich, Verhältniswerte zu berechnen: So beträgt etwa der Investitionsbedarf in den Gebäudebestand pro Jahr im Durchschnitt 3 % des Finanzbudgets aus dem Jahr 2006 (N=44). Das Verhältnis des Investitionsbedarfs für die nächsten 10 Jahre zum Gesamtwert des Immobilienvermögens liegt bei durchschnittlich 40,6 % (N=36).[311]

c) Die Vermögens- und Kostendimension

Obwohl der Großteil der Organisationen angibt, den Wert des Immobilienvermögens (75 %; N=145) und die Bewirtschaftungskosten der Immobilien (81 %; N=140) zu kennen,[312] machen nur wenige Organisationen konkrete monetäre Angaben zu Vermögen und Kosten.[313] Dies ist vermutlich auf den vertraulichen Charakter der abgefragten Variablen zurückzuführen; darüber hinaus könnte eine Rolle gespielt haben, dass die abgefragten Verhältniswerte nicht immer vorlagen.[314]

---

310 Vgl. Abschnitt III.B.1. beziehungsweise Unterabschnitt III.B.3.c).

311 Aufgrund der geringen Antwortzahl ist eine organisationstypenspezifische Betrachtung der Verhältniswerte wenig aussagekräftig.

312 Die Bewirtschaftungskosten entsprechen den in Unterabschnitt II.B.1.e) vorgestellten Immobiliennutzungskosten.

313 Zur Höhe des Immobilienvermögens äußern sich 76 Organisationen, zum Anteil des Immobilienvermögens am Gesamtvermögen 57 und zum Anteil der Immobiliennutzungskosten an den Gesamtkosten 62 Organisationen.

314 Die Organisationen wurden nach dem Anteil des Immobilienvermögens am Gesamtvermögen und nach dem Verhältnis der Bewirtschaftungskosten zu den Gesamtkosten befragt.

Aufgrund der geringen Antwortzahl sind organisationstypenspezifische Aussagen kaum möglich. Die Untersuchungsergebnisse der monetär-basierten Variablen werden daher im Folgenden für die Gesamtstichprobe beurteilt.

Der getrimmte Mittelwert[315] des Immobilienvermögens beträgt 14,7 Millionen Euro. Dabei liegt der Anteil des Immobilienvermögens am Gesamtvermögen bei durchschnittlichen 51,1 %. Über die Hälfte des Organisationsvermögens ist demnach in Immobilien gebunden, woraus sich indirekt ein Potential für die Organisationsfinanzierung ableitet. Ob und wie viele gebundene Mittel allerdings durch Veräußerung von Immobilienbeständen freigesetzt werden könnten, hängt vor allem davon ab, ob es sich bei den Immobilien um frei kapitalisierbares Vermögen handelt oder die Organisationsführung besonderen Bindungen im Umgang mit ihren Immobilien unterworfen ist. Bei gewidmetem Immobilienvermögen unterliegt die Verwendung der Immobilien einem besonderen Widmungszweck; das Vermögen ist somit nicht frei veräußerbar. Auch ist die Veräußerbarkeit vom tatsächlichen Zustand und einer marktgerechten Bewertung der Immobilien abhängig. Letztere ist aufgrund des ausgeprägten Spezialimmobiliencharakters und der eingeschränkten Drittverwendungsfähigkeit vieler Immobilien, insbesondere der kirchlichen und sozialen Organisationen (vgl. Abbildung 20), vor besondere Herausforderungen gestellt.

Die Organisationen wurden des Weiteren nach den angewendeten Verfahren zur Wertermittlung des Immobilienvermögens befragt. Abbildung 29 zeigt die Anwendung von Bewertungsverfahren in den einzelnen Organisationsgruppen. Demzufolge überwiegt in wirtschaftlichen und auch politischen Organisationen die Verkehrs- respektive Marktwertermittlung. In sozialen, soziokulturellen und kirchlichen Organisationen hingegen ist den Untersuchungsergebnissen zufolge die Bewertung nach dem Buchwert üblich. Dies ist, wie bereits angedeutet, auch auf die Besonderheit vieler Spezialimmobilien zurückzuführen, die aufgrund ihres für eine spezielle Nutzung maßgeschneiderten Zuschnitts – wenn überhaupt – lediglich einem eingeschränkten Markt angeboten werden können. Eine marktgerechte Bewertung kann für sie daher kaum erfolgen. Auch ist aus den Angaben zu anderen Bewertungsverfahren – manche Organisationen orientieren sich an Brandversicherungswerten aus dem Jahr 1914 – ersicht-

[315] Der getrimmte Mittelwert ist ein sogenannter robuster Lageparameter. Es handelt sich um ein normales arithmetisches Mittel unter Ausschluss der Extremwerte, das heißt der 5 %-höchsten und 5 %-niedrigsten Werte. Dadurch werden die störenden Einflüsse von Extremwerten gemindert. Vgl. auch Janssen, Jürgen / Laatz, Wilfried (2005), S. 226. und Martens, Jul (2003), S. 94.

lich, dass in einigen NPO eine annähernde Kenntnis über den aktuellen Wert ihres Immobilienbestandes zu fehlen scheint.

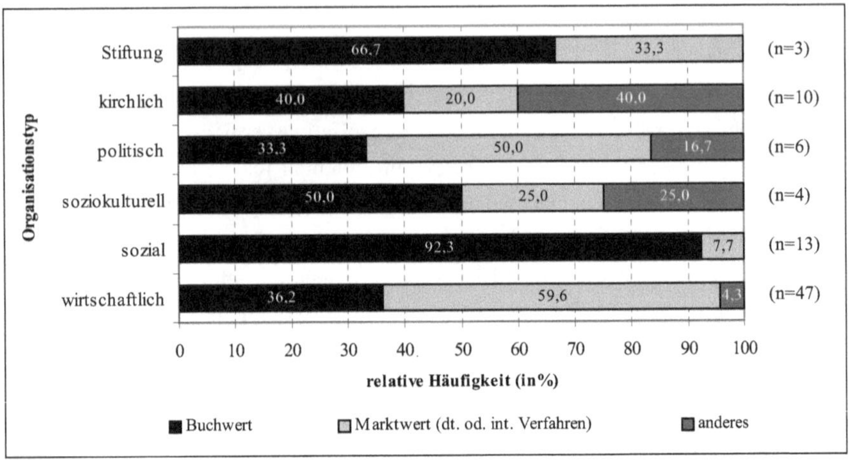

Abbildung 29: Art des Bewertungsverfahrens nach Organisationstyp

Interessant ist darüber hinaus, dass von den 37 NPO, die zukünftig Immobilienverkäufe anstreben (vgl. Abbildung 16), nur 10 den Marktwert ihrer Immobilien kennen. Ferner ist lediglich 2 der 19 verkaufswilligen sozialen oder kirchlichen NPO der Marktwert bekannt.

Ein Immobilienvermögen verursacht zwangsläufig erhebliche Kosten. Wie bereits eingangs erwähnt, besteht in erwerbswirtschaftlichen Unternehmen oftmals der zweitgrößte Block der Gesamtkosten aus immobilienbezogenen Kosten.[316]

Die Befragungsergebnisse der hier vorliegenden Studie lassen eine große Kostenträchtigkeit der Immobilien ebenfalls in Nonprofit-Organisationen erkennen. Die Organisationen wurden nach dem Anteil der Bewirtschaftungskosten an den Gesamtkosten befragt. Im Ergebnis bestehen durchschnittlich 15,5 % der Gesamtkosten aus Immobilienbewirtschaftungskosten. Abbildung 30 verdeutlicht, dass die immobilienbezogene Kostendimension in sozialen und soziokulturellen Organisationen besonders ausgeprägt zu sein scheint, wobei im Vergleich des Mittelwerts mit dem ebenfalls dargestellten Median teilweise eine hohe Streuung der Angaben erkennbar ist.

316 Vgl. Pfnür, Andreas (1998), S. 19, Henzelmann, Torsten (2004), S. 62 und Cock, Robert / French, Nick (2001), S. 4.

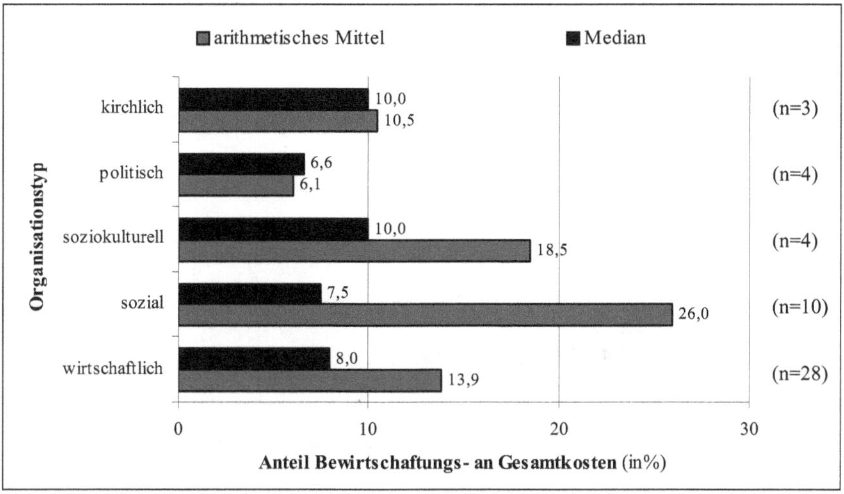

Abbildung 30: Anteil immobilienbezogener Bewirtschaftungskosten an den Gesamtkosten nach Organisationstyp

d) Zur Organisation des Immobilienmanagements

Der Organisationsgrad des Immobilienmanagements eines Betriebes drückt sich unter anderem in der Anzahl hauptamtlich beschäftigter Mitarbeiter aus, die mit immobilienbezogenen Aufgaben betraut sind.

Abbildung 31 stellt einen statistischen Zusammenhang zwischen der Gebäudeanzahl einer Organisation und der Anzahl mehrheitlich mit Immobilienaufgaben beschäftigten Mitarbeiter fest. Wie nicht anders zu erwarten, nimmt die Mitarbeiteranzahl mit steigender Gebäudeanzahl zu. Während also Organisationen mit bis zu einem Gebäude durchschnittlich 1,5 Mitarbeiter mit der Bearbeitung der immobilienbezogenen Tätigkeiten beschäftigen, so sind dies in Organisationen mit mehr als 150 Gebäuden annähernd 35 Mitarbeiter.

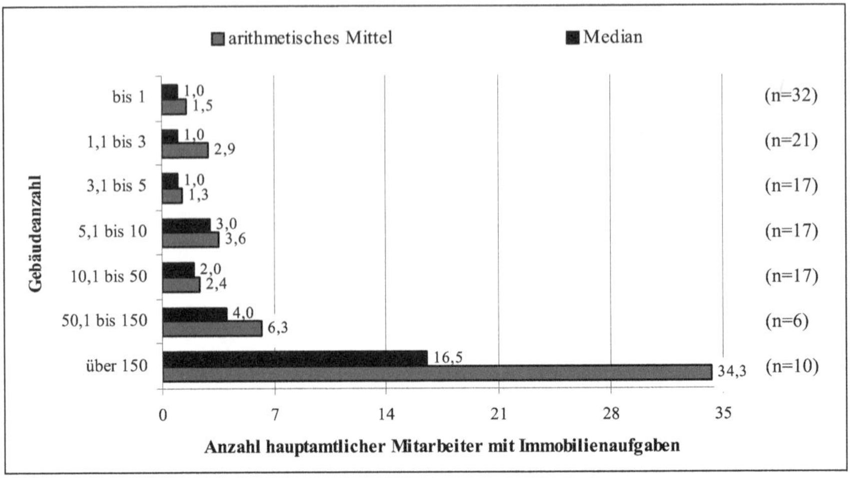

Abbildung 31: Anzahl hauptamtlicher Mitarbeiter mit Immobilienaufgaben nach der Gebäudeanzahl[317]

In folgender Abbildung (Abbildung 32) wurde, differenziert nach Organisationstyp, die Gebäudeanzahl einer Organisation ins Verhältnis zur Mitarbeiteranzahl gesetzt. Es ist zu erkennen, dass in einigen kirchlichen und sozialen Organisationen ein „Immobilienfachmann" weitaus mehr Gebäude zu betreuen hat als in den anderen Organisationen. Da kirchliche und soziale Organisationen im Durchschnitt über ein vergleichsweise großes Immobilienportfolio (vgl. Abbildung 14) und dadurch, wie zuvor statistisch nachgewiesen, auch über einen größeren Mitarbeiterstamm verfügen, ist der Unterschied zum Teil durch die Ausnutzung positiver Skaleneffekte zu erklären. Ein Mitarbeiter kann durch Lernkurveneffekte und Vorteile der Arbeitsteilung in einem Immobilienteam einen größeren Ertrag in Form der betreuten Gebäudeanzahl „erwirtschaften" als in einer Organisation mit wenigen Immobilien und Mitarbeitern, die Immobilienaufgaben unter Umständen nebenher erledigen.

317 Es konnte ein höchst signifikanter Zusammenhang zwischen Gebäudeanzahl und der Anzahl hauptamtlicher Mitarbeiter mit immobilienbezogenen Tätigkeiten festgestellt werden (Signifikanz=0,000).

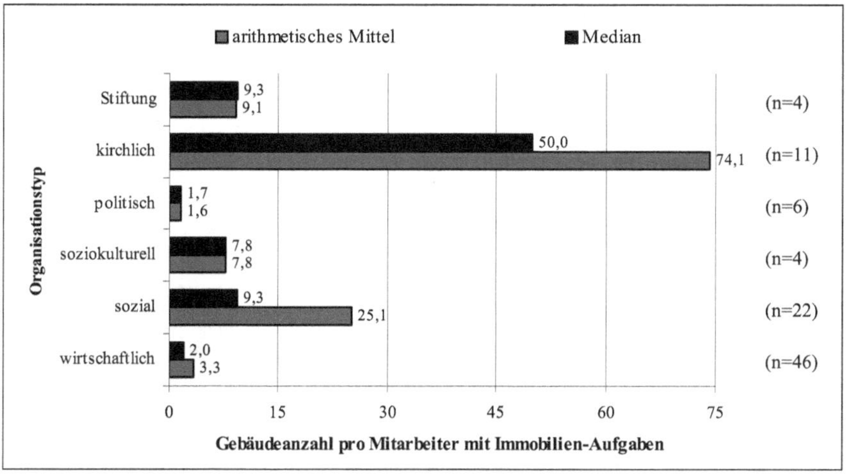

Abbildung 32: Gebäudeanzahl pro Mitarbeiter mit immobilienbezogenen Aufgaben nach Organisationstyp

Da innerhalb der Erhebung auch die Gesamtanzahl hauptamtlicher Mitarbeiter abgefragt wurde, kann das Verhältnis der Anzahl an Mitarbeitern mit immobilienbezogenen Tätigkeiten zur Gesamtanzahl an hauptamtlich in der Organisation beschäftigten Mitarbeitern berechnet werden. Diese spezifische Mitarbeiterquote liegt in zwei Drittel aller Fälle (N=130) unterhalb von 2 % und in 85 % der Fälle unterhalb von 5 %.

Die Vermutung, dass Immobilienaufgaben mehrheitlich eher am Rande, neben anderen Aufgaben bearbeitet werden, findet sich in Abbildung 33 bestätigt. Hier ist die Frage der organisatorischen Ansiedlung immobilienbezogener Aufgaben ausgewertet und dargestellt. Demzufolge werden Immobilienaufgaben in 54,7 %, also bei über der Hälfte der Organisationen (N=139) innerhalb der Abteilung „allgemeine Verwaltung“ bewältigt. Auch die Finanz- und Vermögensabteilung ist häufig (40,3 %) für Immobilienaufgaben zuständig. Im Ergebnis ist ein Immobilienmanagement in Nonprofit-Organisationen damit größtenteils nicht institutionalisiert. In nur 32,4 % aller Organisationen ist ein Immobilienmanagement lediglich vereinzelt in einer separaten Bau- (17,3 %) und/oder Immobilien-/Liegenschaftsabteilung (15,1 %) angesiedelt.

Da die Frage Mehrfachnennungen zuließ, wurden auch hier typische Muster gleichzeitiger Antworten analysiert. Auffällig viele Antwortbündel finden sich in den Antwortpaaren „innerhalb Abteilung "allgemeine Verwaltung"“/„in Finanz-/Vermögensabteilung“ mit 12 gleichzeitigen Nennungen und „in Immobilien-/Liegenschaftsabteilung“/„in Bauabteilung“ mit 14 gleichzeitigen Nennungen. Während das erste

Paar die These bestärkt, dass Immobilienaufgaben größtenteils neben anderen Aufgaben bewältigt werden und nicht in gesonderten Abteilungen angesiedelt sind, führt das zweite Antwortpaar zu der Schlussfolgerung, dass, sofern Organisationen eigene Immobilien-Abteilungen führen, die Aufgaben oftmals nach technischen Gesichtspunkten (Bauabteilung) und kaufmännischen Gesichtspunkten (Immobilien-/Liegenschaftsabteilung) getrennt werden.

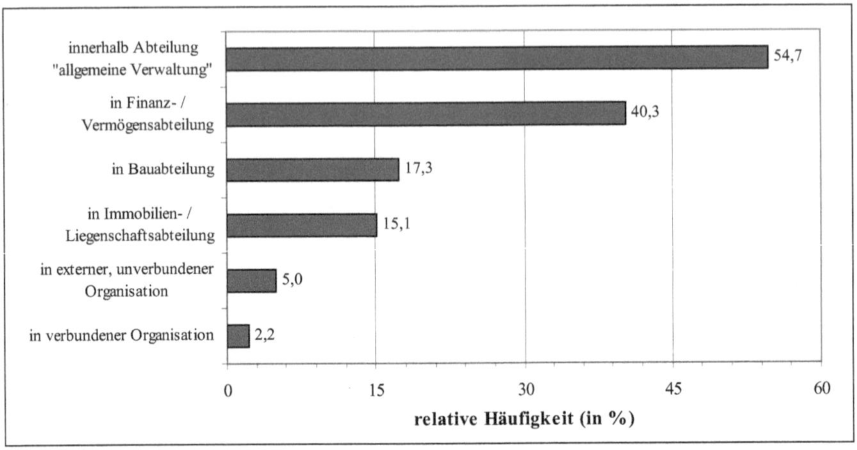

Abbildung 33: Organisatorische Ansiedlung immobilienbezogener Tätigkeiten (N=139, Mehrfachnennungen möglich)

Eine weitere Frage zielte auf die Art immobilienbezogener Tätigkeiten ab, die innerhalb der Nonprofit-Organisationen erbracht werden.[318] Mit 86,7 % aller Organisationen (N=120) werden Tätigkeiten des Gebäudemanagements, wie etwa Reinigungs- und Instandhaltungsdienste oder das Vertrags-, Energie- und Flächenmanagement, in beinahe allen Organisationen erbracht. Auch Aufgaben aus dem Bereich Immobilienbereitstellung, also Kauf, Miete, Leasing von Immobilien, und dem Bereich Immobilienverwertung (Verkauf, Vermietung von Immobilien) werden in über der Hälfte der NPO selbst übernommen. Der Tätigkeitsbereich Immobilienportfoliomanagement wurde innerhalb des Fragebogens umschrieben mit: „Konzeptionelle Gesamtansicht des Immobilienbestandes durch z. B.: Schaffung eines einheitlichen Analyserasters, Ableitung einer Immobilienstrategie“. Die wenigen Nennungen (13,3 %) verdeutli-

[318] Bei dieser Frage wurden fünf Antwortmöglichkeiten vorgegeben (siehe Abbildung 34). Um sicher zu gehen, dass alle Organisationen unter den Tätigkeitsbegriffen in etwa Gleiches verstehen, wurden die Begriffe in Klammern beschrieben. Vgl. auch Frage 26 des Fragebogens im Anhang.

chen, dass strategische Aspekte des Immobilienmanagements vielfach (noch) keinen Einzug in Nonprofit-Organisationen gefunden haben.

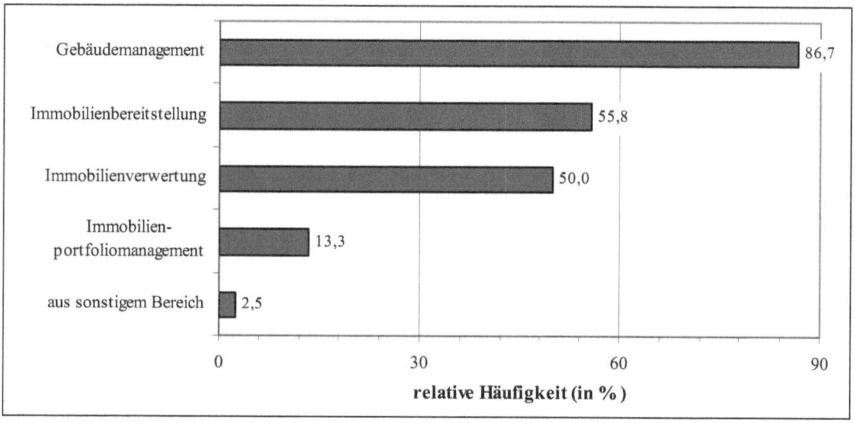

Abbildung 34: Art immobilienbezogener Tätigkeiten (N=120, Mehrfachnennungen möglich)

Gefragt nach geplanten Veränderungen der Organisation des Immobilienmanagements, antwortete mit 88,4 % die überwältigende Mehrheit der Organisationen (N=146), keine grundsätzlichen Veränderungen anzustreben.

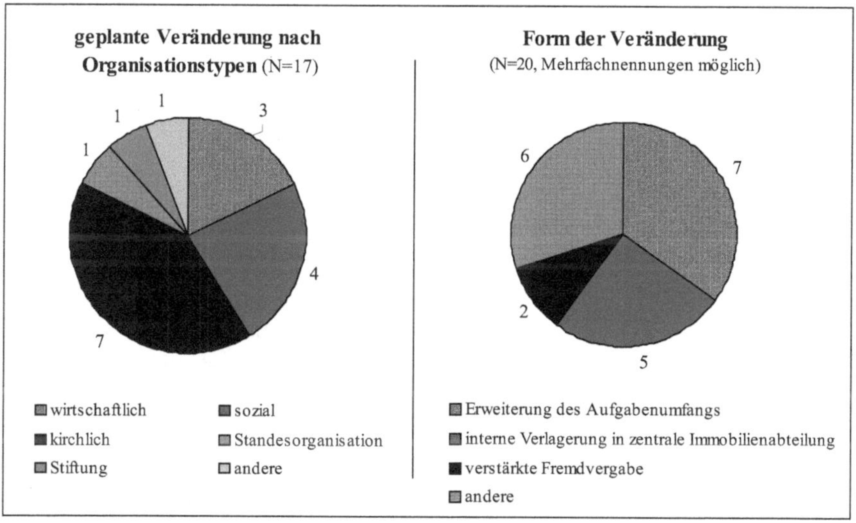

Abbildung 35: Geplante Veränderungen der Organisation des Immobilienmanagements

Wie Abbildung 35 zu entnehmen ist, planen 17 NPO, unter ihnen insbesondere kirchliche und soziale Einrichtungen, die Organisation des Immobilienmanagements zu verändern, indem der Aufgabenumfang erweitert (7 Nennungen), Tätigkeiten in eine zentrale Immobilienabteilung verlagert (5 Nennungen) und/oder Aufgaben verstärkt fremd vergeben (2 Nennungen) werden sollen. Unter den 6 anderen Veränderungen geben die Organisationen an, ein ganzheitliches Management und/oder ein Immobilieninformationssystem einführen und/oder sich auf wesentliche Tätigkeiten konzentrieren zu wollen.

e) Zentrale Herausforderungen im Immobilienmanagement

Zum Abschluss der Befragung hatten die Organisationen Gelegenheit, im Rahmen einer offenen Frage zu drei zentralen Herausforderungen im Immobilienmanagement innerhalb ihrer Organisation Stellung zu nehmen (vgl. Abbildung 36). Die größten Herausforderungen stellen demnach die Entwicklung und Umsetzung einer ganzheitlichen Immobilienstrategie und ein effektives Kostenmanagement dar.

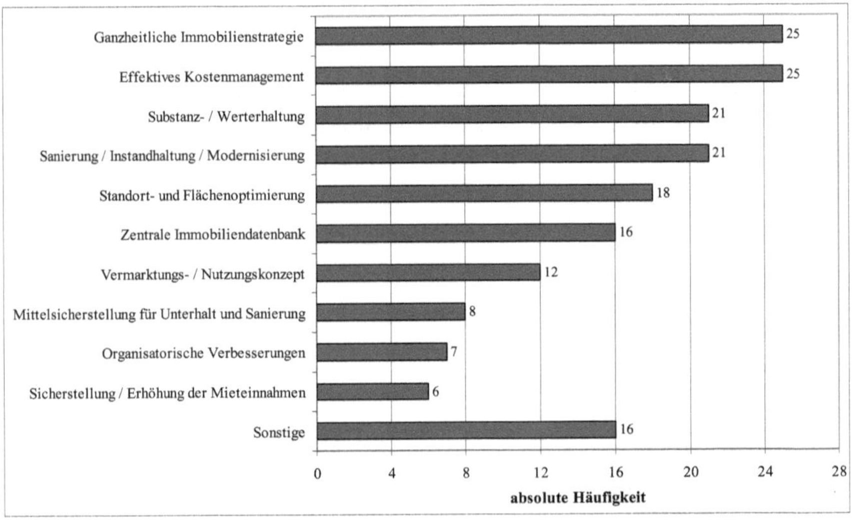

Abbildung 36: Zentrale Herausforderungen (N=82, Mehrfachnennungen möglich)

Der Begriff „ganzheitliche Immobilienstrategie" beinhaltet sehr differenzierte, strategisch orientierte Angaben der Nonprofit-Organisationen. Im Kern geht es den Organisationen um grundlegende Überlegungen zu ihrem Immobilienportfolio. Anhand einer Immobilienbestandsanalyse sollen auf Basis der langfristigen Entwicklung der Organisation Maßnahmen zur kostenoptimalen Bewirtschaftung der betriebsnotwendigen

Immobilien und bestmöglichen Verwertung der nicht betriebsnotwendigen Immobilien offen gelegt werden.

Unter die Kategorie Kostenmanagement wurden Angaben wie Kostensenkung, aber auch Kostenkontrolle, -transparenz, kostengünstige Bewirtschaftung oder Aufbau eines Benchmarkings subsumiert. Es scheint also, dass die Entwicklung eines Kennzahlensystems zur Steuerung und Kontrolle immobilienbezogener Kosten angestrebt wird, um mit dessen Hilfe Kostentransparenz zu ermöglichen und kostensenkende Maßnahmen zu planen.

Eine weitere Herausforderung liegt in der Instandhaltung respektive Modernisierung von Immobilien, gekoppelt mit dem Ziel der Substanz-/Werterhaltung. Auch Konzepte zur Standort- und Flächenoptimierung und ein Aufbau sowie die Pflege einer Immobiliendatenbank zur Gewinnung der für weiterführende Analysen notwendigen Informationen sind mehrfach genannte Herausforderungen der Organisationen.

C. Zusammenfassung der zentralen Ergebnisse und Schlussfolgerung: Kirchliche und soziale Organisationen im Fokus der weiteren Betrachtung

Anhand der Ergebnisse der vorliegenden quantitativen Untersuchung wurde ein Überblick über den Bestand, die Nutzung und das Management von Immobilien in Nonprofit-Organisationen gegeben.

Insgesamt wurde deutlich, dass der Informationsstand über den Immobilienbestand sowie über immobilienbezogene Kosten, Flächen und Vermögenswerte nicht besonders hoch ist. Darüber hinaus sind die Immobilienflächen selten in einer Computer-Datenbank dokumentiert, wodurch sie für weiterführende Analysen nur bedingt zur Verfügung stehen. Einschränkend muss jedoch gesagt werden, dass die computerbasierte Datenerfassung in Organisationen mit großem Immobilienbestand weit verbreitet ist.

Gleichzeitig sind das Instandhaltungsmanagement zumeist passiv ausgerichtet und der Investitionsbedarf in den Gebäudebestand nur einer Minderheit der Organisationen bekannt. Mehr als ein Drittel der Organisationen bildet ferner keine Rücklagen für Instandhaltungsaufwendungen.

Die dargestellten Vermögens- und Kostendimensionen der Immobilien bedarfswirtschaftlicher NPO demonstrieren eindrucksvoll die Notwendigkeit eines wirtschaftlichen und bedarfsgerechten Umgangs mit Immobilien. Der Anteil des Immobilienvermögens am Gesamtvermögen liegt für den Durchschnitt der teilgenommenen NPO über 50 %. Die Immobilienkosten betragen durchschnittlich mehr als 15 % der Gesamtkosten der Organisationen und dürften damit einen der größten Kostenblöcke überhaupt bilden.

Die Betrachtung der Organisation immobilienbezogener Tätigkeiten lässt den Schluss zu, dass das Immobilienmanagement oftmals nicht institutionalisiert ist, sondern vielfach „so mitläuft" und die Zuständigkeiten und Verantwortlichkeiten für Immobilienaufgaben in mehreren Abteilungen der Organisationen, vermutlich nicht immer redundanzfrei, verteilt sind. Gefragt nach geplanten Veränderungen der Organisation des Immobilienmanagements gaben einige – vor allem kirchliche und soziale – NPO an, Tätigkeiten in eine zentrale Immobilienabteilung verlagern, ein ganzheitliches Management und/oder ein Immobilieninformationssystem einführen zu wollen.

Eine differenzierte Betrachtung der Organisationstypen ergab einen deutlichen Unterschied in Bezug auf die Organisationsgröße und den Umfangs des Immobilienbestandes. Insbesondere kirchliche und soziale Organisationen weisen ein großes und heterogenes Immobilienportfolio auf. Zunehmendes Bewusstsein der Organisationsführung für die Erfolgs- und Vermögenswirksamkeit von Immobilien deutet auf eine Neuausrichtung der Immobilienstrategie innerhalb dieser Organisationen hin.

Für den Fortgang der Arbeit erscheint es daher sinnvoll, zum einen den Fokus auf kirchliche und soziale Organisationen zu richten. Die Voraussetzungen dafür, das Immobilienmanagement als eigenständige, strategische Funktion wahrzunehmen und einzurichten, sind in diesen Organisationen in Form des umfangreichen Immobilienbestandes besonders gegeben. Zum anderen können die von den Organisationen dargestellten Herausforderungen aufgegriffen werden, um ein praxisnahes Immobilienmanagementkonzept für – insbesondere kirchliche und soziale – Nonprofit-Organisationen zu erarbeiten.

IV. Charakteristika der Immobilien und Rahmenbedingungen des Immobilienmanagements in kirchlichen und sozialen Organisationen

In ihrem heterogenen und spezifischen Bestand sowie ihren vielfältigen und dezentralen Eigentumsstrukturen weisen die Immobilien kirchlicher und sozialer Organisationen einige Besonderheiten auf, die zunächst im Kapitel IV.A. zu erläutern sind. Da kirchliche und soziale NPO bei der Verwendung ihres Vermögens in der Regel besonderen Bindungen unterworfen sind, wird hier zudem auf die Eigenart des Widmungsvermögens eingegangen.

Kapitel IV.B. thematisiert anschließend die Notwendigkeit einer Neuausrichtung der Immobilienstrategie in kirchlichen und sozialen Organisationen infolge veränderter kirchlicher Rahmenbedingungen und einer verschärften Wettbewerbssituation im Bereich sozialer Dienstleistungen.

A. Typisierung und Eigenarten des Immobilienbestandes kirchlicher und sozialer Organisationen

1. Heterogenität des Immobilienbestandes und Spezifität der Immobilienarten

Öffentlich zugängliche Informationen über den Gebäudebestand der beiden großen Kirchen in Deutschland zu erhalten, gestaltet sich insbesondere in Bezug auf die Katholische Kirche als schwierig. Die Ursache hierfür liegt unter anderem in einer unzureichenden Informationsbasis und fehlenden Transparenz. HALFAR / BORGER formulieren im Zusammenhang mit einem zielgerichteten Umgang mit kirchlichen Ressourcen folgendermaßen: „Bei den Immobilien ist der fehlende Durchblick noch auffälliger und gravierender als bei den Finanzmitteln.“[319] Für die Evangelische Kirche in Deutschland (EKD) kann immerhin auf eine Erhebung aus dem Jahr 1994 zurückgegriffen werden, wonach sich zu diesem Zeitpunkt 21.088 Kirchen und insgesamt rund 75.000 Gebäude im Eigentum der Verfassten Evangelischen Kirche[320] befanden (vgl. Tabelle 6):

[319] Halfar, Bernd / Borger, Andrea (2007), S. 80.

[320] Der Begriff „Verfasste Kirche“ geht auf den Geltungsbereich der Kirchenverfassungen zurück. Die evangelischen Landeskirchen und katholischen Bistümer haben jeweils eigene Kirchenverfassungen, nach denen in der Regel die Landeskirche / das Bistum und die Kirchengemeinden als eigenständige Körperschaften des öffentlichen Rechts zum Geltungsbereich der Verfassung gehö-

Gebäudeart	**Anzahl**
Kirchen	21.088
Friedhofskapellen	2.536
Pfarrhäuser	17.186
Gemeindehäuser mit Gemeindesaal	9.409
Gemeindezentren mit Gottesdienstraum	3.148
Kindertagesstätten	5.156
Eigentumswohnungen	1.320
sonstige Wohnhäuser	6.650
Verwaltungsgebäude	808
allgemeinbildende Schulen	143
sonstige Gebäude	7.618
insgesamt	**75.062**
davon stehen unter Denkmalschutz	ca. 25.000

Tabelle 6: Gebäude im Eigentum der Verfassten Evangelischen Kirche in Deutschland[321]

Eine ähnliche Erhebung liegt für den Gebäudebestand der Katholischen Kirche nicht vor. So kann dieser nur geschätzt werden. MEIER / BLICKLE verweisen auf den in etwa gleich großen Anteil katholischer und evangelischer Christen in Deutschland.[322] Sie schließen infolgedessen auf einen Gebäudebestand beider Kirchen in Deutschland von rund 150.000 Gebäuden[323] und demnach auf ebenfalls etwa 75.000 Gebäude im Eigentum der Katholischen Kirche. BEYERLE geht von annähernd 60.000 Gebäuden der Katholischen Kirche aus, von denen 24.500 Kirchen und freistehende Kapellen sind.[324] Nach BOGENSTÄTTER befinden sich sogar rund 80.000 Kirchen und insgesamt 400.000 Gebäude im Eigentum beider großen Glaubensgemeinschaften in Deutschland.[325]

Die Schätzungen gehen zum Teil weit auseinander, was damit zusammenhängen kann, dass sich insbesondere die letztgenannte Schätzung nicht auf die Verfassten Kirchen allein, sondern auf alle, das heißt beiden Kirchen angehörige Organisationen, wie

ren. Andere Träger wie die Wohlfahrtsverbände Diakonie und Caritas sind ausgeklammert und gehören nicht zur Verfassten Kirche. Vgl. Meier, Claus / Blickle, Jörg (2005), S. 257.

321 Vgl. Kirchenamt der Evangelischen Kirche in Deutschland (Hrsg.) (2007), S. 32.

322 Vgl. auch Fussnote 287 in Abschnitt III.B.1.

323 Vgl. Meier, Claus / Blickle, Jörg (2005), S. 257.

324 Vgl. Beyerle, Thomas (2007), S. 20.

325 Vgl. Bogenstätter, Ulrich (2008), S. 20.

etwa Ordensgemeinschaften, Siedlungswerke und Wohlfahrtsverbände beziehen könnte.

Ungeachtet der tatsächlichen Gebäudeanzahl ist unzweifelhaft, dass der Gebäudebestand nur einen Bruchteil des Grundbesitzes, also des gesamten Immobilienbestandes,[326] beider großen Kirchen in Deutschland ausmacht. Offizielle Angaben zum Grundbesitz kirchlicher Organisationen sind ebenfalls kaum verfügbar. Aus einer Statistik der Evangelischen Kirche aus dem Jahr 1987 geht hervor, dass 1986 nur 6,6 % der gesamten Grundbesitzfläche der EKD bebauter Grund und Boden waren. 70 % des Grundbesitzes gingen auf landwirtschaftliche Böden zurück, 18,2 % waren Wald, 2,2 % Wege, Ödland und Gewässer und 3,1 % Friedhöfe.[327] FRERK schätzt den Grundbesitz der Evangelischen Kirche in Deutschland auf insgesamt 432.000 Hektar und den der Katholischen Kirche auf 241.300 Hektar, wobei er zusätzlich den Grundbesitz der rechtlich selbstständigen katholischen Ordensgemeinschaften auf 151.000 Hektar veranschlagt.[328]

Die Besonderheit kirchlicher Immobilien liegt zunächst nicht in ihrem Umfang, sondern in ihrer *Heterogenität*. Wie oben dargestellt, nehmen die unbebauten Flächen mit land- und forstwirtschaftlicher Nutzung einen Großteil des Grundbesitzes kirchlicher Organisationen ein. Der kleinere Teil des Grundbesitzes, der bebaute Grund und Boden, ist zudem durch eine große Vielfalt an Gebäudearten gekennzeichnet:[329] Neben typisch kirchlichen Gebäuden, wie Kirchen, Gemeindehäusern und Pfarrhäusern, ist mit Betreuungseinrichtungen, Wohnungen, Verwaltungsgebäuden bis hin zu Schulen, Krankenhäusern, Freizeit- und Erholungsheimen ein breiter „Gebäudemix" in kirchlichen Organisationen anzutreffen.

Diese Heterogenität des Immobilienbestandes erschwert den Strategiefindungsprozess und verlangt zum Teil sehr unterschiedliche strategische Ansätze zur Bereitstellung,

---

[326] Der Begriff „Immobilie" umfasst nach dem Verständnis in dieser Arbeit Grund und Boden sowie die mit ihm fest verbundenen Sachen, wie Gebäude und Rechte. Vgl. Unterabschnitt II.B.1.b) S. 28.

[327] Vgl. Rohde, Dieter (1987), S. 34.

[328] Vgl. Frerk, Carsten (2002), S. 208. Die Schätzungen von Frerk sind nicht unumstritten. Elgeti geht beispielsweise von nur etwa 324.600 Hektar Grundbesitz im Eigentum der EKD aus. Er stützt sich auf Flächenangaben von Rohde [Vgl. Rohde, Dieter (1987), S. 34] aus dem Jahr 1986 sowie eine Abfrage unter den östlichen Gliedkirchen der EKD nach der Wiedervereinigung. Vgl. Elgeti, Axel (2004), S. 56.

[329] Siehe auch Tabelle 6.

zur Bewirtschaftung und zur Verwertung der Immobilien,[330] wie in Teil V der Arbeit verdeutlicht werden wird.

Die *Altersstruktur des Gebäudebestandes* kirchlicher Organisationen kann grob in zwei Klassen eingeteilt werden: Einerseits gibt es alte, zum Teil kunsthistorisch bedeutende Gebäude, die in der Regel unter Denkmalschutz stehen; andererseits gibt es sehr viele kirchliche Gebäude, die in einem regelrechten „kirchlichen Bauboom der Nachkriegszeit bis Ende der 70er Jahre“[331] des vergangenen Jahrhunderts entstanden sind. Beide Altersklassen sind problembehaftet:

- Die denkmalgeschützten Gebäude, die im Bereich der Verfassten Evangelischen Kirche in Deutschland ein Drittel der insgesamt 75.000 Gebäude (vgl. Tabelle 6) ausmachen, sind mit einem sehr hohen Finanzbedarf für die Instandhaltung behaftet. Die Instandhaltung und Sanierung dieser denkmalgeschützten Bauwerke verursachen nach Angaben des Kirchenamtes der EKD jährlich 12,3 % der Gesamtausgaben der EKD.[332]

- Die Gebäude aus den 1950er bis 1970er Jahren weisen dagegen häufig große Mängel in ihrer Bausubstanz auf, insbesondere energetische Schwächen. Damit sind sie vielfach sehr kostenintensiv im Gebäudeunterhalt. Hinzu kommt, dass die Nachkriegs-Gebäude gerade eine Lebenszyklusphase erreichen,[333] in der hohe Substanzerhaltungsinvestitionen notwendig werden.[334]

Der Immobilienbestand sozialer Organisationen besteht überwiegend aus Betreuungseinrichtungen sowie Gesundheits- und Bildungsimmobilien.[335] Viele dieser Einrich-

330 Vgl. Lieth, Jörn von der (2008), S. 46 und Bogenstätter, Ulrich (2008), S. 20.

331 Schneider, Friedhelm (2004), S. 11. Nach Schneider stammt mehr als die Hälfte der kirchlichen Gebäude aus der Nachkriegszeit.

332 Vgl. Kirchenamt der Evangelischen Kirche in Deutschland (Hrsg.) (2007), S. 32.

333 Es wird davon ausgegangen, dass viele Gebäude ähnlich wie im kommunalen Sektor bereits seit längerer Zeit in einem stark instandhaltungsbedürftigen Zustand sind und sich mittlerweile ein erheblicher Instandhaltungsrückstau aufgebaut hat. Vgl. Meier, Claus / Blickle, Jörg (2005), S. 261, Beyerle, Thomas (2007), S. 20.

334 Vgl. Lennerts, Kunibert et al. (2007), S. 94. Viele der Nachkriegsgebäude wurden als Betonbauten mit häufig schlechter Materialqualität errichtet. Die Sanierungs- und Wartungsintervalle sind dementsprechend mit 25 bis 30 Jahren vergleichsweise gering. Vgl. Beyerle, Thomas (2007), S. 20.

335 Nach einer Statistik der Bundesarbeitsgemeinschaft der Freien Wohlfahrtspflege (Stand: 1. Januar 2004) kommen die sechs großen Sozialorganisationen in Deutschland zusammen auf 36.406 Einrichtungen der Jugendhilfe, 15.796 der Altenhilfe, 14.285 der Behindertenhilfe und 7.646 der Familienhilfe. Darüber hinaus werden insgesamt 7.882 Gesundheitsimmobilien, 7.233 Einrichtun-

tungen stammen aus den 70er Jahren des vergangenen Jahrhunderts und sind mittlerweile sanierungs- beziehungsweise modernisierungsbedürftig. Da häufig nur unzureichend Rücklagen gebildet wurden, kommt analog zu kirchlichen[336] auch auf soziale Organisationen ein hoher Finanzbedarf zu.[337]

Eine weitere Spezifität ist der in weiten Teilen des Gebäudebestandes ausgeprägte *Spezialimmobiliencharakter*, auf den bereits in früheren Abschnitten der Arbeit eingegangen wurde.[338] Die eingeschränkte Drittverwendungsfähigkeit trifft mit Ausnahme von Wohnhäusern und Verwaltungsgebäuden auf alle Gebäude kirchlicher und sozialer Organisationen zu. Dies wirkt sich entscheidend auf die Handlungsoptionen der Organisationen aus, da im Verkaufsfall oft nur ein geringer Kaufpreis erzielt werden kann und/oder vor dem Verkauf ein alternatives Nutzungskonzept erarbeitet werden muss.[339]

Die Gebäude kirchlicher Organisationen sind jedoch nicht nur mit Problemen, sondern – dies gilt insbesondere für Kirchengebäude – auch mit ideellen Potentialen behaftet. SCHNEIDER spricht in diesem Zusammenhang vom Symbol- und Identifikationswert von Kirchengebäuden.[340] Der *Symbolwert* von Kirchen bezieht sich auf die Bedeutung von Kirchengebäuden nicht nur für Kirchenmitglieder, sondern auch für Nicht-Kirchenmitglieder. Kirchengebäude sind häufig ortsprägend aufgrund ihrer Höhe, Lage und Kulturhistorie. Infolgedessen haben sie eine enorme Außenwirkung über den Kreis der Kirchenmitglieder hinaus.

Der *Identifikationswert* beschreibt die Bedeutung, die kirchliche Gebäude – dazu zählen auch Gemeinde- und Pfarrhäuser – in Funktion und Ästhetik für Kirchenmitglieder haben. SCHNEIDER weist darauf hin, dass mit dem Symbol- und Identifikationswert kirchlicher Gebäude Erwartungen und Forderungen seitens der Öffentlichkeit und

---

gen zur Hilfe für Personen in besonderen sozialen Situationen, 1.542 Einrichtungen der Aus- und Fortbildung sowie 8.047 Einrichtungen für weitere Hilfen betrieben. Vgl. Bundesarbeitsgemeinschaft der Freien Wohlfahrtspflege (2006), S. 14.

336 Im Gegensatz zu sozialen Organisationen fehlen Rücklagen in kirchlichen Organisationen oftmals gänzlich, was häufig mit dem kameralistischen Rechnungswesen erklärt wird. Vgl. Meier, Claus / Blickle, Jörg (2005), S. 261. Viele kirchliche Organisationen haben mittlerweile auf eine kaufmännische Buchführung umgestellt oder planen dies zu tun, womit auch eine Rücklagenbildung verstärkt ins Blickfeld rückt. Vgl. Niermann, Jörg (2007), S. 8.

337 Vgl. Deutscher Caritasverband e. V. (2007), S. 5.

338 Vgl. die Unterabschnitte II.B.1.d) und III.B.2.c).

339 Die Thematik „Spezialimmobilie“ wird auch in Abschnitt V.C.6. der Arbeit im Rahmen einer Strategieentwicklung zur Verwertung von Immobilien behandelt.

340 Vgl. Schneider, Friedhelm (2004), S. 9 f.

Gemeinde hinsichtlich Ästhetik und Nutzung verbunden sind, die bei Missachtung zu Imageschäden oder gar Konflikten führen können.[341]

2. Komplexität der Eigentumsverhältnisse und Verfügungsrechte

Die deutschen Bistümer und Landeskirchen haben eine *Vielzahl selbstständiger Rechts- und Vermögensträger* – oftmals in der Rechtsform einer öffentlich-rechtlichen Körperschaft. Die kirchlichen Organisationen sind je nach Größe in zwei bis drei Rechtsträgerebenen unterteilt (siehe Tabelle 7):

Rechtsträger	**Eigentumsverhältnisse / immobilienbezogene Rechte**
Kirchengemeinden	Eigentümer von: Kirchen, Friedhofskapellen, Gemeindezentren, Gemeindehäusern, Pfarrhäusern, Kindertagesstätten, Wohnungen Verfügungsrechte über eigene Immobilien
Mittelinstanzen[342] (nur bei größeren Bistümern / Landeskirchen)	Eigentümer von: Verwaltungsgebäuden, Einrichtungen der Aus-, Fort- und Weiterbildung, Wohnungen Mitentscheidungsrechte bei Immobilienentscheidungen der Kirchengemeinden
Bistum / Landeskirche	Eigentümer von: Verwaltungsgebäuden, Einrichtungen der Aus-, Fort- und Weiterbildung, Wohnungen Aufsichtsrechte bei Immobilienentscheidungen der Kirchenkreise und -gemeinden

Tabelle 7: Typische Rechte- und Eigentumsverhältnisse der Immobilienbestände kirchlicher Organisationen[343]

Unberücksichtigt bleibt in dieser Darstellung, dass es darüber hinaus noch häufig weitere Rechtsträger gibt, wie beispielsweise in einigen Bistümern den Bischöflichen

---

341 Vgl. Schneider, Friedhelm (2004), S. 10.

342 Sprachlich und inhaltlich unterscheidet sich der Aufbau je nach Organisation. Die Grenzen der Aufgabenteilung zwischen den Ebenen sind dabei fließend. Vgl. Lieth, Jörn von der (2008), S. 44 f. Innerhalb der Rechtsträgerebenen kann es je nach Organisation weitere Untergliederungen geben. Im Bistum Münster beispielsweise teilt sich die mittlere Ebene in die drei Ebenen Regionen, Kreisdekanate und Dekanate auf, in denen überwiegend pastorale und nur wenige administrative Aufgaben wahrgenommen werden. Vgl. Mertes, Martin (2000), S. 62 f.

343 In Anlehnung an Meier, Claus / Blickle, Jörg (2005), S. 258.

Stuhl und das Domkapitel sowie eine Reihe von Stiftungen[344] und Fonds mit bestimmter Zweckbindung in der Vermögensverwaltung.[345]

Jeder dieser Rechtsträger ist dabei Eigentümer von Immobilien mit eigenen Entscheidungs- beziehungsweise Aufsichtsbefugnissen. Der weitaus größte Teil kirchlicher Immobilien befindet sich im Eigentum der Kirchengemeinden und damit in deren Verfügungsmacht.[346] Mittelbehörde und Landeskirche / Bistum haben lediglich Mitentscheidungs- respektive Aufsichtsrechte bei Immobilienentscheidungen der untergeordneten Rechtsträger. Die *Entscheidungsstrukturen* über kirchliche Immobilien sind demzufolge sehr dezentral geregelt.[347]

Neben der Vielzahl an Eigentümern kirchlicher Immobilien und den dezentralen Entscheidungsstrukturen ist eine weitere Besonderheit die periodisch *wechselnde personelle Zusammensetzung der Eigentümervertretung*. Der Kirchenvorstand / Kirchenrat ist ein gewähltes und zumeist ehrenamtlich tätiges Gremium, das die Kirchengemeinde nach innen und außen vertritt und das Kirchenvermögen auf Gemeindeebene verwaltet.[348] Die periodisch stattfindenden Kirchenvorstands- / Kirchenratswahlen sind wichtig für den strategischen Planungsprozess in kirchlichen Organisationen; so können sich mit einem Wechsel der personellen Zusammensetzung des Gremiums die strategische Ausrichtung und/oder die Umsetzungsperioden verändern.[349] Insgesamt ist die ehrenamtliche Tätigkeit ein zentrales Charakteristikum kirchlicher und sozialer Organisationen.[350] Bei der Erarbeitung und Durchsetzung strategischer Planungsprozesse ist den ehrenamtlichen Strukturen daher eine hohe Bedeutung beizumessen, indem beispielsweise entsprechende Schulungs- und Motivationssysteme entwickelt und implementiert werden.

---

344 Zwei Drittel des Kirchengrundes im Erzbistum München und Freising befand sich 1969 im Besitz von rund 1.500 kirchlichen Stiftungen. Vgl. Martens, Klaus (1969), S. 200.

345 Siehe hierzu den nachfolgenden Abschnitt IV.A.3.

346 In den 23 evangelischen Landeskirchen gab es 2005 insgesamt 16.100 selbstständige Kirchengemeinden. Vgl. Kirchenamt der Evangelischen Kirche in Deutschland (Hrsg.) (2007), S. 8. Die 27 katholischen Bistümer und Erzbistümer kamen 2007 auf zusammen 12.265 – in der Quelle heißt es – Pfarreien und sonstige Seelsorgestellen. Siehe http://www.dbk.de/imperia/md/content/kirchlichestatistik/eckdaten2007.pdf, Abruf am 14.05.2009.

347 Vgl. Meier, Claus / Blickle, Jörg (2005), S. 259.

348 Vgl. Mertes, Martin (2000), S. 65.

349 Vgl. hierzu Lieth, Jörn von der (2008), S. 45.

350 Zum Ehrenamt als konstitutives Merkmal von Nonprofit-Organisationen siehe die Ausführungen in Abschnitt II.A.3. dieser Arbeit.

Aufgrund der genannten vielfältigen und dezentralen Eigentümerstrukturen kann keine unmittelbar zentrale Steuerung kirchlicher Immobilien erfolgen. Landeskirchen / Bistümern bleibt oft nur die Möglichkeit einer indirekten Steuerung, indem sie versuchen, über Änderungen der finanziellen Zuweisungen Einfluss auf die untergeordneten Rechtsträgerebenen im Hinblick auf einen wirtschaftlichen Umgang mit Immobilien auszuüben.[351]

Ein Beispiel einer zentraleren Verwaltung einer besonderen Teilgruppe kirchlicher Immobilien soll hier allerdings nicht unerwähnt bleiben: Die umfassende rechtliche und organisatorische *Neuregelung der Pfarrpfründeverwaltung* der Erzdiözese Freiburg, die mittlerweile einige Nachahmer sowohl auf katholischer als auch auf evangelischer Seite gefunden hat. Hierauf wird im Folgenden kurz eingegangen:

Der Begriff Pfründe leitet sich aus dem Lateinischen „praebenda“ (Darzureichendes) ab und bezieht sich auf ein kirchliches Immobilienvermögen, dessen Erträge dem Inhaber eines Kirchenamtes als Entgelt seiner Dienstleistung gebühren. Pfarrpfründen haben die Aufgabe, den Lebensunterhalt von Geistlichen zu sichern. Pfarrer lebten früher allein vom Ertrag ihrer Pfründen, genauer gesagt von den Pachtzinsen des größtenteils land- und forstwirtschaftlich genutzten Grundbesitzes. Erst ab dem Ende des 19. Jahrhunderts ging man schrittweise dazu über, die Geistlichen aus Kirchensteuermitteln zu besolden. Die Erträge aus den Pfründen werden heute zur teilweisen Deckung des Besoldungsaufwandes zentral verrechnet.[352]

In der Erzdiözese Freiburg gab es Ende 2001 1.136 Pfarrpfründestiftungen. Bis zu diesem Zeitpunkt verwaltete jeder Pfarrer als gesetzlicher Vertreter das zu seiner Gemeinde gehörende Pfründevermögen selbst, was ihm umfangreiches juristisches und kaufmännisches Wissen abverlangte.[353]

Zu Beginn des Jahres 2002 wurde eine zentrale Pfarrpfründestiftung gegründet, in die das gesamte Vermögen der 1.136 Pfarrpfründen eingebracht wurde. Die örtlichen Pfarrpfründestiftungen wurden durch den Erzbischof per Gesetz aufgelöst und ein Stiftungsrat wurde eingesetzt. Die Erzdiözese Freiburg verspricht sich durch diese Neuregelung eine Reihe von Vorteilen: Zunächst sollen die Ortspfarrer von den Verwaltungsaufgaben entlastet werden, damit sie sich wieder verstärkt ihren originären seel-

---

351 Vgl. hierzu Zieger, Franz (2005), S. 7 und Abschnitt V.C.7. dieser Arbeit.

352 Vgl. Lipp, Klaus (2005), S. 10.

353 Vgl. Erzbischöfliches Ordinariat der Erzdiözese Freiburg (Hrsg.), S. 2.

sorgerischen Aufgaben zuwenden können. Der Freiburger Erzbischof ZOLLITSCH bemerkt diesbezüglich und vermutlich auch im Hinblick auf sinkende Priesterzahlen und größere, von den Priestern zu verantwortende Seelsorgeeinheiten: „Jahrhunderte lang bezogen unsere Priester ihr Einkommen aus den ihnen jeweils zugewiesenen Pfründen. Jeder musste sich selbst um die Verwaltung der Pfründen kümmern. Dies war zum Teil mit erheblicher Verwaltungsarbeit verbunden. Darum kümmert sich jetzt die Pfarrpfründestiftung. Denn heute müssen sich unsere Priester mit aller Kraft der Seelsorge widmen können.“[354] Zuständig für die Pfründeverwaltung sind nun Juristen und Wirtschaftsfachleute.

Durch die Zusammenführung der Pfründestiftungen soll insbesondere eine effizientere Bewirtschaftung des Grundbesitzes erfolgen, die früher nicht möglich war, da Liegenschaften oft verstreut waren und sich im Besitz vieler eigenständiger Stiftungen befanden. Durch Arrondierungen[355] sollen größere zusammenhängende Gebiete entstehen. Im Tausch mit Flächen anderer Grundstückseigentümer werden Flurbereinigungen durchgeführt oder kleinteiliger Grundbesitz wird verkauft. Der Erlös aus diesen Veräußerungen wird – unabhängig von Gemeindegrenzen – wieder in Grundstücke investiert.[356] Durch eine effizientere Bewirtschaftung und zentrale Verwaltung des Pfründevermögens konnten die Erträge aus der Stiftung bereits sukzessive von 6,1 Millionen im Jahr 2002 auf über 7 Millionen im Jahre 2005 gesteigert. Dadurch wurde die Erzdiözese in ihrer Verpflichtung zur Besoldung der Geistlichen entlastet.[357]

3. Widmungsvermögen als Eigenart

Wesentliche Eigenarten öffentlicher Haushalte beruhen auf politischen Bindungen, die in vier Formen unterteilt werden können: Haushaltsplan-, Gegenstands-, Territorial- und Personalbindungen.[358] In freigemeinnützigen Betrieben wie sozialen und kirchlichen Organisationen sind Gegenstandsbindungen besonders stark ausgeprägt;[359]

---

354 Erzbischöfliches Ordinariat der Erzdiözese Freiburg (Hrsg.), S. 2.

355 „Arrondieren“ steht für „Zusammenlegen von Grundstücken“. Vgl. Brockhaus Enzyklopädie (1987).

356 Vgl. Erzbischöfliches Ordinariat der Erzdiözese Freiburg (Hrsg.), S. 4.

357 Vgl. Lipp, Klaus (2005), S. 10.

358 Siehe hierzu ausführlich Oettle, Karl (1988), S. 189 ff. und Witt, Dieter (1993), S. 130 ff.

359 Vgl. Witt, Dieter (1993), S. 133.

diese sollen daher – auch aufgrund ihrer Relevanz für das (Immobilien-)Vermögen – im Folgenden näher erläutert werden.

Gegenstandsbindungen leiten sich aus den je nach Betriebstyp verschiedenen Oberzielen ab.[360]

Für bedarfswirtschaftliche Betriebe – und somit kirchliche und soziale Organisationen – ist die Erfüllung der ihnen anvertrauten Sach- und Dienstleistungsaufgaben fundamentaler Betriebszweck. Für sie besteht eine explizite Aufgaben- respektive Gegenstandsbindung; ein Austausch der Aufgaben ist Sache ihrer Treugeber, also ihrer Mitglieder beziehungsweise kirchlicher oder öffentlicher Körperschaften.[361]

Das Vermögen bedarfswirtschaftlicher Betriebe ist demzufolge in erster Linie gruppen- oder gemeinnützigen Interessen gewidmet.[362] OETTLE prägt in diesem Zusammenhang den Begriff des *Widmungsvermögens* und grenzt dieses vom Erwerbsvermögen ab, da für ihn „öffentliches Vermögen in marktwirtschaftlichen Systemen großenteils einen völlig anderen Charakter als privat-erwerbswirtschaftliches hat“[363].

Anders als bedarfswirtschaftliche Betriebe streben erwerbswirtschaftliche Betriebe gemäß ihres Primärziels der Gewinnmaximierung nicht nur eine Vermögenserhaltung, sondern möglichst eine Vermögensvermehrung an. *Erwerbsvermögen* ist dementsprechend Mittel zum Erwerbszweck, der sich im Formalziel einer Eigenkapitalrentabilität ausdrückt,[364] und kann bei sich ändernden Geschäftslagen und/oder Gewinnerwartungen der Anteilseigner durch gewinnträchtigeres Vermögen ausgetauscht werden. Gegenstandsbindungen bestehen daher für erwerbswirtschaftliche Betriebe nicht explizit.

---

360 Gemäß ihrer tatsächlich verfolgten Oberziele teilt Oettle Wirtschaftsbetriebe in *erwerbswirtschaftliche* (Oberziel: unbedingte Gewinnerzielung), *bedarfswirtschaftliche* (Oberziel: Erfüllung bedarfswirtschaftlicher Aufgaben) und *beschränkt erwerbswirtschaftliche* Betriebe (Oberziel: Vermischung erwerbs- und bedarfswirtschaftlicher Ziele) ein. Vgl. Abschnitt II.A.1. und Oettle, Karl (1976b), S. 38 ff.

361 Vgl. Witt, Dieter (1993), S. 131 und Oettle, Karl (1987), S. 250 f.

362 Auch beschränkt erwerbswirtschaftlich ausgerichtete Betriebe, etwa ständische Unternehmen, sind, abgeleitet aus ihren Betriebszwecken, speziellen Bindungen unterworfen. So sind sie beispielsweise selbst bei ungünstigen Geschäftslagen an bestimmte Leistungsgegenstände und möglicherweise bestimmte Standorte und/oder räumliche Absatzmärkte gebunden. Vgl. Oettle, Karl (2000), S. 448.

363 Oettle, Karl (2000), S. 446.

364 Zur Unterscheidung von Formal- und Sachzielen vgl. Kosiol, Erich (1961), S. 130 und Eichhorn, Peter (2000a), S. 163 ff.

Erwerbs- und Widmungsvermögen sind jedoch nicht ausschließlich jeweils bestimmten Betriebstypen angehörig. Auch ein bedarfswirtschaftlicher Betrieb kann über Erwerbsvermögen und umgekehrt ein Erwerbsunternehmen ebenfalls über Widmungsvermögen verfügen.[365]

OETTLE fasst den Unterschied zwischen Erwerbs- und Widmungsvermögen wie folgt zusammen: „Erfolgreich eingesetztes Erwerbsvermögen stellt keinerlei von den Eigentümern sich selbst auferlegten Verwendungsbindungen unterworfenen Reichtum dar."[366]

Neben der in der Widmung für seelsorgerische und soziale Aufgaben innewohnenden Vermögensverwendungsbindung – der Gegenstandsbindung – sind kirchliche und soziale Organisationen bei der Verwendung ihres Vermögens in der Regel weiteren Bindungen unterworfen; so bestehen – bezogen auf ihr Immobilienvermögen – häufig:

- Bindungen aus Stiftungen oder Nachlass- und Erbverfügungen,
- Zweckbindungen an historische Vermögensträger sowie
- kirchenrechtliche Bindungen.

Ein Teil des Immobilienvermögens kirchlicher und sozialer Organisationen stammt aus Schenkungen, Vermächtnissen und Zustiftungen. *Bindungen aus Stiftungen oder Nachlass- und Erbverfügungen* ergeben sich insofern, als ein solches Vermögen in der Regel mit Vermächtnisauflagen der Stifter oder Erblasser verbunden ist, die eine Nutzung der Immobilie vorschreiben und/oder eine Veräußerung ausschließen.[367]

Historische Zweckbindungen in der Verwaltung kirchlichen Immobilienvermögens betreffen insbesondere land- und forstwirtschaftliche Grundstücke. Anhand der Bezeichnungen kirchlicher Vermögensträger, wie der im vorangehenden Abschnitt dargestellten Pfründestiftungen, lassen sich die Zweckbindungen des Vermögens ablesen.

---

365 Als Beispiel nennt Oettle eine Münchner Großbank, die auch eine Kunsthalle betreibt und darin Ausstellungen zu einem geringen Entgelt anbietet. Vgl. Oettle, Karl (2000), S. 450.

366 Oettle, Karl (2000), S. 449. Aus dem Unterschied in der Bindungsstärke zwischen erwerbswirtschaftlichen und bedarfswirtschaftlichen Betrieben leitet Oettle darüber hinaus eine Existenzgefährdung bedarfswirtschaftlicher Betriebe ab, sollten diese sich zu sehr an erwerbswirtschaftlichen Zielen orientieren. Hier bezogen auf frei-gemeinnützige Verbände: „Die verbandlichen Eigentümer frei-gemeinnütziger Unternehmen würden bei solcher Anpassung die ihrer Existenz zu Grunde liegenden sozialpolitischen Ideale und damit den Sinn des Zusammenschlusses ihrer Mitglieder aufgeben." [Oettle, Karl (2000), S. 449].

367 Vgl. Niermann, Jörg (2007), S. 10.

Neben Pfründestiftungen, die dem Unterhalt der Geistlichen zu dienen haben, kann es in kirchlichen Organisationen einen Kapellenfonds geben, durch den eine Kapelle zu unterhalten ist, oder einen Armenfonds, aus dem karitative Aufgaben zu erfüllen sind.[368] Auch wenn diese Vermögensträger weiterhin „grundbuchmäßig" existieren, sind die Verwendungsbindungen mittlerweile teilweise gelockert worden, wie den folgenden Äußerungen von ELGETI zu entnehmen ist: „Bis zur Einführung der Kirchensteuer finanzierten die Kirchen ihre unterschiedlichen Aktivitäten im wesentlichen aus den Erträgen der Ländereien, die ihnen für die jeweiligen Zwecke überlassen worden waren. Heute sind in den evangelischen Landeskirchen nur noch die Pfarrländereien dem historisch überkommenen Zweck der Besoldung und Versorgung der Pfarrstellen gewidmet. Die anderen Dotationen haben nur noch historische Bedeutung. Sie gehören zum ››freien Vermögen‹‹, das weniger strikten Bindungen unterliegt"[369].

Nicht zuletzt sind kirchliche Organisationen durch ihr jeweiliges *Kirchenrecht* in der Verwendung ihrer Immobilie gebunden. Der Jahrhunderte alte sogenannte „Substanzerhaltungsgrundsatz", nach dem einmal erworbener Grund und Boden grundsätzlich zu erhalten und eine Veräußerung verboten ist, trifft allerdings nicht mehr uneingeschränkt zu und scheint – hier für die Evangelische Kirche in Deutschland – ziemlich verwässert zu sein: „Heute hat sich in allen Landeskirchen das historische Veräußerungsverbot von Kirchenland in einen Erlaubnisvorbehalt abgeschwächt, der Verkäufe unter Wirtschaftlichkeits- und Zweckmäßigkeitsgesichtspunkten überprüft."[370] Für die Katholische Kirche kann ebenso von keinem uneingeschränkten Veräußerungsverbot gesprochen werden. Vielmehr legt das kirchliche Recht (Codex Iuris Canonici, CIC) mehr oder weniger strenge Maßstäbe an die Veräußerung von sogenanntem Stammvermögen;[371] es schreibt der Verwaltung darüber hinaus einen verantwortlichen Umgang mit den Vermögensteilen vor.[372]

---

[368] Vgl. Baur, Jürgen (2007), S. 11.

[369] Elgeti, Axel (2004), S. 57.

[370] Elgeti, Axel (2004), S. 58 f.

[371] Vgl. CIC, Cann. 1290-1298. In Can. 1291 heißt es etwa: „Zur gültigen Veräußerung von Vermögensstücken, die durch rechtmäßige Zuweisung das Stammvermögen einer öffentlichen juristischen Person bilden und deren Wert eine rechtlich festgesetzte Summe überschreitet, wird die Erlaubnis der nach Maßgabe des Rechts zuständigen Autorität verlangt." [Can. 1291 Codex Iuris Canonici (1983)]. Was tatsächlich zum Stammvermögen zu zählen ist, bleibt hier ungeklärt.

Insbesondere die folgende Vorschrift (Can. 1296) eröffnet der Katholischen Kirche einen gewissen Ermessensspielraum bei Vermögensveräußerungen: „Wann immer Kirchengüter ohne Beachtung der erforderlichen kanonischen Förmlichkeiten veräußert worden sind, die Veräußerung aber nach weltlichem Recht gültig ist, ist es Aufgabe der zuständigen Autorität, nach reiflicher Abwä-

Auch aufgrund der genannten Bindungen, denen kirchliche und soziale Organisationen in der Verwaltung ihres Immobilienvermögens unterworfen sind, hat sich ein besonderes immobilienwirtschaftliches Instrumentarium wachsender Beliebtheit erfreut: Das Erbbaurecht, das mit Ausnahme des kommunalen Bereichs in keinem anderen Sektor ähnlich weit verbreitet ist wie im kirchlichen.[373] Dies liegt darin begründet, dass das Erbbaurecht oft die einzige Möglichkeit bildet, ein Grundstück im Sinne einer langfristigen Vermögensverwaltung und Vermögenssicherung baulich zu nutzen und zugleich einer sozialen Verwendung zuzuführen, ohne selbst baulich tätig zu werden.[374] Im Folgenden sollen die Grundzüge des Erbbaurechts aufgrund seiner besonderen Bedeutung für kirchliche Organisationen kurz dargestellt werden.

Das Erbbaurecht stellt ein fremdes Grundstück belastendes Recht dar.[375] In § 1 Absatz 1 des Gesetzes über das Erbbaurecht (ErbbauRG) heißt es: „Ein Grundstück kann in der Weise belastet werden, dass demjenigen, zu dessen Gunsten die Belastung erfolgt, das veräußerliche und vererbliche Recht zusteht, auf oder unter der Oberfläche des Grundstücks ein Bauwerk zu haben (Erbbaurecht).“[376]

Der Grundstückseigentümer behält das Eigentum am Grundstück – ein besonders für kirchliche Organisationen wichtiges Argument. Als Ausgleich für die Gewährung des Erbbaurechtes und Überlassung des Grundstücks verlangt er eine periodische – in der Regel jährliche – Pacht (Erbbauzins), deren Höhe sich an einer bestimmten Verzinsung des anfänglichen Grundstückswertes orientiert. Der Erbbauzins wird über den Zeitraum der Grundstücksüberlassung[377] gewöhnlich durch eine Anpassungsklausel

gung aller Umstände zu entscheiden, ob und welche Klage, ob eine persönliche oder eine dingliche Klage, von wem und gegen wen, zur Geltendmachung der Rechte der Kirche anzustrengen ist.“ [Can. 1296 Codex Iuris Canonici (1983)].

372 Vgl. CIC, Cann. 1273-1289.

373 Nach Baumgartner wurden 1995 mit etwa 2.700 neu bestellten Erbbaurechten rund 70 % aller Erbbauverträge in Deutschland durch Organisationen der beiden großen Kirchen abgeschlossen. Vgl. Baumgartner, Johannes (2004).

374 Vgl. Niermann, Jörg (2007), S. 10.

375 Vgl. Freund, Ferdinand (1997a), S. 266.

376 § 1 Absatz 1 Gesetz über das Erbbaurecht (1919).

377 Früher wurden Erbbaurechte häufig über einen Zeitraum von 99 Jahren gewährt. In Abhängigkeit der Lebensdauer des zu errichtenden Bauwerks und der Finanzierungslaufzeit werden heute zum Teil kürzere Laufzeiten zwischen 30 und 60 Jahren vereinbart. Vgl. Pfnür, Andreas (2004), S. 145.

wertgesichert. Zusätzlich zum laufenden Ertrag bleibt dem Grundstückseigentümer ein möglicher Wertzuwachs am Grundstück.[378]

Der Erbbauberechtigte erhält das Eigentum an dem errichteten Bauwerk; er kann darüber hinaus das Erbbaurecht wie ein Grundstück veräußern, vererben oder mit einer Grundschuld oder Hypothek belasten. Damit zählt das Erbbaurecht zu den grundstücksgleichen Rechten und ersetzt unter den besonderen Bedingungen der Befristung den Grundstückskauf.[379]

Nach Ablauf der vereinbarten Vertragslaufzeit erlischt das Erbbaurecht. Der Grundstückseigentümer erhält dann wieder die volle Nutzungsmöglichkeit über das Grundstück. Im Erbbauvertrag ist zu regeln, ob er bei Beendigung des Erbbaurechtes dem Erbbaurechtsnehmer eine Entschädigung für die auf dem Grundstück verbliebene Bausubstanz bezahlen oder für die noch verbleibende Lebensdauer des Bauwerks eine Verlängerung des Erbbaurechts anbieten muss.[380]

Das Erbbaurecht hat sich auch im kommunalen Bereich als Instrument im Städtebau durchgesetzt. Grundstücke in städtebaulich interessanten Lagen werden von den Kommunen in Form von Erbbaurechten an Nutzer insbesondere zu Wohnzwecken weitervergeben, ohne die Dispositionsmöglichkeiten als Eigentümer zu verlieren.[381]

Eine große Bedeutung erhielt das Erbbaurecht erstmals im Zusammenhang mit der Bevölkerungsexplosion in den Städten zu Beginn des 20. Jahrhunderts und der damit einhergehenden Verknappung von Grund und Boden für den Wohnungsbau. Um zu verhindern, dass weite Kreise der Bevölkerung vom Wohneigentum aufgrund erheblicher Bodenpreissteigerungen ausgeschlossen wurden, erwarben Kommunen Grundstücke, um diese dann im Rahmen von Erbbaurechten Bauwilligen zu überlassen.[382] Durch die Grundstücksvergabe an Wohnungsbaugenossenschaften sind häufig ganze Stadtteile entstanden, wo ehemals gemeinnützige Wohnungsbaugenossenschaften auf

---

378 Vgl. Baumgartner, Johannes (2004).

379 Vgl. Pfnür, Andreas (2004), S. 145. Nach Baumgartner ist das Erbbaurecht „keine mindere, sondern eine andere Form der Herrschaft über ein Baugrundstück als das Eigentum." [Baumgartner, Johannes (2004)].

380 Vgl. Baumgartner, Johannes (2004).

381 Vgl. Pfnür, Andreas (2004), S. 146 oder auch Freund, Ferdinand (1997b), S. 269.

382 Der Förderung von Eigentum für sozial schwächere Schichten lag der Gedanke zu Grunde, dass Wohnungssuchende sich leichter ein Eigenheim oder eine Wohnung leisten können, wenn sie die Kosten für das Grundstück, die oft bis zu einem Drittel der Baugesamtkosten ausmachten, nicht aufbringen müssen. Vgl. Freund, Ferdinand (1997b), S. 269.

kommunalen Grundstücken im Rahmen von Erbbaurechten eine Vielzahl von Wohnungen errichtet haben.[383]

Zurück zu den hier betrachteten kirchlichen Organisationen: In einer Umfrage unter allen katholischen Bistümern in Deutschland aus dem Jahr 1998 wurde unter anderem nach den Gründen für ein Engagement im Erbbaurecht gefragt.[384] Die Ergebnisse bestätigen die bereits oben genannten Motive: So gaben jeweils 20 % der befragten Kirchenleitungen den Erhalt kirchlichen Grundbesitzes respektive die gute und langfristige Vermögensanlage als Argument für ein erbbaurechtliches Engagement an. 15 % der Antwortenden sehen im geringen Verwaltungsaufwand bei gesicherten regelmäßigen Einnahmen und die Mehrheit (31 %) im sozialen Engagement für Familien mit Kindern ihren Hauptbeweggrund für ein Engagement im Erbbaurecht. Um Grundstücke einer sozialen Verwendung zuzuführen, gewähren kirchliche Organisationen häufig Erbbauzinsermäßigungen für junge Familien mit mittlerem oder geringem Einkommen.[385]

B. Zur Notwendigkeit einer Neuausrichtung der Immobilienstrategie für kirchliche und soziale Organisationen

Nachdem im vorangehenden Kapitel die Immobilien kirchlicher und sozialer Organisationen spezifiziert und ihre Eigenarten in Eigentümerstruktur, Nutzungsart und Verwendungsbindung herausgearbeitet worden sind, sollen in diesem Kapitel Gründe aufgezeigt werden, die ein strategisches Immobilienmanagement für kirchliche und soziale Organisationen erforderlich machen. Hierzu wird zunächst auf die verschärfte Wettbewerbssituation im Bereich sozialer Dienstleistungen eingegangen. Danach werden die Veränderungen kirchlicher Rahmenbedingungen dargestellt, aus denen sich die Notwendigkeit einer Neuausrichtung der Immobilienstrategie ergibt.

---

383 Vgl. Baumgartner, Johannes (2004).

384 Vgl. Baumgartner, Johannes (1998), S. 8.

385 Eine Erbbauzinsermäßigung für junge Familien sieht in der Erzdiözese Freiburg folgendermaßen aus: Pro Kind werden 20 % Abschlag vom Erbbauzins gewährt, höchstens allerdings für 4 Kinder, und nur bis zum 18. Lebensjahr. Die Förderung ist darüber hinaus auf die ersten sieben Jahre nach Bestellung des Erbbaurechtes befristet. Vgl. Baumgartner, Johannes (1998), S. 13.

1. Ursachen einer angespannten Wettbewerbssituation im Bereich sozialer Dienstleistungen

Anhand eines Vergleichs der Ergebnisse der Verbändeumfragen des Seminars für Vereins- und Verbandsforschung aus den Jahren 1996/97 und 2005 liest sich eine deutlich verschärfte Wettbewerbssituation innerhalb des NPO-Sektors heraus: Während 1996/97 rund ein Viertel der befragten Verbände angab, in starkem Wettbewerb zu stehen,[386] verspürten 2005 schon gut 40 % der Verbände hinsichtlich des Wettbewerbs eine sehr hohe oder hohe Herausforderung für ihre Organisation.[387] Darüber hinaus wird aus den Ergebnissen der Verbändeumfrage 2005 ersichtlich, dass insbesondere soziale Organisationen eine vergleichsweise hohe Rivalität sowohl zu Organisationen gleicher Ebene als auch zu Dienstleistern der Privatwirtschaft empfinden.[388]

Wie in Abbildung 37 dargestellt und in den nachfolgenden Ausführungen detailliert beschrieben, liegen in Zeiten von Haushaltskonsolidierungen, Privatisierungen und europäischer Integration die maßgebenden Ursachen dieser angespannten Wettbewerbssituation zum einen in finanziellen Restriktionen des Staates in Form von Zuwendungskürzungen. Sie sind in erster Linie für eine wachsende *Konkurrenz um finanzielle Mittel* verantwortlich. Zum anderen zwingen Änderungen der staatlichen Förderpolitik die Sozialorganisationen zu einer verstärkten *Konkurrenz um Leistungsbezieher* sozialer Dienstleistungen.

---

386 Vgl. Witt, Dieter / Lakes, Beate / Emberger, Hannes / Velsen-Zerweck, Burkhard von / Seufert, Gernot (1998), S. 121.

387 Vgl. Witt, Dieter / Velsen-Zerweck, Burkhard von / Thiess, Michael / Heilmair, Astrid (2006), S. 72.

388 In der Verbändeumfrage 2005 wurden die Verbände nach ihren stärksten Konkurrenten gefragt; es waren maximal zwei Antworten möglich: Den Ergebnissen zufolge konkurrieren zwei Drittel der Sozialorganisationen mit anderen Sozialorganisationen gleicher Ebene. 42,4 % der sozialen Organisationen sehen eine zunehmende Konkurrenz mit privaten Organisationen. Vgl. Witt, Dieter / Velsen-Zerweck, Burkhard von / Thiess, Michael / Heilmair, Astrid (2006), S. 74 oder auch Witt, Dieter (2008), S. 88.

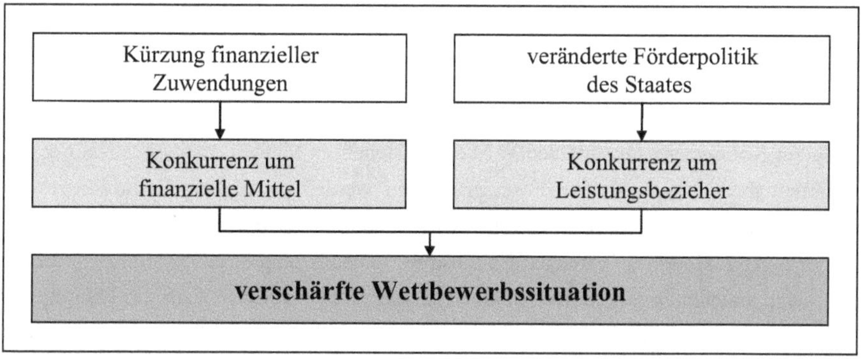

Abbildung 37: Verschärfte Wettbewerbssituation im Bereich sozialer Dienstleistungen

a) Kürzung finanzieller Zuwendungen

Die Kürzung finanzieller Zuwendungen geht einher mit einer Haushaltskonsolidierung der öffentlichen Hand.[389] Der Staat beabsichtigt mit den Zuwendungskürzungen jedoch nicht nur eine bloße Kosteneinsparung. Gleichzeitig versucht er auf diese Weise Druck auf Nonprofit-Organisationen auszuüben, effizienter, professioneller und letztendlich günstiger zu arbeiten.[390] Die Auswirkungen der staatlichen Einsparungen treffen jene Organisationen besonders hart, die in hohem Maße von staatlichen Mitteln abhängig sind. Wie im Rahmen des John Hopkins Projects[391] nachgewiesen wurde, sind dies vor allem Organisationen aus den Bereichen Gesundheit und Soziale Dienste.[392] Die finanzielle Abhängigkeit ist im Gesundheitswesen (mit 93,8 %) besonders hoch. Aber auch soziale Organisationen (65,5 %) sind von staatlichen Zuwendungen abhängig und demzufolge in hohem Maße von finanziellen Einsparungen des Staates betroffen.[393]

Eine große Konkurrenz sozialer Organisationen um finanzielle Mittel konnte in der Verbändeumfrage 2005 des SVV bestätigt werden. Auf die Frage nach dem Gegenstand der Konkurrenz gaben 58,1 % der Sozialorganisationen an, in erster Linie um finanzielle Mittel zu konkurrieren. Bei maximal zwei möglichen Antworten folgten

[389] Vgl. Badelt, Christoph (2001), S. 36.
[390] Vgl. Simsa, Ruth (2002), S. 42.
[391] Vgl. zum John Hopkins Project auch Fußnote 1.
[392] Vgl. Anheier, Helmut K. / Seibel, Wolfgang (2001), S. 102.
[393] Vgl. Badelt, Christoph / Meyer, Michael / Simsa, Ruth (2007b), S. 625.

mit deutlichem Abstand die Konkurrenz um Lobbyerfolge (45,2 %) und die Konkurrenz um Mitglieder (32,3 %).[394]

Um trotz der Zuwendungskürzung des Staates und der daraus resultierenden zunehmenden Konkurrenz um finanzielle Mittel bestehen zu können, müssen Sozialorganisationen ihre Mittel effizient einsetzen. Damit werden sowohl die Erwartungen der staatlichen Ressourcengeber als auch der privaten Spender befriedigt, die ein effizientes und professionelles Wirtschaften fordern.[395] Gleichzeitig sind soziale Organisationen dazu angehalten, alternative Finanzierungsquellen zu erschließen, um Planungssicherheit zu erhalten und auch zukünftig soziale Dienstleistungen bereitstellen zu können.[396]

b) Veränderungen in der staatlichen Förderpolitik

Neben den finanziellen Kürzungen bewirken auch Veränderungen in der staatlichen Förderpolitik wie

- der Trend zur Subjektfinanzierung,
- die Abkehr vom Selbstkostendeckungsprinzip,
- veränderte Ausschreibungspraktiken bei der Vergabe öffentlicher Aufgaben sowie
- die Gleichbehandlung aller Anbieter sozialer Dienstleistungen im Zuge der europäischen Integration,

einen zunehmenden Wettbewerbsdruck im Bereich der Sozialorganisationen.

In der grundsätzlichen Förderpolitik des Staates geht der Trend hin zur *Subjektfinanzierung*.[397] Die Empfänger staatlicher Geldleistungen sind nicht mehr die Anbieter, sondern die Bezieher sozialer Dienstleistungen. Als Beispiel kann das Pflegewohngeld genannt werden: Die Träger von Pflegeeinrichtungen erhalten keine finanziellen Zu-

---

394 Vgl. Witt, Dieter / Velsen-Zerweck, Burkhard von / Thiess, Michael / Heilmair, Astrid (2006), S. 76.

395 Vgl. Witt, Dieter (2008), S. 90.

396 Simsa bemerkt diesbezüglich: „Viele NPOs klagen darüber, dass öffentliche Gelder nicht nur gekürzt oder gestrichen werden, sondern auch viel kurzfristiger und weniger berechenbar zur Verfügung gestellt werden.“ [Simsa, Ruth (2002), S. 42].

397 Vgl. Eichhorn, Peter (2000b), S. 311 und Thamm, Dieter (1995), S. 371 f.

schüsse mehr und müssen den Neubau oder die Sanierung eines Pflegeheims selbst finanzieren. Stattdessen erhalten die hilfebedürftigen Heimbewohner eine staatliche Förderung in Form des Pflegewohngeldes,[398] womit für sie der Investitionskostenanteil – als ein Bestandteil der gesamten Heimkosten[399] – gedeckt ist. Da durch diese finanzielle Umverteilung die Marktattraktivität für gewerbliche Anbieter steigt, trägt eine solche Förderpolitik dazu bei, dass „quasimarktliche Strukturen“[400] aufgebaut werden. Dies ist im Sinne der Politik. Sie verbindet mit der Systemänderung die Hoffnung, durch mehr Markt und Wettbewerb die Kosten für Gesundheit und Soziales auf gleichem Niveau halten oder sogar verringern zu können.[401] Für die Sozialverbände heißt das, ihre Leistungen kundenorientiert und an der Konkurrenz auszurichten.

Durch die *Abkehr vom Selbstkostendeckungsprinzip* werden selbst dort marktwirtschaftliche Strukturen aufgebaut, wo die Sozialorganisationen weiterhin eine direkte Finanzierungsunterstützung durch die öffentliche Hand erfahren. Denn Grundlage der Finanzierung sind vermehrt pauschale Fallabgeltungen und nicht die Selbstkosten der Organisationen.[402] Dadurch müssen soziale NPO ihre Kosten zwangsläufig an den überwiegend exogen vorgegebenen Leistungspreisen ausrichten,[403] ein Vorgang, der in der Erwerbswirtschaft, nicht aber im NPO-Sektor alltäglich ist.

In Zeiten von Privatisierung und Haushaltskonsolidierung tritt der Staat mehr und mehr Aufgaben an soziale Organisationen ab. Die Ausgliederung staatlicher Aufgaben

---

398 Die Subjektförderung in Form eines Pflegewohngeldes ist Ländersache; sie wird bereits in einigen, nicht jedoch allen Bundesländern praktiziert. Vgl. Deutscher Caritasverband e. V. (2007), S. 6.

399 Die zwischen Einrichtungsträger und Pflegekassen sowie Sozialhilfeträgern verhandelten und für ein Jahr festgelegten Pflegesätze, auch Heimkosten genannt, setzen sich nach § 82 Sozialgesetzbuch – Elftes Buch – Soziale Pflegeversicherung (1994) aus den drei Bestandteilen Pflegekosten, Kosten für Unterkunft und Verpflegung sowie Investitionskosten zusammen. Die Gesamtkosten werden vom Bewohner der Pflegeeinrichtung entrichtet. Die Pflegekosten werden von der Pflegekasse mit einer Pauschale bezuschusst. Die Kosten für Unterkunft und Verpflegung sind vollständig vom Bewohner der stationären Einrichtung zu begleichen. Reichen die Einkünfte des Bewohners nicht aus, tritt subsidiär der Sozialhilfeträger ein. Die Investitionskosten sind ebenfalls vom Bewohner zu übernehmen. Ist der Bewohner auf Hilfe zur Pflege angewiesen, übernimmt der Sozialhilfeträger je nach Landesrecht (siehe die vorherige Fußnote 398) die Investitionskosten als Pflegewohngeld.

400 Badelt, Christoph / Meyer, Michael / Simsa, Ruth (2007b), S. 626 (teilweise Hervorhebungen im Original).

401 Vgl. Otte, Eckhard (2002), S. 14.

402 Vgl. Thamm, Dieter (1995), S. 371 und Badelt, Christoph / Meyer, Michael / Simsa, Ruth (2007b), S. 626.

403 Vgl. Eichhorn, Peter (2000b), S. 313. Gemeinnützige Sozialorganisationen sind hier aufgrund ihrer Tarifstrukturen mitunter deutlich benachteiligt gegenüber privaten Anbietern sozialer Dienstleistungen. Vgl. Müller, Helmut Leo Josef (2004), S. 26.

erfolgt dabei immer häufiger auf der Basis des sogenannten Contracting-Out-Prinzips. Hierbei findet eine *Ausschreibungspraxis* Anwendung, die eine „authentische Konkurrenzsituation“[404] entstehen lässt. Die öffentliche Hand macht Vorgaben hinsichtlich der Ziele, Standards und Rahmenbedingungen. Interessierte – zunehmend auch erwerbswirtschaftlich ausgerichtete – Organisationen bemühen sich daraufhin, ein attraktives Angebot vorzulegen, um den Zuschlag zu erhalten.[405]

Nicht zuletzt aufgrund des Drucks der Europäischen Union verzichtet die öffentliche Hand bei der Leistungsvergabe mittlerweile vermehrt auf die bisherige Vorrangstellung frei-gemeinnütziger Sozialorganisationen gegenüber privaten Anbietern.[406] Im Gegensatz zu älteren Fassungen des EU-Grundlagenvertrages übernimmt der Vertrag von Lissabon vom 13. Dezember 2007 zwar in Teilen den aus dem deutschen Grundgesetz vertrauten Grundsatz der sozialen Marktwirtschaft und verankert entsprechend in Artikel 3 Absatz 3 „eine in hohem Maße wettbewerbsfähige soziale Marktwirtschaft“[407]. Dennoch belegt die Wortwahl „in hohem Maße wettbewerbsfähige“ die vergleichsweise angebotsorientierte EU-Politik. Hinsichtlich der Auswirkungen des europäischen Einigungsprozesses auf soziale Organisationen bemerkt EICHHORN, dass die „auf Harmonisierung, Liberalisierung und Wettbewerb ausgerichtete EU-Politik [...] in Deutschland und überhaupt in allen EU-Mitgliedsstaaten die Bedingungen der Wohlfahrtseinrichtungen und ihrer Träger ändern“[408] wird.

In den letzten Jahren häuften sich daher die Klagen vor dem Europäischen Gerichtshof gegen die deutsche Sonderbehandlung der frei-gemeinnützigen Sozialorganisationen.[409] Die Vorrangstellung der Wohlfahrtsorganisationen in Deutschland[410] geht auf

---

404 Bono, Maria Laura (2006), S. 6.

405 Vgl. Olk, Thomas / Rauschenbach, Thomas / Sachße, Christoph (1995), S. 27.

406 Vgl. Meyer, Katharina (2002), S. 8.

407 Artikel 3 Absatz 3 Vertrag von Lissabon (2007).

408 Eichhorn, Peter (2000b), S. 309.

409 Vgl. Badelt, Christoph (2000), S. 44. Badelt weist darauf hin, dass es in den meisten europäischen Ländern Begünstigungen von Nonprofit-Organisationen in unterschiedlicher Art und Weise gibt. Da diese (politisch gewollten) Begünstigungen in der Regel auf gesellschaftspolitische Werte zurückzuführen sind, ist seiner Meinung nach ein Weiterexistieren der Wettbewerbsvorteile von NPO in erster Linie von der Entwicklung gesellschaftspolitischer Werte abhängig. Vgl. Badelt, Christoph / Meyer, Michael / Simsa, Ruth (2007b), S. 636.

410 Die Vorrangstellung der Wohlfahrtsorganisationen bezieht sich hier allein auf die Bevorzugung frei-gemeinnütziger gegenüber öffentlichen und privaten Organisationen beim Abschluss von Leistungsvereinbarungen. Ob und inwieweit im Zuge der europäischen Integration auch die in Deutschland traditionelle Steuerbegünstigung gemeinnütziger, mildtätiger oder kirchlicher Organisationen als wettbewerbsverfälschend eingestuft wird, soll hier nicht weiter vertieft werden. Vgl. dazu Otte, Eckhard (2002), S. 16 und Eichhorn, Peter (2000b), S. 311.

das Subsidiaritätsprinzip zurück, das als normative Maxime lange Zeit das besondere Verhältnis zwischen öffentlicher Hand und verbandlichen Trägern regelte.[411] Diese Sonderstellung gilt als einzigartig in Europa und ist dementsprechend unvereinbar mit den marktwirtschaftlichen Gedanken der Wettbewerbsfreiheit und der Vermeidung von Wettbewerbsverzerrungen der EU-Politik.[412] Mit der Novellierung des Bundessozialhilfegesetzes 1993 und der Neueinführung des Pflegeversicherungsgesetzes zum 1. Januar 1995 ist explizit keine Prioritätensetzung und -abstufung zwischen Wohlfahrtsverbänden und privaten Unternehmen mehr vorgenommen worden.[413] Auch bei der Kinderbetreuung sollen künftig gewerbliche Betreiber von Kindertagesstätten mit gemeinnützigen gleichgestellt werden. Nach dem Referentenentwurf für das neue Kinderförderungsgesetz sollen nicht nur gemeinnützige Träger staatliche Zuschüsse bekommen, sondern auch erwerbsorientierte gewerbliche Anbieter von Krippen und Kindertagesstätten. Damit wird die exklusive Zusammenarbeit zwischen den Verbänden der freien Wohlfahrtspflege und dem Staat beschnitten und der Markt für gewerbliche Anbieter geöffnet. Dieser neuen Wettbewerbssituation müssen sich die sozialen NPO stellen.

Die genannten Veränderungen erfordern einen Wechsel im Selbstverständnis und ein tiefgreifendes Umdenken sozialer Organisationen.[414] Die Beziehungen sowohl zur öffentlichen Hand als auch zu den Leistungsempfängern müssen völlig neu ausgerichtet werden:

- Die öffentliche Hand sieht sich nicht mehr als „Förderer" oder „Subventionsgeber", der sich damit begnügt, eine erbrachte oder noch zu erbringende Leistung zu bezahlen,[415] sondern zunehmend als *Vertragspartner*,[416] der kritisch

---

411 Vgl. hierzu ausführlich Klug, Wolfgang (1997), S. 22 ff., Anheier, Helmut K. / Priller, Eckhard / Seibel, Wolfgang / Zimmer, Annette (2007), S. 20 f. und Backhaus-Maul, Holger / Olk, Thomas (1994), S. 100 ff.

412 Vgl. zu den Auswirkungen der europäischen Integration auf die Sozialverbände in Deutschland insbesondere Olk, Thomas / Rauschenbach, Thomas / Sachße, Christoph (1995), S. 25 ff. und zur Sonderstellung deutscher Wohlfahrtsverbände in Europa Schmid, Josef (1995), S. 435 ff.

413 Vgl. Backhaus-Maul, Holger / Olk, Thomas (1994), S. 126 ff. und Meyer, Katharina (2002), S. 8.

414 Vgl. Bono, Maria Laura (2006), S. 7.

415 Vgl. Badelt, Christoph (2001), S. 38 und Badelt, Christoph / Meyer, Michael / Simsa, Ruth (2007b), S. 638.

416 Vgl. Eichhorn, Peter (2000b), S. 312.

Leistungen hinterfragt und Transparenz hinsichtlich Kosten, Wirtschaftlichkeit und Qualität verlangt.[417]

- Aufgrund der staatlichen Systemänderung wird der Markt für Sozialdienstleistungen zukünftig von den Nachfragern, also den Leistungsempfängern sozialer Dienstleistungen, bestimmt. Die Leistungsempfänger werden mit zunehmendem Wettbewerb die Angebote und Qualität der Dienstleistungen hinterfragen.[418] Es ist daher auf Seiten sozialer Nonprofit-Organisationen erforderlich, hilfebedürftige Personen verstärkt als *Kunden* sozialer Dienstleistungen anzusehen.

Parallel zum oben aufgezeigten zunehmenden Wettbewerbsdruck infolge von Zuwendungskürzungen und einer veränderten staatlichen Förderpolitik, ist ferner der vorhandene Immobilienbestand sozialer Nonprofit-Organisationen gegenüber privaten Einrichtungen selten wettbewerbsfähig. Das durchschnittliche Pflegeheim öffentlicher und gemeinnütziger Träger in Deutschland ist älter als 30 Jahre.[419] Es herrscht ein mitunter erheblicher Ersatzinvestitionsbedarf und mit Blick auf spezielle Erkrankungen wie Demenz ein hoher Bedarf an neuen, spezialisierten Einrichtungen.[420] Lange wurde der Immobilienbestand vernachlässigt, auch weil versucht wurde, den Kostennachteil gegenüber privaten Unternehmen aufgrund starrer Tarifstrukturen auf Kosten des Immobilienbestands auszugleichen. Hinzu kommen die stetig steigenden Qualitätsvorgaben seitens des Gesetzgebers nicht nur in Bezug auf Pflege-, sondern ebenso in Bezug auf Gebäudestandards, die den Druck auf soziale NPO erhöht haben und weiter erhöhen werden.[421]

Angesichts der angespannten Wettbewerbssituation stehen die sozialen Nonprofit-Organisationen vor großen Herausforderungen, die es durch die Erarbeitung neuer Ansätze zu meistern gilt. Um in dem sich verschärfenden Wettbewerb bestehen zu können, müssen sich soziale NPO nicht nur bei der Leistungsqualität, sondern auch hinsichtlich Produktivität und Kosten an erwerbswirtschaftlich orientierten Organisationen messen lassen. Dadurch steigt die Notwendigkeit, sich betriebswirtschaftlicher

---

417 Vgl. etwa das Wirtschaftlichkeitsgebot in der sozialen Pflege in § 29 Sozialgesetzbuch – Elftes Buch – Soziale Pflegeversicherung (1994).

418 Vgl. Otte, Eckhard (2002), S. 13.

419 Vgl. Bomke, Bernhard (2004), S. 1.

420 Vgl. Müller, Helmut Leo Josef (2004), S. 25.

421 Vgl. Müller, Helmut Leo Josef (2004), S. 26.

Managementprinzipien und -techniken zu bedienen. Ein strategisches Immobilienmanagement, das die Eigenarten und die bedarfswirtschaftliche Ausrichtung sozialer Verbände berücksichtigt, kann hier entscheidend zur Effizienzsteigerung beitragen.

2. Wandel der Rahmenbedingungen eines kirchlichen Immobilienmanagements

Auch kirchliche Organisationen stehen vor tiefgreifenden Herausforderungen. In den folgenden beiden Unterabschnitten wird zunächst auf die veränderten kirchlichen Rahmenbedingungen – die rückläufigen Kirchensteuereinnahmen und die Veränderungen in Lebensraum und -situation innerhalb unserer Gesellschaft – eingegangen, die anschließend in Bezug auf ein kirchliches Immobilienmanagement erörtert werden.

a) Rückläufige Kirchensteuereinnahmen

Der Anteil der Kirchensteuer[422] an den Gesamteinnahmen eines deutschen Bistums oder einer Landeskirche liegt bei bis zu 75 %.[423] Die Kirchensteuer ist damit die wichtigste Finanzquelle für kirchliche Organisationen. Angesichts der zu erwartenden Entwicklungen der maßgeblichen Einflussgrößen der Kirchensteuereinnahmen ist davon auszugehen, dass das Kirchensteueraufkommen stark schrumpfen und damit die Finanzkraft der kirchlichen Organisationen empfindlich schwächen wird.

Das Kirchensteueraufkommen ist in erster Linie abhängig von der Entwicklung

- der Kirchenmitgliederzahl,
- der Anzahl steuerpflichtiger Mitglieder und
- der steuerlichen Bemessungsgrundlage.

---

422 Die Kirchensteuer ist in Deutschland eine gesetzlich festgelegte Abgabe der Kirchenmitglieder. Rechtliche Grundlage bildet der Artikel 140 des Grundgesetzes, der unverändert den Artikel 137 der Weimarer Verfassung übernommen hat. In Artikel 137 Absatz 6 der Weimarer Verfassung wird den Kirchen unter anderem das Recht zugesprochen, Steuern nach Maßgabe landesrechtlicher Bestimmungen zu erheben. Die Kirchensteuer beträgt in den Bundesländern Baden-Württemberg, Bayern und Bremen 8 %, in allen anderen Bundesländern 9 % der Lohn- und Einkommensteuer. Vgl. Frerk, Carsten (2002), S. 23. Sie wird von den staatlichen Finanzämtern eingezogen und an die Kirchen weitergegeben. Der Staat erhält für diesen Dienst etwa drei Prozent des Steuereinkommens. Siehe http://www.dbk.de/zahlen_fakten/kirchensteuer/index.html, Abruf am 14.05.2009.

423 Vgl. Krönes, Gerhard (2000), S. 122. Im Erzbistum Köln erbringt die Kirchensteuer fast 70 % des Gesamthaushaltes. Siehe hierzu www.kirchensteuer-koeln.de/steuer/index.html, Abruf am 12.03.2008.

Die *Mitgliederzahl* der katholischen und evangelischen Kirchen geht seit Jahren zurück.[424] Zur Prognose der Mitgliederentwicklung können zunächst die Schätzungen zur demographischen Entwicklung in Deutschland herangezogen werden. Das Statistische Bundesamt prognostiziert für das Jahr 2030 einen Bevölkerungsrückgang gegenüber dem Jahr 2005 um mehr als 5 Millionen Menschen, also 6,4 Prozentpunkte. Dann werden in Deutschland voraussichtlich nur noch etwa 77 Millionen Einwohner leben.[425] Der Mitgliederschwund in den kirchlichen Organisationen wird aller Voraussicht nach noch weitaus stärker ausfallen, wenn die Masse kirchendistanzierter Mitglieder weiter ansteigt und somit der Bevölkerungsanteil der Protestanten und Katholiken in Deutschland weiter sinkt.[426] Die Evangelische Kirche in Deutschland geht in ihrem Impulspapier „Kirche der Freiheit" davon aus, dass bis zum Jahr 2030 die Zahl ihrer Mitglieder um ein Drittel sinkt, wenn die „heute erkennbaren Trends einfach fortgeschrieben werden müssten"[427].

Nicht jedes Kirchenmitglied ist auch kirchensteuerpflichtig. Die *Zahl steuerpflichtiger Kirchenmitglieder* hängt von der Anzahl der tatsächlich erwerbstätigen Mitglieder ab, denn Kinder und Jugendliche ohne eigenes Einkommen, alte Menschen mit geringer Rente und Arbeitslose entrichten keine Lohn- und Einkommensteuer und somit auch keine Kirchensteuer.[428] Die Menschen aus den geburtenstarken Jahrgängen wachsen kontinuierlich aus dem Erwerbsalter heraus. Infolgedessen wird nach Berechnungen des Statistischen Bundesamtes der Anteil der Bevölkerung im erwerbsfähigen Alter, also der Altersgruppe der 20- bis unter 65-Jährigen, von 61 % im Jahr 2005 auf 55 % im Jahr 2030 zurückgehen.[429] Entsprechende Prognosen zur Entwicklung der Arbeitslosigkeit sind nicht vorhanden. Doch lässt die aktuelle konjunkturelle Entwicklung eher negative Effekte hinsichtlich der Arbeitslosigkeit und damit ein weiteres Absinken der Zahl der Kirchensteuerzahler erwarten.

---

[424] Vgl. Fußnote 287 in Abschnitt III.B.1.

[425] Vgl. Statistisches Bundesamt (2007), S. 8.

[426] Der Anteil der katholischen und evangelischen Mitbürger an der Gesamtbevölkerung betrug im Jahre 1970 93,6 % und sank bis 1989 auf 82,8 %. Nach der Wiedervereinigung verminderte sich der Bevölkerungsanteil der Mitglieder der beiden großen Kirchen in Deutschland von 72,3 % (1990) auf 62,2 % im Jahr 2005 (eigene Berechnungen aufgrund von Daten der statistischen Jahrbücher der Bundesrepublik Deutschland 1972, 1992, 1993 und 2007).

[427] Kirchenamt der Evangelischen Kirche in Deutschland (Hrsg.) (2006), S. 7.

[428] Nach Angaben der Deutschen Bischofskonferenz zahlt nur knapp ein Drittel der Katholiken Kirchensteuer. Siehe http://www.dbk.de/zahlen_fakten/kirchensteuer/index.html, Abruf am 15.05.2009.

[429] Vgl. Statistisches Bundesamt (2007), S. 23.

Die maßgebenden Einflussgrößen auf die *Bemessungsgrundlage* der Kirchensteuer je Steuerpflichtigen sind Einkommenshöhe und Einkommensteuertarif. Die zurückhaltende Tarifpolitik der Tarifparteien stand in letzter Zeit im Zeichen eines intensivierten internationalen Wettbewerbs. Auch zukünftig sind von der Einkommensentwicklung keine entscheidenden Impulse zur Steigerung der steuerlichen Bemessungsgrundlage zu erwarten.[430] Die jüngste Entwicklung des Einkommensteuertarifs mit Senkung des Eingangs- und Spitzensteuersatzes führte zu einer Reduzierung der Bemessungsgrundlage und somit zu einem geringeren Kirchensteueraufkommen.

Abbildung 38 fasst die aufgezeigten maßgebenden Einflussfaktoren auf das Kirchensteueraufkommen zusammen. In der Tendenz werden die angeführten Einflussgrößen zukünftig zu einem weiteren Rückgang der Kirchensteuereinnahmen führen. Gemäß der bereits oben zitierten pessimistischen Prognose der EKD könnten die Steuereinnahmen der evangelischen Kirchen bis zum Jahr 2030 sogar auf die Hälfte des derzeitigen Niveaus absinken.[431]

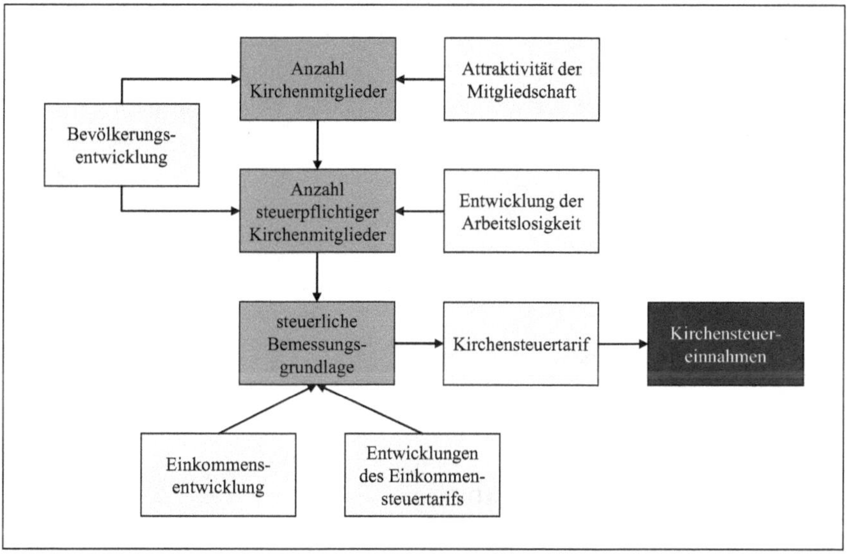

Abbildung 38: Maßgebende Einflussfaktoren auf das Kirchensteueraufkommen

430 Vgl. Krönes, Gerhard (2000), S. 121.

431 Vgl. Kirchenamt der Evangelischen Kirche in Deutschland (Hrsg.) (2006), S. 7.

b) Veränderte Lebensräume und -situationen

Die steigende Anzahl kirchendistanzierter Mitglieder ist bereits im Kontext ihrer Auswirkungen auf das Kirchensteueraufkommen angesprochen worden.[432] Sie ist unter anderem einem gesellschaftlichen Wandel und veränderten Lebenssituationen geschuldet.

In den letzten Jahren ist in Folge einer fortschreitenden Globalisierung und veränderter arbeitsmarktpolitischer Rahmenbedingungen eine Aufweichung der für das Erwerbsleben der 50er und 60er Jahre („Wirtschaftswunder-Jahre") prägenden, jahrzehntelangen Bindung an einen bestimmten Arbeitgeber zu beobachten. Der zunehmende Ersatz tarifvertraglich abgesicherter Vollzeittätigkeiten durch Modelle der Zeitarbeit führt zu einem tendenziell häufigeren Wechsel des Arbeitsplatzes, mitunter auch zu mehreren und längeren Phasen der Arbeits- und Orientierungslosigkeit.[433] Die Individualisierung der Arbeitswelt geht einher mit einer Individualisierung der Gesellschaft, die sich in einer zunehmenden Bindungsunwilligkeit von Menschen an Organisationen wie Kirchen oder Verbänden und in einem erhöhten Kosten-Nutzen-Denken niederschlägt.[434] Für kirchliche Organisationen spiegelt sich diese Entwicklung auch in der seit Jahren rückläufigen Zahl der Gottesdienstbesucher wider (siehe beispielhaft für die Katholische Kirche in Deutschland Abbildung 39).

---

432 Vgl. den vorangehenden Unterabschnitt IV.B.2.a).

433 Vgl. Zieger, Franz (2005), S. 2.

434 Als Gründe einer zunehmenden Bindungsunwilligkeit von Menschen an Organisationen wie Kirchen oder Verbänden nennen Greiffenhagen und Greiffenhagen unter anderem eine sinkende Bindungsfähigkeit der Menschen, eine steigende Kritikbereitschaft der Bürger, verbunden mit abnehmendem Vertrauen in die Eliten einer Organisation, sowie eine fehlende Übereinstimmung im objektiven und subjektiven Empfinden zwischen den Zielen und Aufgabenfeldern großer Organisationen mit den zunehmend differenzierten Interessen der Bürger. Vgl. Greiffenhagen, Martin / Greiffenhagen, Sylivia (1997), S. 216. Vgl. zur „Emanzipation von Bindungen an eine Religion" auch Marx, Reinhard (2008), S. 4 ff.

Einen Überblick über Auswirkungen des gesellschaftlichen Wertewandels auf Verbände geben Heilmair, Astrid (2009), S. 58, Lakes, Beate (1999), S. 46 und Roßkopf, Karin (2004), S. 94.

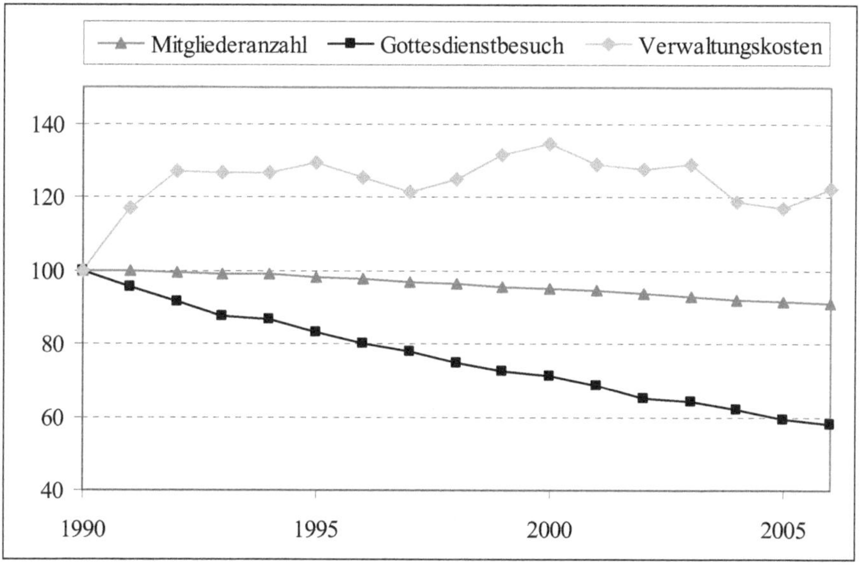

Abbildung 39: Entwicklung der Mitgliederzahl, des Gottesdienstbesuches und der Verwaltungskosten der Katholischen Kirche in Deutschland seit 1990[435]

Wie aus Abbildung 39 ebenfalls hervorgeht, stehen der nachlassenden Bindungskraft der Kirchen in Form von sinkenden Gottesdienstbesuchern die in der Tendenz gestiegenen Verwaltungskosten gegenüber. Dies kann als Indiz dafür angesehen werden, dass kostenoptimierende Maßnahmen als Reaktion auf die nachlassende Bindungskraft in kirchlichen Organisationen offensichtlich noch keinen Einzug gehalten oder zumindest zu keinem durchschlagenden Erfolg geführt haben.[436]

Neben veränderten Lebenssituationen entstehen veränderte Lebensräume, beispielsweise durch den Wettbewerb zwischen Regionen um die Ansiedlung moderner, Arbeitsplatz schaffender Industrie- und Dienstleistungsunternehmen. Durch die fortschreitende Globalisierung verschärft, führt dies zu Wachstumsregionen auf der einen und Schrumpfungsregionen auf der anderen Seite sowie infolgedessen zu einem Bruch bestehender Siedlungsstrukturen.[437] Diesen regionalen Veränderungen müssen sich

---

[435] Indexierte Werte; eigene Berechnungen aufgrund von Daten der statistischen Jahrbücher der Bundesrepublik Deutschland 1990-2007.

[436] Siehe auch Fassbender, Pantaleon (1998), S. 163.

[437] Ein Strukturwandel kann aufgrund von Unterschieden in den Bereichen Wohlstand, Arbeitsmarkt, Standort, Wirtschaft, Struktur und Staat ausgelöst werden. Vgl. hierzu Institut der deutschen Wirtschaft Köln Consulting GmbH (2007), S. 16. In diesem bundesweiten Regionalranking wurden im

kirchliche Organisationen stellen, wollen sie ihren flächendeckenden missionarischen und seelsorgerischen Auftrag weiterhin erfüllen.

Wie hängen die genannten Veränderungen innerhalb der Kirchen mit dem kirchlichen Immobilienmanagement zusammen? Zunächst ein kurzer Rückblick: Im Zuge eines rasanten wirtschaftlichen Aufschwungs und wachsender Kirchensteuereinnahmen ist in den 60er und 70er Jahren der kirchliche Gebäudebestand kontinuierlich erweitert worden.[438] MARTENS bemerkte hierzu im Jahr 1969: „Die Bautätigkeit der Kirchen beider Konfessionen hat in den letzten 20 Jahren im Bundesgebiet und in West-Berlin einen alle früheren Zeiten in den Schatten stellenden Umfang erreicht."[439] Trotz eines bereits einsetzenden Mitgliederschwundes (siehe exemplarisch für die Evangelische Kirche in Deutschland Abbildung 40) „schienen Investitionen in Immobilien [...] unbegrenzt möglich zu sein"[440]. Auf katholischer Seite stieg insbesondere nach dem Zweiten Vatikanischen Konzil Anfang der 60er Jahre die Zahl der Pfarr- und Jugendzentren sowie Kindergärten, Schulen und Altenheime stark an. Das Kirchenbild des Zweiten Vatikanischen Konzils ist durch eine Volk-Gottes-Theologie geprägt: die Gemeinschaft aller Getauften. Dies führte zu einer stärkeren Betonung des Gemeindebezugs und infolgedessen zur Errichtung vieler sozial genutzter Gebäude.[441]

Jahre 2006 435 Kreise und kreisfreie Städte in Deutschland hinsichtlich ökonomischer und struktureller Indikatoren untersucht.

438 Vgl. Rekowski, Manfred (2007), S. 4 und Meier, Claus / Blickle, Jörg (2005), S. 261. Im Erzbistum Köln entstanden nach dem Zweiten Weltkrieg mit 678 Neubauten mehr als die Hälfte der gegenwärtig etwa 1.200 Kirchen. Vgl. Lehmann, Karl (2007), S. 16.

439 Martens, Klaus (1969), S. 68. Martens führt die große Zahl von neuen Kirchen einzig auf die hohen Kirchensteuereinnahmen dieser Zeit zurück und nicht etwa auf einen neu erwachten „Glaubenseifer". Vgl. Martens, Klaus (1969), S. 74.

440 Meier, Claus / Blickle, Jörg (2005), S. 260 (teilweise Hervorhebungen im Original). Rekowski führt diesbezüglich für den evangelischen Kirchenkreis Wuppertal an: „Obwohl die Anzahl der Gemeindemitglieder sich seit 1976 mehr als halbiert hat, wurde der Gebäudebestand bis Ende der 90er Jahre weitgehend auf dem bisherigen Niveau erhalten." [Rekowski, Manfred (2007), S. 7].

441 Vgl. Deinzer, Klemens (2007), S. 2.

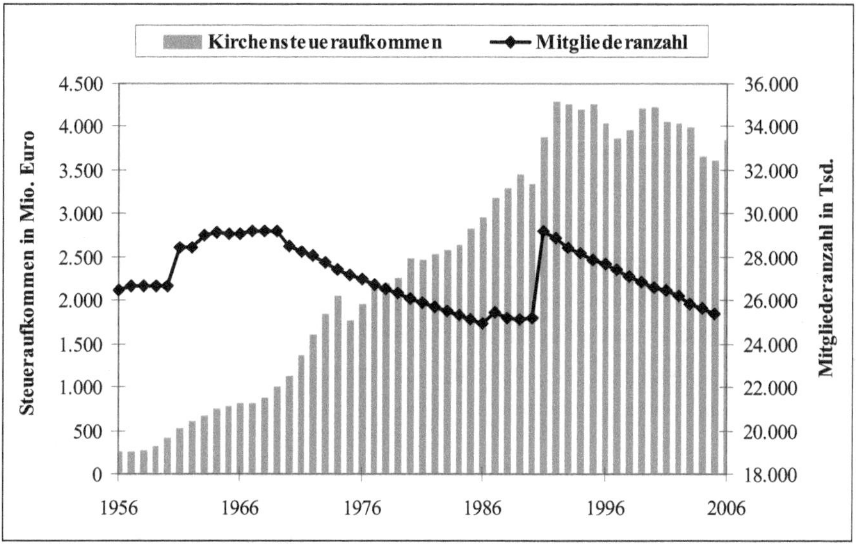

Abbildung 40: Entwicklung des Steueraufkommens und der Mitgliederzahl der Evangelischen Kirche in Deutschland von 1956 bis 2006[442]

Aufgrund rückläufiger Kirchensteuereinnahmen können mittlerweile viele Kirchengemeinden die Unterhaltung ihres Gebäudebestandes nicht mehr gewährleisten.[443] MEIER / BLICKLE führen an, dass aufgrund „der Tatsache, dass derzeit für laufende Personalausgaben rund 75 % der Kirchensteuereinnahmen zur Verfügung gestellt werden müssen, [...] für aus dem laufenden Haushalt finanzierte Investitionen im Immobilienbereich kein Raum“[444] verbleibt. Im Bewusstsein langfristig sinkender Finanzmittel steigt vermehrt die Einsicht, dass der kirchliche Gebäudebestand insgesamt überdimensioniert ist. Der ehemalige Limburger Bischof KAMPHAUS sagte im Rahmen der Veröffentlichung von Sparvorschlägen des Bistums Limburg: „Wir stecken mitten in tief greifenden Veränderungen: Wir werden weniger, und wir müssen mit erheblich weniger Mitteln auskommen. Sparen und Erneuern ist angesagt. Die Kleider, die wir tragen, sind viel zu groß (aus den Zeiten außergewöhnlicher Kirchensteuereinnahmen). Es ist wie bei einer Person mit Übergewicht, die schlank geworden ist und noch die

---

442 Eigene Berechnungen aufgrund von Daten der statistischen Jahrbücher der Bundesrepublik Deutschland 1956-2007 (1956-1990 „früheres Bundesgebiet“, ab 1991 „Deutschland“). Das Kirchensteueraufkommen wurde für die Jahre 1956 bis 1999 in Euro umgerechnet, da es in den statistischen Jahrbüchern vor dem Jahr 2000 in DM angegeben ist.

443 Vgl. Deutsche Bischofskonferenz (2003), S. 10.

444 Meier, Claus / Blickle, Jörg (2005), S. 260.

alten Kleider trägt: Die hängen vorn herunter, und man stolpert drüber. Wir müssen zu einem angemessenen Zuschnitt kommen, der für die Zukunft sitzt."[445]

Die in Abbildung 39 dargestellte, auseinander gehende Schere – eine rückläufige Zahl der sonntäglichen Gottesdienstbesucher auf der einen und steigende Verwaltungskosten auf der anderen Seite – wird mittelfristig zu Sparmaßnahmen und Einschnitten auch im Immobilienbereich führen müssen. Wie in der empirischen, quantitativen Untersuchung nachgewiesen, bilden Immobilienkosten in den an der Erhebung teilnehmenden Nonprofit-Organisationen einen der größten Kostenblöcke überhaupt.[446] Bei einer stetig schmaler werdenden finanziellen Basis sind die kirchlichen Organisationen daher zum Nachdenken über Raumbedarf und Raumangebot sowie (immobilienbezogene) Kostenoptimierung aufgefordert.

Für das Bestehen kirchlicher Organisationen ist es darüber hinaus von Bedeutung, auf die (oben genannten) regionalen Veränderungen zu reagieren und den wachsenden Regionen verstärkte Aufmerksamkeit zu schenken. Eine kirchliche Präsenz in neu entstandenen Siedlungen ist die Voraussetzung einer stabilen zukünftigen Mitgliederbasis. In Anbetracht knapper Finanzmittel bedeutet dies, dass Investitionsüberlegungen in Wachstumsregionen mit Überlegungen zur Zusammenlegung von Kirchengemeinden in Schrumpfungsregionen zu verknüpfen sind.[447] Auf diese Weise können finanzielle Entscheidungsspielräume für wachsende Regionen geschaffen werden.

Aufgrund der Schrumpfung vieler Gemeinden und einer insbesondere im katholischen Bereich sinkenden Zahl an zur Verfügung stehenden Priestern[448] werden in den kirchlichen Organisationen verstärkt neue Seelsorgekonzepte entwickelt. Die Zusammenarbeit zwischen den Gemeinden reicht von einer losen Kooperation bis hin zum Zusam-

---

445 Kamphaus, Franz (2007), S. 21 f.

446 Vgl. Unterabschnitt III.B.3.c) S. 100.

447 Vgl. Meier, Claus / Blickle, Jörg (2005), S. 262.

448 Der Priestermangel ist ein weltweites Problem der Katholischen Kirche. Nach Angaben der Kongregation für den Klerus, einer Zentralbehörde des Vatikans, gab es 2001 weltweit 405.067 Priester und Ordensgeistliche in der Katholischen Kirche, 1978 waren es noch 416.329 Priester. In Deutschland sank im gleichen Zeitraum die Zahl der Priester von 24.659 auf 19.263. Siehe hierzu http://www.clerus.org/clerus/dati/2003-06/22-6/pretresparpayscont.htm, Abruf am 14.05.2009. Eine Kennzahl zur Beurteilung der Pastoralversorgung ist die Anzahl der von einem Priester betreuten Gemeindemitglieder. In Deutschland stieg die Zahl der Katholiken pro Priester im Zeitraum 1969 bis 2001 von 992 auf 1.422. Die Zahl der Gemeindemitglieder pro Priester schwankt stark zwischen den einzelnen Ländern, die Spanne reichte 2001 von 160.000 Katholiken pro Priester in Saudi-Arabien bis 866 in Großbritannien. Vgl. dazu http://www.clerus.org/clerus/dati/2003-06/22-6/catholiquespretres.htm, Abruf am 14.05.2009.

menschluss benachbarter Gemeinden in Form von Gemeindefusionen.[449] Dies hat eine geringere Nutzung von kirchlichen Gebäuden zur Folge, was neue Konzepte zur bestmöglichen Verwertung dieser nicht mehr benötigten Gebäude erforderlich macht.

Zusammenfassend ist festzustellen, dass die kirchlichen Organisationen in Deutschland, bedingt durch den demografischen Wandel, Kirchenaustritte, langfristig rückläufige Kirchensteuereinnahmen, sich verändernde Lebensräume und den zunehmenden Priestermangel (vor allem im katholischen Bereich) zu einem Umdenken und zur Neuausrichtung ihrer Immobilienstrategie gezwungen sind. Dass in finanziell schwierigen Zeiten eine stärkere Zuwendung kirchlicher Organisationen zu ihren (immobiliaren) Ressourcen für die kirchliche Arbeit nicht nur störend sein muss, sondern sie auch bereichern kann, verdeutlicht EGNER: „Der Zwang zur Eigenbeschaffung [von Ressourcen; U.H.] bedeutet für die Kirche keineswegs eine Ablenkung ihrer Energien auf einen ihrem Wesen fremden Lebensbereich, sondern umgekehrt die Eröffnung eines Zugangs zu einem zentralen Problemkomplex menschlichen Daseins. Wenn die Kirche selbst um ihre wirtschaftliche Existenz ringen muss, so wird sie ungewollt zu einer Auseinandersetzung mit den wirtschaftlichen und sozialen Nöten ihrer Zeit, zu einer Bestätigung auf den verschiedensten Gebieten gezwungen, bildet sich in ihr ein Organ für das aus, was ihre Gläubigen als wirtschaftende Menschen bewegt.“[450]

---

[449] Vgl. Kirchenamt der Evangelischen Kirche in Deutschland (Hrsg.) (2006), S. 38 und Deutsche Bischofskonferenz (2003), S. 9. Einen Überblick über den Prozess der Neuordnung der pastoralen Strukturen in den (Erz-)Diözesen Deutschlands geben Deutsche Bischofskonferenz (2007a) und Deutsche Bischofskonferenz (2007b).

In der Erzdiözese München und Freising gibt es derzeit 750 Pfarreien. Nach dem im Oktober 2008 vorgelegten Entwurf eines Strukturplans werden davon bis zum Jahr 2020 nur noch 47 Einzelpfarreien erhalten bleiben und die restlichen 703 Pfarreien in insgesamt 232 Pfarrverbänden zusammengefasst. Vgl. http://www.erzbistum-muenchen.de/EMF497/EMF049630.asp, Abruf am 20.02.2009.

[450] Egner, Erich (1976), S. 423.

V. Entwicklung immobilienbezogener Strategien für kirchliche und soziale Nonprofit-Organisationen auf der Grundlage einer qualitativen Untersuchung

A. Zielsetzung, Methodik und Vorgehensweise der qualitativen Untersuchung

Die in dieser Arbeit behandelte Thematik ist bis auf wenige praxisbezogene Publikationen in Form von Konferenzbeiträgen und Artikeln in Fachzeitschriften nahezu unerforscht. Zur Exploration der Problemfelder bedarf es daher der Gewinnung von Erfahrungswissen. Um die Eigenarten und bedarfswirtschaftliche Ausrichtung kirchlicher und sozialer Organisationen adäquat zu berücksichtigen, stützen sich Konzeption und inhaltliche Ausgestaltung der hier erarbeiteten immobilienbezogenen Strategien neben theoretisch begründeten Erkenntnissen auf die Ergebnisse einer qualitativen Untersuchung. Zielsetzung und Vorgehensweise der Untersuchung werden im Folgenden vorgestellt.

1. Zielsetzung der Untersuchung

Im Vordergrund der empirischen Untersuchung steht die Gewinnung von Erfahrungswissen. In teilstrukturierten Interviews werden Experten aus kirchlichen und sozialen Organisationen zu Sicht- und Vorgehensweisen sowie Ansätzen im Immobilienmanagement befragt. Die Fragen zielen darauf ab, das Bewusstsein für die Erfolgs- und Vermögenswirksamkeit von Immobilien innerhalb der Organisation zu eruieren und Eigenarten sowie mögliche Probleme in der Bereitstellung, Bewirtschaftung und Verwertung von Immobilien zu erschließen.

Als strukturelle Säulen der Befragung dienen folgende Komponenten eines strategischen Immobilienplanungsprozesses:[451]

- Immobilienbestandserfassung,
- Flächenanalyse/-planung,
- Immobilien-Portfolioanalyse,
- immobilienbezogene Bereitstellungs-, Bewirtschaftungs- und Verwertungsstrategien,

[451] Siehe ausführlich zum strategischen Immobilienplanungsprozess Kapitel V.C.

- Organisation des Immobilienmanagements.

Die Komponenten bilden gleichzeitig das Gerüst der in Kapitel V.C. erarbeiteten immobilienbezogenen Managementkonzeption; das in der qualitativen Untersuchung gewonnene Erfahrungswissen fließt sukzessiv in die Ausarbeitung ein, sodass die speziellen Bedürfnisse und Anforderungen kirchlicher und sozialer Organisationen eine adäquate Berücksichtigung finden.

2. Forschungsmethodik und Ablauf der Untersuchung

Aus dem Methodenspektrum der empirischen Sozialforschung wurde das Experteninterview ausgewählt, das eine Unterform der sogenannten Leitfadeninterviews darstellt.[452] Charakteristisch für Leitfadeninterviews ist die Verwendung eines Leitfadens, der dem Interview mit offen formulierten Fragen eine vordefinierte Struktur gibt und dadurch die Vergleichbarkeit der erhobenen Daten erhöht.[453] Die freie Antwortmöglichkeit der Interviewten und die Freiheit des Interviewers, die Reihenfolge der Leitfadenfragen sowie detaillierte Nachfragen dem Gesprächsverlauf anzupassen, werden ferner dem Offenheitsprinzip der qualitativen Sozialforschung gerecht.[454] Durch die Mischung aus strukturierter Vorgabe durch den Interviewleitfaden und Variabilität in der Gesprächsführung wird erreicht, „dass der Forscher eine klare Vorstellung über seine Fragestellung entwickelt und dabei aber noch offen bleibt für neue und im besten Fall überraschende Erkenntnisse.“[455]

Das Experteninterview wurde gegenüber anderen Formen leitfadengestützter Interviews ausgewählt, da entsprechend der Zielsetzung der Untersuchung nicht die Gesamtperson des Befragten, sondern seine Funktion als Experte für ein bestimmtes Sachgebiet Gegenstand der Analyse ist.[456] Als potentieller Gesprächspartner beziehungsweise Experte gilt nach MEUSER / NAGEL,

- „wer in irgendeiner Weise Verantwortung trägt für den Entwurf, die Implementierung oder die Kontrolle einer Problemlösung oder

[452] Vgl. zu den unterschiedlichen Typen von Leitfadeninterviews Flick, Uwe (2005), S. 117 ff.
[453] Vgl. Meuser, Michael / Nagel, Ulrike (1991), S. 453.
[454] Vgl. Flick, Uwe (2005), S. 77.
[455] Flick, Uwe (2005), S. 77.
[456] Vgl. Mayer, Horst O. (2004), S. 37.

- wer über einen privilegierten Zugang zu Informationen über Personengruppen oder Entscheidungsprozesse verfügt."[457]

Der Auswahl der Gesprächspartner kommt damit eine wesentliche Bedeutung für die Qualität der Ergebnisse zu. Nach der Formulierung der Zielsetzungen der Studie steht die Stichprobenbildung am Beginn einer qualitativen Untersuchung (siehe Abbildung 41).

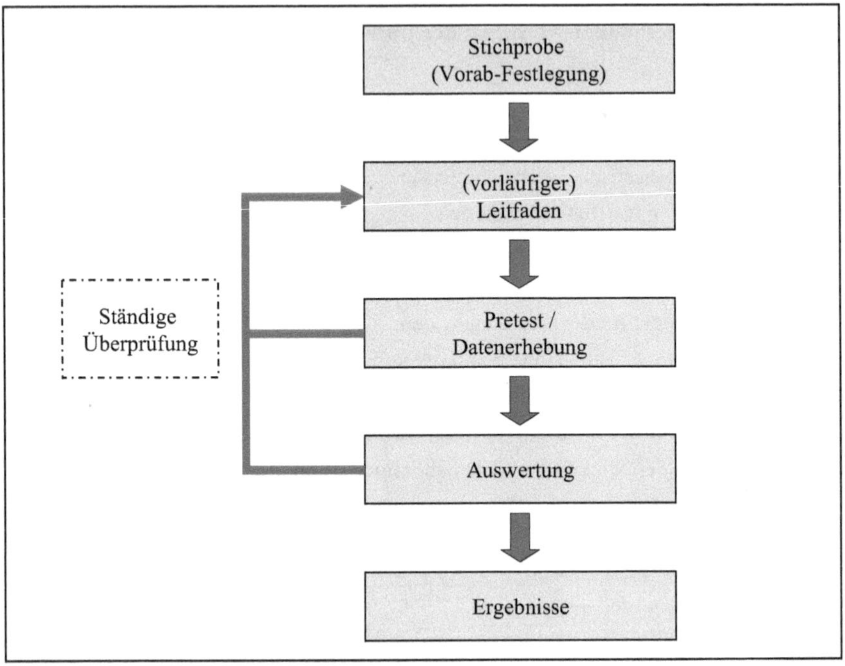

Abbildung 41: Vorgehensweise der qualitativen Untersuchung[458]

Die Stichprobenbildung im Rahmen einer qualitativen Untersuchung zielt vorrangig auf die Relevanz der Expertenrolle für die untersuchte Fragestellung ab. Die Auswahl der Experten soll so erfolgen, dass die Erkenntnisse aus den Experteninterviews möglichst über die betrachteten Untersuchungsfälle hinaus im Sinne einer Generalisierung auch auf andere Fälle übertragbar sind.[459]

---

457 Meuser, Michael / Nagel, Ulrike (1991), S. 443.

458 In Anlehnung an Mayer, Horst O. (2004), S. 41.

459 Vgl. Mayer, Horst O. (2004), S. 38.

Ausgewählt wurden die Organisationen in der vorliegenden Untersuchung in einem mehrstufigen Verfahren. Im Rahmen der in Teil III der Arbeit behandelten quantitativen Erhebung „Immobilienmanagement in Verbänden und verwandten Organisationen" konnten die befragten Organisationen ihr Interesse für ein vertiefendes Interview bekunden. Insgesamt 26 Organisationen erklärten sich für ein solches Interview bereit.[460] Aus dem Kreise der hier näher betrachteten Organisationen meldeten acht kirchliche und zwei soziale Organisationen Gesprächsinteresse an. Mittels Telefonanfragen und Kontaktierungen auf Fachtagungen und Kongressen konnten weitere Organisationen angesprochen und für ein Interview gewonnen werden.

Um unterschiedliche Standpunkte bezogen auf die Problemstellung zu erhalten, wurden bei der Auswahl der Gesprächspartner zum einen unterschiedliche Organisationsebenen berücksichtigt;[461] zum anderen wurden Organisationen ausgewählt, die in unterschiedlichem Ausmaß Immobilienmanagementansätze bereits anwenden.

Die Entscheidung zur Einführung und Implementierung von immobilienbezogenen Konzepten wird in der Regel auf höchster Führungsebene gefällt. Bei den befragten Experten handelte es sich daher überwiegend um Personen dieser Ebene, insbesondere bei den Vertretern sozialer Organisationen. Allerdings wurde ein Teil der Interviews auch mit Experten der zweiten und dritten Führungsebene geführt, zum Beispiel mit Abteilungsleitern der Ressorts Finanzen oder Liegenschaften / Immobilien, jenen Mitarbeitern also, die Entscheidungen vorbereiten und mit der unmittelbaren Umsetzung betraut sind. So konnten unterschiedliche Sichtweisen auf das Problemfeld in der Untersuchung berücksichtigt werden.[462]

Es handelt sich bei der Stichprobenbildung demnach um eine bewusste Vorab-Festlegung nach bestimmten Kriterien.[463] Insgesamt wurden 16 Experteninterviews geführt, 12 mit Vertretern kirchlicher Organisationen zumeist auf Bistums- / Landeskirchenebene und vier mit Vertretern sozialer Organisationen.

Entsprechend der Zielsetzung der Untersuchung war ein Interviewleitfaden zu entwickeln (vgl. Abbildung 41), dem – wie bereits beschrieben – eine Strukturierungsfunktion in Bezug auf Gesprächsinhalte und deren Abfolge zukommt, ohne damit jedoch

---

460 Vgl. Abschnitt III.A.4. S. 71.

461 Im Hinblick auf die Organisationsebene wurden Interviews mit Organisationen geführt, die auf Bundes-, Landes- oder Regionalebene tätig sind.

462 Vgl. Mayer, Horst O. (2004), S. 41.

463 Vgl. zu alternativen Möglichkeiten der Stichprobenbildung Flick, Uwe (2005), S. 98 ff.

das Prinzip einer offenen und flexiblen Interviewführung durch zu starkes „Kleben“ an vorgegebenen und detailliert ausformulierten Fragen zu verletzen.[464]

Auf der Grundlage eigener theoretischer Vorüberlegungen, des Studiums vergleichbarer Untersuchungen und der bereits gewonnenen Erkenntnisse aus der quantitativen Untersuchung wurde zunächst ein vorläufiger Leitfaden ermittelt. Vor Beginn der eigentlichen Datenerhebung wurde dieser Leitfaden in Probeinterviews (Pretests) mit dem Ziel überprüft und weiterentwickelt, unmittelbar an der eigentlichen Problemstellung anzuknüpfen und nicht aufgrund einer Themenfremdheit und/oder Länge ein reines Abhaken der Themen zu produzieren.[465] Der Leitfaden beinhaltet folgende als relevant ermittelte Themenkomplexe:[466]

- Allgemeine Fragen zu Erfahrungen und Herausforderungen im Immobilienmanagement,
- Eigentümerstruktur des Immobilienbestandes,
- Organisation des Immobilienmanagements,
- Immobilienbezogene Datenerfassung,
- Kennzahlenanalyse / Datenerfassung,
- Instandhaltung,
- Immobilienbereitstellung,
- Immobilienverwertung,
- Outsourcing immobilienbezogener Dienstleistungen.

Alle Interviews wurden als persönliche Vor-Ort-Gespräche geführt. Dank des Einverständnisses der Gesprächspartner, das Interview mittels Tonband aufzeichnen zu dürfen, konnte die Konzentration auf die Gesprächsführung gelenkt und flexibel auf die Gesprächsentwicklung reagiert werden.

---

464 Vgl. Meuser, Michael / Nagel, Ulrike (1997), S. 487.

465 Nach Friebertshäuser gerät ein Leitfaden durch „schrankenloses“ Informationsinteresse und eine zu hohe Fragenanzahl „von einem Mittel zur Informationsgewinnung zu einem Mittel der Blockierung von Information“ [Friebertshäuser, Barbara (1997), S. 377].

466 Der vollständige Leitfaden findet sich im Anhang dieser Arbeit.

3. Datenaufbereitung

Ziel der Auswertung von Experteninterviews ist nach MEUSER / NAGEL, „das Repräsentative im ExpertInnenwissen zu entdecken"[467] beziehungsweise „im Vergleich mit anderen ExpertInnentexten das Überindividuell-Gemeinsame herauszuarbeiten"[468]. Voraussetzung der Auswertung ist eine Datenaufbereitung, beginnend mit der Transkription der auf Tonband mitgeschnittenen Interviews, wobei die Transkription den Inhalt der Gespräche und nicht die Niederschrift der für die Auswertung unbedeutenden parasprachlichen Elemente enthält.

Im weiteren Verlauf der Datenaufbereitung wurden die transkribierten Interviewtexte[469] nach den Schritten einer strukturierenden qualitativen Inhaltsanalyse geordnet und gegliedert.[470] Das Verfahren der strukturierenden Inhaltsanalyse zielt darauf ab, eine bestimmte Struktur aus dem Textmaterial herauszuarbeiten, indem mit Hilfe von Ordnungskriterien ein Querschnitt durch das Material gelegt wird.[471] Bei den Ordnungskriterien handelt es sich um ein Kategoriensystem, das entsprechend der Zielsetzung der Untersuchung gebildet wurde. Die Kategorien ergaben sich dabei aus den Themen und Unterthemen des Interviewleitfadens sowie, nach Überarbeitung dieser Themen, aus der Aufbereitung des Interviewmaterials. Durch systematisches Durcharbeiten des Textmaterials wurden relevante Textteile den Kategorien zugeordnet und für die inhaltliche Interpretation der Kategorien in einer Analysematrix zusammengestellt. Die Vorgehensweise der Datenaufbereitung ist in Abbildung 42 dargestellt.

---

467 Meuser, Michael / Nagel, Ulrike (1991), S. 451.

468 Meuser, Michael / Nagel, Ulrike (1991), S. 452.

469 Die anonymisierten Interviewtexte liegen für Interessenten am Seminar für Vereins- und Verbandsforschung zur Einsicht vor.

470 Mayring unterscheidet mit der zusammenfassenden, der explizierenden und der strukturierenden Analyse drei Grundformen der qualifizierenden Inhaltsanalyse. Vgl. hierzu Mayring, Philipp (2002), S. 114 ff.

471 Bei der Strukturierung können formale, inhaltliche, typisierende oder skalierende Aspekte im Vordergrund stehen. Für den vorliegenden Zweck erscheint die inhaltliche Strukturierung geeignet, bei der bestimmte Themen und Inhalte (Aussagen) der Interviews herauszuarbeiten sind. Vgl. zu den Formen strukturierender Inhaltsanalysen Mayring, Philipp (2003), S. 85 ff.

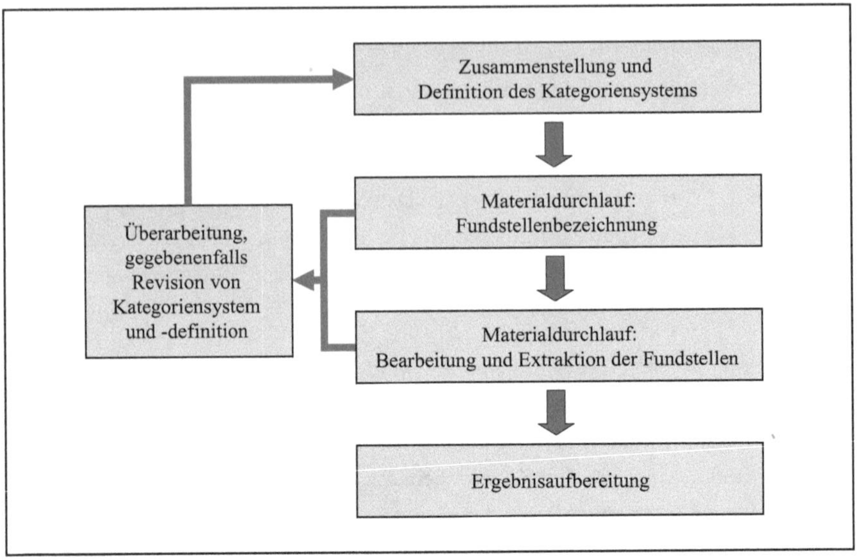

Abbildung 42: Datenaufbereitung mit Hilfe einer strukturierenden qualitativen Inhaltsanalyse[472]

Im Vorgriff auf die Auswertung und Interpretation der Interviewtexte wurde insgesamt deutlich, dass in einigen Organisationen bereits damit begonnen wurde, erste Immobilienmanagementansätze umzusetzen. Die Mehrheit der befragten Organisationen betreibt allerdings kein systematisches, strategisches Immobilienmanagement.[473]

Die Entwicklung eines solchen für kirchliche und soziale Organisationen konzipierten Immobilienmanagements fußt daher – wie im Folgenden dargestellt – sowohl auf dem Erfahrungswissen aus der qualitativen Untersuchung als auch auf theoretisch begründeten Erkenntnissen.

B. Orientierung an der strategischen Gesamtausrichtung der Organisation

Bei Organisationen aus dem kirchlichen und sozialen Bereich steht in der Regel kein renditeorientiertes, sondern ein nutzungsorientiertes Immobilienmanagement im Vordergrund.[474] Ausschlaggebend für Immobilienentscheidungen ist deshalb vorrangig die

[472] In Anlehnung an Mayring, Philipp (2002), S. 120.

[473] Vgl. „Interview C“, S. 44, „Interview G“, S. 123, „Interview H“, S. 156 und „Interview N“, S. 250.

[474] Zur Unterscheidung der beiden zielabgeleiteten Immobilienmanagementansätze vgl. Unterabschnitt II.B.2.a).

Nutzungsrelevanz. Da Änderungen in der strategischen Gesamtausrichtung einer Organisation zumeist direkte Implikationen für die Immobiliennutzung im Sinne einer Selbstnutzung nach sich ziehen, ist die Gesamtausrichtung Ausgangs- und Orientierungspunkt für einen strategischen Immobilienplanungsprozess, wie er in Kapitel V.C. vorgestellt wird. Zunächst wird in den folgenden Abschnitten daher auf die Gesamtsituation und -ausrichtung der betrachteten Organisationen eingegangen; dies allerdings, ohne das breite Spektrum der Gedanken und Konzepte eines Strategischen Managements aufzugreifen.[475]

1. Analyse der Ausgangssituation

In Kapitel IV.B. wurden bereits die geänderten Rahmenbedingungen eines Immobilienmanagements in kirchlichen und sozialen Organisationen thematisiert, die eine Neuausrichtung der Immobilienstrategie notwendig machen. Ergänzt werden diese – durch Inhaltsanalyse vorhandener Dokumente abgeleiteten – Erkenntnisse im Folgenden durch das Erfahrungswissen, das im Rahmen der qualitativen Untersuchung gewonnen wurde.

Die befragten Experten kirchlicher Organisationen bestätigen zum einen die finanziell schmaler werdende Basis aufgrund rückläufiger Kirchensteuereinnahmen,[476] die in erster Linie auf sinkende Kirchenmitgliederzahlen in Folge des demographischen Wandels und zunehmender Kirchenaustritte zurückzuführen sind.[477] Darüber hinaus erhöht der Mangel an geistlichem Personal den Druck auf Seiten der Kirchenleitungen, struk-

---

[475] Strategisches Management stellt eine Verbindung der zentralen Führungsfunktionen Analyse, Planung, Organisation und Kontrolle zur Entwicklung, Gestaltung und Lenkung von Organisationen dar. Der von Hinterhuber für erwerbswirtschaftliche Unternehmen konzipierte mehrstufige Managementprozess lässt sich vereinfacht wie folgt zusammenfassen: Auf der Basis der Unternehmensphilosophie und -kultur, der Chancen und Risiken der Unternehmensumwelt und der eigenen Unternehmensstärken und -schwächen werden generelle Zielsetzungen abgeleitet. Hieran anknüpfend werden Strategien entwickelt und implementiert, die daraufhin in konkrete Maßnahmen ausformuliert und umgesetzt werden. Um eine kontinuierliche Prämissen- und Umsetzungskontrolle zu gewährleisten, sind die Prozesselemente untereinander durch Rückkoppelungsmechanismen verbunden. Vgl. hierzu Hinterhuber, Hans H. (2004), S. 33 ff. sowie auch Hungenberg, Harald (2006), Bea, Franz Xaver / Haas, Jürgen (2005) und Schreyögg, Georg (1984).

Vgl. zum Strategischen Management von Verbänden: Lakes, Beate (1999) und speziell zum Strategischen Management wohnungswirtschaftlicher Nonprofit-Organisationen: Schwarz, Martin E. (2004).

[476] Vgl. „Interview A", S. 1, „Interview G", S. 123 und „Interview I", S. 160

[477] Vgl. „Interview B", S. 19 und „Interview F", S. 113.

turelle respektive organisatorische Veränderungen vorzunehmen.[478] Der Priestermangel scheint insbesondere ein Problem der Katholischen Kirche zu sein.[479]

In kirchlichen, aber auch sozialen Organisationen setzen vor allem die rechtliche Eigenständigkeit der Unterorganisationen sowie die dezentralen Entscheidungsbefugnisse einer zentralen strategischen Planung Grenzen auf.[480] Ein Kirchenexperte formulierte dies mit Blick auf ein zentral gesteuertes Immobilienmanagement folgendermaßen: „Die kleinteilige Eigentümerstruktur ist etwas, was uns an einem systematischeren Ansatz in der Immobilienverwaltung ein stückweit hindert."[481]

Die interviewten Experten kirchlicher Organisationen weisen darüber hinaus auf Veränderungen in der Haushaltssystematik hin. In einigen Organisationen wurde beschlossen oder bereits damit begonnen, das kameralistische Rechnungswesen auf ein System der doppelten Buchführung umzustellen.[482] Die Organisationen versprechen sich dadurch bessere Steuerungsmöglichkeiten[483] und durch die (Neu-)Bewertung des Anlagevermögens nicht zuletzt ein anderes Bewusstsein für Immobilien und -kosten.[484]

Die Ausgangssituation im Bereich der sozialen Organisationen ist durch zunehmenden Wettbewerb geprägt. Soziale Organisationen stehen nicht nur mit anderen gemeinnützigen Sozialorganisationen im Wettbewerb, sondern konkurrieren mittlerweile vermehrt auch mit erwerbswirtschaftlich orientierten und öffentlichen Organisationen, die ähnliche Leistungen, beispielsweise im Bereich der Altenpflege oder Behindertenbetreuung, erbringen.[485] Die staatliche Förderpolitik trägt durch Kürzungen der finanziellen Förderung von Neubauten und Sanierungs- und Instandhaltungsmaßnahmen, aber auch durch die Öffnung des Marktes für gewerbliche Anbieter zur erhöhten Wettbewerbssituation im Bereich der sozialen Organisationen bei.[486]

---

478 Vgl. „Interview B", S. 20 und „Interview E", S. 87 und 90.

479 Vgl. „Interview I", S. 167 und auch Fußnote 448 in Unterabschnitt IV.B.2.b).

480 Vgl. „Interview C", S. 47, „Interview F", S. 110, „Interview J" S. 180, „Interview L", S. 210 und 215 und „Interview N", S. 240.

481 „Interview G", S. 125.

482 Vgl. „Interview E", S. 103 und „Interview J", S. 186.

483 Vgl. „Interview C", S. 42 f.

484 Vgl. „Interview G", S. 124 und „Interview H", S. 139.

485 Vgl. „Interview M", S. 231 f. und „Interview N", S. 254.

486 Vgl. „Interview N", S. 242. Die öffentliche Förderung von Neubauten, Sanierungs- und Instandhaltungsmaßnahmen wird größtenteils durch die Bundesländer übernommen. Die Kürzung finanzieller Zuwendungen in diesem Bereich fällt somit von Bundesland zu Bundesland unterschiedlich aus. Siehe „Interview M", S. 233.

Das dargestellte Erfahrungswissen der Experten zur Ausgangssituation kirchlicher und sozialer Organisationen verdeutlicht in Ergänzung zu Kapitel IV.B. die großen Herausforderungen, vor denen die Organisationen stehen. Wie bereits angedeutet, können die Denkmodelle eines Strategischen Managements, insbesondere die Gedanken einer strategischen Zielbildung, dazu beitragen, diese Herausforderungen zu meistern und zugleich die Grundvoraussetzung für einen zielgerichteten Umgang mit Ressourcen schaffen.

2. Zielorientierung als Voraussetzung inhaltlicher und struktureller Schwerpunktsetzung

„Der Paradigmenwechsel von der aufgaben- zur zielorientierten Steuerung ist eine der wesentlichsten Managementaufgaben der Kirche in den kommenden Jahren.“[487] Dieses prinzipiell auch auf Sozialorganisationen übertragbare Postulat geht von der Grundüberzeugung aus, dass kirchliche und soziale Organisationen angesichts der oben skizzierten Herausforderungen inhaltliche und strukturelle Schwerpunkte setzen müssen. Um Entscheidungen zu Schwerpunktsetzungen treffen zu können, sehen HALFAR / BORGER ähnlich wie FISCHER die Hinwendung zu einer strategischen Steuerung als erforderlich an, wobei insbesondere kirchliche Organisationen strategische Entscheidungs- und Steuerungsfähigkeiten erst erlernen müssen.[488] Eine reine Zielformulierung reicht nicht aus. Entscheidend ist die Steuerungswirkung einer zielorientierten Vorgehensweise.

Zielorientiertes Vorgehen ist durch Ausrichtung sämtlicher Aufgaben und Strukturen einer Organisation an strategischen Zielsetzungen gekennzeichnet. Im Strategischen Management werden verschiedene Funktionen einer strategischen Zielsetzung unterschieden:[489]

- Entscheidungsfunktion,
- Koordinationsfunktion,
- Motivationsfunktion,

---

487 Fischer, Beatus (2004), S. 45.

488 Vgl. Halfar, Bernd / Borger, Andrea (2007), S. 75.

489 Vgl. hierzu auch Bea, Franz Xaver / Haas, Jürgen (2005), S. 73 ff.

- Informationsfunktion,
- Kontrollfunktion,
- Legitimationsfunktion.

Die *Entscheidungsfunktion* meint die Ableitung von Kriterien aus einem Zielsystem zur Bewertung und Auswahl von Alternativen. Ein gemeinsames Zielsystem kann eine *Koordinationsfunktion* erfüllen, wenn es durch Zielvereinbarungen einzelne Geschäftsbereiche und Unterorganisationen koordiniert. Ziele können als Vorgaben darüber hinaus eine *Motivationsfunktion* für Mitarbeiter und Mitglieder haben. Die *Informationsfunktion* zielt darauf ab, interne und externe Adressaten einer Organisation über künftige Aktivitäten zu informieren. Mit einer Zielsetzung ist eine *Kontrollfunktion* gegeben, da Kontrollen im Sinne eines Soll-Ist-Vergleichs erst möglich werden. Eine *Legitimationsfunktion* kommt zum Tragen, wenn Maßnahmen anhand von Zielsetzungen gegenüber Außenstehenden gerechtfertigt werden (müssen).

Die genannten Funktionen einer strategischen Zielsetzung können auch in Nonprofit-Organisationen ihre Wirkungen entfalten, wobei an dieser Stelle an die prinzipiell unterschiedliche Ausrichtung bedarfswirtschaftlicher gegenüber erwerbswirtschaftlicher Organisationen erinnert sei.[490] Die Sachzielorientierung von Nonprofit-Organisationen stellt qualitative Ziele in den Vordergrund, die gegenüber quantitativen Größen schwieriger messbar sind.[491] Auch können Entscheidungstechniken – wie etwa Verfahren der Investitionsrechnung – und Erfolgsindikatoren, die auf quantitativen Größen beruhen, kaum zum Einsatz kommen.[492] Dadurch wird die strategische Planung in Nonprofit-Organisationen insgesamt erschwert.

Übertragen auf die Problemstellung in dieser Arbeit bedeutet Zielorientierung für kirchliche und soziale Organisationen, eine Art von Steuerung zu entwickeln, die klare Richtungsentscheidungen beinhalten und – übersetzt in Steuerungsgrößen – eine hohe Verbindlichkeit entfalten.[493] Ziele müssen als treibende Kraft respektive Leitfaden für die interne Umgestaltung einer Organisation verstanden werden. Für viele Kirchen und

---

490 Vgl. Abschnitt II.A.1.

491 Vgl. Greiling, Dorothea (2009), S. 137.

492 Vgl. Bea, Franz Xaver / Haas, Jürgen (2005), S. 77. Einen Überblick über das Verständnis von „Erfolg“ in Nonprofit-Organisationen und eine Einordnung in Erfolgskategorien gibt Greiling, Dorothea (2009), S. 200 ff.

493 Vgl. Halfar, Bernd / Borger, Andrea (2007), S. 78.

Sozialorganisationen geht damit ein Wandel in ihrer Arbeitsphilosophie einher: Nicht ziel-, sondern vielmehr aufgabenorientiert steht bis heute zumeist das „Wie" einer Aufgabenerfüllung im Vordergrund des Handelns und nicht das „Warum". „Alltag ist vielerorts eine exzessiv verwaltete Beliebigkeit."[494]

Die Ausrichtung sämtlicher Aufgaben und Strukturen an inhaltlichen Zielvorgaben bedarf vor allem einer politischen Überzeugung. Dabei ist auch ein stärkerer Mitgliederbezug vonnöten. Kirchliche und soziale Organisationen sind, wie andere private Nonprofit-Organisationen, in erster Linie Zusammenschlüsse ihrer Mitglieder. Sie sollten sich in ihrer Zielausrichtung daher an den Interessen ihrer Mitglieder orientieren.[495]

Die Konsequenz eines zielorientierten Vorgehens kann eine inhaltliche und strukturelle Schwerpunktsetzung durch Neudefinition des Aufgabenkatalogs und Änderungen in der Organisationsstruktur sein. Strukturelle Änderungen werden insbesondere in kirchlichen Organisationen zunehmend als unvermeidbar angesehen, um die finanziellen und personellen Probleme zu bewältigen. Es wächst die Überzeugung, dass ein flächendeckendes Angebot kirchlicher Seelsorge nicht mehr aufrechterhalten werden kann und man sich über Formen einer Zusammenarbeit zwischen Kirchengemeinden Gedanken machen muss.[496] Von der losen Kooperation unter Beibehaltung der rechtlichen Selbstständigkeit der Kirchengemeinden bis hin zur Auflösung der Eigenständigkeit durch Gemeindefusionen herrschen sehr unterschiedliche Auffassungen über die zukünftigen Strukturen kirchlicher Organisationen.[497]

Auch in der Herangehensweise an solche Strukturreformen scheint es unterschiedliche Ansätze zu geben: Während in einigen kirchlichen Organisationen eine neue pastorale Struktur rein auf freiwilliger Basis der Kirchengemeinden konzipiert werden soll oder bereits konzipiert wurde, werden anderswo Vorgaben durch die Kirchenleitung ge-

---

494 Menne, Günter A. (1998), S. 167. Ein Mangel an strategischer Planung durch starre Aufgabenorientierung liest sich auch aus folgender Äußerung von Menne heraus: „Das Inhaltliche ist das Eigentliche, Management ist Nebensache, ja unter dem Kirchturm mit Argwohn gemieden – das Zufallsprinzip als beherrschender Grundsatz." [Menne, Günter A. (1998), S. 167].

495 Eine mangelnde Mitgliederorientierung der Kirchen geht nach Wegner vor allem auf die privilegierte Finanzierungssituation der Kirchen in Deutschland zurück, „die durch die Kirchensteuer lange Zeit weitgehend davon befreit waren, mit ihren Mitgliedern zu kommunizieren." [Wegner, Gerhard (2003), S. 407].

496 Vgl. „Interview A", S. 1 und 5 sowie „Interview B", S. 19.

497 Vgl. „Interview E", S. 96.

macht, nach denen sich Kirchengemeinden zusammenschließen sollen.[498] Ausgangspunkt für die Ablehnung zentraler Vorgaben ist häufig das lokale ehrenamtliche Engagement. In kirchlichen und – weniger ausgeprägt auch in – sozialen Organisationen[499] wird die Gremienarbeit der rechtlich zumeist selbstständigen Unterorganisationen in der Regel durch ehrenamtlich arbeitende Mitglieder übernommen. Eine Zentralisierung kann die Gefahr beinhalten, dass durch sie die Verantwortung vor Ort abgezogen wird und sich Menschen infolgedessen weniger engagieren werden.[500]

Innerhalb der Katholischen Kirche scheinen Strukturveränderungen aufgrund hoher Vollmachten der Bischöfe hinsichtlich rechtlicher und prozessualer Aspekte grundsätzlich leichter durchführbar zu sein als in evangelischen Landeskirchen, deren synodale Grundstruktur eine ausgeprägte Mitbestimmung der Kirchengemeinden mit sich bringt.[501]

Ungeachtet der Vorgehensweise, Strukturreformen in kirchlichen und sozialen Organisationen anzugehen und umzusetzen, bedarf es im Hinblick auf den Immobilienplanungsprozess einer Richtungsentscheidung. Dies unterstreicht auch folgende Meinung eines Experten: „Als Verantwortlicher einer Gemeinde kann ich nur dann eine Immobilienentscheidung treffen, wenn ich weiß, wie es weitergeht."[502] Die Fragen zur künftigen Organisationsstruktur haben unmittelbare Auswirkungen auf den Immobilienplanungsprozess. In Kirchengemeinden, die auch in Zukunft als sogenannte Hauptkirchen, Kernzentren oder Kerngemeinden rechtlich selbstständig bleiben, ist mit der Strukturentscheidung unmittelbar verbunden, dass weiterhin Immobilien vorgehalten werden müssen. Gemeinden hingegen, die künftig keinen Pfarrer mehr zugewiesen bekommen, haben Konzepte zur bestmöglichen Verwertung der nicht mehr benötigten Gebäude zu entwickeln.[503]

Richtungsentscheidungen in Bezug auf strukturelle, aber auch inhaltliche Gesichtspunkte – hierzu gehören auch Überlegungen zu alternativen Finanzierungsmöglichkeiten insbesondere in sozialen Organisationen aufgrund der vielerorts eingestellten oder

---

498 Vgl. „Interview B", S. 21, „Interview F", S. 113 f., „Interview G", S. 127 und „Interview I", S. 166.

499 Vgl. „Interview M", S. 231.

500 Vgl. „Interview F", S. 115, „Interview H", S. 142 f. und „Interview J", S. 191. Siehe zum Ehrenamt als typische Eigenart von Nonprofit-Organisationen auch Abschnitt II.A.3.

501 Vgl. „Interview D", S. 72, „Interview F", S. 114 und „Interview J", S. 186.

502 „Interview E", S. 91.

503 Vgl. „Interview E", S. 88 und „Interview F", S. 113.

reduzierten öffentlichen Förderung –[504] stellen somit eine notwendige Voraussetzung für den Immobilienplanungsprozess dar. An ihnen und an der Gesamtausrichtung der Organisation haben sich strategische Immobilienentscheidungen zu orientieren.

3. Stärkung des Ressourcenbewusstseins

Da inhaltliche und vor allem strukturelle Veränderungen in einer Organisation vielfach mit Ressourcenentscheidungen verknüpft sind, ist eine frühzeitige Integration von Ressourcenfragen in die Planungsprozesse zur Organisationsentwicklung von entscheidender Bedeutung; dies vor allem dann, wenn angestoßene Veränderungen aufgrund einer ungeklärten Zukunft von Ressourcen in ihrer Umsetzung zu scheitern drohen.[505]

Es ist daher ein Bewusstsein zu entwickeln, welches in einem ersten Schritt Ressourcen nicht einfach als Mittel zum Zweck betrachtet, sondern deren Wirtschaftlichkeit in den Vordergrund stellt. In einem zweiten Schritt ist eine hinreichende Transparenz über die der Organisation zur Verfügung stehenden Ressourcen herzustellen, um auf solider Informationsbasis die Auswirkungen von Richtungsentscheidungen auf Organisationsressourcen in wirtschaftlicher Hinsicht beurteilen zu können. Erst auf dieser Grundlage können in einem dritten Schritt sinnvolle Entscheidungen getroffen werden.

Bezogen auf die Ressource Immobilie in kirchlichen Organisationen erfordern Entscheidungen zur strukturellen Entwicklung die Einbeziehung benachbarter Kirchengemeinden, immer verbunden mit der Leitfrage, welche Immobilien in diesem Gesamtraum durch einen Verbund der Gemeinden gemeinsam und in welcher Form genutzt werden können.[506]

Den Angaben der befragten Experten zufolge hat sich der Blickwinkel auf die Ressource Immobilie in den vergangenen Jahren geändert. Immobilien werden zunehmend unter wirtschaftlichen Aspekten betrachtet. Der Immobilienbestand wird hinsichtlich Nutzungs- und Kostengesichtspunkten hinterfragt.[507] Damit wird ein zentrales Ergebnis der quantitativen Untersuchung bestätigt, wonach sowohl in den befragten kirchlichen

---

504 Vgl. „Interview L“, S. 211.

505 Vgl. Halfar, Bernd / Borger, Andrea (2007), S. 79.

506 Vgl. „Interview A“, S. 1 und 5.

507 Vgl. „Interview F“, S. 106, „Interview G“, S. 124 und „Interview K“, S. 199.

als auch sozialen Organisationen das Bewusstsein für die Erfolgs- und Vermögenswirksamkeit von Immobilien zugenommen hat.[508]

In beiden betrachteten Organisationen ist allerdings (noch) kein strategisches Immobilienkonzept beziehungsweise „Immobilienmanagement im engeren Sinne"[509] entwickelt.[510] Deshalb soll im Folgenden ein sogenannter strategischer Immobilienplanungsprozess erarbeitet werden, der einen zielgerichteten Umgang mit immobiliaren Ressourcen in kirchlichen und sozialen Organisationen ermöglicht.

C. Komponenten eines strategischen Immobilienplanungsprozesses

Aufbauend auf den bislang gewonnenen Erkenntnissen und insbesondere dem aus den Experteninterviews erzielten Erfahrungswissen, ist es Aufgabe dieses Kapitels, ein für kirchliche und soziale Organisationen anwendbares strategisches Immobilienkonzept zu erarbeiten.

Das in den Grundlagen der Arbeit aufgeführte Konzept des Corporate Real Estate Managements kann hinsichtlich der phasenbezogenen Aufgabenfelder der Immobilienbereitstellung, -bewirtschaftung und -verwertung herangezogen und im Hinblick auf seine Anwendbarkeit in kirchlichen und sozialen NPO erörtert werden. Weitere, für den Gesamtplanungsprozess vom Verfasser für wichtig erachtete Komponenten wie ein Immobilieninformationssystem oder eine Immobilien-Portfolioanalyse sind in der Fachliteratur bislang lediglich isoliert dargestellt und nur in Ansätzen in ein ganzheitliches Konzept eingebunden. In seiner Gesamtkonzeption und logischen Anordnung der sieben Komponenten ist der in Abbildung 43 dargestellte strategische Immobilienplanungsprozess[511] insofern eine Weiterentwicklung bereits existierender immobilienwirtschaftlicher Modelle. Der Immobilienplanungsprozess ist damit – losgelöst der inhaltlichen Ausgestaltung – in seiner Struktur und Komponentenabfolge grundsätzlich auf andere bedarfswirtschaftlich, aber auch erwerbswirtschaftlich orientierte Organisationen übertragbar.

---

[508] 70 % der an der schriftlichen Studie teilnehmenden kirchlichen Organisationen und 55,9 % der sozialen Organisationen gaben an, dass das Bewusstsein für die Erfolgs- und Vermögenswirksamkeit von Immobilien in der Organisationsführung in der jüngeren Vergangenheit zugenommen hat. Vgl. Abbildung . in Unterabschnitt III.B.3.a).

[509] „Interview G", S. 123.

[510] Siehe auch „Interview D", S. 67, „Interview H", S. 156 und „Interview N", S. 250.

[511] Die Bezeichnung „strategischer Immobilienplanungsprozess" lehnt sich an das Prozessmodell zum Strategischen Management von Bea / Haas „strategischer Planungsprozess" an. Siehe hierzu Bea, Franz Xaver / Haas, Jürgen (2005), S. 55.

Die Spezifität kirchlicher und sozialer Organisationen fließt jeweils in die nachfolgenden Abschnitte ein, in denen die einzelnen Komponenten des Planungsprozesses detailliert ausgearbeitet werden. Je nach Grundintention der Komponenten sind diese mal mehr oder mal weniger organisationsspezifisch gefärbt.

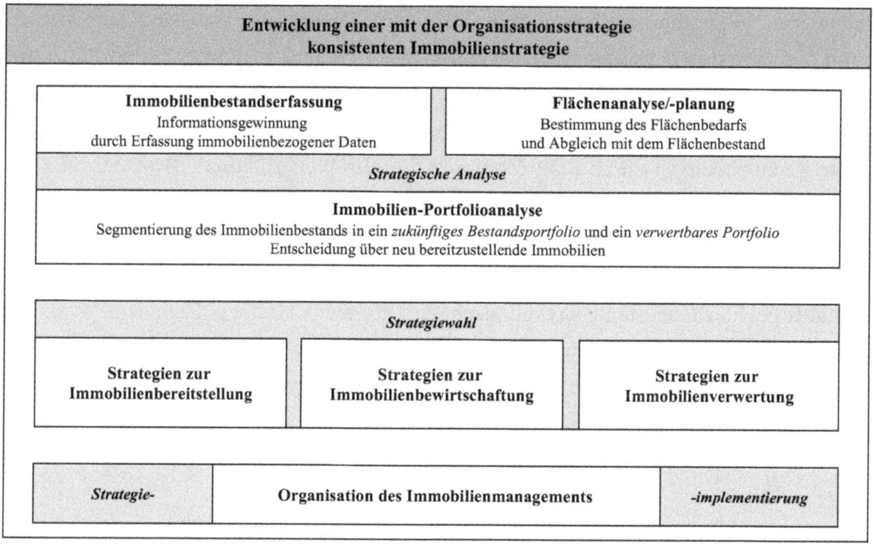

Abbildung 43: Komponenten eines strategischen Immobilienplanungsprozesses

Die dargestellten Komponenten des strategischen Immobilienplanungsprozesses basieren auf den drei Teilprozessen

- strategische Analyse,
- Strategiewahl und
- Strategieimplementierung,

wie sie aus Prozessmodellen des Strategischen Managements[512] bekannt sind und hier im Sinne der Zielsetzung dieser Arbeit auf immobilienbezogene Sachverhalte übertragen werden. Wichtig erscheint an dieser Stelle der Hinweis, dass sich der strategische

512 Siehe hierzu Hungenberg, Harald (2006), S. 9 f. Ähnliche Prozessmodelle finden sich bei Bea, Franz Xaver / Haas, Jürgen (2005), S. 53 und Hinterhuber, Hans H. (2004), S. 33 ff.

Immobilienplanungsprozess, wie im vorherigen Kapitel ausgeführt, an der strategischen Gesamtausrichtung der Organisation orientiert respektive hieran ansetzt.[513]

Im Mittelpunkt der strategischen Analyse stehen die Erarbeitung der für die Strategieauswahl erforderlichen Informationsbasis sowie vorbereitende Strukturierungsmaßnahmen. Die strategische (immobilienbezogene) Analyse umfasst die Komponenten Immobilienbestandserfassung, Flächenanalyse / -planung und Immobilien-Portfolioanalyse. In der *Immobilienbestandserfassung* werden immobilienbezogene Daten zur Informationsgewinnung in ein Immobilieninformationssystem aufgenommen. Diese erste Komponente ist die zentrale Voraussetzung für weiterführende Bestandsanalysen und Strategieformulierungen. Sie bildet somit auch das Fundament für die *Flächenanalyse und -planung*, in der zunächst der zukünftige Flächenbedarf untersucht, dieser anschließend mit dem gegenwärtigen Flächenbestand abgeglichen und schließlich der zukünftige Flächenbestand sowohl nach Art als auch Umfang festgelegt wird. Im nächsten Schritt erfolgt in der *Immobilien-Portfolioanalyse* eine Entscheidung über einen Ersatz- / Neubedarf an Immobilien zur Befriedigung möglicher quantitativer und/oder qualitativer Flächenanforderungen der Organisation. Zudem wird der Immobilienbestand in ein zukünftiges Bestandsportfolio und ein verwertbares Portfolio segmentiert.

Hierauf aufbauend werden im Teilprozess der Strategiewahl prinzipiell zweckmäßig erscheinende Strategiealternativen aus den Immobilienlebenszyklusphasen *Immobilienbereitstellung*, *-bewirtschaftung* und *-verwertung* diskutiert und hinsichtlich ihrer Zielwirksamkeit beurteilt. Dieser Teilprozess bildet den Kern des strategischen Immobilienplanungsprozesses.

Aufgabe der Strategieimplementierung ist es, die *Organisation des Immobilienmanagements* in der Form zu strukturieren und zu gestalten, dass die gewählten Strategien mit hoher Zielerreichung umgesetzt werden. Dazu sind Maßnahmen zu operationalisieren, Ressourcen zuzuordnen und die angestrebten Veränderungen gegenüber Mitarbeitern und anderen Stakeholdern der Organisation durch Information, Motivations- und Schulungsmaßnahmen durchzusetzen. Den Abschluss dieses Teilprozesses bildet die Kontrolle der Umsetzung und des Erfolgs der Strategie.

---

513 Der Teilprozess der Zielbildung ist daher nicht Bestandteil des Planungsprozesses, sondern ein in Kapitel V.B. behandelter, vorgelagerter Prozess.

Die dargestellten logisch abgeleiteten und analytisch zerlegten Teilprozesse und Komponenten werden idealtypisch von oben nach unten durchlaufen. Dabei ist jedoch zu beachten, dass sie interdependent und durch Vor- und Rückkoppelungsprozesse miteinander verknüpft sind.[514] Ergebnisse nachgelagerter Komponenten können somit vorausgehende Komponenten retrograd beeinflussen. Beispielsweise können während der Implementierung Erkenntnisse auftreten, die eine Anpassung der gewählten Strategie notwendig machen.

Die dynamischen Umwelt- und Organisationsentwicklungen erfordern eine fortwährende Pflege des Datenbestandes und Eruierung von Kostensenkungs- und Effizienzsteigerungspotentialen im Immobilienmanagement. Analyse, Planung und Steuerung des Immobilienbestandes sind damit kein einmaliger, sondern ein sich ständig wiederholender Prozess.[515]

1. Immobilienbestandserfassung als Voraussetzung weiterführender Analysen und Strategieformulierungen

Der Immobilienplanungsprozess beginnt mit einer systematischen Beschaffung und zielgerichteten Verarbeitung immobilienspezifischer und -relevanter Daten.[516] Die hieraus gewonnenen Erkenntnisse zielen auf eine höhere Transparenz der Immobilienbestände der Organisation ab und dienen der Vorbereitung weiterführender Analysen und Strategieformulierungen.

a) Informationsgewinnung durch Beschaffung immobilienspezifischer und -relevanter Daten

Die Beschaffung und Aufbereitung entscheidungsrelevanter Immobilieninformationen gilt als Grundvoraussetzung für die Analyse, Planung, Steuerung und Kontrolle immobilienbezogener Aktivitäten im Immobilienmanagement.[517] Analog zu anderen Managementkonzeptionen ist ein strategisches Immobilienmanagement als ein System informationsbeschaffender und -verarbeitender Prozesse auf die Bereitstellung verlässli-

---

514 In Abbildung 43 könnten diese Vor- und Rückkoppelungsprozesse durch entsprechende Pfeile gekennzeichnet werden. Aus Gründen der Übersichtlichkeit wurde hierauf jedoch verzichtet.

515 Vgl. auch Pfnür, Andreas (2002), S. 127.

516 Zur Unterscheidung immobilienspezifischer und -relevanter Daten vgl. die folgenden Ausführungen sowie Abbildung 44 auf S. 161.

517 Vgl. Homann, Klaus (1999), S. 385 und Schäfers, Wolfgang / Gier, Sonja (2008), S. 859.

cher Informationen angewiesen, um bewusst und systematisch Ziele und Strategien entwickeln zu können. Dazu FALK: „Jede Management-Entscheidung wird immer nur so gut sein, wie die Informationsbasis, auf der sie beruht."[518]

Die Erarbeitung einer hinreichenden Informationsgrundlage ist für kirchliche und soziale Organisationen eine herausfordernde Aufgabe.[519] Da viele Organisationen erst in jüngster Zeit begonnen haben, ihr Immobilienmanagement konzeptionell (neu) auszurichten, ist der Informationsbedarf über ihre Immobilien, deren Zustand, Nutzungen, Auslastungen, Kosten und Einnahmen entsprechend hoch. Oftmals muss eine Informationsbasis erst geschaffen werden.[520]

Gleichzeitig ist die Informationsbeschaffung mit Schwierigkeiten verbunden. Was vorher – wenn überhaupt – Karteikartenkenntnis oder dezentral in Listen erfasst war,[521] muss nun unter meist sehr hohem personellen und finanziellen Aufwand in Datenbanken / -systeme übertragen werden. Häufig sind Gebäudedaten darüber hinaus nur unzureichend dokumentiert; immobilienbezogene Informationen sind infolgedessen neu aufzunehmen, Immobilienflächen beispielsweise neu oder erstmalig zu vermessen.[522]

Grundsätzlich lassen sich zur Immobilienbestandserfassung rechtliche, technische und wirtschaftliche Stammdaten unterscheiden.[523] *Rechtliche Stammdaten* beinhalten rechtsrelevante Informationen über das Grundstück. Es können Grundbuchdaten wie die Grundstücksgröße, Flurstücknummer, Eigentumsverhältnisse sowie andere Verfügungsrechte und etwaige Baulasten erfasst werden. *Technische Stammdaten* umfassen gebäudespezifische Daten wie Gebäudeart, Baujahr, Flächendaten, Gebäudeausstattung / -technik und Zustandsberichte. Unter *wirtschaftlichen Stammdaten* werden Kosten (Immobilienbereitstellungs- und -nutzungskosten, Instandhaltungsrücklagen), In-

---

518 Falk, Bernd (1997), S. 22.

519 Vgl. „Interview C", S. 43, „Interview D", S. 74, „Interview F", S. 111, „Interview G", S. 131, „Interview I", S. 170 ff., „Interview J", S. 188 f. und „Interview K", S. 203.

520 Nach Halfar / Borger fehlt eine solche Informationsbasis häufig in kirchlichen Organisationen, da immobilienbezogene „Entscheidungsfragen im kirchlichen Arbeitsalltag der letzten Jahrzehnte überhaupt keine Rolle gespielt haben." [Halfar, Bernd / Borger, Andrea (2007), S. 80]. Ein Immobilienplanungsprozess (hier bezogen auf das evangelisch-lutherische Dekanat Nürnberg) wird vor allem in der Hinsicht erschwert, „dass keinerlei Informationen vorliegen über den baulich-technischen Zustand dieser 360 Objekte, ganz zu schweigen von Informationen über wirtschaftliche Aspekte" [Halfar, Bernd / Borger, Andrea (2007), S. 81].

521 Vgl. „Interview B", S. 39.

522 Vgl. „Interview C", S. 43.

523 Vgl. auch Homann, Klaus (2000), S. 737.

formationen über gegenwärtige und zukünftige Flächeninanspruchnahmen und -freisetzungen sowie Wert- und Ertragsdaten subsumiert.

Grundbedingung einer Vergleichbarkeit der erhobenen Daten im Rahmen einer später noch zu erläuternden Kennzahlenanalyse beziehungsweise eines Benchmarkings ist eine möglichst einheitliche Datenqualität. So sollte bei der Erhebung der Stammdaten gewährleistet sein, dass die Daten nach einheitlichen und normierten Maßstäben erfasst werden.[524]

Unter der Prämisse einer langfristig schrumpfenden Finanzkraft kirchlicher und sozialer Organisationen und im Hinblick darauf, dass eine systematische Immobilienbestandserfassung zunächst einmal Geld kostet, betonen manche Experten, dass „hinsichtlich Aufwand, also Kosten, einerseits und Nutzen andererseits ein gesunder Mittelweg“[525] gefunden werden muss. Bei der Bestimmung der optimalen Datentiefe sollten daher die Prinzipien der Entscheidungsrelevanz, Problemadäquanz und Anforderungsstimmigkeit jenen der Vollständigkeit und Exaktheit vorgezogen werden.

Von zentraler Bedeutung ist die kontinuierliche Pflege und Aktualisierung der einmal erfassten Daten,[526] ohne die eine fortwährende Effizienz eines Immobilieninformationssystems und darauf aufbauenden Immobilienmanagements nicht gewährleistet werden kann. Die Pflege der Bestands- und Belegungsdaten soll in einigen Organisationen zukünftig durch direkten Zugriff der Immobiliennutzer auf das Immobilieninformationssystem ermöglicht werden.[527]

Im Hinblick darauf, dass die Entscheidungsträger in den rechtlich zumeist eigenständigen Unterorganisationen größtenteils mit ehrenamtlich tätigen Mitgliedern besetzte Gremien sind, heben einige Vertreter kirchlicher und sozialer Organisationen die Notwendigkeit hervor, Unterstützungsleistungen seitens höherer Organisationsebenen bereitzustellen. So kann die Informationsversorgung der Unterorganisationen einen zusätzlichen Motivationseffekt haben. Durch den Zugriff auf Gebäudeinformationen erhalten die Entscheidungsträger nicht nur die notwendige Entscheidungsgrundlage; Da-

---

[524] Vgl. hierzu Unterabschnitt II.B.1.e).

[525] „Interview A“, S. 10. Siehe auch „Interview I“, S. 171.

[526] Vgl. „Interview A“, S. 10 und „Interview I“, S. 171 und 174.

[527] Vgl. „Interview D“, S. 65 und „Interview I“, S. 174.

tenvergleiche mit anderen Organisationen können in den Unterorganisationen darüber hinaus das Bewusstsein für einen wirtschaftlichen Umgang mit Immobilien stärken.[528]

Zur Strategieentwicklung im Bereich der Immobilienbereitstellung und -verwertung sowie zur Berechnung kalkulatorischer Kosten sind Informationen zur gegenwärtigen und zukünftigen Situation auf den Immobilienmärkten erforderlich. Sie müssen beim Aufbau einer Informationsbasis entsprechend Berücksichtigung finden. Als Quelle der Informationsbeschaffung kommen Veröffentlichungen statistischer Ämter, Stadtplanungsämter, Gutachterausschüsse, Marktforschungsinstitute, Marktberichte von Immobilienberatungen und -maklern sowie Publikationen in Fachzeitschriften in Betracht.

Eine entscheidungsrelevante Datenbasis sollte, wie bereits in Kapitel V.B. ausgeführt, neben immobilienbezogenen Informationen auch Daten zur Organisationsentwicklung wie Personalplanungsdaten und finanzwirtschaftliche Informationen enthalten, um hieraus Handlungsoptionen ableiten zu können.[529] Beispielsweise können anhand der Informationen zur Mitarbeiterentwicklung Immobilienbestand und Arbeitsplätze einer Organisation effektiv gesteuert werden. Dies gilt insgesamt für Informationen zur Organisationsstrategie, sodass ein kontinuierlicher Austausch zwischen Organisationsführung und Immobilienmanagement notwendig wird.

Wie aufgezeigt und in Abbildung 44 zusammenfassend dargestellt, werden als Voraussetzung eines strategischen Immobilienplanungsprozesses eine Reihe von Informationen zur Organisation und ihrer Entwicklung sowie zu immobilienbezogenen Märkten und insbesondere zum Immobilienbestand benötigt.

---

528 Vgl. „Interview F“, S. 112 und „Interview H“, S. 152.

529 Vgl. auch Gier, Sonja (2006), S. 54.

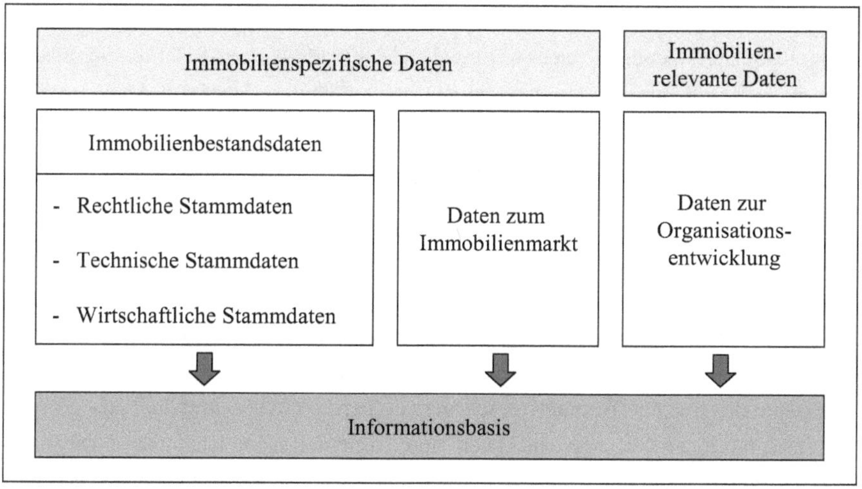

Abbildung 44: Informationsbasis eines Immobilieninformationssystems

In einem nächsten Schritt müssen die gewonnenen Informationen systematisch verarbeitet und aufbereitet werden. Dazu bedarf es eines Immobilieninformationssystems, das einer zielgerechten Speicherung, Aufbereitung, Analyse und Übermittlung immobilienspezifischer und -relevanter Daten dient.

b) Immobilieninformationssystem zur effizienten Informationsverarbeitung

Je nach Ausprägung der immobiliaren Organisationsressourcen kann ein Immobilieninformationssystem entweder als ein computerunterstütztes Bestandsverzeichnis oder aber als ein auf moderner Informationstechnologie beruhendes Softwaresystem ausgestaltet werden.

Insbesondere in Organisationen mit geringem Immobilienbestandsumfang können moderne, auf Immobilienprozesse großer Organisationen zugeschnittene Softwaresysteme eine (Über-)Fülle an Informationen und Analysefunktionen bereitstellen, ohne dass diese in nutzenstiftender Form im Entscheidungsprozess der Organisation Verwendung finden.[530] „Viele Prozesse sind völlig überzogen in diesen übergeordneten Softwareangeboten“[531]; ein Mitarbeiter einer sozialen Organisation bestätigt die Sorge

---

530 Vgl. auch Schäfers, Wolfgang (1997), S. 99. Nieschlag / Dichtl / Hörschgen beschreiben dies als paradoxe Situation einer Informationsarmut im Informationsüberfluss. Vgl. Nieschlag, Robert / Dichtl, Erwin / Hörschgen, Hans (2002), S. 1236.

531 „Interview L“, S. 216

einer übermäßigen Informationsversorgung, die jenseits jeder Problem- und Anforderungsadäquanz obendrein eine unzureichende Kosten-Nutzen-Relation verursacht. Herkömmliche Bestandsverzeichnisse und -tabellen können daher den Anforderungen von Organisationen mit vergleichsweise wenigen Immobilien genügen; sie sind handhabbar und erfordern in der Regel weder aufwändige Schulungsmaßnahmen noch zusätzliches (informations-)technisches Know-how.

Unter einem sogenannten CAFM-System wird ein „Computer Aided Facility Management als Tool für die Unterstützung und Umsetzung des Facility-Management-Konzepts mit Hilfe der modernen Informationstechnik und strukturierten Datenbasis über den gesamten Immobilienlebenszyklus“[532] verstanden. Gegenüber herkömmlichen computerunterstützten Bestandsverzeichnissen haben CAFM-Systeme den Vorteil, dass sich mit ihnen umfangreiche Daten- und Planbestände implementieren, verwalten und bearbeiten sowie sogenannte Ad-hoc-Berichte und -Analysen[533] erstellen lassen.

Das Arbeiten mit statischen Bestandsverzeichnissen und -datenbanken birgt die Gefahr, dass in den einzelnen Funktionsbereichen des Immobilienmanagements voneinander isolierte Analyse- und Planungssysteme entwickelt werden, die den unterschiedlichen Anforderungen entsprechend eine eigene Datenerhebung und -pflege erforderlich machen. Dies zieht mitunter ineffiziente Mehrfacharbeiten gleicher Sachverhalte nach sich.[534] Eine konsistente Sicht auf den Gesamt-Immobilienbestand über alle Phasen des Immobilienlebenszyklus hinweg ist überdies nicht oder nur sehr eingeschränkt möglich.

CAFM-Systeme integrieren die losgelösten und isolierten Systeme im Immobilienbereich in eine zentrale Software.[535] Sie bestehen grundsätzlich aus zwei Hauptkomponenten: dem Computer Aided Design (CAD) zur Erfassung, Bearbeitung und Darstellung graphischer Informationen und einer Datenbank, die alphanumerische Informati-

---

532 Gondring, Hanspeter (2009), S. 516. CAFM ist ein Instrument des Facilities Management. Aufgrund der mittlerweile sehr weiten begrifflichen Verbreitung und einer Zielübereinstimmung im Vergleich zum strategischen Immobilienmanagement soll der Begriff CAFM auch im Kontext dieser Arbeit Verwendung finden. Vgl. zur Abgrenzung von Facilities Management und Immobilienmanagement auch Unterabschnitt II.B.2.b).

533 Ad-hoc-Berichte und -Analysen haben einen vom System vorgegebenen Aufbau und lassen sich daher vergleichsweise schnell und einfach erstellen. Vgl. hierzu Möhrlen, Regine / Kokot, Friedrich (2000), S. 484.

534 Vgl. Vollrath, Justus (2004), S. 111.

535 Diese Systemintegration spiegelt sich im erweiterten Begriff des CAIFM (Computer Aided Integrated Facility Management) wider.

onen speichert. Ein besonderer Nutzen der Systeme ergibt sich aus der Verknüpfung der graphischen Informationen, die beispielsweise in Form von Plänen und Zeichnungen vorliegen, mit den nicht visualisierbaren alphanumerischen Informationen. Dies kann in zweifacher Hinsicht geschehen: So können zum einen bidirektionale Datenabgleiche und -bearbeitungen stattfinden, das heißt Bearbeitungen von Grafiken verändern automatisch die in der Datenbank hinterlegten alphanumerischen Informationen und umgekehrt. Zum anderen können graphische und alphanumerische Informationen durch Aufruf aus dem Datenbanksystem oder dem CAD-System jeweils in Kombination angezeigt werden; wird beispielsweise in einer CAD-Graphik ein Objekt ausgewählt, können die dazugehörigen alphanumerischen Informationen, etwa bauteilbezogene Kosten oder Instandhaltungsmaßnahmen, mit angezeigt werden.[536]

Ein weiterer Vorteil der Informationsverarbeitung mittels CAFM-Systemen liegt in der zentralen Verwaltung, die eine redundanzfreie Datenhaltung ermöglicht und ein aufwändiges Schnittstellenmanagement sowie Datentransfers vermeidet. Die Daten können allen Funktionsbereichen des Immobilienmanagements schnell und zeitgleich zur Verfügung gestellt werden.

Von einem Immobilieninformationssystem muss gefordert werden, über möglichst automatisierte Schnittstellen zu den in der Organisation vorhandenen Parallelsystemen, insbesondere zur Finanzbuchhaltung, zu verfügen, damit kein doppelter Datenpflegeaufwand entsteht.[537] Gegebenenfalls sind zusätzliche Schnittstellen zu externen Dienstleistern einzurichten. Über sie können immobilienbezogene Mengen- und Kostendaten ausgetauscht werden, etwa Messwerte und Zählerstände für die Verbrauchskostenabrechnung.[538]

Ein für den Gebrauch in kirchlichen und sozialen Organisationen vorgesehenes Immobilieninformationssystem muss darüber hinaus weiteren Anforderungen genügen, und zwar[539]

- die teils komplexen Eigentums- und Verwaltungsstrukturen abbilden können,
- aufgrund der Vielzahl der Nutzer eine differenzierte Steuerung der Zugriffsrechte erlauben und

---

536 Vgl. hierzu auch Nävy, Jens (2006), S. 59 ff. und Homann, Klaus (1999), S. 401 ff.

537 Vgl. „Interview J", S. 188 f.

538 Siehe auch Diederichs, Claus Jürgen (2006), S. 589 und Pfnür, Andreas (2002), S. 158.

539 Vgl. hierzu Riedel, Thomas (2008), S. 57.

- im Hinblick auf zum Teil ehrenamtlich tätige Nutzer intuitiv und benutzerfreundlich zu bedienen sein, sodass sich der Schulungsaufwand in engen Grenzen hält.

Bei der Auswahl eines entsprechenden Systems ist daher ein genauer Vergleich der eigenen Anforderungen / Datenbasis mit den Leistungen des Immobilieninformationssystems notwendig. CAFM-Systeme[540] gewährleisten ein integriertes Informationsmanagement, das eine einmalige Gewinnung, zentrale Speicherung und Verarbeitung sowie über eine differenzierte Gestaltung von Zugriffsrechten eine vielfältige Nutzung der Informationen ermöglicht und umfangreiche Auswertungsmöglichkeiten bereitstellt. Die Systeme sind in der Regel modular aufgebaut und damit den organisations- und immobilienbestandsspezifischen Anforderungen gemäß individuell anpassbar. Der modulare Aufbau ermöglicht ferner ein phasenweises Vorgehen bei der technischen Umsetzung.

Andererseits zieht die Implementierung von CAFM-Systemen einen hohen finanziellen Aufwand für die Software nach sich, vor allem für die erforderlichen Einführungs- und Schulungsdienstleistungen. Die Komplexität der Systeme wird in der Praxis häufig gegen die Einführung solcher Systeme angeführt.[541] Besondere Anforderungen lassen sich darüber hinaus nicht immer auf der Basis bestehender Systeme realisieren, sodass Individuallösungen gefragt sind.[542]

Inwieweit auch herkömmliche Bestandsverzeichnisse als Informationssystem für das Immobilienmanagement geeignet sind, die in der Regel fehlende Transparenz im Immobilienbestand kirchlicher und sozialer Organisationen in ausreichender Weise herzustellen, hängt in erster Linie vom Umfang des Immobilienbestandes ab. Bei höherer Datenkomplexität kann die Leistungsgrenze solcher Verzeichnisse schnell erreicht sein.[543] Auch die Kriterien Datenredundanz, Effizienz der Informationsverwaltung und Schnelligkeit der Informationsbereitstellung und -auswertung müssen sorgfältig im Entscheidungsprozess abgewogen werden. Das ausgewählte Immobilieninformationssystem sollte letztlich ein zielgerechtes Unterstützungsinstrument zur effizienten Verarbeitung immobilienspezifischer und -relevanter Informationen darstellen.

---

540 Einen Überblick über derzeit am Markt verfügbare Systeme und deren Leistungsmerkmale gibt Nävy, Jens (2006), S. 113 ff.

541 Vgl. „Interview L", S. 216 und Pfnür, Andreas (2002), S. 166.

542 Vgl. „Interview I", S. 171.

543 Vgl. Vollrath, Justus (2004), S. 113.

2. Flächenanalyse und -planung – Bestimmung des Flächenbedarfs und Abgleich mit dem Flächenbestand

„Wenn auch in manchen Gemeinden der Umfang der Gemeindearbeit etwas zurückgegangen sein mag, so waren viele der Gebäude aber schon immer überdimensioniert. Es wurde so gebaut, wie man es sich in dem Moment leisten konnte."[544] Dieses Statement eines Vertreters einer kirchlichen Organisation zeigt, dass in vielen kirchlichen Organisationen Immobilienbereitstellungsentscheidungen in erster Linie durch die jeweilige finanzielle Situation determiniert wurden und weniger durch einen aktuellen oder zukünftigen Flächenbedarf. Auch das starke Wachstum des Bestands an kirchlichen Immobilien in den 1960er und 70er Jahren ist insbesondere auf den rasanten wirtschaftlichen Aufschwung jener Zeit und die entsprechend gestiegenen Kirchensteuereinnahmen zurückzuführen. Dies hat bereits seinerzeit mancherorts zu Überkapazitäten geführt.[545]

MEIER / BLICKLE sprechen in diesem Zusammenhang von einer „kirchlichen Immobilienfalle", die durch ein solches Vorgehen und zusätzlich auch dadurch aufgebaut wurde, dass Anträge für Neu- und Umbauten lediglich die zur Erstellung notwendigen Investitionsausgaben enthielten.[546] Die für Instandhaltung und Betrieb der Gebäude notwendigen Folgekosten, die im Verlauf des Lebenszyklus' einer Immobilie ein Vielfaches der Investitionsausgaben ausmachen können, blieben regelmäßig unbeachtet. In Zeiten zurückgehender Kirchensteuereinnahmen führt dies zu einer zunehmenden Belastung.[547]

Die zweite Komponente des strategischen Immobilienplanungsprozesses betrifft eine systematische Flächenplanung, die zum Ziel hat, die Vorgaben aller Flächen beanspruchenden Aktivitäten der Organisation adäquat und insbesondere kostenoptimal umzusetzen. In Form eines Soll-Ist-Vergleichs werden im Folgenden Kriterien und Fragestellungen zur Bestimmung von Art und Umfang des zukünftigen Flächenbestands erarbeitet. Dazu werden zunächst Kriterien zur Ermittlung des Flächenbedarfs (Soll-Bestand) vorgestellt und anschließend die Vorgehensweise des Abgleichs zwischen Flächenbedarf und -bestand (Ist-Bestand) erläutert.

---

544 „Interview I", S. 165.

545 Vgl. Unterabschnitt IV.2.b).

546 Vgl. Meier, Claus / Blickle, Jörg (2005), S. 260 f

547 Vgl. „Interview I", S. 165.

a) Flächenbedarfsermittlung

Kriterien und Vorgehensweise zur Bestimmung des zukünftigen Flächenbedarfs einer Organisation ergeben sich aus den übergeordneten, strategischen Organisationszielen.[548] Mit der Organisationsausrichtung werden künftige Aufgabenfelder / Aktivitäten vorgegeben, aus denen sich der benötigte quantitative und qualitative Flächenbedarf der Organisation ableiten lässt. Folgende Fragestellungen stehen bei der Flächenbedarfsermittlung im Mittelpunkt:

- Welche Flächenausmaße werden je Aufgabenfeld benötigt?
- Wann und wie oft werden die Flächen je Aktivität benötigt?
- Welche Art von Fläche beziehungsweise Raum wird je Aktivität benötigt?
- Welche Gebäudeausstattung und -qualität wird je Aufgabenfeld benötigt?

Durch Aggregation der Flächenanforderungen aller Aufgabenfelder und Aktivitäten lässt sich der zukünftige Gesamtflächenbedarf der Organisation ermitteln. Dazu erscheint es zielführend, die Bestimmung des Flächenbedarfs möglichst frei vom gegenwärtig vorhandenen Bestand durchzuführen, damit nicht „das Bild des tatsächlich benötigten Raumbedarfs verfälscht“[549] wird.

Zur Bestimmung von Flächenausmaßen je Aktivität sollten *Auslastungsannahmen* getroffen werden. Für administrative Aufgaben können Vorgaben aus der Personalplanung sowie Definitionen von Flächen- respektive Arbeitsplatzstandards in Form von Flächengrößen und -ausstattungen pro Arbeitsplatz herangezogen werden. Auf der Basis solcher Standards und Personalplanungsdaten lassen sich die Anforderungen an den Soll-Flächenbestand recht präzise bestimmen.

Wie in der quantitativen Untersuchung in Teil III der Arbeit festgestellt wurde, nehmen Büroflächen in kirchlichen und sozialen Organisationen einen eher untergeordneten Teil der Gesamtflächen der Organisationen ein.[550] Entsprechend ihrer Spezialnutzungen müssen soziale Organisationen zur Ermittlung der Auslastung ihrer Flächen

548 Vgl. Kapitel V.B.

549 „Interview I“, S. 164.

550 Vgl. Abbildung 19 in Unterabschnitt III.B.2.c).

weitere Annahmen treffen und beispielsweise auf Plangrößen zu Belegungszahlen in ihren Pflege-, Alten- und Behindertenheimen zurückgreifen.

Die vielfältigen Flächennutzungen in kirchlichen Organisationen, wie etwa Gremiensitzungen, Tanzveranstaltungen, Chorproben, Jugend- und Kindertreffs, Bildungsveranstaltungen, erfordern die Ermittlung von *Flächenbelegungsquoten*, um mit deren Hilfe den zukünftigen Flächenbedarf solcher Aktivitäten prognostizieren zu können. Einige kirchliche Organisationen erheben daher je Veranstaltung Informationen zur Flächeninanspruchnahme in Form von Raumbelegungsstunden pro Woche und versuchen über das Führen von Belegungsplänen eine Optimierung der Flächenauslastung herbeizuführen.[551]

In diesem Zusammenhang sollten sich Organisationen bei der Planung ihres zukünftigen Flächenbestands grundsätzlich über die je Betätigungsfeld und Aktivität nutzbaren Flächen- und Gebäudearten Gedanken machen, um möglicherweise durch Mehrfachnutzungen einer Fläche für verschiedenartige Aktivitäten räumliche Synergien zu erschließen und somit die Flächenauslastung zu erhöhen. Zur Gewährleistung der Akzeptanz bei den Nutzern könnten deren Vorstellungen bezüglich Flächenausmaß, -qualität, -art und Standortpräferenzen mittels Befragungen eingeholt und berücksichtigt werden.

Qualitative Aspekte der Flächenbedarfsplanung betreffen Image-, Symbol- und Identifikationswirkungen von Immobilien, die das Erscheinungsbild sowie einzelne Betätigungsfelder der Organisationen beeinflussen können.[552] So können sich Standortwahl und architektonische Qualität aus Sicht der Bewohner auf die Attraktivität von Pflege- und Behinderteneinrichtungen auswirken. Auch stellt eine starke Mitarbeiterorientierung von Organisationen Anforderungen an die Standortwahl, Architektur und Gebäudeausstattung. Standortbetreffende und gestalterische Vorgaben sind dementsprechend bei der Flächenbedarfsplanung zu berücksichtigen.[553]

Immobilien kirchlicher Organisationen, insbesondere Kirchengebäude selbst, besitzen darüber hinaus, wie in Abschnitt IV.A.1. ausgeführt, häufig einen Symbol- und Identi-

---

551 Vgl. „Interview F", S. 113 und „Interview I", S. 174.

552 Vgl. zu den Imagewirkungen unterschiedlicher Immobilien auch Platz, Jürgen (1994), S. 124. Platz bringt hier unterschiedliche Erscheinungsbilder von Immobilien bei Fassade, Eingangsbereich und Außenanlagen mit positiven und negativen Assoziationen zum Eigentümer in Verbindung.

553 Vgl. hierzu auch Pfnür, Andreas (2004), S. 73.

fikationswert, der auf Menschen über den Kreis der Kirchenmitglieder hinaus Wirkungen entfaltet und mit entsprechenden Erwartungen hinsichtlich Ästhetik und Nutzung verbunden ist.[554] Raumatmosphäre und -wirkung spielen in kirchlichen Organisationen „mitunter eine herausragende Rolle“[555]; sie sind in die vielschichtigen Flächenanforderungen kirchlicher Organisationen einzuordnen.

Neben der Unterscheidung in qualitative und quantitative Aspekte kann sich die Flächenbedarfsplanung auch an Leistungs-, wirtschaftlichen und/oder sozialen Zielen orientieren. Leistungsziele beziehen sich auf einen Leistungsbeitrag von Immobilien für die Erfüllung originärer Organisationsaufgaben und -aktivitäten, während wirtschaftliche Ziele die immobilienbezogene Kostenoptimierung und Erhöhung der Flächeneffizienz betreffen. Soziale Ziele sind auf die Erfüllung organisationsinterner und -externer Anforderungen ausgerichtet.[556]

Leistungsziele	Wirtschaftliche Ziele	Soziale Ziele
• Sicherung der Leistungsqualität in den Aufgabenfeldern und Aktivitäten • Sicherung einer Störungsfreiheit von Veranstaltungen und Arbeitsplätzen • Erhöhung / Gewährleistung der Flexibilität der Gebäudenutzung	• Minimierung immobilienbezogener Kosten • Steigerung der Flächeneffizienz	• Steigerung der Mitarbeiter- und Mitgliederzufriedenheit und -bindung • Erfüllung architektonischer, städtebaulicher, und nachbarschaftlicher Ansprüche • Erfüllung von Umweltschutzauflagen

Tabelle 8: Leistungs-, wirtschaftliche und soziale Ziele zur Flächenbedarfsplanung

In diesem ersten Schritt der Flächenanalyse und -planung wurden Aspekte und Fragestellungen zur Bestimmung eines Ideal- beziehungsweise Soll-Flächenbestands ausgearbeitet. Im nächsten Schritt muss dieser Soll-Bestand mit dem Real- respektive Ist-Flächenbestand abgeglichen werden.

---

554 Siehe auch folgende Äußerung eines befragten Experten: „Das Verhältnis zwischen den Menschen in einem Ort und der Kirchengemeinde zu ihrem Kirchengebäude ist ein fundamental anderes Verhältnis als das Verhältnis zu irgendeinem Gebäude eines profitorientierten Unternehmens und auch ein fundamental anderes Verhältnis als das Verhältnis zu beispielsweise Krankenhäusern. Das sind Identifikationsorte für die Menschen [„Interview H“, S. 138]. Vgl. auch „Interview I“, S. 169.

555 Niermann, Jörg (2007), S. 9.

556 Vgl. ähnlich Pfnür, Andreas (2002), S. 208 f. und Schäfers, Wolfgang (1997), S. 142 f.

b) Flächenoptimierung – Abgleich zwischen Flächenbedarf und -bestand

Die zur Feststellung des gegenwärtigen Flächenbestands benötigten Informationen können aus dem als erste Komponente des Immobilienplanungsprozesses im vorangehenden Abschnitt behandelten Immobilieninformationssystem abgerufen werden. Zur Analyse des Ist-Bestands einer Organisation sind insbesondere Daten zur Quantität und Qualität der Bestandsimmobilien sowie zu deren Auslastung und Flächeneffizienz erforderlich.

„Jede Kirchengemeinde hat im Schnitt eine Kirche, ein Gemeindezentrum oder Pfarrzentrum, ein Pfarrhaus, ein Jugendheim und einen Kindergarten.“[557] Dieser Angabe eines Experten zufolge scheint ein typischer Immobilienbestand einer Kirchengemeinde aus diesen fünf Gebäuden zu bestehen, die unter Umständen um weitere Immobilien unterschiedlicher Art ergänzt werden, die beispielsweise aus Schenkungen, Vermächtnissen oder Grundstückstauschgeschäften stammen.[558]

Bistümer und Landeskirchen als oberste Rechtsträgerebenen kirchlicher Organisationen in Deutschland verfügen darüber hinaus in der Regel – allerdings in unterschiedlichem Umfang – über Verwaltungsgebäude, Tagungshäuser und Bildungshäuser, Kindertagesstätten und vereinzelt Wohnimmobilien, die ebenfalls zum Teil aus Erbschaften oder Zustiftungen stammen.[559]

Der Ist-Bestand von Sozialorganisationen fällt je nach Organisationsstruktur unterschiedlich aus: Altenheime, Pflegeeinrichtungen, Behindertenwerkstätten und Verwaltungsgebäude, aber auch partiell Wohnimmobilien, die zur Ertragsgenerierung gehalten werden, können im Bestand von Bundes- oder Landesverbänden oder in anderen Organisationen (auch) im Bestand regionaler Verbände sein.[560]

Einzelne Maßnahmen zur Optimierung des Flächenbestands wurden im vorangehenden Unterabschnitt zur Flächenbedarfsermittlung bereits angesprochen. Insbesondere in den Kirchengemeinden scheint es große Unterschiede in der Auslastung der Gebäude und somit ein Potential zur Steigerung der Flächeneffizienz zu geben.[561] Unter den befragten Experten kirchlicher Organisationen besteht jedoch Einigkeit darin, Kir-

---

557 „Interview A“, S. 8.

558 Vgl. „Interview A“, S. 8 und „Interview B“, S. 23.

559 Vgl. „Interview A“, S. 7 und „Interview C“, S. 46.

560 Vgl. hierzu „Interview M“, S. 227 und „Interview O“, S. 263.

561 Vgl. „Interview I“, S. 174.

chengebäude selbst weitgehend aus einem solchen Flächenoptimierungsprozess auszuschließen. Aufgrund ihrer zumeist hohen Symbol- und Identifikationswirkung nehmen Kirchengebäude eine Sonderstellung ein. „Kirchengebäude kann man natürlich nicht nach marktwirtschaftlichen Gesichtspunkten nutzen."[562] Starke Schwankungen im Gottesdienstbesuch[563] stellen die Ermittlung einer optimalen, bedarfsgerechten Kirchenraumgröße ohnehin vor große Schwierigkeiten.[564]

In sozialen Organisationen muss mit Blick auf die verschärfte Wettbewerbssituation eine möglichst hohe Flächenauslastung angestrebt werden.[565] Bezogen auf die Situation in Altenheimen betonen einige Experten, dass die sogenannte Verweildauer – Zeitspanne der Betreuung alter Menschen in Altenheimen – in den vergangenen Jahren rapide abgenommen hat und mittlerweile häufig bei unter einem halben Jahr liegt.[566] Der Aufwand, die stationären Heime wieder neu zu belegen, ist dementsprechend stark gewachsen und veranlasste einen Vertreter einer Sozialorganisation zu folgendem Vergleich: „Das ist schon fast wie ein Hotelbetrieb."[567] Dieser Entwicklung kann durch Anpassung der Dienstleistungsmodelle begegnet werden, indem eine Kombination aus ambulanten Pflegediensten und einer stationären Versorgung angeboten wird: Ältere Menschen beziehen Wohnungen in einer Immobilie, die über eine ständig mit Pflegepersonal besetzte Notstation verfügt. Je nach vertraglicher Vereinbarung und Gesundheitszustand können Dienstleistungen der ambulanten und/oder stationären Pflege in Anspruch genommen werden.[568]

Durch einen Abgleich von Flächenbedarf und -bestand können Art und Umfang des zukünftigen Flächenbestands einer Organisation festgelegt werden. Entwicklungen, wie zuvor für den Pflegebereich dargestellt, machen häufig Flächenneukonzeptionen im Bereich sozialer Organisationen notwendig. Für kirchliche Organisationen ist im Hinblick auf eine schwierige Finanzsituation und zum Teil niedrige Flächenauslas-

---

562 „Interview E", S. 99.

563 Auf Basis einer Erhebung der Evangelischen Kirche in Deutschland im Jahr 2005 besuchten am Heiligabend rund 9,3 Millionen Menschen einen evangelischen Gottesdienst, während bei einem Regelgottesdienst mit durchschnittlich rund 950.000 lediglich ein Zehntel der Heiligabend-Besucher gezählt wurden. Vgl. Kirchenamt der Evangelischen Kirche in Deutschland (Hrsg.) (2007), S. 14 f.

564 Vgl. hierzu „Interview G", S. 134 und „Interview H", S. 139.

565 Vgl. „Interview N", S. 257 f. Siehe zu den Ursachen einer gewachsenen Wettbewerbssituation in sozialen Organisationen Abschnitt IV.B.1.

566 Vgl. „Interview M", S. 236 „Interview N", S. 253 und „Interview P", S. 279.

567 „Interview M", S. 236.

568 Vgl. „Interview M", S. 236 und „Interview P", S. 279 f.

tungsquoten über die Erschließung räumlicher Synergien durch Flächenzusammenlegungen nachzudenken. Was den Umfang des zukünftigen Flächenbestands anbelangt, gab darüber bereits ein Ergebnis der quantitativen Untersuchung Aufschluss, das an dieser Stelle noch einmal wiederholt werden soll: 55,0 % der befragten kirchlichen Organisationen rechnen mit einem zukünftig sinkenden und nur fünf Prozent mit einem steigenden Flächenbedarf. Bei den befragten sozialen Organisationen geht mit 48,5 % die relative Mehrheit von einem eher gleich bleibenden, 39,4 % der Sozialorganisationen gehen von einem sinkenden Flächenbedarf aus.[569]

3. Immobilien-Portfolioanalyse – Einordnung der Immobilien in ein zukünftiges Bestandsportfolio und ein verwertbares Portfolio

a) Unterscheidung zwischen betrieblich genutzten Immobilien und Immobilien zur Kapitalanlage

Aus dem vorhergehenden Abschnitt ist deutlich geworden, dass die Organisationen zum einen über einen sehr heterogenen und zum anderen vielfach über einen zu großen Immobilienbestand verfügen.

Wesentlich für das weitere Vorgehen im Rahmen des Immobilienplanungsprozesses ist daher eine Klassifizierung beziehungsweise Segmentierung der Bestandsimmobilien. Klassifizierungen sind notwendig um festzustellen, „welche Immobilien langfristig die Zukunft der Organisation sichern helfen und wie die zur Verfügung stehenden knappen Ressourcen auf diese Immobilien verteilt werden sollen."[570]

Eine Grobsegmentierung des Immobilienportfolios erfolgt zweckmäßigerweise in zwei Bereiche, und zwar in

- „betrieblich genutzte Immobilien" als dem Organisationsauftrag zuzuordnende Immobilien und
- „Immobilien zur Kapitalanlage" als den Organisationsauftrag finanzierende Immobilien.[571]

---

569 Vgl. Abbildung 17 in Unterabschnitt III.B.2.a).

570 Lieth, Jörn von der (2008), S. 46.

571 Ähnlich bei Lieth, Jörn von der (2008), S. 46.

Diese Zweiteilung des Blickwinkels auf den Betrachtungsgegenstand Immobilie ist in Abschnitt II.B.2. dieser Arbeit thematisiert worden, als es darum ging, hieraus unterschiedliche Immobilienmanagementansätze – rendite- versus nutzungsorientiertes Immobilienmanagement – abzuleiten, gegeneinander abzugrenzen und die je nach Blickwinkel verschiedenen Zielsetzungen des Immobilienmanagements herauszustellen.

Kirchliche wie soziale Organisationen halten einen Teil ihrer Immobilien zum Zwecke der *Kapitalanlage* in ihrem Bestand. Allein die Erzielung einer Rendite steht im Vordergrund der Bewirtschaftung solcher Immobilien. Die angestrebte Ertragsgenerierung soll der Finanzierung des originären Organisationsauftrags dienen. Bei Sozialorganisationen handelt es sich hier überwiegend um Wohnimmobilien, die dem Vermietungsgeschäft zugeordnet werden können. Sie stammen mitunter aus Schenkungen, Vermächtnissen oder Grundstückstauschgeschäften.[572] Kirchliche Organisationen beziehen einen nicht unwesentlichen Teil ihres Budgets aus der Bewirtschaftung ihres Pfründevermögens[573] sowie der Bereitstellung von Erbbaurechten.[574]

Der weitaus größte Teil des Immobilienbestands kirchlicher und sozialer Organisationen ist jedoch dem Segment der *betrieblich genutzten* Immobilien zuzuordnen. Kirchengebäude, Gemeinde- und Pfarrhäuser, Jugendheime, Kindergärten, Bildungshäuser und Verwaltungsgebäude dienen direkt oder indirekt der Wahrnehmung originärer kirchlicher Aufgaben. Gleiches gilt für Altenheime, Pflegeeinrichtungen, Behindertenwerkstätten und Verwaltungsgebäude auf Seiten sozialer Organisationen. Die Frage lautet allerdings: Welches sind die originären Aufgaben kirchlicher und sozialer Organisationen und welcher Immobilienbestand ist zur adäquaten Verrichtung dieser Aufgaben notwendig? Erweitert um den Bereich der Kapitalanlageimmobilien muss die Frage lauten: Nach welchen Kriterien kann eine Segmentierung des Immobilienbestands in ein zukünftiges Bestandsportfolio und ein verwertbares Portfolio erfolgen?

b) Bewertung des Immobilienportfolios

Für den renditeorientierten Bereich des Immobilienportfolios eignen sich insbesondere die Methoden der dynamischen Investitionsrechnung, um festzustellen, welche Bestandsimmobilien im zukünftigen Immobilienportfolio verbleiben sollen.[575] Als Ent-

572 Vgl. „Interview M", S. 227 und „Interview P", S. 263.

573 Vgl. „Interview D", S. 62 ff., „Interview G", S. 127 und Abschnitt IV.A.2.

574 Vgl. „Interview D", S. 69 f., „Interview E", S. 101, „Interview J", S. 189 und Abschnitt IV.A.3.

575 Einen Überblick über Methoden der Investitionsrechnung gibt Jung, Hans (2007), S. 111 ff.

scheidungskriterium dient primär die Rendite, die das Verhältnis zwischen Einnahmeüberschüssen und eingesetztem Kapital innerhalb eines Zeitraums widerspiegelt. Um eine risikoadjustierte Renditeberechnung zu gewährleisten, ist die Unsicherheit von Zahlungswirkungen in der Investitionsrechnung zu berücksichtigen.[576] Qualitative Nebenziele, wie zum Beispiel eine Wohnraumversorgung für Mitarbeiter, können in nachgelagerten Nutzwertanalysen respektive Scoring-Modellen[577] im Entscheidungsprozess Berücksichtigung finden. Mittels Kombination dieser Verfahren kann auf vergleichsweise unspezifische Art und Weise eine Portfolioeinteilung für Immobilien zur Kapitalanlage erfolgen (vgl. Abbildung 45).

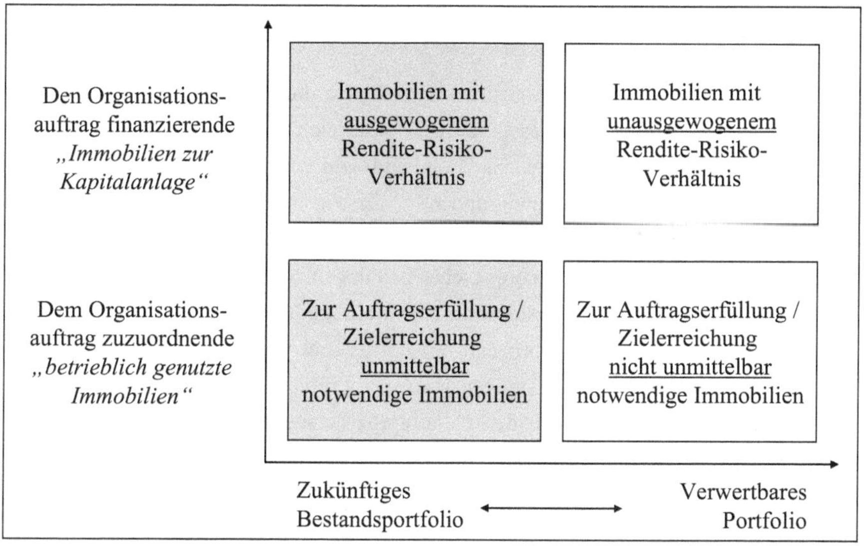

Abbildung 45: Segmentierung des Immobilienbestands in ein zukünftiges Bestandsportfolio und ein verwertbares Portfolio

Ungleich schwieriger ist die Portfolioentscheidung hinsichtlich der betrieblich genutzten Immobilien kirchlicher und sozialer Organisationen. Zwar betont ein Großteil der Experten, dass sich die Einteilung des Immobilienportfolios an den Kern- bezie-

---

576 Vgl. zur Berücksichtigung der Risikosituation und speziell der Unsicherheit von Zahlungswirkungen im Rahmen von Immobilieninvestitionsrechnungen Pfnür, Andreas (2002), S. 352 ff. Siehe zur Portfolioanalyse renditeorientierter Immobilieninvestments auch Pfnür, Andreas (2007).

577 Nutzwertanalysen beziehungsweise Scoring-Modelle sind Verfahren zur Bewertung von Handlungsmöglichkeiten, die auch an qualitativen Zielkriterien gemessen werden. Vgl. zur Nutzwertanalyse auch Jung, Hans (2007), S. 134 ff.

hungsweise Zukunftsaufgaben der Organisation zu orientieren hat.[578] Dies unterstreicht auch diese Expertenmeinung: „Wir haben unter Portfoliogesichtspunkten überlegt: Was ist für das Kerngeschäft notwendig? Und das Kerngeschäft ist Verkündigung. Das Kerngeschäft ist nicht Rendite, non-profit eben.“[579] Gleichzeitig gestaltet sich die konkrete Umsetzung oftmals jedoch als langwieriger Prozess, was nach HALFAR / BORGER auch daran liegen mag, dass „dieser Begriff [Kerngeschäft; U.H.] in mancher Hinsicht eher verschleiernd als klärend ist.“[580] Deutlich wird aus der zitierten Expertenmeinung jedoch, dass es grundsätzlich keine Kern*immobilienarten* geben kann. Vielmehr sollten diejenigen betrieblich genutzten Immobilien das zukünftige Bestandsportfolio bilden, in denen die Kern*aufgaben* einer Organisation bestmöglich wahrgenommen werden können.

Strukturreformen in kirchlichen Organisationen, wie die Zusammenlegung von Kirchengemeinden, werden in erster Linie nach pastoralen Kriterien durchgeführt: „Wo sind die meisten Gottesdienstbesucher? Wo sind, von der Demoskopie her, die Kommunionkinder, wo sind die Jugendgruppen?“[581] Erst in zweiter Linie fließen auch immobilienwirtschaftliche Gesichtspunkte mit in die Reformüberlegungen ein.[582] Wie in Kapitel V.B. dargestellt, sind Richtungsentscheidungen zur inhaltlichen und strukturellen Gesamtausrichtung der Organisation eine wichtige Voraussetzung für einen zielführenden Immobilienplanungsprozess. Vorzeitige und isolierte Immobilienentscheidungen, die aus einem kurzfristig entstandenen Problem heraus getroffen werden, können sich kontraproduktiv für den Gesamtprozess auswirken, wie diese Expertenaussage verdeutlicht: „Man ist einzelfallbezogen vorgegangen ohne Blick auf das ganze Portfolio [...]. Da wurden Gebäude angeguckt, die man schnell verkaufen kann. Und dann hat man anschließend das Gemeindeprofil gemacht und dann hätte man genau dieses Gebäude wieder gebraucht.“[583]

Zur Identifizierung von Immobilien, die aufgrund von Strukturreformen – hier Gemeindezusammenlegungen – nicht mehr benötigt werden, bietet sich eine Visualisie-

---

578 Vgl. „Interview A“, S. 8, „Interview B“, S. 22 und 26, „Interview G“, S. 128, „Interview I“, S. 163 und „Interview J“, S. 180.

579 „Interview A“, S. 8.

580 Halfar, Bernd / Borger, Andrea (2007), S. 76. Für Halfar / Borger ist der „Kern“ kirchlicher Arbeit „das Hören auf die Gute Nachricht und ihre Weitergabe“, womit implizit vielfältige Aufgabenbereiche angesprochen sind.

581 „Interview A“, S. 11.

582 Vgl. auch „Interview I“, S. 163.

583 „Interview I“, S. 164.

rung immobilienwirtschaftlicher Kennzahlen in Form einer Matrixdarstellung an (vgl. Abbildung 46).[584]

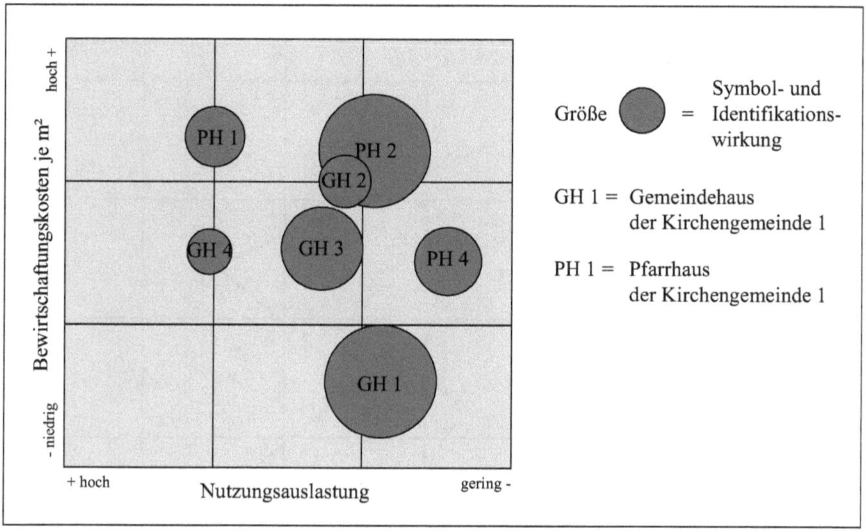

Abbildung 46: Visualisierung von drei immobilienwirtschaftlichen Kennzahlen am Beispiel von Gemeinde-/Pfarrhäusern verschiedener Kirchengemeinden

Eine solche grafische Aufbereitung immobilienwirtschaftlicher Kennzahlen verschafft einen guten Überblick über ein zu bewertendes Immobilienportfolio und kann damit gerade auch im Hinblick auf zumeist ehrenamtlich besetzte Gremien kirchlicher Organisationen eine wichtige – weil anschauliche – Entscheidungsgrundlage sein. Eine andere Möglichkeit, immobilienbezogene Kennzahlen in einer Grafik zu visualisieren und damit organisations- und immobilienbezogene Entscheidungen vorzubereiten beziehungsweise zu unterstützen, ist in Abbildung 47 dargestellt.

584 Siehe hierzu auch Riedel, Thomas (2008), S. 71 f.

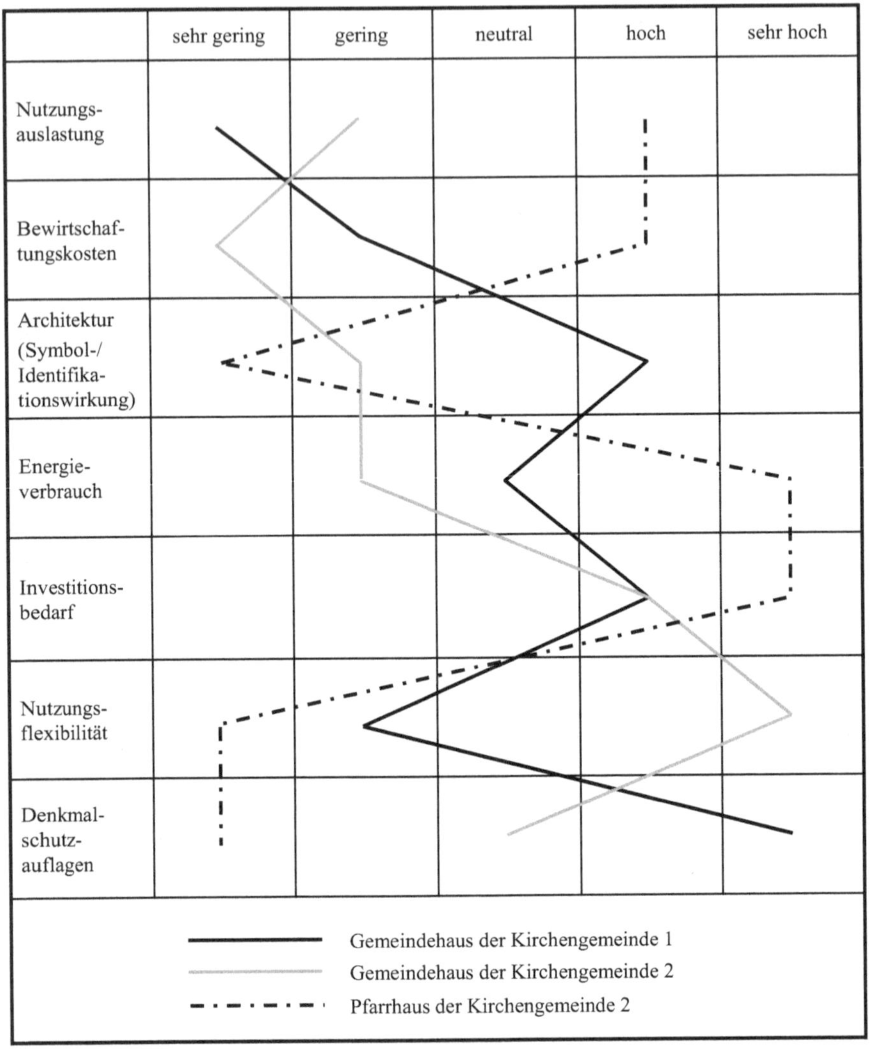

Abbildung 47: Vergleich von Gemeinde-/Pfarrhäusern verschiedener Kirchengemeinden anhand von immobilienwirtschaftlichen Kennzahlen

Die in Abbildung 46 und Abbildung 47 dargestellten Kennzahlenvergleiche sollten getrennt nach den erklärten Zukunftsaufgaben der Organisation erfolgen. In einen solchen Vergleich sollten infolgedessen alle Immobilien eines Portfolios einfließen, in denen prinzipiell eine jeweilige Aufgabenverrichtung möglich erscheint. Um am Beispiel der Kirchengemeinden zu bleiben, können demnach – wie in Abbildung 46 und Abbildung 47 dargestellt – auch Pfarrhäuser in einen Vergleich von Gemeindehäusern mit einbezogen werden, sofern in diesen Pfarrhäusern Räume für Veranstaltungen der Gemeinde bereitstehen und zugänglich sind.

Es sei nochmals darauf hingewiesen, dass allein eine Bewertungen des Immobilienportfolios, wie hier vorgestellt, Richtungsentscheidungen zur inhaltlichen und strukturellen Gesamtausrichtung der Organisation nicht determinieren können. Diese Entscheidungen können nur im Zusammenspiel mit anderen, zumeist höher gewichteten umwelt- und organisationsorientierten Kriterien getroffen werden. Dazu gehören auch demographische Trends und Mitgliederentwicklungen sowie die erwähnten pastoralen Gesichtspunkte in kirchlichen Organisationen.[585]

Anders ausgedrückt können zwar Strukturentscheidungen durch eine Immobilien-Portfolioanalyse *begleitet* und *unterstützt* werden; inhaltliche Neuausrichtungen einer Organisation können jedoch durch Anpassungen im Gebäudebestand (lediglich) immobilienbezogen *umgesetzt* werden. Entscheidungen hinsichtlich des zukünftigen und verwertbaren Portfolios betrieblich genutzter Immobilien sind insofern keine Voraussetzung, sondern vielmehr die logische Folge inhaltlicher und struktureller Richtungsentscheidungen.[586]

4. Strategien zur Bereitstellung von Immobilien – Eigentums-, Kauf- und Finanzierungsentscheidung als Teilentscheidungsprozesse

Sollte aus den Komponenten Flächenanalyse/-planung und Immobilien-Portfolioanalyse resultieren, dass mit den Bestandsimmobilien der in Abschnitt V.C.2. ermittelte Soll-Bestand respektive Flächenbedarf in quantitativer und/oder qualitativer Hinsicht nicht erreicht werden kann, muss über einen Ersatz- und/oder Neubedarf an Immobilien entschieden werden. Damit sind Fragen zur Immobilienbereitstellung angesprochen, die nun im Folgenden behandelt werden.

Bevor eine Organisation über die Bereitstellung von Immobilien entscheidet, sind alle grundsätzlich in Erwägung gezogenen Alternativen der Immobilienbereitstellung einer Bewertung zu unterziehen. Dabei kann die Bereitstellungsentscheidung, wie in Abbildung 48 dargestellt, in Teilentscheidungen zerlegt werden.[587] Der Entscheidungs-

[585] Vgl. „Interview A“, S. 11.

[586] Vgl. zur strategischen Gesamtausrichtung einer Organisation als Voraussetzung für den strategischen Immobilienplanungsprozess Kapitel V.B.

[587] Vgl. hierzu Pfnür, Andreas (2002), S. 125 ff.

baum der Immobilienbereitstellung ist in den fortwährenden Prozess der Analyse und Planung des Immobilienbestands eingebunden und führt an seinen Enden zu den in Unterabschnitt II.B.3.b) grundsätzlich diskutierten unterschiedlichen Bereitstellungsvarianten Miete, Leasing, Kauf und Immobilienentwicklung.

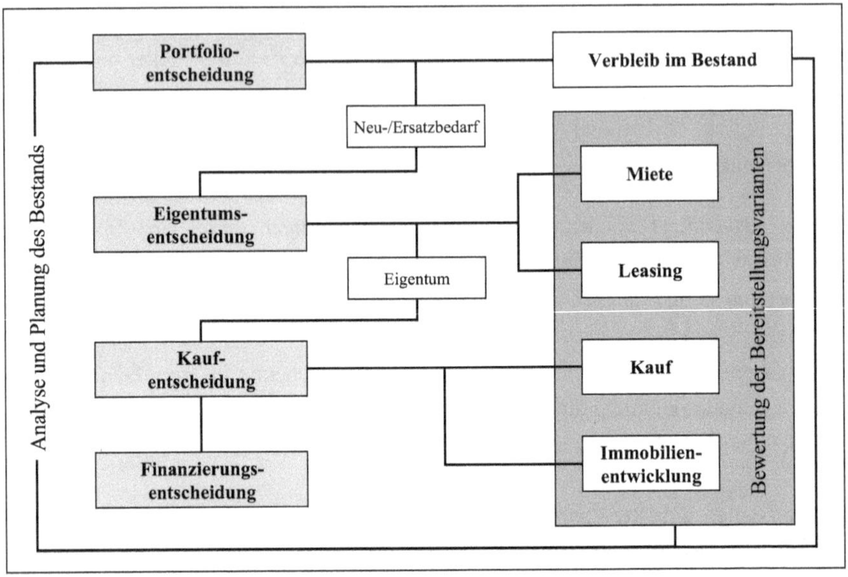

Abbildung 48: Entscheidungsbaum der Immobilienbereitstellung[588]

Die *Portfolioentscheidung* der Immobilien-Portfolioanalyse[589] verschafft Klarheit über den Verbleib von Immobilien im Bestandsportfolio einer Organisation, über die Zuordnung von Immobilien zum verwertbaren Portfolio (nicht in Abbildung 48 dargestellt) und über einen Ersatz- oder Neubedarf an Immobilien.

Besteht Ersatz- oder Neubedarf an Immobilien hat die Organisation in der *Eigentumsentscheidung* zwischen den verfügungsrechtlich unterschiedlichen Bereitstellungsformen Miete, Leasing und Kauf von Immobilien zu wählen; beim Kauf einer bereits bestehenden oder (neu) zu entwickelnden Immobilie wird das Eigentumsrecht an der Immobilie erworben und nicht, wie im Falle der Miet- und Leasingvariante, lediglich ein zeitlich befristetes Nutzungsrecht.

588 In Anlehnung an Pfnür, Andreas (2002), S. 125.

589 Vgl. den vorhergehenden Abschnitt V.C.3.

Im Falle der Entscheidung, das Eigentum an einer Immobilie zu erwerben, hat die Organisation eine *Kaufentscheidung* zu treffen, indem sie entweder den Kauf einer bestehenden Immobilie oder eine Immobilienentwicklung in Form der Entwicklung einer neuen Immobilie oder Umwidmung einer bestehenden Immobilie vorsieht. Mit der Entscheidung für ein Immobilieneigentum wird zudem eine *Finanzierungsentscheidung* notwendig.

Die – eine Immobilienbereitstellung beeinflussenden – Teilentscheidungsprozesse zum Eigentum, Kauf und zur Finanzierung von Immobilien sollen im Folgenden in Bezug auf ihre Spezifität für kirchliche und soziale Organisationen diskutiert werden. Dabei beziehen sich die Ausführungen ausschließlich auf den Bereich der betrieblich genutzten Immobilien.

a) Eigentumsentscheidung

„Wenn neu gebaut wird, dann selbst [durch Eigentumserwerb; U.H.]. Warum? Das ist eine gute Frage. Das ist so typisch kirchlich."[590] Die Bereitstellungsformen Miete und Leasing sind kaum verbreitet in sozialen, insbesondere aber kirchlichen Organisationen. Als Gründe für ihre zurückhaltende Einstellung diesen Bereitstellungsvarianten gegenüber nennen die befragten Experten

- eine traditionelle / konservative Investitionspolitik,[591]
- befürchtete Unabhängigkeitseinbußen,[592]
- keine steuerlichen und abschreibungstechnischen Vorteile,[593]
- keine Finanzierungsprobleme[594] und
- keine buchhalterischen Instrumente, „um so etwas zu beherrschen"[595].

Aufgrund unterschiedlicher Ausgangssituationen in kirchlichen und sozialen Organisationen erfolgt die Diskussion der Bereitstellungsmöglichkeiten im Folgenden getrennt

590 „Interview E", S. 103.

591 Vgl. „Interview A", S. 15, „Interview C", S. 54 f. und „Interview F", S. 120.

592 Vgl. „Interview A", S. 15, „Interview L", S. 223 und „Interview N", S. 244.

593 Vgl. „Interview A", S. 15, „Interview D", S. 83 und „Interview H", S. 154.

594 Vgl. „Interview D", S. 83 und „Interview K", S. 207.

595 „Interview H", S. 154.

nach den beiden Organisationstypen; zunächst werden die Möglichkeiten der Immobilienbereitstellung in kirchlichen Organisationen diskutiert.

Wie bereits in Abschnitt V.C.2. ausgeführt, geht das hohe Wachstum des kirchlichen Immobilienbestands in den 1960er und 70er Jahren auf die in dieser Zeit stark gestiegenen Kirchensteuereinnahmen zurück. Immobilienbereitstellungsentscheidungen waren insbesondere durch vorhandene Finanzierungsmöglichkeiten (Eigenkapitalfinanzierungen) determiniert; über Alternativen zum Immobilieneigentum machte man sich infolgedessen kaum Gedanken. Dies liegt auch darin begründet, dass kirchliche ebenso wie gemeinnützige soziale Organisationen nach den §§ 51 bis 68 der Abgabenordnung (AO) als steuerbegünstigte Körperschaften dem Gemeinnützigkeitsrecht unterliegen und den Grundsatz der zeitnahen Mittelverwendung zu beachten haben.

Auch in der jetzigen Situation erscheint die Aufmerksamkeit für alternative Bereitstellungsformen gering, steht doch eher eine Reduzierung denn ein Aufbau des Immobilienbestands im Vordergrund kirchlicher Überlegungen. Darauf zielt auch folgende Expertenaussage ab: „Eigentlich gibt es bei uns noch genügend andere Spielräume, die erst einmal genutzt werden müssen.“[596]

Wenn sich die Finanzsituation in Folge zurückgehender Kirchensteuereinnahmen so verschärft, dass eigene Finanzmittel für die Bereitstellung betrieblich notwendiger Immobilien nicht mehr ausreichen, sollten sich kirchliche Organisationen einer grundsätzlichen Bewertung alternativer Bereitstellungsmöglichkeiten allerdings nicht verschließen; dazu auch diese Expertenmeinung: „Ich vermute, dass es in Zukunft stärker in diese Richtung gehen muss. Weil Gebäude eben nicht mehr selbst gehalten werden können.“[597] Allgemeingültige Aussagen über die Vorteilhaftigkeit einzelner Bereitstellungsformen sind allerdings nur sehr begrenzt möglich. Nachfolgend sollen daher ausgewählte Aspekte der Beurteilung der Bereitstellungsformen aufgeführt werden. Zur Beurteilung der Zahlungswirkungen bedarf es zwingend einer Gegenüberstellung aller Zahlungsströme der Varianten in einer Wirtschaftlichkeitsberechnung durch Anwendung der Verfahren der dynamischen Investitionsrechnung. In einer solchen Berechnung müssen sowohl die je nach Bereitstellungsvariante zu tragenden Investitionsausgaben als auch die Nutzungskosten (insbesondere Betriebs- und Instandsetzungskosten) der Immobilie Berücksichtigung finden.

---

596 „Interview I“, S. 177.

597 „Interview A“, S. 15. Vgl. auch „Interview B“, S. 29.

Neben Finanzierungsaspekten ist bei der Bewertung der Immobilienbereitstellungsvarianten insbesondere die Frage der Standortsicherung von Bedeutung. Strategisch bedeutsame Immobilien, deren Verbleib im Bestand auf Dauer als sicher erscheint, sollten möglichst als *Immobilieneigentum* erworben werden. Dies betrifft insbesondere Kirchengebäude, die aufgrund ihrer zumeist eingeschränkten Drittverwendungsfähigkeit oder besonderer Restriktionen im Hinblick auf ihre zukünftige Nutzung[598] ohnehin auf geringes Interesse auf Investorenseite stoßen dürften. Standorte, die man langfristig nicht verlassen möchte, können zwar grundsätzlich über langfristige Leasingverträge gesichert werden; kommt es jedoch nach Auslaufen vereinbarter Mietperioden zu Neuverhandlungen mit dem Leasinggeber, dürfte die Verhandlungsposition des Leasingnehmers aufgrund seiner Standortfixierung geschwächt sein.[599] Ein Standortrisiko ist auch dann gegeben, wenn die Leasinggesellschaft in Konkurs gehen und der neue Immobilieneigentümer ein außerordentliches Kündigungsrecht ausüben sollte.[600]

Für Immobiliennutzungen, die nicht zwingend auf einen bestimmten Standort angewiesen sind und für die grundsätzlich marktlich bereitgestellte Flächen verfügbar erscheinen, wie es für Gemeindehäuser, Verwaltungsgebäude und Kindertagesstätten der Fall sein kann,[601] können *Leasingkonstruktionen* eine Alternative zum kreditfinanzierten Immobilienkauf darstellen. Mietverlängerungs- und Kaufoptionen ermöglichen dem Leasingnehmer nach Vertragsablauf eine ebenfalls längerfristige Standortsicherung und einen im Vergleich zur Miete höheren Einfluss auf die Gebäudegestaltung. Über die Ausübung der Kaufoption kann der Leasingnehmer an einer möglichen Wertsteigerung der Immobilie partizipieren. In seiner eigentümerähnlichen Stellung ist der Leasingnehmer allerdings für die Wartungs- und Instandsetzungsleistungen rund um die Immobilie verantwortlich. Im Gegenzug kann der Leasingnehmer die gegen den Ersteller bestehenden Gewährleistungsrechte geltend machen. Werden durch den Leasinggeber neben der Finanzierung weitere Dienstleistungen aus dem Bereich des Bau- und Projektmanagements übernommen, können sich gegenüber einem kreditfinanzierten Kauf Effizienzvorteile ergeben, die in der Sachkenntnis, dem Marktüberblick und der Marktmacht des Leasinggebers begründet sein können. Diese Dienstleistungsfunktionen des Leasings ermöglichen mitunter eine Entlastung der Mitarbeiter des Leasingnehmers.

---

598 Vgl. hierzu Abschnitt V.C.6.

599 Vgl. „Interview C“, S. 55.

600 Vgl. Pfnür, Andreas (2002), S. 236.

601 Vgl. „Interview H“, S. 154.

In strukturschwachen Gebieten, in denen ein späterer Immobilienverkauf als unsicher gilt, und bei Immobilien, deren zukünftiger Bedarf ungewiss ist, bietet sich die *Mietvariante* an.[602] Gebäudeerstellung, aber auch Wartungs- und Instandsetzungsleistungen liegen im Verantwortungsbereich des Vermieters. Auf Flächenbedarfsänderungen kann darüber hinaus aufgrund der in der Regel kürzeren Vertragslaufzeiten gegenüber der Leasingvariante flexibler reagiert werden; zudem bedarf es – im Unterschied zum Eigentumsfall – keiner Verwertungsüberlegungen für nicht mehr benötigte Immobilien.

Fehlendes Eigenkapitel und der Rückgang der öffentlichen Förderung von Sozialimmobilien führen in sozialen Organisationen verstärkt zu Überlegungen, Immobilien im Einzelfall zu mieten oder zu leasen.[603] Insbesondere die Übernahme der Immobilienerstellungs- und -bewirtschaftungsleistungen durch einen Dritten wird als Vorteil der Immobilienanmietung respektive des -leasings[604] aufgefasst: „Es ist für uns ein Vorteil, wenn wir das alles nicht mehr selber bewirtschaften müssen“[605]. Als ebenfalls positiv wird bewertet, dass bei einer Immobilienbereitstellung über einen privaten Dritten keine öffentlichen Ausschreibungspflichten eingehalten werden müssen und dadurch Bauvorhaben zügiger realisiert werden können.[606]

Soziale Organisationen bilanzieren in der Regel nach dem Handelsgesetzbuch (HGB).[607] Diesbezüglich werden vielfach weitere Vorteile für das Immobilienleasing angeführt: Da das Leasing-Objekt in der Regel beim Leasinggeber bilanziert werden muss, wird Immobilienleasing für den Leasingnehmer häufig als bilanzneutral angesehen, kommt es doch in seiner Bilanz zu keinen Veränderungen in Eigenkapitalquote und Verschuldungsgrad. Die Leasingverpflichtungen müssen allerdings im Anhang des Jahresabschlusses offengelegt werden. Damit hat das Immobilienleasing bei einer

---

602 Vgl. „Interview D“, S. 83 und „Interview F“, S. 119.

603 Vgl. „Interview M“, S. 238 und „Interview N“, S. 242.

604 Werden die Instandhaltungs- und Wartungsleistungen rund um die geleaste Immobilie durch den Leasinggeber übernommen, spricht man auch vom Full-Service- oder Teil-Service-Leasing, je nachdem, ob auch weitere Dienstleistungen vertraglich vereinbart werden.

605 „Interview N“, S. 242.

606 Vgl. „Interview M“, S. 237 und „Interview P“, S. 274.
Gemeinnützige Sozialorganisationen und kirchliche Organisationen gehören gemäß § 98 des Gesetzes gegen Wettbewerbsbeschränkungen (GWB) zu den öffentlichen Auftraggebern, die an die formalen Vorgaben des Vergaberechts gebunden sind.

607 Vgl. „Interview M“, S. 229 und „Interview O“, S. 259.

entsprechenden Prüfung durch die Kreditinstitute keine unmittelbar positiven oder neutralen Auswirkungen auf zukünftige Kreditkonditionen des Leasingnehmers.[608]

Eine geringe Eigenkapitaldeckung sozialer Organisationen kann vor dem Hintergrund der Eigenkapitalrichtlinien Basel II gegebenenfalls zu günstigeren Finanzierungskosten beim Leasing gegenüber einem kreditfinanzierten Kauf führen. Vorteile für die Leasingvariante ergeben sich dann, wenn die Leasinggesellschaft aufgrund eines besseren Ratings im Vergleich zur Sozialorganisation günstigere Kreditkonditionen erzielen kann und diese an den Leasingnehmer weiterreicht; dazu folgende Expertenaussage: „Die Eigenkapitaldecke [sozialer Organisationen; U.H.] ist oft sehr schwach. Das sind für Banken dann immer so Punkte, wo sie dann die Konditionen schnell verändern."[609] Dass die Leasing-Alternative unter Kostengesichtspunkten gegenüber einem kreditfinanzierten Kauf tatsächlich die günstigere Variante darstellen kann, wird allerdings von einigen der befragten Experten aufgrund des Verwaltungskosten- und Gewinnaufschlags der Leasinggesellschaften bezweifelt.[610] Hinzu kommt, dass soziale und kirchliche Organisationen als nicht steuerpflichtige Investoren im Vergleich zu erwerbswirtschaftlichen Unternehmen keine steuerlichen Vorteile aus der Leasing-Variante ziehen können.[611]

Eine weitere Form der Immobilienbereitstellung, der sich soziale Organisationen vereinzelt aus Mangel an eigenen Finanzierungsmöglichkeiten zuwenden, sind Investoren- / Bauträgermodelle. Ein Investor – ein Immobilienfonds, ein Bauunternehmen oder eine Gruppe interessierter Privatpersonen – errichtet oder kauft eine Immobilie mit dem Ziel, sie einem Betreiber, einer Sozialorganisation, durch einen Mietvertrag zu überlassen. Es handelt sich hier demnach um eine Sonderform der Bereitstellungsvariante Miete. Gegenüber dem Leasing muss die Organisation aufgrund der in der Regel fehlenden Kaufoption bereit sein, auch langfristig auf das Eigentum an der Immobilie zu verzichten. Zwar gilt der Markt für Sozialimmobilien als attraktiv, da ihm im Hinblick auf die demographische Entwicklung starke Wachstumsraten attestiert werden; viele Experten warnen jedoch vor den mitunter zu hohen Renditeerwartungen

608 Vgl. Pfnür, Andreas (2002), S. 235.

609 „Interview N", S. 255. Vgl. auch „Interview P", S. 275.

610 Vgl. „Interview L", S. 223.

611 Vgl. „Interview A", S. 15, „Interview D", S. 83 und „Interview H", S. 154.
Vgl. zu den steuerlichen Vorteilen, die sich für steuerpflichtige Investoren bei der Leasing-Variante gegenüber einem Kreditkauf ergeben können: Perridon, Louis / Steiner, Manfred (2007), S. 455 f.

der Investoren, „die sich dann mit der Praxis oftmals gar nicht vertragen."[612] Berechnungen der Miethöhe und insbesondere deren Indexierungsmechanismen müssen daher sehr genau im Rahmen von Wirtschaftlichkeits- und Sensitivitätsanalysen untersucht werden.[613]

b) Kaufentscheidung

Ist die erste Teilentscheidung der Organisation innerhalb des Immobilienbereitstellungsprozesses zugunsten des Eigentums an einer Immobilie gefallen, hat die Organisation im Rahmen der Kaufentscheidung die grundsätzliche Wahl zwischen dem Kauf einer bestehenden Immobilie oder der Immobilienentwicklung entweder in Form einer neuen oder der Umwidmung einer bestehenden Immobilie. Wie in Unterabschnitt II.B.3.b) im Hinblick auf Unternehmensimmobilien ausgeführt, liegt der Vorteil der Immobilienentwicklung gegenüber einem -kauf darin, eine auf die spezifischen Organisationsbedürfnisse zugeschnittene Immobilie bereitstellen zu können.[614]

Betrachtet man die speziellen Immobiliennutzungen kirchlicher und sozialer Organisationen[615] wird die besondere Bedeutung der Immobilienentwicklung für diese Organisationen deutlich. Abgesehen von der Möglichkeit, im Zuge von Bestandsreduzierungen einer anderen Glaubensgemeinschaft von dieser die eine oder andere Immobilie, möglicherweise gar ein Kirchengebäude, zu erwerben,[616] dürfte es mitunter schwierig sein, eine den Nutzungsanforderungen kirchlicher und sozialer Organisationen entsprechende Immobilie am Markt zu finden und zu kaufen. Insofern stellt die Immobilienentwicklung im Hinblick auf die Immobilienarten Kirchengebäude, Alten-, Pflege-, Behindertenheime und Kindertagesstätten oftmals die einzige Bereitstellungsmöglichkeit dar. Was Pfarr- und Gemeindehäuser sowie Verwaltungsgebäude anbelangt, erscheint bei entsprechender Marktlage jedoch auch der Kauf einer bestehenden Immobilie grundsätzlich möglich.

---

612 „Interview N", S. 244. Vgl. auch „Interview L", S. 223 und „Interview M", S. 235 und 238.

613 Vgl. „Interview N", S. 244 f.

614 Vgl. Pfnür, Andreas (2002), S. 270.

615 Vgl. dazu auch Abbildung 20 in Unterabschnitt III.B.2.c).

616 Die liturgische Nutzung durch eine andere christliche Kirche oder kirchliche Gemeinschaft hat in der Katholischen Kirche bei einem Verkauf eines Kirchengebäudes Vorrang vor einer sozialen, kulturellen oder kommerziellen Nutzung. Vgl. Deutsche Bischofskonferenz (2003), S. 20 und Abschnitt V.C.6.

Aufgrund des Spezialisierungsgrades der zu entwickelnden Immobilien kann es ferner sinnvoll sein, die für die Immobilienentwicklung notwendige Kompetenz in der eigenen Organisation aufzubauen. Die erforderlichen personellen Ressourcen könnten auf höherer Hierarchieebene der Organisation angesiedelt werden. Unterorganisationen beziehungsweise -einheiten könnten bei anstehenden Immobilienentwicklungen die bereitgestellte Kompetenz abrufen. Auf diese Weise würde eine gleichmäßigere Auslastung der personellen Ressourcen sichergestellt.[617] Bei zu erwartenden geringen Bauaktivitäten der Organisation ist es andererseits zweckmäßig, die Sachkunde im Projekt- und Baumanagement von externen Dienstleistern in Anspruch zu nehmen.

c) Finanzierungsentscheidung

In Anlehnung an die Unternehmensfinanzierung können Finanzierungsformen nach dem Kriterium der Mittelherkunft in Außen- und Innenfinanzierung eingeteilt werden.[618] Im Rahmen der Innenfinanzierung resultieren Finanzierungseffekte aus innerorganisatorischen Aktivitäten, während unter Außenfinanzierung die Beschaffung von Finanzmitteln von organisationsexternen Geldgebern, das heißt eine Kapitalzuführung von außen, verstanden wird.

Der größte Teil der Finanzmittel kirchlicher und sozialer Organisationen stammt aus der der Innenfinanzierung zuzuordnenden Beitrags- respektive Entgeltfinanzierung. Die Beitragsfinanzierung umfasst Finanzmittel aus Beiträgen der Mitglieder und/oder deren Steuern, die für kirchliche Organisationen zweifelsohne die wichtigste Finanzquelle darstellen.[619] Die Entgeltfinanzierung wiederum ist eine zentrale Finanzierungsform sozialer Organisationen. Spezielle Entgelte stellen die monetäre Gegenleistung für das zu erbringende Leistungsspektrum von Sozialorganisationen dar.[620]

Auch wenn mit der Finanzierung aus Abschreibungen und der Finanzierung aus Vermögensumschichtungen zwei weitere Finanzierungsformen aus dem Bereich der Innenfinanzierung für Immobilieninvestitionen relevant sind, sollen diese erst später ausführlich behandelt werden: Die Finanzierung aus Abschreibungen wird in Unterab-

---

[617] Vgl. hierzu auch „Interview F", S. 109 f. und „Interview L", S. 210 f.

[618] Vgl. etwa Perridon, Louis / Steiner, Manfred (2007), S. 349, Wöhe, Günter (2005), S. 659 ff. und Schierenbeck, Henner / Wöhle, Claudia B. (2008), S. 526 f.

[619] Siehe zur Beitragfinanzierung in Verbänden Mono, Matthias (1995), S. 168. Bernhardt spricht auch von einer mitgliedergestützten Finanzierung. Vgl. Bernhardt, Stefan (1997), S. 260.

[620] Vgl. zur Verbandsfinanzierung durch generelle und spezielle Entgelte auch Zitzmann, Thomas (2008), S. 18 f.

schnitt V.C.5.c) aufgegriffen, in dem Instandhaltungsstrategien diskutiert werden. Zur Finanzierung von Instandhaltungs- und Sanierungsmaßnahmen werden Abschreibungsgegenwerte in Rücklagen gebunden. Infolgedessen stehen keine frei disponiblen Mittel für die hier diskutierte Immobilienbereitstellung zur Verfügung. Anders sieht es bei der Finanzierung aus Vermögensumschichtungen aus; die durch die Veräußerung von Bestandsimmobilien freigesetzten Mittel können sehr wohl zur Finanzierung neu bereitzustellender Immobilien verwendet werden. Diese Finanzierungsform soll allerdings erst in Abschnitt V.C.6. diskutiert werden.

Zur Außenfinanzierung gehören Zuschüsse und Subventionen, die von öffentlichen Institutionen in allerdings abnehmendem Umfang[621] insbesondere sozialen Organisationen zugeführt werden. Da die Rechtsformen kirchlicher und sozialer Organisationen – in der Regel eingetragene Vereine (soziale Organisationen) oder Körperschaften öffentlichen Rechts (kirchliche Organisationen) – eine Beteiligungsfinanzierung nicht zulassen, bleibt im Bereich der Außenfinanzierung als weitere Finanzierungsform die Fremdfinanzierung. Mit dem Immobilienleasing als sogenanntes Kreditsubstitut wurde bereits eine Möglichkeit der Fremdfinanzierung einer Immobilienbereitstellung diskutiert.

Während soziale Organisationen zur Finanzierung ihrer Immobilien – neben Eigenmitteln, Zuschüssen und Kreditsubstituten – zunehmend von der Möglichkeit der klassischen Fremdfinanzierung mittels Bankdarlehen Gebrauch machen (müssen),[622] gehen kirchliche Organisationen in der Regel „sehr restriktiv mit Fremdfinanzierungen bei Immobilieninvestitionen um."[623] Dies wird zum einen mit einer traditionell vorsichtigen Vorgehensweise begründet.[624] Zum anderen verweisen einige Experten auf eine nach wie vor ausreichende Eigenmittelausstattung, die im Hinblick auf den Grundsatz der zeitnahen Mittelverwendung des Gemeinnützigkeitsrechts zur Finanzierung von Immobilienbereitstellungen vorrangig verwendet wird (werden muss).[625] Reichen die

621 Vgl. zur Kürzung staatlicher Finanzzuwendungen im sozialen Bereich Unterabschnitt IV.B.1.a).

622 Vgl. „Interview L", S. 211 und 222, „Interview M", S. 237 und „Interview O", S. 267. Ein Experte bemerkte hierzu, „dass viele Vorhaben, die wir in den ersten Jahren gemacht haben und mit Fördermitteln realisiert wurden, jetzt nicht mehr machbar sind, weil keine Fördermittel mehr ausgereicht werden. […] Nur mit Eigenmitteln sind die wenigsten in der Lage etwas zu machen." [„Interview L", S. 211].

623 „Interview C", S. 55.

624 Vgl. „Interview B", S. 31 und „Interview F", S. 118. Dazu ein Experte einer kirchlichen Organisation: „Nicht mehr auszugeben, als man einnimmt – das ist ja eine sehr vernünftige Sache." [„Interview A", S. 14].

625 Vgl. „Interview D", S. 82, „Interview H", S. 152 und „Interview K", S. 207.

Eigenmittel der Kirchengemeinden zur Finanzierung von Immobilienprojekten nicht aus, werden oftmals „Fremdkapital ersetzende Darlehen“[626] beziehungsweise „kircheninternes Fremdkapital“[627] in Form einer „kirchengemeindlichen Finanzierung“[628] von Seiten des Bistums / der Landeskirche zur Verfügung gestellt. Kirchengemeinden ist es darüber hinaus häufig verboten, eigenständig Fremdmittel am Kapitalmarkt aufzunehmen. Im Rahmen eines Genehmigungsvorbehaltes des Bistums / der Landeskirche müssen die Gemeinden nachweisen, auf welche Weise sie die Fremdmittelaufnahme refinanzieren können.[629]

Vergleichsweise viel Fremdkapital aufgenommen wird einem Experten zufolge von einigen „östlichen Landeskirchen, weil die ja die großen Probleme nachzuholen hatten und haben.“[630] Er betont weiterhin, dass Fremdkapital ein legitimes Finanzierungsmittel ist, sofern „ich auch buchungstechnisch die Dinge beherrsche“[631] und die Refinanzierung mittels dynamischer Investitionsmethoden überprüft wurde und gesichert ist. Durch Umstellung des Rechnungswesens auf ein kaufmännisches System werden diesbezüglich bessere Steuerungsmöglichkeiten erwartet.

Es ist an dieser Stelle auf die grundsätzliche Gefahr einer hohen Kreditaufnahme von Nonprofit-Organisationen hinzuweisen. Verbände können aufgrund der hohen Zinslast zur Aufgabe ihres Primärziels der Bedarfsorientierung zu Gunsten der Gewinnorientierung gezwungen sein.[632]

Die hier dargestellten und in Teilentscheidungen zerlegten Aspekte zur Beurteilung der Bereitstellungsmöglichkeiten von Immobilien in kirchlichen und sozialen Organisationen erlauben keine allgemeingültigen Aussagen zu tendenziellen Vor- und Nachteilen einzelner Varianten. Zusammenfassend sei jedoch festgestellt: Kirchliche und soziale Organisationen sollten ihre vorhandenen Eigenmittel insbesondere für die Finanzierung strategisch bedeutsamer Immobilien verwenden und im Hinblick auf eine langfristige Standortsicherung und Unabhängigkeit für solche Immobilien den Ei-

626 „Interview H“, S. 152.

627 „Interview I“, S. 176.

628 „Interview D“, S. 82. Vgl. auch „Interview B“, S. 30.

629 Vgl. „Interview E“, S. 103 und „Interview F“, S. 117.

630 „Interview H“, S. 153.

631 „Interview H“, S. 153.

632 Vgl. Seufert, Gernot (1999), S. 46 f. Siehe hierzu auch Witt, der im Hinblick auf eine Fremdkapitalaufnahme öffentlicher Betriebe feststellt: „Je höher der Fremdkapitalanteil ist, desto gefährdeter kann also die Erfüllung von Leistungszielen sein.“ [Witt, Dieter (1972), S. 161].

gentumserwerb anstreben. Sind eigene Finanzierungsmöglichkeiten ausgeschöpft, sollten für Immobilien mit geringerer strategischer Bedeutung neben einem kreditfinanzierten Kauf auch die Bereitstellungsvarianten Miete und Leasing in die strategischen Überlegungen einbezogen werden. Anhand von Wirtschaftlichkeitsberechnungen sollte geprüft werden, welche finanziellen Auswirkungen die einzelnen Varianten haben. Durch die Zusammenführung von strategischen und finanziellen Auswirkungen können Vorteile für einzelne Bereitstellungsformen offengelegt werden.

5. Optimierung der Immobilienbewirtschaftung – Instrumente zur Identifikation und Erschließung von Kostensenkungspotentialen

Mit dem Wechsel von der Bereitstellungs- in die Bewirtschaftungsphase rückt die Effizienz der durch die Nutzung der Immobilie verursachten Kosten in den Mittelpunkt des Immobilienmanagements.[633] Die Kosteneffizienz der Immobiliennutzung kommt in der Realisierung der in der Bereitstellungsphase geplanten Nutzung bei gleichzeitiger Minimierung der Nutzungskosten zum Ausdruck. Maximale Kosteneffizienz ist demzufolge erreicht, wenn eine vordefinierte Flächenauslastung mit minimalen Nutzungskosten realisiert wird.[634]

Der in Unterabschnitt V.C.3.b) vorgestellte Kennzahlenvergleich findet als wichtiges Analysewerkzeug zur Segmentierung des Immobilienportfolios bereits Anwendung. Die nun folgende Kennzahlenanalyse stellt darüber hinaus ein geeignetes Instrument dar, um durch Identifikation von Optimierungspotentialen und Ableitung von Steuerungsmaßnahmen die Kosteneffizienz der Immobiliennutzung zu verbessern. Im darauf folgenden Unterabschnitt wird mit der Lebenszykluskostenrechnung ein weiteres Instrument zur Erschließung immobilienbezogener Kostensenkungspotentiale vorgestellt.

---

633 Dies trifft insbesondere auf den Zweig des nutzungsorientierten Immobilienmanagements zu. Bei Immobilien zur Kapitalanlage stehen primär ertragssichernde Aspekte im Vordergrund und nur mittelbar kostensenkende Maßnahmen.

634 Vgl. hierzu auch Homann, Klaus (1999), S. 251. Eine Effizienzanalyse der Immobilienbewirtschaftung kann zweifellos auch gemäß des Maximierungsprinzips durchgeführt werden, indem der Fokus weniger auf Kostenaspekte und mehr auf leistungswirtschaftliche Kennzahlen gelegt wird. Beispielsweise können qualitative (etwa Zufriedenheit der Organisationsstakeholder mit Immobilienlage, -qualität, -service) oder quantitative Faktoren (etwa Flächenauslastungsquote) zur Beurteilung herangezogen werden. So kann versucht werden, die Flächenauslastung bei mehr oder weniger gegebenen Kosten zu maximieren. Da in diesem Kapitel jedoch kostensenkende Maßnahmen im Vordergrund stehen, sollen leistungswirtschaftliche Kennzahlen hier nicht weiter verfolgt werden.

Neben dem Immobilienkostenverhalten liegt ein zweiter Schwerpunkt der Immobilienbewirtschaftungsphase in der Verfügbarkeit und Nutzbarkeit der Immobilie, die durch eine systematische Instandhaltungsplanung gewährleistet werden sollen. Das Instrument der Instandhaltungsplanung wird im letzten Teil dieses Abschnittes diskutiert.

Alle hier vorgestellten Instrumente zur Optimierung der Immobilienbewirtschaftung beziehen sich auf die Immobilie als Objekt. Anreiz- und Sanktionsmechanismen, die auf einen wirtschaftlichen Umgang mit Immobilien abzielen, werden in Abschnitt V.C.7. diskutiert.

a) Kennzahlenanalyse

Eine immobilienbezogene Kennzahlenanalyse, „aus denen man Schwächen der Immobilien“[635] und geeignete Steuerungsmaßnahmen ableiten kann, wird von den meisten der befragten Vertreter kirchlicher und sozialer Organisation als wesentliches Mittel angesehen, die Bewirtschaftung ihrer Immobilien zu optimieren. Da sich die Organisationen allerdings – wenn überhaupt – noch in der Phase der Immobilienbestandserfassung befinden,[636] sind Konzeption und Durchführung der Kennzahlenanalyse ein weithin noch zu realisierendes Ziel.[637]

„Kennzahlen dienen dazu, bestimmte Aktivitäten, Aufgaben, Ereignisse, Verhaltensweisen, Vorgänge, Ziele, Zusammenhänge usw. abzubilden, so dass man sie planen, steuern und überwachen kann.“[638] Es lassen sich absolute und relative Kennzahlen unterscheiden. *Absolute Kennzahlen* sind Einzelzahlen, die einen Sachverhalt direkt darstellen – wie Baujahr, Bruttogrundfläche oder Energiemenge – und durch mathematische Berechnungen – wie Summen, Multiplikationen oder Mittelwertberechnungen – von gleichartigen Einzelzahlen gebildet werden können. *Relative Kennzahlen* setzen Einzelzahlen zueinander ins Verhältnis, weshalb sie auch Verhältniszahlen genannt und in Gliederungs-, Beziehungs- und Indexzahlen unterteilt werden.

---

635 „Interview D“, S. 80.

636 Vgl. zur Planungskomponente „Immobilienbestandserfassung“ Abschnitt V.C.1.

637 Vgl. „Interview C“, S. 53, „Interview D“, S. 80, „Interview E“, S. 103, „Interview F“, S. 114, „Interview I“, S. 169 f. und 175 und „Interview L“, S. 216.

638 Eichhorn, Peter (2000a), S. 241.

Gliederungszahlen stellen den Anteil einer Teilgröße an einer Gesamtgröße dar und drücken somit die strukturelle Aufteilung einer Gesamtheit aus. Ein Beispiel einer Gliederungszahl ist die Flächenauslastungsquote als Quotient der genutzten Fläche und der nutzbaren Fläche. Mittels *Beziehungszahlen* werden zwei andersartige Einzelzahlen, die jedoch einen sachlichen Zusammenhang besitzen, durch Division zueinander in Beziehung gesetzt. Ein Beispiel sind Betriebskosten, die zu einer – diese Kosten verursachenden – Fläche in Beziehung gesetzt werden. *Indexzahlen* sind Kennzahlen, die die Entwicklung einer untersuchten Größe während eines bestimmten Zeitraums darstellen. Um zeitliche Veränderungen aufzuzeigen, wird eine bestimmte Ursprungsgröße als Basiszahl definiert und die Größen nachfolgender Perioden werden auf diese bezogen. Ein Beispiel stellt Abbildung 39 in Unterabschnitt IV.B.2.b) dar. Weitere Beispiele sind der Energiekostenindex, der Baukostenindex und der Lebenshaltungskostenindex.[639]

Betriebliche Kennzahlen werden vor allem für Vergleichszwecke herangezogen.[640] Es kann prinzipiell zwischen einem Zeit-, einem Soll-Ist- und einem Objekt-Vergleich unterschieden werden. Mittels *Zeitvergleich* können Istkosten einer Periode den Istkosten und/oder Durchschnitts-Istkosten früherer Perioden gegenübergestellt werden. Ein *Soll-Ist-Vergleich* dient zur Ermittlung von Abweichungen zwischen vorgegebenen und tatsächlich entstandenen Werten; in einer Abweichungsanalyse werden die abweichungsverursachenden Einflussgrößen offengelegt und notwendige Maßnahmen vorgeschlagen.[641]

Eine Kennzahlenanalyse mittels *Objektvergleich*[642] stellt auf einen Vergleich von Kennzahlen einer Immobilie mit anderen Immobilien ab. Ein Objektvergleich wird häufig mit *Benchmarking* bezeichnet.[643] Als Unterform der Kennzahlenanalyse soll der Begriff Benchmarking im Rahmen dieser Arbeit allerdings nur in solchen Fällen Verwendung finden, in denen als Vergleichsmaßstab die in wirtschaftlicher Hinsicht beste Immobilie dient. Dies entspricht der auf Unternehmensvergleiche bezogenen Definition von THOMMEN /ACHLEITNER: „Beim Benchmarking misst ein Unternehmen seine

---

639 Vgl. hierzu auch Reisbeck, Tilman / Schöne, Lars Bernhard (2006), S. 70 und Horváth, Péter (2009), S. 505 f.

640 Vgl. Eichhorn, Peter (2000a), S. 242.

641 Siehe auch Horváth, Péter (2009), S. 427.

642 Der auf Immobilienobjekte bezogene *Objektvergleich* soll dem in der betriebswirtschaftlichen Literatur verwendeten Begriff des *Betriebsvergleichs* entsprechen.

643 Vgl. Gondring, Hanspeter (2009), S. 555 und Homann, Klaus (1999), S. 301. Vgl. auch Unterabschnitt II.B.3.b).

Leistung (Produkte, Prozesse) systematisch an demjenigen Unternehmen, das diese Leistungen am besten erbringt."[644] Für kirchliche und soziale Organisationen erscheint es sinnvoll, je nach Immobilientyp sowohl organisationsinterne als auch organisationsübergreifende – das heißt konfessionsübergreifende oder gar „branchenfremde" – Vergleichspartner für einen Objektvergleich heranzuziehen, was jedoch notwendigerweise umfassende Abstimmungen hinsichtlich der Kennzahlenermittlung nach sich zieht.

Es können drei Funktionen einer immobilienbezogenen Kennzahlenanalyse unterschieden werden:[645]

- Informationsfunktion:
  Kennzahlen informieren über den Immobilienbestand in übersichtlicher und komprimierter Form.
- Risikoerkennungs- und Chancengenerierungsfunktion:
  Eine systematische Kennzahlenanalyse dient der Erkennung von Risiken und Fehlentwicklungen im Immobilienbestand sowie der Identifizierung und Erschließung bislang ungenutzter Optimierungspotentiale.
- Planungs- und Kontrollfunktion:
  Kennzahlenanalysen, insbesondere der Soll-Ist-Vergleich, können zur Planung und Kontrolle immobilienbezogener Aktivitäten herangezogen werden.

Die Datenbasis für eine immobilienbezogene Kennzahlenanalyse ist mit der ersten Komponente des Immobilienplanungsprozesses, der Immobilienbestandserfassung, geschaffen worden. Durch Abruf der Daten aus dem Immobilieninformationssystem können sie der Analyse zur Verfügung gestellt werden. Für die Durchführbarkeit von Objektvergleichen ist eine Objektzuordnung immobilienbezogener Kosten und Verbräuche zwingend erforderlich.

---

644 Thommen, Jean-Paul / Achleitner, Ann-Kristin (2006), S. 947. Nach der Verortung des Vergleichspartners unterscheiden Thommen /Achleitner zwischen *internem Benchmarking* (Vergleichspartner stammt aus dem eigenen Betrieb), *wettbewerbsorientiertem Benchmarking* (Vergleichspartner stammt aus einem fremden Betrieb der gleichen Branche) und *funktionalem Benchmarking* (Vergleichspartner stammt aus einer fremden Branche). Vgl. Thommen, Jean-Paul / Achleitner, Ann-Kristin (2006), S. 947.

645 Vgl. hierzu auch Hellerforth, Michaela (2000), S. 321 und Homann, Klaus / Schäfers, Wolfgang (2004), S. 200.

Gegenüber der isolierten Betrachtung einzelner Kennzahlen erhöht sich der Aussagewert der Analyse durch eine strukturierte Zusammenfassung von Kennzahlen in Form eines Kennzahlensystems. Ein solches Kennzahlensystem bildet eine geordnete Gesamtheit von Kennzahlen, die zueinander in Beziehung stehen und so über einen Sachverhalt vollständig informieren.[646] Anhand von Betriebskostenkennzahlen kann eine Kennzahlenpyramide gebildet werden (Abbildung 49), in der die Betriebskosten-Zielkennzahl in Detailkennzahlen aufgespaltet wird, die wiederum mathematisch, in diesem Fall additiv oder multiplikativ, miteinander verknüpft sind.

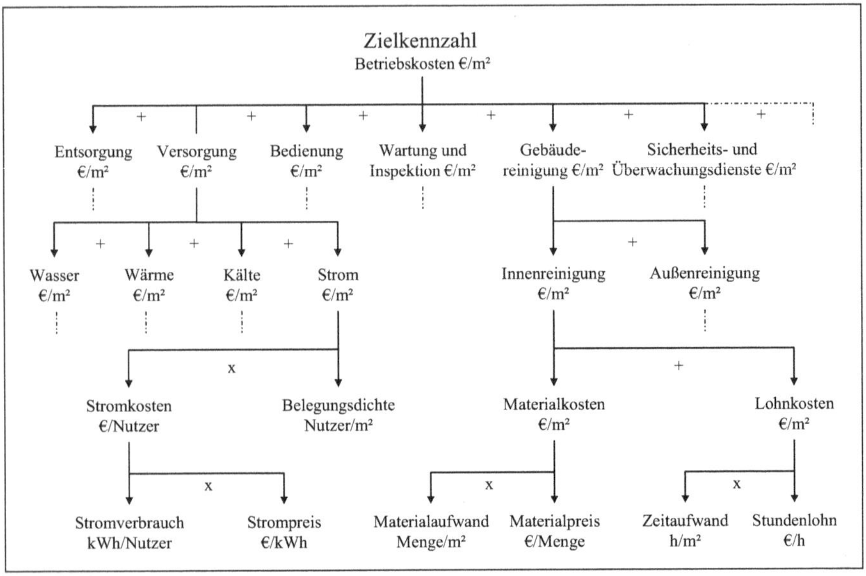

Abbildung 49: Betriebskosten-Kennzahlensystem[647]

An der Spitze der Pyramide stehen die Gesamt-Betriebskosten einer Immobilie je Quadratmeter Nettogrundfläche.[648] Es kann nun mithilfe der Pyramide zum einen festgestellt werden, ob die tatsächlichen Betriebskosten einer Immobilie höher oder niedriger sind als geplant (Soll-Ist-Vergleich), im Vergleich zu früheren Betriebskosten (Zeitvergleich) beziehungsweise zu anderen vergleichbaren Objekten (Objektvergleich). Zum anderen ermöglicht die Pyramide eine wirkungsvolle Ursachenanalyse. So kann identifiziert werden, welche Kostengruppe respektive Detailkennzahl für eine

646 Vgl. Horváth, Péter (2009), S. 507.

647 In schematischer Anlehnung an Metzner, Steffen / Erndt, Antje (2006), S. 190.

648 Vgl. zur Definition und Systematisierung immobilienbezogener Flächen Unterabschnitt II.B.1.e).

Abweichung verantwortlich ist, indem einzelne „Kennzahlenäste“ individuell analysiert werden.[649]

In dem beispielhaften Betriebskosten-Kennzahlensystem (Abbildung 49) ist die Zielkennzahl Betriebkosten je Quadratmeter Nettogrundfläche in einzelne Kostengruppen unterteilt;[650] zwei Kostengruppen sind exemplarisch in weitere Detailkennzahlen zerlegt. Gestrichelt angedeutet, sollte eine detaillierte Aufspaltung der Kennzahlen je nach Analyseschwerpunkt auch für die anderen Kostengruppen erfolgen. Auf diese Weise ergibt sich eine hierarchische Struktur in Form einer Pyramide; die Kennzahlen bauen dabei rechnerisch aufeinander auf.[651]

Mithilfe einer solchen Kennzahlenanalyse kann die relative Kostenposition – im Beispiel bezogen auf Betriebskosten – einer betrachteten Immobilie im Zeitvergleich, Soll-Ist-Vergleich und/oder im Verhältnis zu anderen Immobilien bestimmt werden. Weiterhin können Optimierungspotentiale identifiziert sowie geeignete Maßnahmen eingeleitet werden, um die Kosteneffizienz der Immobiliennutzung zu verbessern. Wichtige Voraussetzung der Kennzahlenanalyse ist die Vergleichbarkeit der entwickelten Kennzahlen. HOMANN unterscheidet in diesem Zusammenhang zwischen einer formellen und materiellen Vergleichbarkeit. Eine *formelle Vergleichbarkeit* ist gegeben, sofern der Kennzahlenermittlung einheitliche Definitionen der Kosten- und Flächenstandards zugrunde gelegt werden.[652] Eine *materielle Vergleichbarkeit* kommt „unter der Voraussetzung einer gleichartigen Nutzung, vergleichbaren Ausstattungsbedingungen und vergleichbaren betriebstechnischen Anlagen“[653] zum Ausdruck.

Hinsichtlich der Vergleichbarkeit von Kennzahlen werden enge Grenzen von Kennzahlenanalysen und -systemen, insbesondere bei Objektvergleichen, gesehen. Mit zunehmender Spezifität einer Immobilie, vor allem was Architektur und Ausstattung anbelangt, sinkt häufig der Aussagewert solcher Systeme. An der Vergleichbarkeit von Kirchengebäuden dürften insofern erhebliche Zweifel angebracht sein, sind doch Kubatur und Gebäudesubstanz von in der Regel hoher Verschiedenheit und darüber hin-

649 Siehe auch Haub, Christoph (2007), S. 225.

650 Vgl. zur Unterteilung der Betriebskosten auch Unterabschnitt II.B.1.e).

651 Vgl. hierzu auch Reisbeck, Tilman / Schöne, Lars Bernhard (2006), S. 105 ff.

652 Vgl. hierzu Unterabschnitt II.B.1.e).

653 Homann, Klaus (1999), S. 303.

aus Steuerungsmaßnahmen zur Behebung möglicher Kennzahlenabweichungen aufgrund eines oftmals bestehenden Denkmalschutzes ohnehin Grenzen gesetzt.[654]

Ein weiterer Kritikpunkt an Kennzahlensystemen ist ihre „Monozielausrichtung“, die den in der Regel üblichen Zielpluralismus von Organisationen unberücksichtigt lässt.[655] Wichtige, insbesondere nicht-quantifizierbare, Ziele im Zusammenhang mit der Bedarfsorientierung von Nonprofit-Organisationen bleiben von den Systemen ausgeschlossen und müssen zur Organisations- und Ressourcensteuerung parallel herangezogen werden.

Darüber hinaus weist EICHHORN auf die Notwendigkeit einer kritischen „Einstellung zur Simplifikation durch Reduktion von Komplexität“[656] gegenüber Kennzahlen hin. Für ihn überführen Kennzahlen komplizierte Sachverhalte dank Informationsverdichtung in einfache operationale Größen. Mit der Bildung von Kennzahlen können jedoch mitunter andere Informationen verloren gehen, sodass EICHHORN die Kenntnis beziehungsweise ein Hinterfragen des Zustandekommens von Kennzahlen wichtig erscheint.[657]

b) Lebenszykluskostenrechnung

Wie aus Abbildung 50 hervorgeht, machen die Investitionskosten im Verhältnis zu den Nutzungskosten den in der Regel kleineren Teil der gesamten Immobilienlebenszykluskosten aus:[658] Anhand des Verlaufs der Kostenkurve (Kostenverursachung) ist ersichtlich, dass die Kosten während der Planungsphase vergleichsweise gering ausfallen, allerdings mit Beginn der Bauphase aufgrund hoher Material-, Maschinen- und Personalkosten steil ansteigen. Die Kostenkurve flacht nach Baufertigstellung wieder ab; über die gesamte Nutzungsdauer der Immobilie summieren sich die Nutzungskosten in der Regel jedoch bis zu einem Vielfachen der Investitionsausgaben auf.[659]

---

654 Vgl. „Interview E“, S. 102 und „Interview F“, S. 107.

655 Vgl. auch Horváth, Péter (2009), S. 509.

656 Eichhorn, Peter (2000a), S. 243 (teilweise Hervorhebungen im Original).

657 Vgl. Eichhorn, Peter (2000a), S. 243.

658 Dazu auch folgende Expertenaussage: „…man hat nicht bedacht, dass die Investitionskosten nur ein kleiner Teil der Lebenszykluskosten einer Immobilie sind.“ [„Interview I“, S. 165]. Vgl. auch „Interview D“, S. 79.

659 Die Summe der über den Lebenszyklus anfallenden Nutzungskosten von beispielsweise Bürogebäuden betragen empirischen Erfahrungen zufolge zwischen 680 % und 960 % der Investitionsausgaben. Vgl. Kalusche, Wolfdietrich (1991), S. 29 ff.

Darüber hinaus wird am Verlauf der Kostenbeeinflussbarkeit deutlich, dass bereits durch Entscheidungen in der Immobilienbereitstellungsphase das zukünftige Kostenverhalten einer Immobilie maßgeblich determiniert wird. Die Beeinflussbarkeit des Kostenverhaltens sinkt zu Nutzungsbeginn einer Immobilie auf ein sehr niedriges Niveau und kann erst durch die Verursachung von Bauänderungskosten wieder erhöht werden.[660]

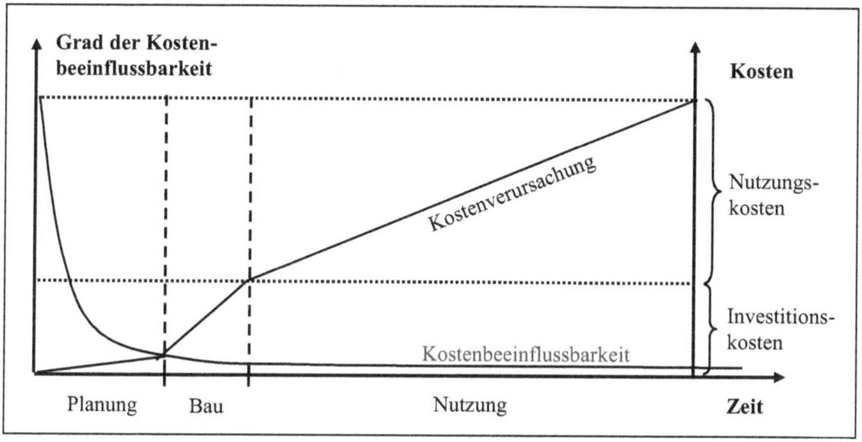

Abbildung 50: Kostenverursachung und -beeinflussung während des Immobilienlebenszyklus[661]

Mit dem Ziel, die Gesamtkosten einer Immobilie zu reduzieren, ist es Aufgabe der Lebenszykluskostenrechnung, sämtliche Kosteninformationen zu erfassen, phasen- und bauteilbezogen zuzuordnen, aufzubereiten und für anstehende Bereitstellungsentscheidungen für die Kalkulation der Lebenszykluskosten zur Verfügung zu stellen.

Basierend auf Erfahrungswerten bezüglich der Nutzungskosten und im Hinblick auf eine häufig negative Korrelation zwischen Investitions- und Nutzungskosten sollte eine qualitäts- und kostenorientierte Lebenszyklusbetrachtung vorgenommen werden. Aus den Ergebnissen einer Investitionsrechnung kann eine Empfehlung zur Substitution von Folge- durch Erstkosten abgeleitet werden. Die höheren Investitionskosten werden dann durch Reduzierung der Nutzungskosten mehr als kompensiert und somit die Gesamt-Lebenszykluskosten minimiert.[662]

660 Vgl. auch Homann, Klaus (1999), S. 54 f.
661 In Anlehnung an Kohlbecker, Lorenz (2006).
662 Vgl. auch Gondring, Hanspeter (2009), S. 565 und Pfnür, Andreas (2002), S. 143.

c) Instandhaltungsplanung

Die im Rahmen der Lebenszyklusrechnung gewonnenen Informationen über die Kosten und Qualität von Gebäudebauteilen finden zur Planung der Immobilieninstandhaltung weitere Verwendung. Eine verbesserte Informationsversorgung wird von einigen Experten kirchlicher und sozialer Organisationen als Voraussetzung einer effizienteren Instandhaltungsplanung gesehen. Nicht zuletzt durch die Einführung eines Immobilieninformationssystems stehen den Organisationen notwendige Informationen zur Verfügung, „um auch die Instandhaltung nicht nur über den Daumen zu budgetieren, sondern auch über normale Kennzahlen zu berechnen."[663]

Der Begriff Instandhaltung umfasst nach DIN 31051, wie zuvor bereits ausgeführt, die Bereiche Inspektion, Wartung und Instandsetzung. Unter Instandhaltung werden alle Maßnahmen zur Feststellung und Beurteilung des gegenwärtigen Istzustandes – *Inspektion* – sowie zur Wahrung – *Wartung* – und Wiederherstellung – *Instandsetzung* – des Sollzustandes einer Immobilie verstanden.

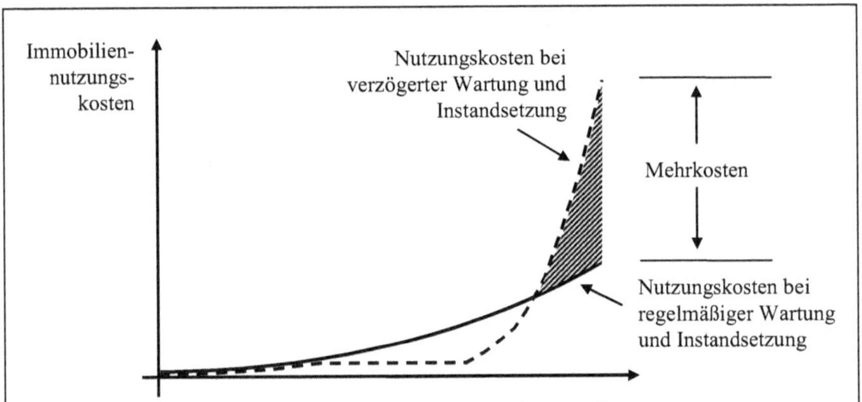

Abbildung 51: Immobiliennutzungskosten bei regelmäßigen und unregelmäßigen Instandhaltungsmaßnahmen[664]

Aus betriebswirtschaftlicher Sicht ist das Ziel der Instandhaltungsplanung die kostenminimale Erhaltung oder Wiederherstellung der Leistungsfähigkeit des Immobilienbestandes, die in Form der Flächenverfügbarkeit, der Zuverlässigkeit der betriebstechni-

[663] „Interview C", S. 42.

[664] Vgl. Kohlbecker, Lorenz (2006).

schen Einrichtungen sowie der Nutzungsqualität zum Ausdruck kommt. Damit ist die Instandhaltungsplanung ein Optimierungsproblem, sowohl in Bezug auf den Umfang als auch den optimalen Zeitpunkt respektive Zyklus von Instandsetzungsmaßnahmen, wie auch aus Abbildung 51 hervorgeht. Kosten der Instandsetzungsmaßnahmen stehen Nutzungseinbußen bei Unterlassung der Maßnahmen gegenüber, die im Extremfall zum Ausfall der Immobilie und zu hohen Schadensfolgekosten führen können.[665]

In Praxis und Fachliteratur werden folgende drei Basisstrategien der Instandhaltung unterschieden:[666]

- Präventivstrategie:
  Instandsetzungen erfolgen vor dem Ausfall-/Schadensereignis, falls der wahrscheinliche Zeitpunkt des Ausfalls/Schadens durch Kenntnis von Erfahrungswerten über das Abnutzverhalten von Bauteilen bekannt ist.

- Inspektionsstrategie:
  Anhand von Inspektionsergebnissen werden Instandsetzungsmaßnahmen im Bedarfsfall – kurz vor Ausfall – geplant und durchgeführt.

- Korrektivstrategie:
  Instandsetzungsmaßnahmen setzen nach Erreichen der Ausfallgrenze, also im Schadensfall, ein.

Präventiv- und Inspektionsstrategie haben gemein, dass sie einen vorbeugenden Charakter besitzen und somit regelmäßige Kosten präventiver Instandsetzungsmaßnahmen in Kauf nehmen. Sie grenzen sich von der Korrektivstrategie ab, bei der keine vorbeugende Instandhaltung, sondern eine Instandsetzung zum Ausfallzeitpunkt mit oftmals hohen Schadensfolgekosten erfolgt. Stehen Daten oder Erfahrungswerte über das Abnutzungsverhalten von Bauteilen zu Verfügung, kann eine vorbeugende Instandhaltung im Rahmen der Präventivstrategie durchgeführt werden. Andernfalls kann eine vorbeugende Instandhaltung auf der Basis von Inspektionen erfolgen. In der folgenden Tabelle 9 sind die Vor- und Nachteile der drei diskutierten Instandhaltungsstrategien vergleichend gegenübergestellt.

---

[665] Siehe hierzu auch Pfnür, Andreas (2002), S. 145 ff. Zu Schadensfolgekosten bei unterlassenen Instandsetzungsmaßnahmen siehe Unterabschnitt III.B.3.b) und Tabelle 9.

[666] Vgl. Krug, Klaus-Eberhard (1985), S. 27 f. und Homann, Klaus (1999), S. 335.

	Präventivstrategie	Inspektionsstrategie	Korrektivstrategie
Vorteile	• Planung und Abstimmung der Maßnahmen möglich • Garantierte Flächenverfügbarkeit • Senkung der Ausfallkosten	• Geringerer Genauigkeitsgrad bezüglich Abnutzungsverhalten erforderlich • Optimale Ausnutzung der technisch möglichen Lebensdauer möglich • Gute Planbarkeit der Maßnahmen • Hohes Maß an Flächenverfügbarkeit	• Optimale Ausnutzung der technisch möglichen Lebensdauer • Geringer Planungsaufwand • (Vermeintliche) Kostenminimierung
Nachteile	• Hoher Planungsaufwand (Datengenerierung und -pflege) • Uneinheitliche Aussagen über Verschleißverhalten von Bauteilen • Technische Lebensdauer wird nicht optimal ausgenutzt • Höhere Anzahl an Maßnahmen erhöht Fehlerwahrscheinlichkeit	• Mögliche Kostennachteile durch zusätzliche Anzahl an Inspektionen und erforderliche Qualifikation des Personals (handwerkliche Fähigkeiten und detaillierte Kenntnisse der technischen Diagnostik)	• Hohe Schadensfolgekosten möglich • Hoher zeitlicher Druck der Schadensbehebung mit möglicher negativer Beeinträchtigung der Ausführungsqualität • Mögliche Engpässe und höhere Preise bei der Ersatzteilbeschaffung • Ungleichmäßige Auslastung von Instandhaltungskapazitäten • Keine garantierte Flächenverfügbarkeit

Tabelle 9: Vor- und Nachteile unterschiedlicher Instandhaltungsstrategien[667]

Die Entscheidung zwischen einer der drei Instandhaltungsstrategien erfolgt bauteilspezifisch und nach prognostizierter Gegenüberstellung der Summe der Kosten vorbeugender Instandsetzungsmaßnahmen und der Schadensfolgekosten je Bauteil. Bei wirtschaftlich bedeutenden Bauteilen mit hohen Schadensfolgekosten, wie beispielsweise der Bedachung einer Immobilie, sollte tendenziell eher eine Präventiv- oder Inspektionsstrategie verfolgt werden, während bei wirtschaftlich unbedeutenden Bauteilen, zu denen in der Regel die Beleuchtung zählt, nach der Korrektivstrategie verfahren werden sollte.

[667] In Anlehnung an Homann, Klaus (1999), S. 341.

Eine effiziente Instandhaltungsplanung scheitert in kirchlichen Organisationen nicht in erster Linie aufgrund einer fehlenden Instandhaltungsstrategie, sondern aufgrund häufig fehlender Finanzmittel: „Wie kann ich mit geringer werdenden Mitteln diesen vorhandenen Immobilienbestand sanieren und instand halten. Das ist [...] ein riesengroßes Problem. Hinzu kommt, dass Rücklagen für Immobilieninvestitionen so gut wie keine vorhanden sind“[668]. Rücklagen zur Finanzierung von Instandsetzungsmaßnahmen wurden in der Regel nicht oder nicht in ausreichender Höhe gebildet,[669] wobei von vielen Experten betont wird, dass Rücklagen in Bezug auf denkmalgeschützte Kirchengebäude gar nicht in ausreichendem Maße gebildet werden können und kirchliche Organisationen diesbezüglich auch in Zukunft auf staatliche[670] und private Unterstützung angewiesen sind: „Bei der Berechnung von Rücklagen für eine 180 Jahre alte Kirche käme man auf fantastische Zahlen.“[671]

Wie in einigen Organisationen auch bereits erfolgt, sollten im Sinne einer lebenszyklusorientierten Betrachtung und Abbildung der Immobilienkosten jedoch sukzessiv „objektbezogene Instandhaltungsrücklagen [...] den budgetierten Bauunterhalt ablösen.“[672] Insbesondere im Rahmen von Immobilienbereitstellungsentscheidungen sollten die Folgekosten einer Investition adäquat durch die Bildung von Rücklagen berücksichtigt werden. Dazu auch dieses Statement: „Wir sollten [...] keinen Neubau genehmigen, ohne dass eine Rücklagenbildung möglich ist.“[673] Auch bei Immobilien, die zum Zwecke der Kapitalanlage im Bestand gehalten werden, sollte ein festgelegter

---

668 „Interview E“, S. 88. Auch in einigen sozialen Organisationen scheinen Rücklagen zur Finanzierung von Instandsetzungsmaßnahmen eine untergeordnete Rolle gespielt zu haben, wie aus dieser Expertenaussage deutlich wird: „Durch die staatliche Förderung in der Vergangenheit hat man natürlich auch nicht mit Rücklagen oder Vergleichbarem gearbeitet und da entsteht jetzt doch sehr oft ein Problem.“ [„Interview N“, S. 248].

669 Vgl. auch „Interview F“, S. 108 und „Interview H“, S. 151.

670 Zur Erhaltung von Kirchengebäuden beziehen einige kirchliche Organisationen gemäß den Konkordaten respektive Staatskirchenverträgen mit den Bundesländern jährliche Baulastzahlungen im Rahmen von sogenannten Dotationen. Diese Staatsleistungen sind in Bezug auf die Katholische und Evangelische Kirche insbesondere auf die Enteignungen von Kirchenvermögen im Zuge des Reichsdeputationshauptschlusses von 1803 beziehungsweise der Auflösung von Klöstern in evangelischen Gebieten während der Reformationszeit zurückzuführen. Vgl. hierzu Frerk, Carsten (2002), S. 108.

Im Rahmen der staatlichen Denkmalpflege gewähren die Bundesländer gemäß den jeweiligen Denkmalpflegegesetzen darüber hinaus Finanzmittel zum Erhalt kirchlicher Baudenkmäler. Vgl. Matzig, Gerhard (1997), S. 91 ff.

671 „Interview A“, S. 14. Siehe auch „Interview D“, S. 75 und „Interview F“, S. 107.

672 „Interview K“, S. 203. Siehe auch „Interview D“, S. 74 und „Interview I“, S. 161.

673 „Interview D“, S. 75.

Prozentsatz der Mieteinnahmen einer Instandhaltungsrücklage zugeführt werden (müssen).[674]

Eine solche Rücklagenbildung steht den Vorschriften des Gemeinnützigkeitsrechts, insbesondere dem Grundsatz der zeitnahen Mittelverwendung, nicht entgegen. Steuerbegünstigten Organisationen ist nach § 58 Nr. 7 a) der Abgabenordnung (AO) explizit die Bildung einer freien Vermögensverwaltungsrücklage und nach § 58 Nr. 6 AO die Bildung einer projektbezogenen Rücklage gestattet.

6. Strategien zur Verwertung von Immobilien

In den bisherigen Ausführungen ist deutlich geworden, dass Kirchengebäude eine Sonderstellung im Immobilienplanungsprozess kirchlicher Organisationen einnehmen. Dies betrifft insbesondere auch den Verwertungsprozess, so dass die Verwertungsoptionen von Kirchengebäuden zunächst gesondert behandelt werden. In den darauf folgenden Unterabschnitten wird dann auf die Desinvestitionsmöglichkeiten anderer, entbehrlich gewordener Immobilien (Unterabschnitt b) sowie weiterhin notwendiger Bestandsimmobilien eingegangen (Unterabschnitt c).

a) Verwertungsoptionen für Kirchengebäude – von Nutzungspartnerschaften bis zum Abriss des Kirchengebäudes

Umnutzungen bis hin zur vollständigen Zweckentfremdung von Kirchengebäuden hat es in der Geschichte kirchlicher Organisationen immer mal wieder gegeben. Die Anlässe waren oft Kriege und vor allem – insbesondere auf katholischer Seite – (Teil-) Aufhebungen kirchlichen Immobilienbesitzes in der Folge der Säkularisation zu Beginn des 19. Jahrhunderts. Ein bekanntes Beispiel einer Umnutzung eines Kirchengebäudes ist die Frankfurter Paulskirche, in der 1848 bis 1849 die Delegierten der Nationalversammlung tagten. Bis zu ihrer Zerstörung im Kriegsjahr 1944 wurde die Paulskirche als evangelische Hauptkirche Frankfurts genutzt; als nationales Denkmal dient sie seit ihrem Wiederaufbau für öffentliche Veranstaltungen, beispielsweise für die Verleihung des Friedenspreises des deutschen Buchhandels.

Der gegenwärtige Verwertungsprozess von Kirchengebäuden in Folge einer angespannten Finanzsituation und Zusammenlegung kirchlicher Organisationen geht oft-

[674] Vgl. „Interview E", S. 92.

mals mit einer lebhaften Diskussion einer Vielzahl Beteiligter einher. Dies hat insbesondere mit dem bereits erwähnten Symbol- und Identifikationswert von Kirchengebäuden[675] zu tun: „Menschen identifizieren sich mit „ihrer“ Kirche, sind in dieser Kirche getauft, konfirmiert und getraut“[676] worden. „Und viele von den Kirchen, die aufgegeben werden müssen, sind von Menschen finanziert worden, die heute noch leben.“[677] Es sind allen voran diese emotionalen, Identität stiftenden Aspekte, die den Verwertungsprozess von Kirchengebäuden vor besondere Herausforderungen stellen. Hinzu kommt die baugeschichtliche Bedeutung vieler Kirchengebäude, die oft einen Ortsbild prägenden Charakter und damit Relevanz über den kirchlichen Rahmen hinaus haben, was auch in diesem Statement eines Vertreters einer kirchlichen Organisation zum Ausdruck kommt: „Die Kirchen sind Identifikations-Gebäude nicht nur für Kirchenmitglieder sondern auch für Leute, die sonst nicht sehr viel mit der Kirche am Hut haben. Eine Kirche ist ein zentraler Orientierungspunkt im Stadtbild“[678].

Die Erhaltung des Kirchenraums liegt aufgrund der aufgezeigten kircheninternen und -externen Wirkungen sowohl im innerkirchlichen als auch öffentlichen Interesse. Kirchengebäuden wird demzufolge innerhalb des Gesamtverwertungsprozesses zumeist eine höhere Priorität beigemessen als anderen Immobilien kirchlicher Organisationen. Im Vordergrund der Verwertungsüberlegungen stehen Optionen, die behutsame Nutzungsänderungen zur Folge und einen provisorischen Charakter haben; Verkauf und insbesondere Abriss werden vielfach als die „Ultima Ratio“ angesehen.[679] Die unterschiedlichen Möglichkeiten der Verwertung von Kirchengebäuden lassen sich nach absteigender Präferenz folgendermaßen strukturieren:

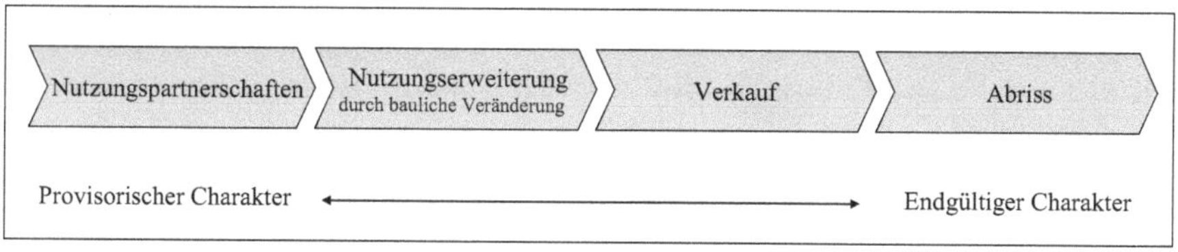

Abbildung 52: Verwertungsmöglichkeiten von Kirchengebäuden

675 Vgl. hierzu Abschnitt IV.A.1.
676 Begrich, Thomas (2007), S. 22.
677 „Interview D“, S. 83. Ähnlich diese Expertenaussage: „Da sind Spenden enthalten. Da wurde die Kirche mit eigenen Händen aufgebaut.“ [„Interview A“, S. 3]. Vgl. auch „Interview H“, S. 138.
678 „Interview I“, S. 169.
679 Vgl. hierzu und auch im Folgenden Deutsche Bischofskonferenz (2003), S. 18 ff.

Die erste Priorität hinsichtlich des künftigen Umgangs mit Kirchengebäuden genießen *Nutzungspartnerschaften*. In diesem Fall nutzt die Kirchengemeinde das Kirchengebäude weiterhin für ihre Gottesdienste, bietet es darüber hinaus jedoch auch anderen christlichen Kirchen oder kirchlichen Gemeinschaften für deren Gottesdienste an. Möglich ist außerdem eine kommunale oder kulturelle Mitnutzung, indem beispielsweise Konzerte, Vorträge, Bürgerversammlungen oder Ausstellungen im Kirchengebäude stattfinden. Der Vorteil einer solchen Mischnutzung als Gottesdienstraum, der möglicherweise auch durch andere kirchliche Gemeinschaften mitgenutzt wird, und als öffentliche Einrichtung liegt darin, dass nur wenige Baumaßnahmen notwendig sind. Die Verwertungsoption hat damit keinen endgültigen Charakter. Ähnlich verhält es sich bei einer sogenannten Konservierung des Kirchengebäudes, sollten sich keine der oben genannten Nutzungspartnerschaften finden lassen. Der Kirchenraum steht in einem solchen Fall leer. Es werden lediglich die zur Gefahrenabwehr notwendigen Bauunterhaltungsmaßnahmen vorgenommen; ein Verkauf oder Abriss des Kirchengebäudes kann auf diese Weise vorerst umgangen werden. „Manches Gebäude muss man vielleicht auch leer stehen lassen, sich selbst überlassen und in der letzten Konsequenz auch den Mut zur Ruine haben. Das ist manchmal besser, als die Kirche total zu verlieren.“[680]

Durch *Nutzungserweiterungen* wird die Kirchenraumnutzung zunächst um kirchliche Aktivitäten erweitert, indem die Gottesdienstnutzung auf einen Raumteil – den Chorraum, das Seitenschiff, einen vorhanden Kapellenraum oder die Krypta – beschränkt wird und der übrige Kirchenraum in der Form umgestaltet wird, dass er beispielsweise für die Kirchenverwaltung, Gemeindeveranstaltungen, soziale Einrichtungen und/oder die Kirchenbibliothek verwendet werden kann. Eine solche Mehrfachnutzung des Kirchengebäudes wird von vielen befragten Experten präferiert.[681] Sollten weitere abgetrennte Raumteile zur Verfügung stehen, könnten diese zu kommunalen und kulturellen Zwecken umgenutzt und vermietet werden. Um den provisorischen Charakter der Verwertungsoption aufrechtzuerhalten, sollten die Baumaßnahmen für die neuen Nutzungen möglichst reversibel gestaltet werden.

---

680 Lehmann, Karl (2007), S. 17. Dazu auch folgende Expertenaussage: „Wir werden bestimmte Kirchen nun als sogenannte „Kaltkirchen“ fahren. [...] Sobald man einen Standort missionarisch verwerten kann, wird die Tür aufgemacht und dann sind wir wieder da.“ [„Interview B“, S. 40].

681 Vgl. „Interview A“, S. 4, „Interview H“, S. 157 und „Interview I“, S. 166.

Gemäß den Kriterien zur Umnutzung von Kirchengebäuden der DEUTSCHEN BISCHOFSKONFERENZ[682] ist der *Verkauf* von Kirchenräumen an andere christliche Kirchen oder die öffentliche Hand der Übernahme durch Private vorzuziehen. Grundsätzlich soll durch entsprechende vertragliche Vereinbarungen gesichert werden, dass die neuen Nutzungen der „Würde des Raumes" Rechnung tragen und auf den ursprünglichen Charakter des Gebäudes als Kirche Rücksicht nehmen. Im Einzelfall erscheinen auch Nutzungen zu privaten Zwecken, beispielsweise zum Wohnen, als Werkstatt, Büro oder Atelier möglich. Vor allem aber soll bei einem Verkauf darauf geachtet werden, dass die Gefahr einer „kultischen Nutzung durch nichtchristliche Religionsgemeinschaften" wie zum Beispiel Islam, Buddhismus, Hinduismus oder gar Sekten aufgrund der Symbolwirkung einer solchen Maßnahme und „mit Rücksicht auf die religiösen Gefühle der katholischen Gläubigen"[683] abgewendet wird. Die Problemlage im Zusammenhang mit einem Kirchenverkauf skizziert KOLWITZ folgendermaßen: „Das Problem der Gemeinden: Auch nach dem Verkauf wird die Liegenschaft weiter als Sakralbau wahrgenommen. Missliebige Nutzungen fallen auf die Kirche zurück."[684]

Ein *Abriss* des Kirchengebäudes gilt vielfach aufgrund des endgültigen Charakters als die letztmögliche Alternative,[685] die jedoch insbesondere bei architektonisch und kunsthistorisch unbedeutenden sowie sanierungsbedürftigen Gebäuden sinnvoll erscheinen kann. Es wird vielfach betont, dass im Falle des Kirchenabrisses durch einen entsprechenden Hinweis an die frühere Kirche erinnert werden sollte. Aus betriebswirtschaftlicher Sicht ist diese Verwertungsoption vor allem dann interessant, wenn sich das Grundstück, auf dem das Kirchengebäude steht, in einer zentralen Stadtlage befindet und damit das Interesse einer Vielzahl potentieller Investoren findet.[686] Um den kirchlichen Grundbesitz zu erhalten, kann das Grundstück auch einer anderweitigen, jedoch zeitlich befristeten Nutzung in Form eines Erbbaurechts überlassen werden.[687]

---

682 Vgl. Deutsche Bischofskonferenz (2003), S. 17. Auf evangelischer Seite wurde im Auftrag der Nordelbischen Evanglisch-Lutherischen Kirche ebenfalls eine Handreichung zur Nutzung und Umnutzung von Kirchengebäuden erarbeitet. Vgl. dazu Wenk, Ingrid / Rausch, Wolf Werner (2004).

683 Deutsche Bischofskonferenz (2003), S. 20.

684 Kolwitz, Kai (2004), S. 11.

685 „Der Abbruch einer Kirche ist eher selten eine Lösung, sondern nur allerletzte Möglichkeit, Ultima Ratio." [Lehmann, Karl (2007), S. 17].

686 Vgl. auch Beyerle, Thomas (2007), S. 21.

687 Siehe zum Erbbaurecht Abschnitt IV.A.3.

b) Desinvestitionsüberlegungen für andere Immobilienarten des verwertbaren Portfolios

Im Hinblick auf den Spezialimmobiliencharakter von Kirchengebäuden und die – von Ausnahmen abgesehen – fehlende Drittverwendungsfähigkeit erscheint die priorisierte Erhaltung von Kirchengebäuden durch Nutzungspartnerschaften und -erweiterungen mit Rücksicht auf den Gesamt-Verwertungsprozess kirchlicher Immobilien sinnvoll. In Folge einer Konzentration auf die Nutzung des Kirchengebäudes wird die Nutzung anderer kirchlicher Immobilien, wie Gemeindehäuser oder Verwaltungsgebäude, möglicherweise obsolet. In der Regel handelt es sich bei diesen Immobilien um vergleichsweise multifunktionale Objekte, die – abgesehen von eventuell notwendigen Sanierungsmaßnahmen – eine Verwertung ohne größere bauliche Investitionen zulassen. Es kann demnach eine sogenannte passive Verwertung, also eine unmittelbare Verwertung durch Verkauf oder Vermietung dieser Immobilien in Betracht gezogen werden.[688]

Die zur Zielerreichung respektive Auftragserfüllung nicht mehr unmittelbar notwendigen Immobilien sozialer Organisationen, insbesondere Pflege- und Gesundheitsimmobilien, weisen größtenteils eine sehr hohe Spezifität auf, so dass die Möglichkeit der Nutzung durch Dritte sehr eingeschränkt ist. In diesem Fall sind aktive Verwertungsoptionen zu wählen, es sei denn die Organisationen begnügen sich mit einem geringen Verwertungserlös in Form geringer Mieteinnahmen oder Verkaufspreise. Aktive Verwertung bedeutet, dass zur Steigerung der Vermarktungsfähigkeit auf alternative Nutzungsmöglichkeiten abgestimmte Renovierungs- und Modernisierungsmaßnahmen vorgenommen werden. Die Erarbeitung alternativer Nutzungskonzepte ist einigen Experten zufolge eine notwendige Voraussetzung für eine erfolgreiche Verwertung ihrer Spezialimmobilien: „Eigentlich muss man immer eine Idee mitliefern, sonst wird man sie nicht los."[689]

Aktive und passive Verwertungsoptionen sind in Unterabschnitt II.B.3.b) erläutert und diskutiert worden. In Bezug auf die Verwertung nicht betriebsnotwendiger Immobilien kirchlicher und sozialer Organisationen wird auf die dortigen Ausführungen verwiesen.

---

[688] Vgl. zu den grundsätzlichen Vor- und Nachteilen der passiven Verwertungsoptionen Verkauf und Vermietung Unterabschnitt II.B.3.b) S. 64.

[689] „Interview H", S. 156. Vgl. auch „Interview A", S. 6.

c) Restrukturierung der Eigentümerposition von Immobilien des Bestandsportfolios

MEIER / BLICKLE, beide im Landeskirchenamt der Evangelisch-Lutherischen Kirche in Bayern tätig, stellen provokant die Frage, „was wichtiger ist: Das Eigentum am Gemäuer oder die Vermittlung der christlichen Botschaft."[690] Hinsichtlich Gemeindehäusern, Kindertagesstätten und Schulen sind sie der Meinung, dass deren Eigentümer nicht zwingend kirchliche Organisationen sein müssen; in Bezug auf Verwaltungsgebäude sei darüber hinaus ein Kapazitätsauf- und -abbau „in gemieteten oder geleasten Immobilien oft einfacher zu steuern."[691]

Dessen anscheinend unbeachtet beziehungsweise widersprechend wird eine Restrukturierung der Eigentümerposition durch Verkauf und Wiederanmietung der zur Auftragserfüllung unmittelbar notwendigen Bestandsimmobilien von nur sehr wenigen der befragten Experten kirchlicher und sozialer Organisationen für sinnvoll erachtet.[692] Verbreitet ist vielmehr folgende Auffassung: „Sale and Lease Back wird als Ausverkauf angesehen."[693] Die zufließende Liquidität – durch Freisetzung der in Bestandsimmobilien gebundenen Kapitalmittel – wird weitaus weniger stark gewichtet als der Verlust einer dauerhaften Kontrolle über die Immobilien. Damit ist ein Sale and Lease Back mehrheitlich nicht als alternative Quelle der Organisationsfinanzierung anerkannt.

In Unterabschnitt II.B.3.b) wurde bereits darauf hingewiesen, dass im Gegensatz zur Verwertung entbehrlich gewordener Immobilien eine ausreichende Drittverwendungsfähigkeit keine unmittelbar zwingende Voraussetzung der Verwertung respektive Monetarisierung betriebsnotwendiger Immobilien ist. Da die Organisation beim Sale and Lease Back Nutzer der veräußerten Immobilie bleibt, stehen vielmehr eine langfristige Vertragsbindung, die Bonität der veräußernden Organisation und die Qualität der Betreiberdienstleistungen im Vordergrund der Anlagestrategie langfristig orientierter Leasinggesellschaften. Aus diesem Grund können die in ihrer Nutzung spezifischen Bestandsimmobilien kirchlicher und sozialer Organisationen in deren Desinvestitionsüberlegungen grundsätzlich mit aufgenommen werden.

---

690 Meier, Claus / Blickle, Jörg (2005), S. 266.

691 Meier, Claus / Blickle, Jörg (2005), S. 266.

692 Vgl. „Interview A", S. 15 und „Interview K", S. 207.

693 „Interview J", S. 196. Vgl. auch „Interview M", S. 238 und „Interview N", S. 256.

Da ein Sale and Lease Back von Immobilien eine Sonderform des Immobilienleasings darstellt, wird an dieser Stelle auf die Diskussion des Leasings als Immobilienbereitstellungsvariante in Unterabschnitt V.C.4.a) verwiesen.

7. Organisatorische Aspekte des Immobilienmanagements

In Abschnitt IV.A.2. wurde auf die vielfältigen und dezentralen Eigentümerstrukturen in sozialen und insbesondere kirchlichen Organisationen hingewiesen, die einer unmittelbar zentralen Steuerung der Immobilien der Gesamtorganisation entgegenstehen. Die Mehrheit der Immobilien kirchlicher Organisationen befindet sich im Eigentum der Kirchengemeinden, sodass nahezu jede Veränderung im Gesamtimmobilienbestand der Organisationen das aktive Mitwirken der Gemeinden voraussetzt.

Um angestrebte Veränderungen aus den Bereichen der zuvor beschriebenen Komponenten des Immobilienplanungsprozesses gesamtorganisatorisch umsetzen zu können, präferieren einige Organisationen finanzielle Steuerungsgrößen. Über Änderungen der Zuweisung von Finanzmitteln versuchen sie die untergeordneten Rechtsträgerebenen zu einem wirtschaftlichen Umgang mit Immobilien zu bewegen.[694] Dazu diese Expertenaussage: „Von Seiten der Diözese kann ich den Immobilienprozess vor Ort nur über Geld steuern, indem ich im Bereich der laufenden Zuschüsse und der Investitionszuschüsse Zäsuren mache und eingreife.“[695] Änderungen in der Zuweisung von Finanzmitteln können demnach auf zwei Arten erfolgen, und zwar in den Bereichen

- der laufenden Zuweisungen für die Gebäudebewirtschaftung und
- der Investitionszuschüsse.

Zur Bewirtschaftung und Unterhaltung der Gebäude werden den Kirchengemeinden vom Bistum / von der Landeskirche Finanzmittel zugewiesen. Die Höhe dieser *laufenden Zuweisungen für die Gebäudebewirtschaftung* bemisst sich in der Regel nach den – je nach Organisation auch kombinierten – Kriterien Gebäudetyp, Anzahl der Gemeindemitglieder, Nutzungshäufigkeit, Gebäudefläche und/oder Gebäudeversicherungswert.[696]

---

694 „Die einzige Steuerungsgröße, die wir haben, ist eigentlich die Zuweisung von Mitteln.“ [„Interview G“, S. 125]. Vgl. auch „Interview G“, S. 136.

695 „Interview E“, S. 95.

696 Vgl. „Interview D“, S. 77 und „Interview I“, S. 162. Vgl. auch Mertes, Martin (2000), S. 258 ff.

Insbesondere die Berechnung der Zuweisungshöhe nach den Kriterien Gebäudefläche und Gebäudeversicherungswert ruft jedoch sehr oft eine fehlsteuernde Wirkung hervor. Sie führt dazu, dass „man sich Gebäude leistet, die man vielleicht nicht mehr will oder braucht“[697], da keine Anreize bestehen, die Ausgaben der Kirchengemeinde zur Unterhaltung der Gebäude durch eine Verringerung der genutzten Fläche zu senken; ein Experte formuliert dies folgendermaßen: „Bislang werden Gemeinden nicht belohnt, die ihren Gebäudebestand reduzieren. Die bekommen weniger Bauunterhaltung [Mittel für die Bauunterhaltung; U.H.], wenn sie ihren Bestand reduzieren. Wieso sollten sie also reduzieren?“[698]

Im Hinblick auf Gemeindefusionen und -kooperationen und einen daraus resultierenden Flächenüberhang[699] ist demnach eine Änderung der Zuweisung der laufenden Finanzmittel erforderlich. Ziel sollte es sein, einen Anreiz auf Gemeindeebene zu schaffen, sich von nicht unmittelbar notwendigen Immobilien zu trennen. Dies könnte, wie MERTES vorschlägt, in der Einführung einer „Stilllegungsprämie“ geschehen: Die Finanzmittelzuweisung erfolgt weiterhin nach den bisherigen Kriterien. Entscheidet sich eine Gemeinde jedoch dazu, einen Teil ihres Gebäudebestands monetär zu verwerten, also zu verkaufen oder zu vermieten, erhält sie eine einmalige oder über mehrere Perioden verteilte Prämie.[700] Eine weitere Möglichkeit, den Verwertungsprozess von entbehrlich gewordenen Immobilien anzuregen, besteht darin, die gebäudebezogenen Kriterien wie Gebäudefläche und Gebäudeversicherungswert, bei der Finanzmittelzuweisung zu streichen. Mit vollständiger Abstellung der Zuweisung auf die Anzahl der Gemeindemitglieder oder andere gebäudebestandsunabhängige Kriterien erhöhen sich die finanziellen Anreize für die Kirchengemeinden, Flächenüberhänge abzubauen und „Häuser abzustoßen, da die Mittelzuweisung unverändert bleibt“[701]. Mit der Immobilienverwertung können die frei werdenden Mittel darüber hinaus anderweitig verwendet werden.[702]

---

697 „Interview D“, S. 78.

698 „Interview F“, S. 113. Vgl. auch „Interview I“, S. 162 und 165.

699 Vgl. Unterabschnitt V.C.3.b).

700 Vgl. Mertes, Martin (2000), S. 261.

701 „Interview I“, S. 173.

702 Die hier beschriebene Umstellung des Zuweisungssystems im Bereich der Gebäudebewirtschaftung ist in einigen Organisationen bereits erfolgt – siehe „Interview K“, S. 209 – oder zumindest geplant – siehe „Interview I“, S. 173 sowie Synode der Evangelischen Kirche in Hessen und Nassau (2007), S. 48 und Fehrmann, Christian (2007), S. 2.

Bei Neubauvorhaben oder größeren Instandsetzungsmaßnahmen erhalten die Kirchengemeinden in der Regel weitere Finanzmittel vom Bistum oder von der Landeskirche in Form von *Investitionszuschüssen*. Auch in diesem Bereich versuchen einige kirchliche Organisationen Handlungsdruck auf die Ebene der Kirchengemeinden auszuüben, indem sie über das Führen einer priorisierten Baumaßnahmenliste nur solche Vorhaben bezuschussen, die nachweislich notwendig und unabweislich sind: „Wir haben [...] die Propsteibauausschüsse gebeten, so etwas wie ein Ranking der Gebäude in ihrer Propstei aufzustellen. Ganz oben auf der Liste sollen die Gebäude stehen, die für die Gemeindearbeit unverzichtbar sind. [...] Das wird aber bedeuten – und das erhoffen wir uns – dass Gemeinden, deren Bauvorhaben ganz unten auf der Liste stehen und damit keine zusätzlichen Mittel erhalten werden, sich dann aktiv Gedanken darüber machen müssen, sich von diesen Objekten zu trennen.“[703] Ziel einer solchen Baumaßnahmenliste ist demnach offenkundig auch die Umsetzung der organisatorischen Neuausrichtung in Form eines Fusions- beziehungsweise Kooperationsplans der Kirchengemeinden, was auch dieses Statement eines Experten unterstreicht: „Die Tatsache, dass eine Immobilie vorhanden ist, die instand gehalten werden muss, wird abgeglichen mit der pastoralen Struktur. Marode Gebäude, allen voran Kindergärten, Gemeinde- und Pfarrhäuser von Satellitengemeinden werden nun nicht mehr bezuschusst.“[704]

Über die hier beschriebenen Änderungen von Finanzmittelzuweisungen erfolgt eine mittelbare Druckausübung seitens der Kirchenleitung, wodurch es möglich erscheint, den notwendigen und den Strukturreformen geschuldeten Prozess der Immobilienreduzierung auf Kirchengemeindeebene zu steuern.

Die befragten Experten sind sich überwiegend darin einig, dass eine weitergehende Zentralisierung der Immobilienverwaltung in kirchlichen Organisationen, mit Aus-

---

703 „Interview G“, S. 128. Als Propstei wird in der Organisation des zitierten Experten die Mittelinstanz zwischen Kirchengemeinde und Kirchenleitung benannt. Sie stellt hier die untere Verwaltungsebene dar und setzt sich aus mehreren Kirchengemeinden zusammen. Vgl. „Interview G“, S. 128.

704 „Interview E“, S. 94. Der hier zitierte Experte bezieht sich auf Strukturplanungen in seiner Organisation, wonach zwischen Zentralgemeinden – Gemeinden mit Sitz eines Pfarrers – und Satellitengemeinden unterschieden wird. Letztere sind weiterhin rechtlich selbstständig, verfügen jedoch nicht mehr über einen eigenen Pfarrer und sind einer Zentralpfarrei lose angeschlossen. Vgl. „Interview E“, S. 89. Vgl. zur Kürzung von Investitionszuschüssen auch „Interview A“, S. 3 und „Interview F“, S. 109 und 113.

nahme einer zentralen Verwaltung von Pfarrpfründen,[705] nur schwer realisierbar ist. Eine stärkere Zentralisierung scheitert, wie die bisherigen Ausführungen gezeigt haben, an der heterogenen Eigentümerschaft des kirchlichen Immobilienbestands, die erst durch kirchenrechtliche Eingriffe verändert werden müsste, was gegenwärtig kaum vorstellbar erscheint.

Eine zentralere Wahrnehmung von Immobilienaufgaben bringt jedoch auch kaum Vorteile, da eine Kirchengemeinde aufgrund ihrer Kenntnis der örtlichen Gegebenheiten die notwendigen immobilienbezogenen Dienstleistungen oft angemessener und flexibler, sowie mit Blick auf das ehrenamtliche Engagement vor Ort sogar kostengünstiger erbringen kann.[706]

Auch die Vergabe von Dienstleistungen an externe Dienstleister erscheint aufgrund der Eigenarten eines kirchlichen Immobilienmanagements wenig sinnvoll: „Es sind die dezentralen Eigentümerverhältnisse und darüber hinaus die vielen Mitspracheberechtigten des Eigentümers (Verwaltungsratsmitglieder, Pfarrgemeinderäte, Pfarrer, Bistum, Gemeinde et cetera) sowie das heterogene Immobilienportfolio, die einen privaten Dienstleister das Interesse verlieren lassen."[707] Einige Experten führen gegen ein Outsourcing ferner eine fehlende Expertise externer Dienstleister im kirchlichen Bereich an.[708] Dienstleistungen, die jedoch grundsätzlich ausgelagert werden können, sind zum einen Bewertungsleistungen, die im Rahmen der Umstellung des Rechungswesens auf ein kaufmännisches System erforderlich werden.[709] Zum anderen ist auch die Auslagerung von Aufgaben aus dem Bereich der Immobilienbestandserfassung denkbar.[710]

---

705 In Abschnitt IV.A.2. wurde die rechtliche und organisatorische Neuregelung der Pfarrpfründeverwaltung in der Erzdiözese Freiburg dargestellt, in der 1.136 Pfarrpfründestiftungen in eine zentrale Stiftung überführt wurden. Auf diese Weise wurden die Ortspfarrer von Verwaltungsaufgaben entlastet; darüber hinaus kann nun eine effizientere Bewirtschaftung des Grundbesitzes erfolgen. „Sie können ein zusammengeführtes Vermögen natürlich ganz anders steuern wie ein Vermögen, was 1.100 unterschiedliche Herren hat. Weil ja jeder Pfarrer Chef seiner Stiftung war." [„Interview D", S. 63]. Einige Experten betonen die Vorteile dieses Modells und beabsichtigen, es in ihrer Organisation ebenfalls umzusetzen. Vgl. dazu „Interview E", S. 98, „Interview F", S. 116 und „Interview K", S. 201.

706 Vgl. „Interview J", S. 191 und Synode der Evangelischen Kirche in Hessen und Nassau (2007), S. 49.

707 „Interview A", S. 17. Vgl. auch „Interview E", S. 105.

708 Vgl. hierzu „Interview D", S. 85 und „Interview G", S. 137.

709 Vgl. „Interview C", S. 42.

710 Vgl. „Interview D", S. 65.

Der schwerwiegendste Nachteil einer Zentralisierung beziehungsweise Auslagerung des Immobilienmanagements wird darin gesehen, dass man dadurch „die Verantwortung vor Ort abzieht.“[711] Ein zentralisiertes Management birgt die Gefahr in sich, dass in den untergeordneten Rechtsträgerebenen mit der Eigenverantwortung auch das ehrenamtliche Engagement nachhaltig geschwächt wird: „Menschen werden sich weniger vor Ort engagieren, wenn sie Geld von oben bekommen und wenn von oben gemanaged wird.“[712]

Stattdessen muss das Ziel darin liegen, die Eigenverantwortung in den untergeordneten Rechtsträgerebenen zu stärken. Dazu sollte zunächst das Bewusstsein für einen wirtschaftlichen Umgang mit Immobilien in den untergeordneten Rechtsträgerebenen geschaffen werden.[713] Dies kann in begrenzter Weise durch zentrale Eingriffe erfolgen, wie den zuvor beschriebenen geänderten Finanzmittelzuweisungen, die aufgrund ihrer Sanktions- respektive Anreizwirkungen zu einem bedarfsgerechten und wirtschaftlichen Immobilienumgang anregen können.

Wichtig sind darüber hinaus Unterstützungsleistungen seitens der Organisationsleitung an die unteren Organisationsebenen, da diese oftmals mit geringen personellen Kapazitäten ausgestattet sind. So können durch die zentrale Durchführung einer Immobilienbestandserfassung und durch Bereitstellung eines Immobilieninformationssystems die notwendige Transparenz und damit die Voraussetzungen für eine effizientere Immobiliensteuerung geschaffen werden. Ein Experte formuliert dies als „Bringpflicht“ der Organisationsleitung: „Die Bringpflicht der Landeskirche ist […], sicherzustellen, dass die [die Kirchengemeinden; U.H.] das, was sie wissen müssen, um die Kirche zu erhalten, auch wissen können.“[714] Untergeordnete Rechtsträgerebenen sollten daher auch in Form von Informations- und Fortbildungsveranstaltungen unterstützt werden, die neben immobilienbezogenem Methodenwissen auch Fundraising-Konzepte vermitteln, um auf unterer Organisationsebene selbst Finanzmittel akquirieren und dadurch für die eigene finanzielle Konsolidierung Sorge tragen zu können.

Letztendlich hängt der Erfolg des hier dargestellten Immobilienplanungsprozesses und seiner Umsetzung auch von dessen zielgerichteter Kommunikation ab. Der Prozess sollte „als Chance gesehen werden, einmal, dass natürlich eine Gemeinde finanzielle

711 „Interview H“, S. 142.

712 „Interview H“, S. 143. Vgl. auch „Interview D“, S. 77.

713 Vgl. „Interview F“, S. 115.

714 „Interview H“, S. 152.

Spielräume bekommt für das, was sie eigentlich tun soll, nämlich nicht möglichst viele Gebäude zu bewirtschaften, sondern möglichst gute kirchliche Arbeit zu machen; aber auch, dass es gelingen kann, sehr befriedigende und schöne räumliche Lösungen zu schaffen."[715]

[715] „Interview I", S. 170.

VI. Zusammenfassung

„Prachtvollen Kirchen droht der Verfall. Immer mehr Gotteshäuser werden wegen Einsturzgefahr geschlossen – für die Sanierung fehlt das Geld“[716]. In den letzten Monaten sind diese oder ähnliche Schlagzeilen vermehrt in den Tageszeitungen zu lesen. Sinkende Steuereinnahmen, demographischer Wandel und eine wachsende Zahl kirchendistanzierter Mitglieder zwingen die beiden großen Kirchen in Deutschland zu Veränderungen in ihrer Organisationsstruktur und damit auch zur Neuausrichtung ihrer Immobilienstrategie. Nicht nur kirchliche, auch andere private Nonprofit-Organisationen stehen vor tiefgreifenden Herausforderungen wie sinkenden Mitgliederzahlen, zunehmendem Wettbewerbs- und Kostendruck und stagnierenden Spenden. Auf der Suche nach Einsparpotentialen und im wachsenden Bewusstsein der Vermögenswerte und Kostendimension eigener Immobilien messen sie dem Immobilienmanagement in jüngster Zeit zunehmende Bedeutung bei.

Wissenschaftlich ist das Thema „Immobilienmanagement in Nonprofit-Organisationen“ weitgehend unerforscht. Ziel der vorliegenden Arbeit war es daher, die Eigenarten des Immobilienvermögens und -managements in privaten NPO empirisch zu ermitteln und anschließend ein strategisches Gesamtkonzept in Form eines praxisnahen Immobilienplanungsprozesses zu erarbeiten.

Um einen Überblick über den Bestand, die Nutzung und das Management von Immobilien in Nonprofit-Organisationen zu erhalten, wurden in einer breit angelegten empirischen Untersuchung Organisationen aus dem gesamten privaten NPO-Sektor, also wirtschaftliche, soziale, soziokulturelle, politische und kirchliche Organisationen sowie Stiftungen zur Struktur ihres Immobilienbestands, zur Kosten- und Vermögensdimension, zur immobilienbezogenen Datenlage und zur Organisation des Immobilienmanagements befragt.

Die Ergebnisse der quantitativen Untersuchung lassen trotz einer vielerorts intransparenten immobilienbezogenen Datenlage eine große Vermögens- und Kostenträchtigkeit erkennen. Der Anteil des Immobilienvermögens am Gesamtvermögen liegt für den Durchschnitt der an der Befragung teilnehmenden NPO über 50 %. Die Immobilienkosten betragen durchschnittlich mehr als 15 % der Gesamtkosten der Organisationen und dürften damit einen der größten Kostenblöcke überhaupt bilden. Dieses Er-

[716] Szymanski, Mike (2007), S. 36.

gebnis demonstriert eindrucksvoll die Notwendigkeit eines wirtschaftlichen und bedarfsgerechten Umgangs mit Immobilien.

Eine differenzierte Betrachtung der Organisationstypen ergab jedoch einen deutlichen Unterschied hinsichtlich der Organisationsgröße und des Umfangs des Immobilienbestandes. Insbesondere kirchliche und soziale Organisationen weisen ein großes und heterogenes Immobilienportfolio auf. Darüber hinaus deutet ein zunehmendes Bewusstsein der Organisationsführung für die Erfolgs- und Vermögenswirksamkeit von Immobilien auf ein verstärktes immobilienbezogenes Engagement hin.

Für den Fortgang der Arbeit wurde daher der Fokus auf kirchliche und soziale Organisationen gerichtet. Die Voraussetzungen dafür, das Immobilienmanagement als eigenständige, strategische Funktion wahrzunehmen und einzurichten, sind in diesen Organisationen in Form des umfangreichen Immobilienbestandes besonders gegeben. Auch lassen die veränderten Umfeldbedingungen die Erarbeitung neuer, strategischer Ansätze für kirchliche und soziale Organisationen als in hohem Maße notwendig erscheinen: Da ist zum einen eine verschärfte Wettbewerbssituation im Bereich sozialer Organisationen, die von staatlicher Seite bewusst durch Kürzungen finanzieller Zuwendungen und eine wettbewerbsorientierte Förderpolitik gesteuert wird. Zum anderen sind die rückläufigen Kirchensteuereinnahmen, aber auch gesellschaftliche Veränderungen in Lebensraum und -situation im kirchlichen Bereich Anlass genug, sich betriebswirtschaftlichen, hier immobilienbezogenen, Managementkonzepten zuzuwenden, um mit deren Hilfe die Professionalität der Organisationsführung zu steigern und Kostensenkungspotentiale zur Entschärfung der angespannten Wettbewerbs- respektive Finanzlage aufzudecken.

Der Immobilienbestand kirchlicher und sozialer Organisationen kann als äußerst heterogen und spezifisch charakterisiert werden. Ein Großteil des kirchlichen Grundbesitzes ist unbebauter Grund und Boden mit land- und forstwirtschaftlicher Nutzung, der oftmals in einer Vielzahl rechtlich eigenständiger Pfarrpfründestiftungen oder anderer Vermögensträger verwaltet wird. Der Gebäudebestand ist sehr verschiedenartig und weist neben typisch kirchlichen Gebäuden – Kirchen, Gemeindehäusern und Pfarrhäusern – mit Betreuungseinrichtungen, Wohnungen, Verwaltungsgebäuden bis hin zu Schulen, Krankenhäusern, Freizeit- und Erholungsheimen höchst unterschiedliche Gebäudearten auf. Zum Immobilienbestand sozialer Organisationen zählen insbesondere Betreuungseinrichtungen sowie Gesundheits- und Bildungsimmobilien. Sie haben mit den Immobilien kirchlicher Organisationen gemein, dass ihr zumeist ausgeprägter Spezialimmobiliencharakter immobilienbezogene Handlungsoptionen mitunter erheblich einschränkt. Ferner sind insbesondere Kirchengebäude häufig mit hohen Symbol- und Identifikationswerten behaftet, die Wirkungen über den Kreis der Kirchenmitglieder hinaus ausüben und mit entsprechenden Erwartungen verbunden sind. Dies stellt den Strategiefindungsprozess in kirchlichen und sozialen Organisationen ebenso vor Herausforderungen wie die Komplexität der Eigentumsverhältnisse im Immobilienbestand. Kirchliche Organisationen sind in der Regel in zwei bis drei Rechtsträgerebenen unterteilt, wobei auch eine Reihe unterschiedlicher Stiftungen und Vermögensfonds die Vielfalt an Eigentümern kirchlicher Immobilien erhöht. Der weitaus größte Teil kirchlichen Grundbesitzes befindet sich im Eigentum der Kirchengemeinden und damit in deren Verfügungsmacht. Die Kirchenleitungen haben lediglich Mitentscheidungs- beziehungsweise Aufsichtsrechte bei Immobilienentscheidungen der untergeordneten Rechtsträger, was deutlich macht, dass einer unmittelbar zentralen Steuerung kirchlicher Immobilien Grenzen gesetzt sind. Eine weitere Spezifität kirchlicher und sozialer Organisationen besteht in besonderen Verwendungsbindungen, denen die Organisationen in der Verwaltung ihres immobiliaren Vermögens unterworfen sind; sie können mit dem Begriff des Widmungsvermögens umschrieben werden.

Im Mittelpunkt dieses Forschungsvorhabens stand die Erarbeitung eines für kirchliche und soziale Organisationen anwendbaren strategischen Immobilienkonzepts. Die Konzeption fußt auf dem in einer qualitativen Untersuchung generierten Expertenwissen. Da die strategische Gesamtausrichtung einer Organisation den Ausgangs- und Orientierungspunkt für den strategischen Immobilienplanungsprozess bildet, wurde die Gesamtsituation und -ausrichtung der betrachteten Organisationen zunächst einer eingehenden Analyse unterworfen. Als Grundvoraussetzung für einen zielgerichteten Umgang mit Immobilien wurde die strategische Zielorientierung und Stärkung des Ressourcenbewusstseins diskutiert. Die Ausführungen konzentrierten sich im Weiteren auf die Vorstellung von sieben Komponenten eines strategischen Immobilienplanungsprozesses. Die Spezifität kirchlicher und sozialer Organisationen floss jeweils in die inhaltliche Ausgestaltung der Prozesskomponenten ein.

Bei der Erarbeitung dieses Planungsprozesses konnte hinsichtlich der phasenbezogenen Komponenten der Immobilienbereitstellung, -bewirtschaftung und -verwertung auf das in den Grundlagen aufgeführte Managementkonzept des Corporate Real Estate Managements zurückgegriffen werden; es wurde im Hinblick auf seine Anwendbarkeit in kirchlichen und sozialen NPO erörtert. Der Immobilienplanungsprozess beinhaltet jedoch noch weitere, für den Gesamtplanungsprozess entscheidende Komponenten, die in der Fachliteratur bislang lediglich isoliert dargestellt und nur in Ansätzen in ein ganzheitliches Konzept eingebunden sind. In seiner Gesamtkonzeption und logischen Anordnung der sieben Komponenten ist der strategische Immobilienplanungsprozess insofern eine Weiterentwicklung bereits existierender immobilienwirtschaftlicher Modelle und – losgelöst seiner inhaltlichen Ausgestaltung – in seiner Struktur und Komponentenabfolge grundsätzlich auch auf andere bedarfswirtschaftlich oder erwerbswirtschaftlich orientierte Organisationen übertragbar.

Der Immobilienplanungsprozess beginnt mit einer *Immobilienbestandserfassung*, in der immobilienbezogene Daten systematisch beschafft und zielgerichtet verarbeitet werden. Die hieraus gewonnenen Erkenntnisse zielen auf eine höhere Transparenz der Immobilienbestände der Organisation ab und dienen der Vorbereitung weiterführender Analysen und Strategieformulierungen. Oftmals müssen in kirchlichen und sozialen Organisationen eine ausreichende Informationsbasis erst geschaffen und immobilienbezogene Informationen demzufolge neu aufgenommen werden, was mitunter eine herausfordernde Aufgabe darstellt. Im Hinblick auf eine systematische und zielführende Immobilienbestandserfassung müssen Entscheidungen hinsichtlich Datentiefe, Einheitlichkeit der Datenqualität, Datenpflege, Datenzugriff und Softwareauswahl getroffen werden. Ein für den Gebrauch in kirchlichen und sozialen Organisationen vorgesehenes Immobilieninformationssystem sollte ferner deren teils komplexe Eigentums- und Verwaltungsstrukturen abbilden können, eine differenzierte Steuerung der Zugriffsrechte erlauben und – auch im Hinblick auf ehrenamtlich tätige Nutzer – intuitiv und benutzerfreundlich zu bedienen sein.

Mit der zweiten Komponente *Flächenanalyse und -planung* wird zunächst der zukünftige Flächenbedarf bestimmt. Dies erfolgt durch Ableitung des quantitativen und qualitativen Flächenbedarfs aller Flächen nutzenden Aktivitäten der Organisation, indem Flächenbelegungsquoten erhoben, Auslastungsannahmen getroffen und Flächenanforderungen der Nutzer eingeholt werden. Anschließend wird der Flächenbedarf mit dem gegenwärtigen Flächenbestand abgeglichen und der zukünftige Flächenbestand sowohl nach Art als auch Umfang festgelegt. Als Beispiel für den Bereich sozialer Organisationen machen immer kürzere Zeitspannen der Betreuung alter Menschen in Altenheimen eine Anpassung der Dienstleistungsmodelle und Flächenneukonzeptionen notwendig. Für kirchliche Organisationen ist bei zu niedrigen Flächenauslastungsquoten über die Erschließung räumlicher Synergien durch Flächenzusammenlegungen nachzudenken.

Im nächsten Schritt wird in der *Immobilien-Portfolioanalyse* der Immobilienbestand in ein zukünftiges Bestandsportfolio und ein verwertbares Portfolio segmentiert. Dazu wird zwischen Immobilien zur Kapitalanlage und betrieblich genutzten Immobilien unterschieden, da für die beiden Gruppierungen unterschiedliche Entscheidungskriterien und Methoden zur Bewertung herangezogen werden müssen. Für den renditeorientierten Bereich des Immobilienportfolios eignen sich insbesondere die Methoden der dynamischen Investitionsrechnung, um festzustellen, welche Bestandsimmobilien im zukünftigen Immobilienportfolio verbleiben sollen, da als Entscheidungskriterium primär die Rendite dient. Zur Identifikation nicht mehr unmittelbar notwendiger betrieblich genutzter Immobilien können Visualisierungen immobilienwirtschaftlicher Kennzahlen wichtige Entscheidungsgrundlagen darstellen. Zudem erfolgt in der Immobilien-Portfolioanalyse eine Entscheidung über einen möglichen Ersatz- oder Neubedarf an Immobilien der Organisation.

Die Formen der *Immobilienbereitstellung* Miete und Leasing sind in kirchlichen und sozialen Organisationen kaum verbreitet. Die Diskussion der Bereitstellungsalternativen unter Einbezug der – insbesondere auch gemeinnützigkeitsrechtlichen – Eigenarten der betrachteten Organisationen resultierte in einer grundsätzlichen Empfehlung, in Abhängigkeit der strategischen Bedeutung der Immobilien und eigener Finanzierungsmöglichkeiten, neben dem Eigentumserwerb auch die alternativen Bereitstellungsmöglichkeiten anhand von Wirtschaftlichkeitsberechnungen zu prüfen und deren mögliche Vorteile offenzulegen.

Für die Lebenszyklusphase der *Immobilienbewirtschaftung* wurden mit der Kennzahlenanalyse, Lebenszykluskostenrechnung und Instandhaltungsplanung Instrumente vorgestellt, mit deren Hilfe die Kosteneffizienz der Immobiliennutzung verbessert und die Verfügbarkeit respektive Nutzbarkeit der Immobilien kirchlicher und sozialer Organisationen gewährleistet werden können.

Der Prozess der *Immobilienverwertung* ist zunächst für Kirchengebäude aufgrund seiner hohen, oft emotionalen Wirkungen gesondert behandelt worden. Nach dem Grad der Endgültigkeit wurden unterschiedliche Verwertungs- und Umnutzungsmöglichkeiten von Kirchengebäuden vorgestellt und diskutiert. Darüber hinaus wurden Desinvestitionsüberlegungen für andere nicht mehr betriebsnotwendige Immobilien kirchlicher und sozialer Organisationen angestellt. In Bezug auf die Monetarisierung von Immobilien des Bestandsportfolios wurde deutlich, dass ein Sale and Lease Back in der Regel nicht als alternative Quelle der Organisationsfinanzierung anerkannt ist.

Mit der siebten Komponente des Immobilienplanungsprozesses wurden *organisatorische Aspekte des Immobilienmanagements* betrachtet. Um angestrebte Veränderungen aus den Bereichen der zuvor beschriebenen Komponenten des Immobilienplanungsprozesses gesamtorganisatorisch zu verwirklichen, setzen kirchliche und soziale Organisationen insbesondere auf finanzielle Steuerungsgrößen. Änderungen in der Zuweisung von Finanzmitteln im Bereich laufender Zuweisungen und im Bereich der Investitionszuschüsse sollen Anreizwirkungen entfalten, die auf einen bedarfsgerechten und wirtschaftlichen Umgang mit Immobilien auf allen Organisationsebenen abzielen. Auch Informations- und Fortbildungsmaßnahmen können mit der Vermittlung von immobilienbezogenem Methodenwissen dazu beitragen, den Planungsprozess zielführend umzusetzen.

Die vorliegende Arbeit weist einen systematischen Ansatz für einen auf die Bedürfnisse kirchlicher und sozialer Nonprofit-Organisationen zugeschnittenen strategischen Immobilienplanungsprozess aus. Die entwickelten Komponenten sind in Teilen an bereits etablierte Modelle des erwerbswirtschaftlich ausgerichteten Immobilienmanagements angelehnt. In seiner Gesamtkonzeption betritt der Immobilienplanungsprozess jedoch auch aus immobilienwirtschaftlicher Sicht Neuland. Kirchliche und soziale Organisationen können das vorgestellte Immobilienmanagementkonzept als problem- und zieladäquaten Wegweiser zur Erschließung immobilienbezogener Kostensenkungspotentiale und zur Effizienzsteigerung ihres Managements nutzen. Es stellt damit einen Lösungsbaustein in schwieriger Finanz- und Wettbewerbssituation dar.

Anhang

Anhang 1: Fragebogen und Rücklaufformular

TECHNISCHE UNIVERSITÄT MÜNCHEN

Erhebung zum Immobilienmanagement in Verbänden und verwandten Organisationen

1. Was bedeuten Immobilien für Sie? Eine Immobilie betrachte ich vor allem als... (Mehrfachnennungen möglich)

❐ Vermögensgegenstand ❐ Kostenfaktor ❐ Betriebsmittel
❐ Repräsentationsobjekt ❐ Renditebringer ❐ sonstiges: ______________

2. In welchem Maße hat sich das Bewusstsein für die Erfolgs- und Vermögenswirksamkeit von Immobilien in Ihrer Organisationsführung in der jüngeren Vergangenheit verändert? Das Bewusstsein...

❐ ...hat zugenommen ❐ ...ist unverändert ❐ ...hat abgenommen

3. Wie schätzen Sie den zukünftigen (Gebäude-)Flächenbedarf Ihrer Organisation ein?

❐ steigend ❐ gleich bleibend ❐ sinkend

4. Wie groß ist der Immobilienbestand Ihrer Organisation? (angemietete Immobilien + Immobilien im Eigentum) (ungefähre Angaben genügen)

a) Anzahl Gebäude ______	b) Gebäude- / Mietfläche ______ m²
c) Grundstücksfläche ______ m²	❐ keine Daten verfügbar

5. Welche Veränderungen in Ihrem Immobilienbestand ...

a) ... gab es in den vergangenen fünf Jahren? Umfang (Anzahl)		b) ... sind in den kommenden fünf Jahren geplant? Umfang (Anzahl)	
❐ Kauf	______	❐ Kauf	______
❐ Verkauf	______	❐ Verkauf	______
❐ Neubau	______	❐ Neubau	______
❐ Sanierung / Revitalisierung	______	❐ Sanierung / Revitalisierung	______
❐ Anmietung	______	❐ Anmietung	______
❐ Beendigung von Anmietungen	______	❐ Beendigung von Anmietungen	______
❐ keine Veränderungen		❐ keine Veränderungen	

6. Was waren bzw. sind die Motive für diese Veränderungen? Nennen Sie bitte stichwortartig bis zu drei Hauptmotive:

a) ....

b) ....

c) ....

7. Wie sind mehrheitlich die Eigentumsverhältnisse des Immobilienbestands Ihrer Organisation?

❐ Immobilien befinden sich überwiegend im Eigentum der Organisation (Eigentumsquote > 75%)
❐ Eigentumsquote der Immobilien liegt zwischen 25 und 75%
❐ Immobilien werden überwiegend angemietet (dann weiter mit Frage 30)

Verbände, die Ihre Immobilien überwiegend anmieten bitte weiter mit Frage 30

*Im Folgenden sind unter „**Immobilien**" solche gemeint, die sich im **Eigentum** Ihrer Organisation befinden.*

8. In welchen Bundesländern hält Ihre Organisation Immobilien im Eigentum? (Mehrfachnennungen möglich)

❒ bundesweit, in allen Bundesländern

❒ Baden-Württemberg	❒ Bayern	❒ Berlin	❒ Brandenburg
❒ Bremen	❒ Hamburg	❒ Hessen	❒ Mecklenburg-Vorp.
❒ Niedersachsen	❒ Nordrhein-Westfalen	❒ Rheinland-Pfalz	❒ Saarland
❒ Sachsen	❒ Sachsen-Anhalt	❒ Schleswig-Holstein	❒ Thüringen

9. In welchen Metropolregionen befinden sich Immobilien Ihrer Organisation? (Mehrfachnennungen möglich)

❒ Berlin/Brandenburg ❒ Bremen/Oldenburg ❒ Hamburg ❒ Hannover ❒ München ❒ Nürnberg
❒ Rhein-Main ❒ Rhein-Neckar ❒ Rhein-Ruhr ❒ Sachsendreieck ❒ Stuttgart

10. Wie viele Immobilien haben Sie überwiegend an einem Standort?

❒ 1 Immobilie ❒ 2 bis 10 Immobilien ❒ mehr als 10 Immobilien

11. a) Zu welchem Zweck hält Ihre Organisation Immobilien im Eigentum?

❒ zur Selbstnutzung ❒ zur Vermögensanlage ❒ sowohl als auch

b) Wenn SOWOHL ALS AUCH, wie hoch sind die Anteile selbstgenutzter Immobilien und Immobilien zur Vermögensanlage bezogen auf die Gebäudefläche? (Schätzung genügt)

selbstgenutzte Immobilien ________ % | Immobilien zur Vermögensanlage ________ %

12. a) Wie hoch sind die Anteile folgender Immobilienarten bezogen auf die Gebäudefläche? (Schätzung genügt)

Bürogebäude _____% Ladenlokale _____% Wohnimmobilien _____% Spezialimmobilien _____%
(bitte nachfolgend spezifizieren)

b) Welche Spezialimmobilien besitzt Ihre Organisation?

❒ Pflege-/Gesundheitsimmobilien (z.B. Altersheime, Kliniken)
❒ Freizeitimmobilien (z.B. Sportstätten, Theater, Jugend-/Erholungsheime)
❒ Bildungsimmobilien (z.B. Schulen, Kindertagesstätten)
❒ Kirchliche Immobilien (z.B. Kirchen, Pfarrhäuser, Gemeindezentren)
❒ sonstige und zwar: ____________________

13. Wie viele *Grundstücke* befinden sich im Eigentum Ihre Organisation und wie groß ist die gesamte *Grundstücksfläche*? (ungefähre Angaben genügen)

a) Anzahl Grundstücke ______ | b) Grundstücksfläche ___________ m² | ❒ keine Daten verfügbar

14. Wie viele *Gebäude* befinden sich im Eigentum Ihre Organisation und wie groß ist die gesamte *Gebäudefläche*? (ungefähre Angaben genügen)

a) Anzahl Gebäude ______ | b) Gebäudefläche ___________ m² | ❒ keine Daten verfügbar

15. Wie viel Prozent der Gebäudefläche stehen derzeit leer? ______ % ❒ keine Daten verfügbar

16. a) Sind alle Immobilienflächen Ihrer Organisation zentral erfasst worden bzw. planen Sie dies zu tun?

❒ ja ❒ nein, aber geplant ❒ nein, auch nicht geplant

b) Wenn JA bzw. GEPLANT, in welcher Form sind die Daten erfasst?

❒ in Computer-Datenbank (z.B. Excel, Access, SAP)
❒ in schriftlichen Akten

17. Werden in Ihrer Organisation Rücklagen für Instandhaltungsmaßnahmen gebildet?

❒ ja ❒ nein

18. Wie werden Instandhaltungsmaßnahmen geplant und durchgeführt?

- ❒ nach regelmäßiger Wartung und Inspektion
- ❒ nach durchschnittlicher Haltbarkeit / Nutzungsdauer
- ❒ nach eingetretener Notwendigkeit
- ❒ nach finanzieller Möglichkeit
- ❒ nach steuerlichen Gesichtspunkten
- ❒ Anderes, und zwar: ______________

19. Welche Altersstruktur weist Ihr Gebäudebestand auf? Anteil Gebäude erstellt ... (Schätzung genügt)

vor 1945 _____% zwischen 1945 und 1990 _____% nach 1990 _____%

20. a) Ist der Investitionsbedarf in den Gebäudebestand für die nächsten 10 Jahre bekannt? (Schätzung genügt)

❒ ja ❒ nein

b) Wenn JA, wie hoch ist der Investitionsbedarf? __________ Euro

21. a) Ist der Wert des Immobilienvermögens (ggf. Bilanzwert) **bekannt bzw. ist eine Schätzung möglich?**

❒ ja ❒ nein

b) Wenn JA, mit welchem Betrag ist das gesamte Immobilienvermögen bewertet? __________ Euro

c) Wenn JA, nach welchem Bewertungsverfahren wurde das Vermögen ermittelt?

- ❒ Buchwert
- ❒ Marktwert (dt. Verfahren)
- ❒ Marktwert (int. Verfahren)
- ❒ anderes, und zwar ______________

d) Wenn JA, wie hoch ist der Anteil des Immobilien-Vermögens am Gesamtvermögen? _____%

22. Sind die Bewirtschaftungskosten (Verwaltungs-, Betriebs-, Instandhaltungskosten) der Immobilien bekannt?

❒ ja ❒ schätzungsweise ❒ nein (weiter mit Frage 24)

23. Wie hoch ist der Anteil der Bewirtschaftungskosten an den Gesamtkosten? (Schätzung genügt) _____%

24. Wie (fremd-)finanziert Ihre Organisation einen Neubau oder eine Sanierung? (Mehrfachnennungen möglich)

- ❒ Kredite
- ❒ Pacht-/ Mietmodelle
- ❒ Leasing
- ❒ öffentliche Zuschüsse
- ❒ anders, und zwar ______________

25. Wie viele Ihrer Mitarbeiter beschäftigen sich primär mit immobilienbezogenen Tätigkeiten?

a) hauptamtliche Mitarbeiter: __________ | b) ehrenamtliche Mitarbeiter: __________

26. Welche der folgenden immobilienbezogenen Tätigkeiten werden innerhalb Ihrer Organisation erbracht? (Mehrfachnennungen möglich)

- ❒ Immobilienbereitstellung (Kauf, Miete, Leasing von Immobilien, Immobilienentwicklung)
- ❒ Gebäudemanagement (z.B.: Reinigungs-, Instandhaltungsdienste, Vertrags-, Energie-, Flächenmanagement)
- ❒ Immobilienverwertung (Verkauf, Vermietung von Immobilien)
- ❒ Immobilienportfoliomanagement (Konzeptionelle Gesamtansicht des Immobilienbestands durch z.B.: Schaffung eines einheitlichen Analyserasters, Ableitung einer Immobilienstrategie)
- ❒ aus sonstigem Bereich und zwar: ______________

27. Wo sind die immobilienbezogenen Tätigkeiten organisatorisch in Ihrer Organisation angesiedelt? (Mehrfachnennungen möglich)

- ❒ in Finanz-/Vermögensabteilung
- ❒ in Bauabteilung
- ❒ in Immobilien-/Liegenschaftsabteilung
- ❒ innerhalb Abteilung „allgemeine Verwaltung"
- ❒ in verbundener Organisation
- ❒ in externer, unverbundener Organisation

28. a) Sind grundsätzliche Veränderungen der derzeitigen Organisation des Immobilienmanagements in Ihrem Hause geplant?

❒ ja ❒ nein

b) Wenn JA, in welcher Form?

❒ Erweiterung des Aufgabenumfangs ❒ interne Verlagerung in zentrale Immobilienabteilung
❒ verstärkte Fremdvergabe ❒ andere: ________

29. Welche drei zentralen Herausforderungen sehen Sie im Management von Immobilien innerhalb Ihrer Organisation?

a) ....
b) ....
c) ....

Sie haben es fast geschafft, *bitte am Schluss nur noch einige Angaben zu Ihrer Organisation und Ihrer Person...*

30. Welcher Gruppe ordnen Sie Ihre Organisation zu?

❒ Wirtschaftsorganisation ❒ soziale/karitative Organisation
❒ sozio-kulturelle Organisation ❒ politische Organisation
❒ religiöse Organisation ❒ Standesorganisation (Kammer/Innung)
❒ Stiftung ❒ andere, und zwar: ________

31. Welcher organisatorischen Ebene gehört Ihre Organisation an?

❒ Spitzen- oder Dachorganisation ❒ internationale Ebene ❒ Bundesebene ❒ Landesebene
❒ Regional-/Bezirks-/Kreis-/Ortsebene ❒ andere, und zwar: ________

32. Wie viele Mitarbeiter sind für Ihre Organisation tätig?

a) hauptamtliche Mitarbeiter: ________ b) ehrenamtliche Mitarbeiter: ________

33. Wie viele Mitglieder hat Ihre Organisation? (bitte Zahl angeben)

____ Unternehmen ____ Fachverbände ____ Landesverbände
____ Regionalverbände ____ Privatpersonen ____ Sonstige, und zwar: ________

34. Ist die Zahl Ihrer Mitglieder in den letzten 5 Jahren ...?

❒ gewachsen ❒ gleich geblieben ❒ gesunken

35. Wie hoch war das Finanzbudget (Summe aller Einnahmen) **im Jahr 2006?** ________ Euro

36. Angaben zu Ihrer Person:

a) Position ________
b) ❒ hauptamtlich tätig ❒ ehrenamtlich tätig

Vielen Dank für Ihre Mitarbeit!

Sollten Sie noch weitere Anregungen, Wünsche oder Kritik haben, teilen Sie uns diese bitte mit!

____
____
____

TECHNISCHE UNIVERSITÄT MÜNCHEN

Erhebung zum Immobilienmanagement in Verbänden und verwandten Organisationen

Rücklaufschreiben

Sind Sie an einem **Ergebnisbericht** der Befragung und/oder an einem vertiefenden **Interview** interessiert? Dann schicken bzw. faxen Sie uns dieses Schreiben bitte an folgende Adresse bzw. Nummer:

Seminar für Vereins- und Verbandsforschung (SVV)
- Prof. Dr. Dieter Witt -
z. Hd. Herrn Dipl.-Wirtsch.-Ing. Uwe Heller
Postfach 11 38
85311 Freising

FAX-Nr.: 081 61 – 71 45 37

☐ Wir haben den Fragebogen vollständig ausgefüllt und mittels Rücksendekuvert an oben stehende Adresse zurück gesandt

☐ Wir sind an einem Ergebnisbericht der Befragung interessiert.
Bitte senden Sie uns eine Auswertung der Ergebnisse als PDF-Datei an folgende Adresse:

Frau / Herr: ______________________

Organisation: ______________________

E-Mail-Adresse: ______________________

☐ Wir sind zu einem vertiefenden Interview zum Thema Immobilienmanagement in Verbänden bereit.
Bitte kontaktieren Sie in diesem Zusammenhang:

Ansprechpartner: ______________________

Telefonnummer: ______________________

E-Mail-Adresse: ______________________

Anhang 2: Weitere Abbildungen zur quantitativen Untersuchung

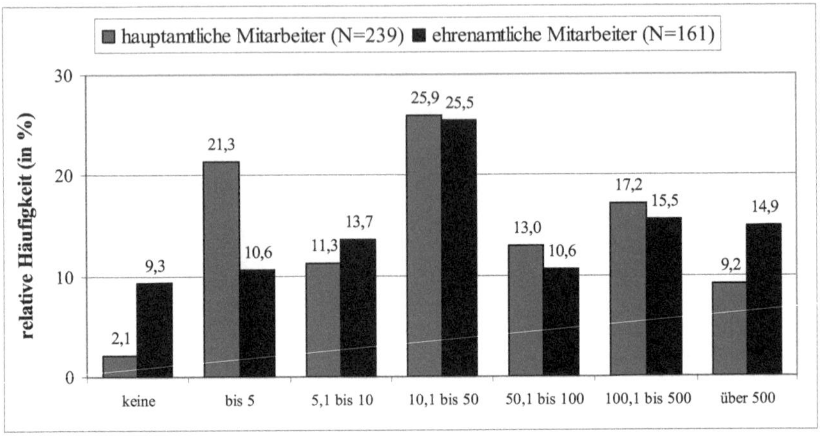

Abbildung 53: Anzahl haupt- und ehrenamtlicher Mitarbeiter

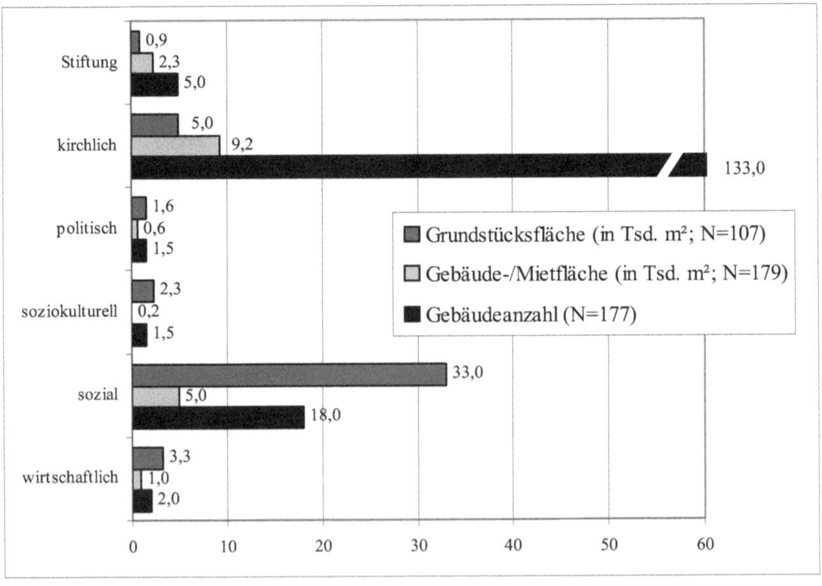

Abbildung 54: Umfang des Immobilienbestandes – Vergleich der Mediane der Variablen Grundstücksfläche, Gebäude-/Mietfläche und Gebäudeanzahl nach Organisationstyp

Tabelle 10: Extremwerte im Immobilienbestand (Gebäudeanzahl > 150)

Extremwerte (Gebäudeanzahl > 150)	
Zuordnung der Organisation	Gebäude-anzahl
kirchlich	5.000
kirchlich	4.000
kirchlich	3.000
kirchlich	2.500
kirchlich	2.000
kirchlich	1.221
sozial	550
sozial	250
sozial	230
sozial	212

Tabelle 11: Extremwerte im Immobilienbestand (Grundstücksfläche >= 200 Tsd. m²)

Extremwerte (Grundstücksfläche >= 200 Tsd. m²)	
Zuordnung der Organisation	Grundstücksfläche (in m²)
kirchlich	130.000.000
sozial	890.000
kirchlich	750.000
andere	745.000
sozial	500.000
wirtschaftlich	400.000
andere	360.000
sozial	200.000

Tabelle 12: Extremwerte im Immobilienbestand (Gebäude-/Mietfläche >= 100 Tsd. m²)

Extremwerte (Gebäude-/Mietfl. >= 100 Tsd. m²)	
Zuordnung der Organisation	Gebäude-/Mietfläche (in m²)
kirchlich	2.000.000
kirchlich	500.000
andere	380.000
sozial	165.000
andere	135.000
Stiftung	125.000
kirchlich	125.000
sozial	100.300
wirtschaftlich	100.000

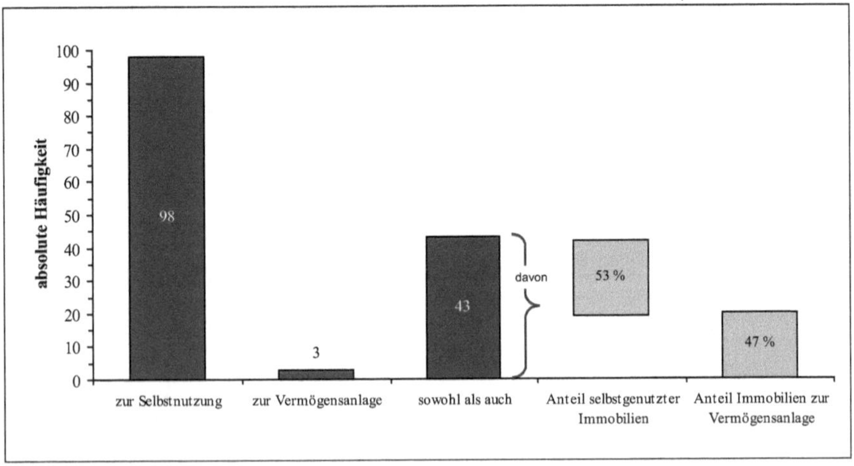

Abbildung 55: Eigentumszweck (N=144)

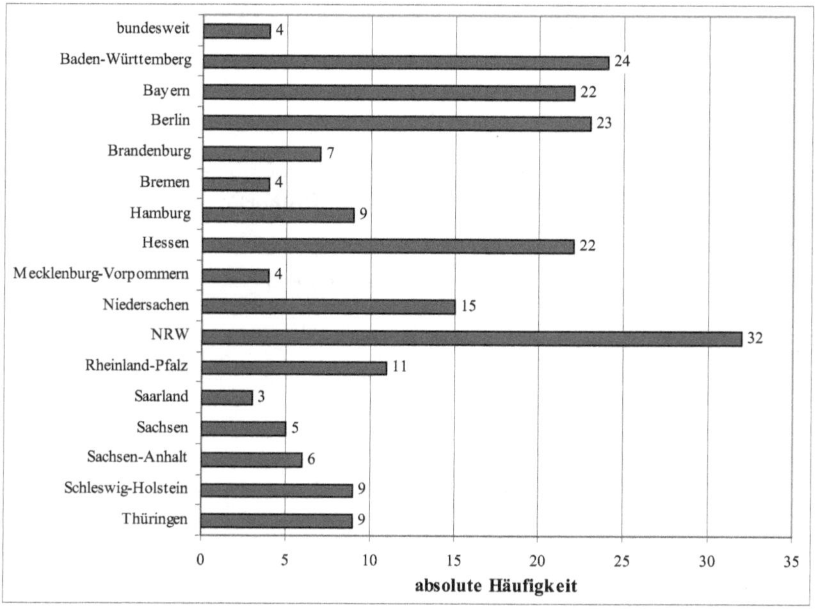

Abbildung 56: Standorte in Bundesländern (N=146, Mehrfachnennungen möglich)

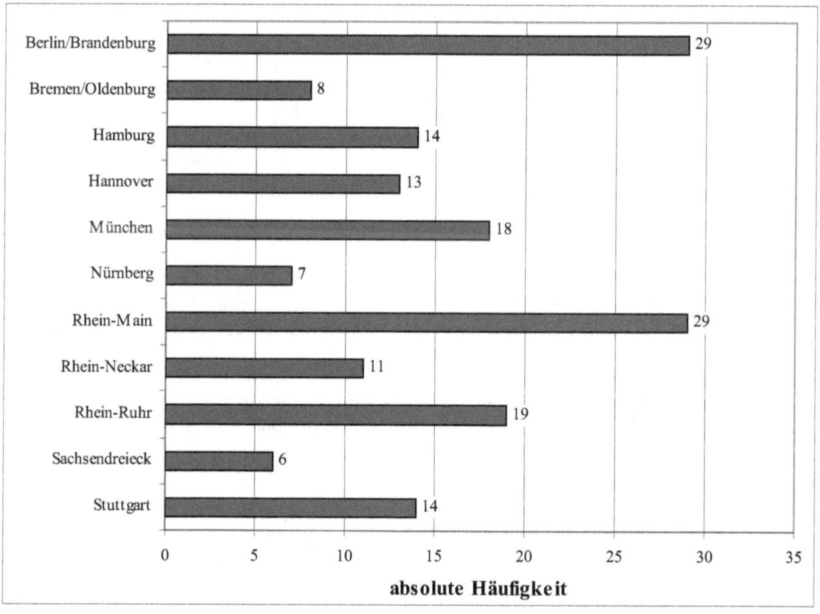

Abbildung 57: Standorte in Metropolregionen (N=111, Mehrfachnennungen möglich)

Anhang 3: Interviewleitfaden zur qualitativen Untersuchung

TECHNISCHE UNIVERSITÄT MÜNCHEN

Forschungsprojekt Immobilienmanagement in kirchlichen und karitativen Organisationen

– Leitfaden für das Interview –

Organisation:	Datum:
--	--

- Vorstellung (Name, Institut);
- Darlegung der Ziele der Befragung;
- um Verwendung eines Tonbandes ersuchen;
- auf die Anonymität der Befragung verweisen.

Themenkomplexe:

Allgemein

Welche Erfahrungen hat Ihre Organisation im Bereich Immobilienmanagement gemacht?

Konkreter:
- Welchen Stellenwert hat die Ressource Immobilie innerhalb Ihrer Organisation? Hat sich dieser in den letzten Jahren verändert (Neuorientierung im Umgang mit Immobilien?)
- Gibt oder gab es konkrete Projekte im Bereich Immobilienmanagement? Wenn ja, wie ist / war die Vorgehensweise innerhalb des Projekts?

Gibt es eine Abstimmung / Zusammenarbeit mit anderen (internen oder externen) Organisationen?

Was sind die Besonderheiten eines kirchlichen/karitativen Immobilienmanagements gegenüber einem erwerbswirtschaftlichen oder kommunalen Immobilienmanagement?

Stehen aktuelle Herausforderungen im Bereich Immobilien bzw. Immobilienmanagement an (Sanierungen, Verkauf/Verwertung, Umstrukturierung in Organisation, Standortverlagerungen / -zusammenlegungen, Kostenreduktion)?

Eigentümerstruktur

Wer ist Eigentümer der Immobilien in Ihrer Organisation?

Wer ist zuständig / verantwortlich für die Immobilien in Ihrer Organisation?

Wie ist die Einflussnahme seitens Ihrer Organisation auf untergeordnete Organisationsebenen?

Organisation
Organisation immobilienbezogener Tätigkeiten (eigene Abteilung/-en?, Anzahl Mitarbeiter, Teildienstleistungen ausgelagert?)
Wird ein zentralisiertes Management angestrebt? Wie wäre dies umsetzbar?

Datenerfassung
Wie ist der Stand der Erfassung von immobilienbezogenen Bestands- und Nutzungsdaten?
Welche Daten sind erfasst (Kosten / Flächen / Nutzungsarten / Erträge? Wie detailliert?) Sind Kosten / Verbräuche einzelnen Gebäuden zugeordnet?
Welche Software wird verwendet?

Kennzahlenanalyse / Benchmarking
Werden Kosten, Flächen, Verbräuche intern und/oder extern zur Aufdeckung von Optimierungspotentialen verglichen / ist dies geplant?

Instandhaltung
Werden Rücklagen für Instandhaltungen gebildet?
Gibt es eine Instandhaltungsstrategie/ -plan?
Sind die zu tätigenden Investitionen in den Gebäudebestand für die nächsten Jahre bekannt? Gibt es einen Instandhaltungsstau?
Wie werden Immobilien-Investitionen finanziert? Wie steht es mit Fremdkapital? (Kreditaufnahme-/ Risikobeschränkungen?)

Immobilienbereitstellung
Sind die Bereitstellungsformen Leasing und Miete grundsätzlich neben Kauf bzw. eigener Projektentwicklung denkbar?
Wie sieht dies bei Bestandsimmobilien aus? (Sale and Lease Back zur Kapitalfreisetzung oder Vermögensumschichtung (Fonds)?)

Immobilienverwertung
Wie ist die Vorgehensweise bei der Verwertung (Verkauf / Umnutzung) sakraler und nicht-sakraler Gebäude?
Welche Hindernisse, Probleme treten bei der Verwertung sakraler und nicht-sakraler Gebäude auf?

- hohe Emotionalität
- nicht frei kapitalisierbares Vermögen (Vermächtnisauflagen, stiftungs- und kirchenrechtliche Auflagen)
- fehlende Marktgängigkeit, geringe Verkaufserlöse

Outsourcing
Wie sind Ihre Erfahrungen mit privaten Dienstleistern / (Beratungs-)Unternehmen?
Haben Sie bereits mit Privaten zusammengearbeitet?
Könnten Sie sich vorstellen, ein Immobilien-Unternehmen mit der Wahrnehmung immobilienspezifischer Tätigkeiten zu betrauen?
Wenn Ja, welche Tätigkeiten könnten vergeben werden?

Quellenverzeichnis

Anheier, Helmut K. / Seibel, Wolfgang (2001): The Nonprofit Sector in Germany. Between state, economy and society, Manchester and New York, 2001

Anheier, Helmut K. / Priller, Eckhard / Seibel, Wolfgang / Zimmer, Annette (2007): Der Nonprofit-Sektor in Deutschland, in: Badelt, Christoph / Meyer, Michael / Simsa, Ruth (Hrsg.): Handbuch der Nonprofit Organisation – Strukturen und Management, S. 17-39, 4., überarb. Aufl., Stuttgart, 2007

Arndt, Yvonne (i. V.): Die Rolle von Verbänden bei der Förderung nachhaltigen Konsums und Konsequenzen für die Verbraucherpolitik. Dissertation in Vorbereitung, Technische Universität München, i. V.

Backhaus-Maul, Holger / Olk, Thomas (1994): Von Subsidiarität zu "outcontracting": Zum Wandel der Beziehungen von Staat und Wohlfahrtsverbänden in der Sozialpolitik, in: Streeck, Wolfgang (Hrsg.): Staat und Verbände, S. 100-135, Opladen, 1994

Badelt, Christoph (2000): Der Nonprofit-Sektor im Wandel: Ansprüche der Wirtschafts- und Sozialpolitik, in: Schauer, Reinbert / Blümle, Ernst-Bernd / Witt, Dieter / Anheier, Helmut K. (Hrsg.): Nonprofit-Organisationen im Wandel: Herausforderungen, gesellschaftliche Verantwortung, Perspektiven. 4. Colloquium der NPO-Forscher im deutschsprachigen Raum, S. 31-56, Linz, 2000

Badelt, Christoph (2001): Die Rolle von NPOs im Rahmen der sozialen Sicherung, in: Simsa, Ruth (Hrsg.): Management der Nonprofit Organisation – Gesellschaftliche Herausforderungen und organisationale Antworten, S. 23-40, Stuttgart, 2001

Badelt, Christoph / Meyer, Michael / Simsa, Ruth (2007a): Die Wiener Schule der NPO-Forschung, in: Badelt, Christoph / Meyer, Michael / Simsa, Ruth (Hrsg.): Handbuch der Nonprofit Organisation – Strukturen und Management, S. 3-16, 4., überarb. Aufl., Stuttgart, 2007

Badelt, Christoph / Meyer, Michael / Simsa, Ruth (2007b): Ausblick: Entwicklungsperspektiven des Nonprofit Sektors, in: Badelt, Christoph / Meyer, Michael / Simsa, Ruth (Hrsg.): Handbuch der Nonprofit Organisation – Strukturen und Management, S. 620-642, 4., überarb. Aufl., Stuttgart, 2007

Badelt, Christoph / More-Hollerweger, Eva (2007): Ehrenamtliche Arbeit im Nonprofit Sektor, in: Badelt, Christoph / Meyer, Michael / Simsa, Ruth (Hrsg.): Handbuch der Nonprofit Organisation – Strukturen und Management, S. 503-531, 4., überarb. Aufl., Stuttgart, 2007

Baumgartner, Johannes (1998): Das Erbbaurecht in der kirchlichen Praxis. Ergebnisse einer Umfrage unter den Diözesen in Deutschland, Freiburg, 1998

Baumgartner, Johannes (2004): Das Erbbaurecht – eine wichtige Form der Vermögensanlage für Stiftungen, in: Weitz, Barbara (Hrsg.): Rechtshandbuch für Stiftungen. Das aktuelle Recht in der Praxis für alle Stiftungen, Hamburg, 2004

Baur, Jürgen (2007): Immobilien-Kapitalanlage in der katholischen Kirche und Ethik, in: Immobilien & Finanzierung Nr. 8/2007 S. 11-15, Frankfurt am Main, 2007

Bea, Franz Xaver / Haas, Jürgen (2005): Strategisches Management, 4., neu bearbeitete Aufl., Stuttgart, 2005

Becker, Jürgen (1997): Bauerwartungsland, in: Mändle, Eduard / Galonska, Jürgen (Hrsg.): Wohnungs- und Immobilienlexikon, S. 77, Hamburg, 1997

Begrich, Thomas (2007): Möglichkeiten des Erhalts von Kirchengebäuden, in: Immobilien & Finanzierung Nr. 8/2007 S. 22-23, Frankfurt am Main, 2007

Bellgardt, Egon (2004): Statistik mit SPSS, 2. Aufl., München, 2004

Bernhardt, Stefan (1997): Finanzierungsmanagement von NPOs, in: Badelt, Christoph (Hrsg.): Handbuch der Nonprofit Organisation – Strukturen und Management, S. 247-273, Stuttgart, 1997

Beyerle, Thomas (2007): Umnutzung von Kirchen – was ist machbar?, in: Immobilien & Finanzierung Nr. 8/2007 S. 20-21, Frankfurt am Main, 2007

Blümle, Ernst-Bernd (1994): Das Rechnungswesen in Nonprofit-Organisationen, in: Der Schweizer Treuhänder, 10. Jg., S. 799-804, 1994

Bogenstätter, Ulrich (2008): Property Management und Facility Management, München, 2008

Bomke, Bernhard (2004): Seniorenimmobilien – Milliarden für Pflegeheime, in: Immobilien Zeitung Nr. 6/2004 vom 11.03.2004, S. 1, Wiesbaden, 2004

Bone-Winkel, Stephan (1994): Das strategische Management von offenen Immobilienfonds – unter besonderer Berücksichtigung der Projektentwicklung von Gewerbeimmobilien, Köln, 1994

Bone-Winkel, Stephan / Müller, Tobias / Pfrang, Dominique C. (2008): Bedeutung der Immobilienwirtschaft, in: Schulte, Karl-Werner (Hrsg.): Immobilienökonomie Band I – Betriebswirtschaftliche Grundlagen, S. 27-46, 4. Aufl., München, 2008

Bone-Winkel, Stephan / Schulte, Karl-Werner / Focke, Christian (2008): Begriff und Besonderheiten der Immobilien als Wirtschaftsgut, in: Schulte, Karl-Werner (Hrsg.): Immobilienökonomie Band I – Betriebswirtschaftliche Grundlagen, 3-25, 4. Aufl., 2008

Bone-Winkel, Stephan / Thomas, Matthias / Allendorf, Georg J. / Walbröhl, Victoria / Kurzrock, Björn (2008): Immobilien-Portfoliomanagement, in: Schulte, Karl-Werner (Hrsg.): Immobilienökonomie Band I – Be-triebswirtschaftliche Grundlagen, S. 781-843, 4. Aufl., München, 2008

Bono, Maria Laura (2006): NPO Controlling – Professionelle Steuerung sozialer Dienstleistungen, Stuttgart, 2006

Brauer, Kerry-U. (2006): Einführung in die Immobilienwirtschaft, in: Brauer, Kerry-U. (Hrsg.): Grundlagen der Immobilienwirtschaft, S. 17-70, 5., vollst. überarb. Aufl., Wiesbaden, 2006

Brockhaus Enzyklopädie (1987): 19., völ. neu bearb. Aufl., Mannheim, 1987

Bruhn, Manfred (2005): Marketing für Nonprofit-Organisationen. Grundlagen – Konzepte – Instrumente, Stuttgart, 2005

Bühl, Achim (2006): SPSS 14, 10. Aufl., München, 2006

Bundesarbeitsgemeinschaft der Freien Wohlfahrtspflege (2006): Einrichtungen und Dienste der freien Wohlfahrtspflege – Gesamtstatistik 2004, Berlin, 2006

Burla, Stephan (1989): Rationales Management in Nonprofit-Organisationen, Bern, Stuttgart, 1989

Büschgen, Hans Egon (Hrsg.) (1998): Praxishandbuch Leasing, München, 1998

Busse von Colbe, Walther / Lassmann, Gert (1991): Betriebswirtschaftstheorie, Band 1, Grundlagen, Produktions- und Kostentheorie, 5., durchges. Aufl., Berlin u. a., 1991

Camp, Robert C. (1994): Benchmarking, München, 1994

Cock, Robert / French, Nick (2001): Internal Rents and Corporate Property Management – A study into the use of internal rents in UK corporate organisations, Working Papers in Land Management and Development 08/01, The University of Reading, Berkshire, 2001

Deinzer, Klemens (2007): Strategische und operative Neuausrichtung im kirchlichen Immobilienmanagement – Vortrag im Rahmen einer gemeinsamen Veranstaltungsreihe des vhw – ESW – KSD am 24. Mai 2007, Köln, 2007

Deutsche Bischofskonferenz (2003): Umnutzung von Kirchen. Beurteilungskriterien und Entscheidungshilfen, in: Arbeitshilfen 175, Bonn, 2003

Deutsche Bischofskonferenz (2007a): "Mehr als Strukturen ..." Entwicklungen und Perspektiven der pastoralen Neuordnung in den Diözesen", in: Arbeitshilfen 213, Bonn, 2007

Deutsche Bischofskonferenz (2007b): "Mehr als Strukturen ..." Neuorientierung der Pastoral in den (Erz-)Diözesen. Ein Überblick, in: Arbeitshilfen 216, Bonn, 2007

Deutscher Caritasverband e. V. (2007): Finanzierung von Sozialimmobilien – Arbeitshilfe für Verantwortliche im Finanz- und Wirtschaftsbereich, Freiburg, 2007

Diederichs, Claus Jürgen (1996): Grundlagen der Projektentwicklung, in: Diederichs, Claus Jürgen (Hrsg.): Handbuch der strategischen und taktischen Bauunternehmensführung, S. 347-383, Wiesbaden, 1996

Diederichs, Claus Jürgen (2006): Immobilienmanagement im Lebenszyklus – Projektentwicklung, Projektmanagement, Facility Management, Immobilienbewertung, 2., erw. und akt. Aufl., Berlin, 2006

DIN 276 (2008): Kosten im Bauwesen. Deutsches Institut für Normung (Hrsg.). Stand 12/2008, Berlin, 2008

DIN 277 (2005): Grundflächen und Rauminhalte von Bauwerken im Hochbau. Deutsches Institut für Normung (Hrsg.). Stand 02/2005, Berlin, 2005

DIN 18960 (2008): Nutzungskosten im Hochbau. Deutsches Institut für Normung (Hrsg.). Stand 02/2008, Berlin, 2008

DIN 32736 (2000): Gebäudemanagement – Begriffe und Leistungen. Deutsches Institut für Normung. Stand 08/2000, Berlin, 2000

Duden Fremdwörterbuch (1982): in: Wissenschaftlicher Rat der Dudenredaktion (Hrsg.): Der Duden in 10 Bänden – Das Standardwerk zur deutschen Sprache, Band 5, 4., bearb. u. erw. Aufl., Mannheim, 1982

Duller, Christine (2006): Einführung in die Statistik mit EXCEL und SPSS, Heidelberg, 2006

Eckardstein, Dudo von (2007): Personalmanagement in NPOs, in: Badelt, Christoph / Meyer, Michael / Simsa, Ruth (Hrsg.): Handbuch der Nonprofit Organisation – Strukturen und Management, S. 273-298, 4., überarb. Aufl., Stuttgart, 2007

Eggers, Winfried (2009): Was ist eine Stiftung? Kleine Einführung in das Stiftungsrecht, in: Verbändereport, 13. Jg., Nr. 3, S. 27-28, 2009

Egner, Erich (1976): Der Haushalt: Eine Darstellung seiner volkswirtschaftlichen Gestalt, 2., umgearb. Aufl., Berlin, 1976

Eichhorn, Peter (2001): Konstitutive Merkmale von Non-Profit-Organisationen, in: Witt, Dieter / Eckstaller, Claudia / Faller, Peter (Hrsg.): Non-Profit-Management im Aufwind? Festschrift für Karl Oettle zum 75. Geburtstag, S. 45-52, Wiesbaden, 2001

Eichhorn, Peter (2000a): Das Prinzip Wirtschaftlichkeit. Basis der Betriebswirtschaftslehre, Wiesbaden, 2000

Eichhorn, Peter (2000b): Transformationsprozesse im NPO-Bereich, in: Schauer, Reinbert / Blümle, Ernst-Bernd / Witt, Dieter / Anheier, Helmut K. (Hrsg.): Nonprofit-Organisationen im Wandel: Herausforderungen, gesellschaftliche Verantwortung, Perspektiven. 4. Colloquium der NPO-Forscher im deutschsprachigen Raum, S. 307-314, Linz, 2000

Elgeti, Axel (2004): Kirche als Grundbesitzer, in: Classen, Claus Dieter / Harder, Hans-Martin / Ohlemacher, Jörg / Onnasch, Martin (Hrsg.): Kirche, Staat und Wirtschaft. Spannungslagen im Ostseeraum, S. 55-74, Frankfurt am Main, 2004

Emberger, Hannes (1998): Instrumente des Verbandsmarketing. Darstellung – Probleme – Lösungsansätze, Wiesbaden, 1998

Engelhardt, Werner Hans (1989): Produkt-Lebenszyklus- und Substitutionsanalyse, in: Szyperski, Norbert (Hrsg.): Handwörterbuch der Planung, S. 1591-1602, Stuttgart, 1989

Erzbischöfliches Ordinariat der Erzdiözese Freiburg (Hrsg.) (Pfarrpfründestiftung der Erzdiözese Freiburg,

Evangelische Kirche in Deutschland (2003): Kirchenmitgliederzahlen am 31.12.2001 und am 31.12.2002, Hannover, 2003

Evangelische Kirche in Deutschland (2006): Kirchenmitgliederzahlen am 31.12.2005, Hannover, 2006

Falk, Bernd (1997): Immobilien-Management – Grundlagen, Stand und Entwicklungsperspektiven, in: Falk, Bernd (Hrsg.): Das große Handbuch Immobilien-Management, S. 11-36, Landsberg/Lech, 1997

Falk, Bernd (Hrsg.) (2004): Fachlexikon Immobilienwirtschaft, 3., akt. und erw. Aufl., 2004

Fassbender, Pantaleon (1998): Kirche(n) zwischen Wirtschaft und Non-Profit-Organisation. Eine Standortbestimmung, in: Thóme, Martin (Hrsg.): Theorie Kirchenmanagement – Potentiale des Wandels. Analysen – Positionen – Ideen, S. 156-165, Bonn, 1998

Fehrmann, Christian (2007): Eckpunkte für den Umgang mit dem Immobilienbestand in der ev.-luth. Landeskirche in Braunschweig, Wolfenbüttel, 2007

Filliger, Othmar (1995): Rechnungswesen von privaten Nonprofit-Organisationen: Stand und Verbesserungsmöglichkeiten, Zürich, 1995

Fischer, Beatus (2004): Zwischen Börse und Kanzel. Kirche im Spannungsfeld wirtschaftlichen Handelns, in: Classen, Claus Dieter / Harder, Hans-Martin / Ohlemacher, Jörg / Onnasch, Martin (Hrsg.): Kirche, Staat und Wirtschaft. Spannungslagen im Ostseeraum, S. 37-47, Frankfurt am Main, 2004

Flick, Uwe (2005): Qualitative Sozialforschung – Eine Einführung, 3., Aufl., Hamburg, 2005

Frerk, Carsten (2002): Finanzen und Vermögen der Kirchen in Deutschland, Aschaffenburg, 2002

Freund, Ferdinand (1997a): Erbbaurecht, in: Mändle, Eduard / Galonska, Jürgen (Hrsg.): Wohnungs- und Immobilienlexikon, S. 266, Hamburg, 1997

Freund, Ferdinand (1997b): Erbbaurecht, wirtschaftliche Wirkungen, in: Mändle, Eduard / Galonska, Jürgen (Hrsg.): Wohnungs- und Immobilienlexikon, S. 269-270, Hamburg, 1997

Freemann, R. Edward (1984): Strategic Management – A Stakeholder Approach, Boston, 1984

Fritsch, Michael / Wein, Thomas / Ewers, Hans-Jürgen (2007): Marktversagen und Wirtschaftspolitik. Mikroökonomische Grundlagen staatlichen Handelns, 7., akt. u. ergänzte Aufl., München, 2007

Friebertshäuser, Barbara (1997): Interviewtechniken – ein Überblick, in: Friebertshäuser, Barbara / Prengel, Annedore (Hrsg.): Qualitative Forschungsmethoden in der Erziehungswissenschaft, S. 371-395, Weinheim und München, 1997

Frischknecht, Manfred (1997): Grunddienstbarkeit, in: Mändle, Eduard / Galonska, Jürgen (Hrsg.): Wohnungs- und Immobilienlexikon, S. 402-403, Hamburg, 1997

Gabele, Eduard / Dannenberg, Jan / Kroll, Michael (2001): Immobilien-Leasing. Vertragsformen, Vor- und Nachteile, steuerliche Analyse, 4., akt. Aufl., Wiesbaden, 2001

Gensicke, Thomas / Picot, Sybille / Geiss, Sabine (2005): Freiwilliges Engagement in Deutschland 1999-2004. Ergebnisse der repräsentativen Trenderhebung zu Ehrenamt, Freiwilligenarbeit und bürgerschaftlichem Engagement. Durchgeführt im Auftrag des Bundesministeriums für Familie, Senioren, Frauen und Jugend, München, 2005

Gesellschaft für immobilienwirtschaftliche Forschung e. V. (2004): Richtlinie Definition und Leistungskatalog Real Estate Investment Management, Wiesbaden, 2004

Gier, Sonja (2006): Bereitstellung und Desinvestition von Unternehmensimmobilien, Köln, 2006

Gondring, Hanspeter (2009): Immobilienwirtschaft – Handbuch für Studium und Praxis, 2., vollst. überarb. Aufl., München, 2009

Greiffenhagen, Martin / Greiffenhagen, Sylivia (1997): Politische Kultur, in: Bundeszentrale für politische Bildung (Hrsg.): Grundwissen Politik, S. 167-238, Frankfurt am Main, 1997

Greiling, Dorothea (2009): Performance Measurement in Nonprofit-Organisationen, Wiesbaden, 2009

Gronemann, Josef (2002): Corporate Governance – Nonprofit Governance, in: Stiftung & Sponsoring, Heft 3/2002 S. 5-7, 2002

Gutenberg, Erich (1983): Grundlagen der Betriebswirtschaftslehre, 1. Bd.: Die Produktion, 24., unveränderte Aufl., Berlin, Heidelberg, New York, 1983

Hahn, Jürgen (1985): Bauleitplanung, in: Falk, Bernd (Hrsg.): Immobilien-Handbuch – Wirtschaft, Recht, Bewertung, S. 665-669, Stuttgart, Berlin, Köln, Mainz, 1985

Halfar, Bernd / Borger, Andrea (2007): Kirchenmanagement, Baden-Baden, 2007

Hallenberg, Bernd (1997): Corporate Real Estate Management, in: Mändle, Eduard / Galonska, Jürgen (Hrsg.): Wohnungs- und Immobilienlexikon, S. 211-212, Hamburg, 1997

Hangarter, Ekkehard (2006): Bauleitplanung, Bebauungspläne – Handbuch für Studium und Praxis, 5., bearb. u. erw. Aufl., Neuwied, 2006

Happes, Wolfgang (2005): Vereinsstatistik 2005, V & M Service GmbH, Konstanz, 2005

Hartmann, Steffen / Lohse, Moritz / Pfnür, Andreas (2007): 15 Jahre Corporate Real Estate Management in Deutschland: Entwicklungsstand und Perspektiven der Bündelung immobilienwirtschaftlicher Aufgaben bei ausgewählten Unternehmen, in: Pfnür, Andreas (Hrsg.): Arbeitspapiere zur immobilienwirtschaftlichen Forschung und Praxis, Band Nr. 10, Darmstadt, 2007

Hardenberg, Christian von / Siebart, Patricia (2006): Corporate Governance in Nonprofit-Organisationen. Studie von KPMG und der Universität Potsdam, 2006

Haub, Christoph (2007): Steuerung von Immobilienportfolios mit Kennzahlen, in: Schulte, Karl-Werner / Thomas, Matthias (Hrsg.): Handbuch Immobilien-Portfoliomanagement, S. 223-244, Köln, 2007

Heilmair, Astrid (2009): Risikomanagement in Verbänden. Module einer risikobewussten Verbandsführung, Wiesbaden, 2009

Hellerforth, Michaela (2000): Controlling von Facilities-Management-Prozessen, in: Schulte, Karl-Werner / Pierschke, Barbara (Hrsg.): Facilities-Management, S. 285-328, Köln, 2000

Henzelmann, Torsten (2004): Stand und Perspektiven des Corporate Real Estate Managements in Deutschland und Europa – Ergebnisse einer empirischen Untersuchung, in: Schulte, Karl-Werner / Schäfers, Wolfgang (Hrsg.): Handbuch Corporate Real Estate Management, S. 57-74, 2. Aufl., Köln, 2004

Hinterhuber, Hans H. (2004): Strategische Unternehmensführung. I. Strategisches Denken. Vision, Unternehmenspolitik, Strategie, 7., neu bearb. Aufl., Berlin, 2004

Homann, Klaus (1998): Instandhaltungsmanagement von Gebäuden, in: Schulte, Karl-Werner / Schäfers, Wolfgang (Hrsg.): Handbuch Corporate Real Estate Management, S. 309-343, Köln, 1998

Homann, Klaus (1999): Immobiliencontrolling – Ansatzpunkte einer lebenszyklusorientierten Konzeption, Wiesbaden, 1999

Homann, Klaus (2000): Immobiliencontrolling, in: Schulte, Karl-Werner (Hrsg.): Immobilienökonomie Band I – Betriebswirtschaftliche Grundlagen, S. 707-738, 2., überarb. Aufl., Köln, 2000

Homann, Klaus (2001): Immobilienmanagement – Ein erfolgspotentialorientierter Ansatz, in: Gondring, Hanspeter / Lammel, Eckhard (Hrsg.): Handbuch Immobilienwirtschaft, S. 373-407, Wiesbaden, 2001

Homann, Klaus / Schäfers, Wolfgang (2004): Immobilien-Controlling, in: Schulte, Karl-Werner / Schäfers, Wolfgang (Hrsg.): Handbuch Corporate Real Estate Management, S. 193-218, 2., akt. und erw. Aufl., Köln, 2004

Horváth, Péter / Herter, Ronald N. (1992): Benchmarking – Vergleich mit den Besten der Besten, in: Controlling, 4. Jg. Heft 1 S. 4-11, 1992

Horváth, Péter (2009): Controlling, 11., überarb. Aufl., München, 2009

Horak, Christian (1995): Controlling in Nonprofit-Organisationen. Erfolgsfaktoren und Instrumente, 2., Aufl., Wiesbaden, 1995

Horch, Heinz-Dieter (1992): Geld, Macht und Engagement in freiwilligen Vereinigungen. Grundlagen einer Wirtschaftssoziologie von Non-Profit-Organisationen, Berlin, 1992

Hungenberg, Harald (2006): Strategisches Management in Unternehmen. Ziele – Prozesse – Verfahren, 4., überarb. u. erw. Aufl., Wiesbaden, 2006

Institut der deutschen Wirtschaft Köln Consulting GmbH (2007): Regionalranking 2006. Untersuchung von 435 Kreisen und kreisfreien Städten, Köln, 2007

Isenhöfer, Björn / Väth, Arno (2000a): Projektentwicklung, in: Schulte, Karl-Werner (Hrsg.): Immobilienökonomie Band I – Betriebswirtschaftliche Grundlagen, S. 149-228, 2., überarb. Aufl., München, 2000

Isenhöfer, Björn / Väth, Arno (2000b): Lebenszyklus von Immobilien, in: Schulte, Karl-Werner (Hrsg.): Immobilienökonomie Band I – Betriebswirtschaftliche Grundlagen, S. 143-147, 2., überarb. Aufl., München, 2000

Janssen, Jürgen / Laatz, Wilfried (2005): Statistische Datenanalyse mit SPSS für Windows, 5., bearb. und erw. Aufl., Berlin, 2005

Jones Lang LaSalle (Hrsg.) (2002): European Real Estate Ownership Structures – The drivers behind the evolution of Europe´s real estate capital markets – The US influence, 2002

Joroff, M. / Louargand, M. / Lambert, S. / Becker, F. (1993): Strategic management of the fifth resource: corporate real estate, in: Site Selection & Industrial Development, Vol. 35, No. 5 S. 14-19, 1993

Jung, Hans (2002): Allgemeine Betriebswirtschaftslehre, 8., überarb. Aufl., München, 2002

Jung, Hans (2007): Controlling, 2. Aufl., München, 2007

Kalusche, Wolfdietrich (1991): Gebäudeplanung und Betrieb, Berlin, 1991

Kamphaus, Franz (2007): Sparen und Erneuern in den Kirchengemeinden – Zur Übergabe der Sparvorschläge am 6. und 7. Dezember 2005, in: Limburger Texte 30. Schüller, Thomas (Hrsg.): Sparen und Erneuern in den Kirchengemeinden. Ein Projekt 2005-2007 im Bistum Limburg und sein Ergebnis, S. 19-22, Limburg, 2007

Kämpf-Dern, Annette (2008): Bestimmung und Abgrenzung von Managementdisziplinen im Kontext des Immobilien- und Facilities Management. Eine Entgegnung, in: Zeitschrift für Immobilienökonomie 2/2008 S. 59-68, Wiesbaden, 2008

Kämpf-Dern, Annette / Pfnür, Andreas (2009): Grundkonzept des Immobilienmanagements. Ein Vorschlag zur Strukturierung immobilienwirtschaftlicher Managementaufgaben, in: Pfnür, Andreas (Hrsg.): Arbeitspapiere zur immobilienwirtschaftlichen Forschung und Praxis, Band Nr. 14, Darmstadt, 2009

Kaya, Maria (2006): Verfahren der Datenerhebung, in: Albers, Sönke et al. (Hrsg.): Methodik der empirischen Forschung, S. 55-72, Wiesbaden, 2006

Kaya, Maria / Himme, Alexander (2006): Möglichkeiten der Stichprobenbildung, in: Albers, Sönke et al. (Hrsg.): Methodik der empirischen Forschung, S. 89-98, Wiesbaden, 2006

Kern, Werner (1990): Industrielle Produktionswirtschaft, 4., bearb. u. erw. Aufl., Stuttgart, 1990

Kirchenamt der Evangelischen Kirche in Deutschland (Hrsg.) (2006): Kirche der Freiheit – Perspektiven für die Evangelische Kirche im 21. Jahrhundert, Hannover, 2006

Kirchenamt der Evangelischen Kirche in Deutschland (Hrsg.) (2007): Evangelische Kirche in Deutschland. Zahlen und Fakten zum kirchlichen Leben, Hannover, 2007

Klug, Wolfgang (1997): Wohlfahrtsverbände zwischen Markt, Staat und Selbsthilfe, Freiburg im Breisgau, 1997

Kohlbecker, Lorenz (2006): PPP aus Sicht des privaten Partners. Präsentationsfolien zur Vorlesung am 14.02.2006 an der Universität Karlsruhe, Frankfurt am Main, 2006

Kolwitz, Kai (2004): Die Kirche entdeckt den Markt, in: Immobilien – Wirtschaft und Recht, Heft 04/2004 S. 10-12, Freiburg, 2004

Kosiol, Erich (1961): Erkenntnisgegenstand und methodologischer Standort der Betriebswirtschaftslehre, in: Zeitschrift für Betriebswirtschaft, 31. Jg., S. 129-136, Wiesbaden, 1961

Krönes, Gerhard (2000): Kirche im Wandel – Kirchenfinanzierung vor dem Hintergrund rückläufiger Kirchensteuereinnahmen, in: Schauer, Reinbert / Blümle, Ernst-Bernd / Witt, Dieter / Anheier, Helmut K. (Hrsg.): Nonprofit-Organisationen im Wandel: Herausforderungen, gesellschaftliche Verantwortung, Perspektiven. 4. Colloquium der NPO-Forscher im deutschsprachigen Raum, S. 119-133, Linz, 2000

Krönes, Gerhard (2008): Vertrauen ist gut, Kontrolle ist besser – oder umgekehrt? Überlegungen zur Führung in Nonprofit-Organisationen, in: Schauer, Reinbert / Helmig, Bernd / Purtschert, Robert / Witt, Dieter (Hrsg.): Steuerung und Kontrolle in Nonprofit-Organisationen. 8. Colloquium der NPO-Forscher im deutschsprachigen Raum, S. 157-175, Linz, 2008

Krug, Klaus-Eberhard (1985): Wirtschaftliche Instandhaltung von Wohngebäuden durch methodische Inspektion und Instandsetzungsplanung, Braunschweig, 1985

Kühne-Büning, Lidwina (2005): Besonderheiten des Wirtschaftsgutes Wohnung und seiner Nutzungsleistungen, in: Kühne-Büning, Lidwina / Nordalm, Volker / Steveling, Lieselotte (Hrsg.): Grundlagen der Wohnungs- und Immobilienwirtschaft, S. 7-17, 4., überarb. u. erw. Aufl., Frankfurt am Main, 2005

Lakes, Beate (1999): Strategische Verbandsführung, Wiesbaden, 1999

Lehmann, Karl (2007): Umwidmung und Abriss von Kirchen – Problem oder Lösung?, in: Immobilien & Finanzierung Nr. 8/2007 S. 16-17, Frankfurt am Main, 2007

Lennerts, Kunibert / Pfründer, Uwe / Bahr, Carolin / Meysenburg, Christian (2007): Instandhaltungsbedarf öffentlicher Immobilien – Quantitäten, Strukturen und Stra-tegien, in: vhw Forum Wohneigentum; Fachzeitschrift des vhw – Bundesverband für Wohneigentum und Stadtentwicklung e. V., Heft 2 März/April 2007 S. 93-95, 2007

Lieth, Jörn von der (2008): Ecclesiastic Real Estate Management. Ein strategisches Managementkonzept für kirchliche Organisationen mit Immobilienbesitz, in: KVI im Dialog, Heft 5/2008 S. 44-47, Troisdorf, 2008

Lipp, Klaus (2005): Die (Pfarr-)Pfründestiftung als große Lösung?, in: KSD-Nachrichten – Zeitschrift für Wohnungswesen, Städtebau und kirchliche Immobilien Ausgabe 2005/03, S. 10-11, Berlin, 2005

Lippe, Peter von der / Kladobra, Andreas (2002): Repräsentativität von Stichproben, in: Marketing, Heft 24/2002, S. 227-238, 2002

Löwe, Marion (2003): Rechnungslegung von Nonprofit-Organisationen. Anforderungen und Ausgestaltungsmöglichkeiten unter Berücksichtigung der Regelungen und Deutschland, USA und Großbritannien, Berlin, 2003

Lütge, Friedrich (1949): Die Wohnungswirtschaft – Eine systematische Darstellung unter besonderer Berücksichtigung der deutschen Wohnungswirtschaft, 2., überarb. u. erw. Aufl., Stuttgart, 1949

Martens, Jul (2003): Statistische Datenanalyse mit SPSS für Windows, 2., überarb. u. erw. Aufl., München, 2003

Martens, Klaus (1969): Wie reich ist die Kirche? Der Versuch einer Bestandsaufnahme in Deutschland, 2. Aufl., 1969

Marx, Reinhard (2008): "Dem Glauben Zukunft geben" Perspektiven für den Pastoral- und Strukturplan 2020, München, 2008

Matzig, Gerhard (1997): Kirchen in Not. Über den profanen Umgang mit sakralen Denkmälern, Bonn, 1997

Mayer, Horst O. (2004): Interview und schriftliche Befragung, 2., verb. Aufl., München, 2004

Mayring, Philipp (2002): Qualitative Sozialforschung, 5. Aufl., Weinheim und Basel, 2002

Mayring, Philipp (2003): Qualitative Inhaltsanalyse, 8. Aufl., Weinheim und Basel, 2003

Meier, Claus / Blickle, Jörg (2005): Kirchliches Immobilienmanagement am Beispiel der Evangelischen Kirchen, in: Schulte, Karl-Werner / Bone-Winkel, Stephan / Thomas, Matthias (Hrsg.): Handbuch Immobilien-Investition, S. 255-271, 2. Aufl., Köln, 2005

Menne, Günter A. (1998): Management- und Marketingkonzepte für die Kirche, in: Thóme, Martin (Hrsg.): Theorie Kirchenmanagement – Potentiale des Wandels. Analysen – Positionen – Ideen, S. 167-176, Bonn, 1998

Mertes, Martin (2000): Controlling in der Kirche. Aufgaben, Instrumente und Organisation dargestellt am Beispiel des Bistums Münster, Gütersloh, 2000

Metzner, Steffen / Erndt, Antje (2006): Moderne Instrumente des Immobiliencontrollings, 2. überarb. Aufl., Sternenfels, 2006

Meuser, Michael / Nagel, Ulrike (1991): ExpertInneninterviews – vielfach erprobt, wenig bedacht. Ein Beitrag zur qualitativen Methodendiskussion, in: Garz, Detlef / Kraimer, Klaus (Hrsg.): Qualitativ-empirische Sozialforschung: Konzepte, Methoden, Analysen, S. 441-471, Opladen, 1991

Meuser, Michael / Nagel, Ulrike (1997): ExpertInneninterviews – Wissenssoziologische Voraussetzungen und methodische Durchführung, in: Friebertshäuser, Barbara / Prengel, Annedore (Hrsg.): Qualitative Forschungsmethoden in der Erziehungswissenschaft, S. 481-491, Weinheim und München, 1997

Meyer, Katharina (2002): Einführung: Aktuelle Herausforderungen an die Theorie und Praxis des Managements in Nonprofit-Organisationen, in: Meyer, Katharina (Hrsg.): Nonprofit-Management auf dem Prüfstand. Konzepte – Strategien – Lösungen, S. 7-11, Frankfurt am Main, 2002

Moegelin, Gernot (1985): Bauunternehmen, in: Falk, Bernd (Hrsg.): Immobilien-Handbuch – Wirtschaft, Recht, Bewertung, S. 100-107, Stuttgart, Berlin, Köln, Mainz, 1985

Möhrlen, Regine / Kokot, Friedrich (2000): SAP R/3: MySAP.com, New Dimensions, E-Business, R/3-Module..., München, 2000

Mono, Matthias (1995): Verbandsmarketing, 2., akt. Aufl., Wiesbaden, 1995

Müller, Helmut Leo Josef (2004): Pflegeheime als Kapitalanlage, in: Der Immobilienbrief Nr. 71 Fonds Spezial vom 4. Oktober 2004, S. 25-26.

Nävy, Jens (2006): Facility Management: Grundlagen, Computerunterstützung, Systemeinführung, Anwendungsbeispiele, 4., akt. und erg. Aufl., Berlin, 2006

Neumann, Sven (2005): Non Profit Organisationen unter Druck – Eine Analyse des Anpassungsverhaltens von Organisationen des Gesundheitswesens und der Sozialen Dienste in der Freien Wohlfahrtspflege, München und Mering, 2005

Niermann, Jörg (2007): Immobilienverwaltung am Beispiel des Bistum Essen, in: Immobilien & Finanzierung Nr. 8/2007 S. 8-10, Frankfurt am Main, 2007

Nieschlag, Robert / Dichtl, Erwin / Hörschgen, Hans (2002): Marketing, 19., überarb. u. erg. Aufl., Berlin, 2002

Oettle, Karl (1976a): Über den Charakter öffentlich-wirtschaftlicher Zielsetzungen, in: Oettle, Karl (Hrsg.): Grundfragen öffentlicher Betriebe I – Ausgewählte Aufsätze zur Zielsetzung, Führung und Organisation öffentlicher Betriebe, S. 9-35, Baden-Baden, 1976

Oettle, Karl (1976b): Betriebserfolge in der privaten und öffentlichen Wirtschaft, in: Oettle, Karl (Hrsg.): Grundfragen öffentlicher Betriebe I – Ausgewählte Aufsätze zur Zielsetzung, Führung und Organisation öffentlicher Betriebe, S. 37-54, Baden- Baden, 1976

Oettle, Karl (1987): Die Wohnung als wirtschaftliches Gut, in: Engelhardt, Werner W. / Thiemeyer, Theo (Hrsg.): Gesellschaft, Wirtschaft, Wohnungswirtschaft. Festschrift für Helmut Jenkis, S. 235-259, Berlin, 1987

Oettle, Karl (2000): Erwerbsvermögen und Widmungsvermögen – Die Bedeutung der Begriffe für den Umbruch der öffentlichen Unternehmenswirtschaft, in: Zeitschrift für öffentliche und gemeinnützige Unternehmen, Band 23, Heft 4 / 2000, S. 443-453, 2000

Oettle, Karl (2001): Wohnungswirtschaft – in den deutschen Wirtschafts- und Sozialwissenschaften vernachlässigt, in: Jenkis, Helmut W. (Hrsg.): Kompendium der Wohnungswirtschaft, S. 3-22, 4., erg. Aufl., München, 2001

Olk, Thomas / Rauschenbach, Thomas / Sachße, Christoph (1995): Von der Wertegemeinschaft zum Dienstleistungsunternehmen. Oder: über die Schwierigkeit, Solidarität zu üben. Eine einführende Skizze, in: Rauschenbach, Thomas / Sachße, Christoph / Olk, Thomas (Hrsg.): Von der Wertegemeinschaft zum Dienstleistungsunternehmen. Jugend- und Wohlfahrtsverbände im Umbruch, S. 11-33, Frankfurt am Main, 1995

Otte, Eckhard (2002): Herausforderungen und Zukunft der Freien Wohlfahrtspflege am Beispiel des Deutschen Roten Kreuzes, in: Meyer, Katharina (Hrsg.): Nonprofit-Management auf dem Prüfstand. Konzepte – Strategien – Lösungen, S. 13-21, Frankfurt am Main, 2002

Perridon, Louis / Steiner, Manfred (2007): Finanzwirtschaft der Unternehmung, 14., überarb. u erw. Aufl., München, 2007

Perels, Hans-Ulrich (1990): Wie führe ich eine Kirchengemeinde? Möglichkeiten des Managements, Gütersloh, 1990

Pfarr, Karlheinz (1984): Grundlagen der Bauwirtschaft, Essen, 1984

Pfnür, Andreas (1998): Kosten und Leistungswirkungen betrieblich genutzter Immobilien – Ergebnisse einer schriftlichen Befragung bei Großunternehmen in der Bundesrepublik Deutschland, Arbeitsbereich Öffentliche Wirtschaft der Universität Hamburg, Arbeitspapier Nr. 23, Hamburg, 1998

Pfnür, Andreas (2001): Organisation des Immobilien-Managements in Großunternehmen, in: Gondring, Hanspeter / Lammel, Eckhard (Hrsg.): Handbuch Immobilienwirtschaft, S. 409-441, Wiesbaden, 2001

Pfnür, Andreas (2002): Betriebliche Immobilienökonomie, Heidelberg, 2002

Pfnür, Andreas (2004): Modernes Immobilienmanagement – Facility Management, Corporate Real Estate Management und Real Estate Investment Management, 2., akt. und erw. Aufl., Berlin, 2004

Pfnür, Andreas (2007): Investment-Based Real Estate Portfolio Management, in: Zeitschrift für immobilienwirtschaftliche Forschung und Praxis, Ausgabe 4 vom 05. Oktober 2007 S. 2-6, Stuttgart, 2007

Pfnür, Andreas / Hedden, Nele (2002): Corporate Real Estate 2002 – Institutionalisierung des betrieblichen Immobilienmanagements, Hamburg, 2002

Picot, Arnold / Reichwald, Ralf / Wigand, Rolf (2003): Die grenzenlose Unternehmung. Information, Organisation und Management, 5., akt. und verb. Aufl., Wiesbaden, 2003

Pierschke, Barbara (2000): Facilities Management, in: Schulte, Karl-Werner (Hrsg.): Immobilienökonomie Band I – Betriebswirtschaftliche Grundlagen, S. 275-315, 2., überarb. Aufl., München, 2000

Pierschke, Barbara (2001): Die organisatorische Gestaltung des betrieblichen Immobilienmanagements, Köln, 2001

Pierschke, Barbara / Pelzeter, Andrea (2008): Facilities Management, in: Schulte, Karl-Werner (Hrsg.): Immobilienökonomie Band I – Betriebswirtschaftliche Grundlagen, S. 343-387, 4., Aufl., München, 2008

Platz, Jürgen (1994): Immobilien-Management: Prüfkriterien zu Lage, Substanz, Rendite, 4., überarb. u. erw. Aufl., Wiesbaden, 1994

Präsidium des Deutschen Bundestags (Hrsg.) (2009): Ständig aktualisierte Fassung der öffentlichen Liste über die Registrierung von Verbänden und deren Vertretern (Stand: 30.04.2009), 2009

Priller, Eckhard / Zimmer, Annette (2001): Wohin geht der Dritte Sektor? Eine Einführung, in: Priller, Eckhard / Zimmer, Annette (Hrsg.): Der Dritte Sektor international: mehr Markt – weniger Staat?, S. 9-26, Berlin, 2001

Proeller, Isabella / Siebart, Patricia / Polzer, Tobias (2008): Corporate Governance von NPOs, in: Schauer, Reinbert / Helmig, Bernd / Purtschert, Robert / Witt, Dieter (Hrsg.): Steuerung und Kontrolle in Nonprofit-Organisationen. 8. Colloquium der NPO-Forscher im deutschsprachigen Raum, S. 253-268, Linz, 2008

Pruscha, Helmut (2006): Statistisches Methodenbuch, Heidelberg, 2006

Purtschert, Robert (2005): Marketing für Verbände und weitere Nonprofit-Organisationen, 2., erg. u. akt. Aufl., Bern, Stuttgart, Wien, 2005

Pyhrr, Stephen A. / Cooper, James R. / Wofford, Larry E. / Kapplin, Steven D. / Lapides, Paul D. (1989): Real Estate Investment – Strategy, Analysis, Decisions, 2. Aufl., New York, Chichester, 1989

Reisbeck, Tilman / Schöne, Lars Bernhard (2006): Immobilien-Benchmarking – Ziele, Nutzen, Methoden und Praxis, Heidelberg, 2006

Rekowski, Manfred (2007): Einfluss von Immobilien und Facilities auf die Wirtschaftlichkeit von Kirche und Kirchengemeinden – Vortrag auf KVI Kongress – Kirche, Verwaltung & Informationstechnologien im Rahmen der ecclesia Köln 2007, Wuppertal, 2007

Riedel, Thomas (2008): Die Kirche im Dorf lassen – spezifische Managementstrategien zur Zukunftssicherung des kirchlichen Immobilienbestands (Master Thesis), Karlsruhe, 2008

Rohde, Dieter (1987): Kirchliche Statistik, in: Kirchliches Jahrbuch der EKD, 1987, 114. Jahrgang, Lieferung 3, S. 3-190, 1987

Roßkopf, Karin (2004): Wissensmanagement in Nonprofit-Organisationen – Gestaltung von Verbänden als lernende Netzwerke, Wiesbaden, 2004

Rottke, Nico / Wernecke, Martin (2008): Lebenszyklus von Immobilien, in: Schulte, Karl-Werner (Hrsg.): Immobilienökonomie Band I – Betriebswirtschaftliche Grundlagen, S. 209-229, 4. Aufl., München, 2008

Rüegg-Stürm, Johannes (2003): Das neue St. Galler Management-Modell – Grundkategorien einer modernen Managementlehre: der HSG-Ansatz, 2., durchges. Aufl., Bern, 2003

Salamon, Lester M. / Anheier, Helmut K. (1996): The Emerging Nonprofit Sector – An overview, Johns Hopkins Nonprofit Sector Series 1, New York, 1996

Schäfer, Jürgen / Conzen, Georg (Hrsg.) (2007): Praxishandbuch der Immobilien-Projektentwicklung. Akquisition, Konzeption, Realisierung, Vermarktung, 2. Aufl., München, 2007

Schäfers, Wolfgang (1997): Strategisches Management von Unternehmensimmobilien – Bausteine einer theoretischen Konzeption und Ergebnisse einer empirischen Untersuchung, Köln, 1997

Schäfers, Wolfgang (2004): Monetarisierung von Corporate Real Estate, in: Schulte, Karl-Werner / Schäfers, Wolfgang (Hrsg.): Handbuch Corporate Real Estate Management, S. 529-551, 2., akt. und erw. Aufl., Köln, 2004

Schäfers, Wolfgang / Gier, Sonja (2008): Corporate Real Estate Management, in: Schulte, Karl-Werner (Hrsg.): Immobilienökonomie Band I – Betriebswirtschaftliche Grundlagen, S. 845-898, 4. Aufl., München, 2008

Schierenbeck, Henner / Wöhle, Claudia B. (2008): Grundzüge der Betriebswirtschaftslehre, 17., völ. überarb. Aufl., München, 2008

Schmid, Josef (1995): Wohlfahrtsverbände in Westeuropa. Zur Bedeutung nationaler Entwicklungspfade in der Sozialpolitik, in: Rauschenbach, Thomas / Sachße, Christoph / Olk, Thomas (Hrsg.): Von der Wertegemeinschaft zum Dienstleistungsunternehmen. Jugend- und Wohlfahrtsverbände im Umbruch, S. 428-455, Frankfurt am Main, 1995

Schmieder, Matthias (2001): Facility Management – Grundlagen und Methoden, in: Gondring, Hanspeter / Lammel, Eckhard (Hrsg.): Handbuch Immobilienwirtschaft, S. 477-503, Wiesbaden, 2001

Schmitz-Morkramer, Gerd (1994): Beurteilung von Gewerbeimmobilien und Bewertung an ausgewählten Beispielen aus eines Kreditinstitutes, in: Falk, Bernd (Hrsg.): Gewerbe-Immobilien, S. 437-471, 6., überarb. u. erw. Aufl., Landsberg/Lech, 1994

Schneider, Friedhelm (2004): Kirchliches Immobilienmanagement – Zukunftweisender Umgang mit kirchlichen Gebäuden, Darmstadt, 2004

Schreyögg, Georg (1984): Unternehmensstrategie: Grundfragen einer Theorie strategischer Unternehmensführung, Berlin, New York, 1984

Schuhen, Axel (2002): Nonprofit Governance in der Freien Wohlfahrtspflege, Baden-Baden, 2002

Schulte, Karl-Werner / Schäfers, Wolfgang (2004): Modernes Immobilien-Management bei Corporates und Publics, in: Schulte, Karl-Werner / Schäfers, Wolfgang (Hrsg.): Handbuch Corporate Real Estate Management, S. 29-53, 2., akt. und erw. Aufl., Köln, 2004

Schulte, Karl-Werner / Schäfers, Wolfgang / Pöll, Eleonore / Amon, Marcus (2006): Grundlagen des Immobilienmanagements der öffentlichen Hand, in: Schulte, Karl-Werner / Schäfers, Wolfgang / Pöll, Eleonore / Amon, Marcus (Hrsg.): Handbuch Immobilienmanagement der öffentlichen Hand, S. 21-36, Köln, 2006

Schulz-Eickhorst, Antje / Focke, Christian / Pelzeter, Andrea (2008): Art und Maß der baulichen Nutzung, in: Schulte, Karl-Werner (Hrsg.): Immobilienökonomie Band I – Be-triebswirtschaftliche Grundlagen, S. 141-165, 4. Aufl., München, 2008

Schulz-Walz, Franziska (2006): Mitgliederorientierte Organisationsgestaltung in Wirtschaftsverbänden – Bedeutung, Herausforderung und Konzeption, Wiesbaden, 2006

Schwarz, Martin E. (2004): Strategisches Management wohnungs-wirtschaftlicher Nonprofit-Organisation – vom Erfordernis einer Neufassung des Frühverständnisses in ehemals gemeinnützigen Wohnungsunternehmen, Wiesbaden, 2004

Schwarz, Peter (1996): Management in Nonprofit-Organisationen. Eine Führungs-, Organisations- und Planungslehre für Verbände, Sozialwerke, Vereine, Kirchen, Parteien usw., 2., aktualisierte Aufl., Bern, Stuttgart, Wien, 1996

Schwarz, Peter (2001): Management-Brevier für Nonprofit-Organisationen. Eine Einführung in die besonderen Probleme und Techniken des Managements von privaten Nonprofit-Organisationen (NPO), unter Einbezug von Beispielen und Parallelen aus dem Bereich der öffentlichen NPO, 2., überarb. u. erw. Aufl., Bern, Stuttgart, Wien, 2001

Schwarz, Peter (2005): Organisation in Nonprofit-Organisationen – Grundlagen, Strukturen, Wien, 2005

Schwarz, Peter / Purtschert, Robert / Giroud, Charles / Schauer, Reinbert (2009): Das Freiburger Management-Modell für Nonprofit-Organisationen, 6. Aufl., Bern, Stuttgart, Wien, 2009

Schweiger, Michael (2006): Wertorientierte Steuerungssysteme für das betriebliche Immobilienmanagement – Konzeption von Balanced Scorecards zur Wertsteigerung von Konzernimmobiliengesellschaften, München, 2006

Seufert, Gernot (1999): Verbandscontrolling. Ansätze einer operativen Führungskoordination, Wiesbaden, 1999

Siebart, Patricia (2006): Corporate Governance von Nonprofit-Organisationen. Ausgewählte Aspekte der Organisation und Führung, Bern, 2006

Simsa, Ruth (2002): NPOs im Lichte gesellschaftlicher Spannungsfelder: Aktuelle Herausforderungen an das strategische Management, in: Schauer, Reinbert / Purtschert, Robert / Witt, Dieter (Hrsg.): Nonprofit-Organisationen und gesellschaftliche Entwicklung: Spannungsfeld zwischen Mission und Ökonomie. 5. Colloquium der NPO-Forscher im deutschsprachigen Raum, S. 39-61, Linz, 2002

Spars, Guido (2001): Die Wohnungs- und Immobilienwirtschaft im Lichte der Neuen Institutionenökonomik, in: Gondring, Hanspeter / Lammel, Eckhard (Hrsg.): Handbuch Immobilienwirtschaft, S. 23-53, Wiesbaden, 2001

Statistisches Bundesamt (2007): Demografischer Wandel in Deutschland, Heft 1: Bevölkerungs- und Haushaltsentwicklung im Bund und in den Ländern, Wiesbaden, 2007

Stanienda, Roland (2003): Verständnis, Analyse und Bewertung von Ehrenämtern – Eine qualitative Untersuchung in Unternehmensverbänden, München, 2003

Strachwitz, Rupert Graf (1994): Stiftungen. Nutzen, führen und errichten – Ein Handbuch, New York, 1994

Strachwitz, Rupert Graf (2000): Aktuelle Strukturfragen von Not-for-Profit-Organisationen, Hauser, Albert / Neubarth, Rolf / Obermair, Wolfgang (Hrsg.): Praxis-Handbuch soziale Dienstleistungen, S. 19-41, 2., erw. u. überarb. Aufl., Neuwied, Kriftel, 2000

Straßheimer, Petra (1999): Internationales Corporate Real Estate Management, Köln, 1999

Synode der Evangelischen Kirche in Hessen und Nassau (2007): Perspektive 2025 – Prozess zur Entwicklung von Prioritäten und Prosterioritäten in der EKHN, Darmstadt, 2007

Szymanski, Mike (2007): Prachtvollen Kirchen droht der Verfall. Immer mehr Gotteshäuser werden wegen Einsturzgefahr geschlossen – für die Sanierung fehlt das Geld, in: Süddeutsche Zeitung Nr. 73 vom 28. März 2007, S. 36, München, 2007

Tacke, Helmut R. (1999): Leasing, 3. Aufl., Stuttgart, 1999

Teichmann, Sven A. (2007): Bestimmung und Abgrenzung von Managementdisziplinen im Kontext des Immobilien- und Facilities Management, in: Zeitschrift für Immobilienökonomie 2/2007 S. 5-37, Wiesbaden, 2007

Thamm, Dieter (1995): Geld statt guter Worte. Zur Finanzierung Freier Wohlfahrtspflege, in: Rauschenbach, Thomas / Sachße, Christoph / Olk, Thomas (Hrsg.): Von der Wertegemeinschaft zum Dienstleistungsunternehmen. Jugend- und Wohlfahrtsverbände im Umbruch, S. 356-376, Frankfurt am Main, 1995

Theuvsen, Ludwig (2001): Stakeholder-Management – Möglichkeiten des Umgangs mit Anspruchsgruppen. Münsteraner Diskussionspapier zum Nonprofit-Sektor – Nr. 16, Münster, 2001

Theuvsen, Ludwig (2004): Non-Profit-Organisationen, Schreyögg, Georg / Werder, Axel von (Hrsg.): Handwörterbuch Unternehmensführung und Organisation, Sp. 948-956, 4. Aufl., Stuttgart, 2004

Thiele-Mühlhan, Irene (2006): Die Grundstücke und das Grundbuch, in: Schulte, Karl-Werner (Hrsg.): Immobilienökonomie Band II – Rechtliche Grundlagen, S. 59-65, 2., akt. und erw. Aufl., München, 2006

Thommen, Jean-Paul / Achleitner, Ann-Kristin (2006): Allgemeine Betriebswirtschaftslehre – Umfassende Einführung aus managementorientierter Sicht, 5., akt. und erw. Aufl., Wiesbaden, 2006

Ulrich, Peter / Fluri, Edgar (1992): Management – eine konzentrierte Einführung, 6., bearb. und erg. Aufl., Bern/Stuttgart, 1992

Velsen-Zerweck, Burkhard von (1998): Dynamisches Verbandsmanagement – Phasen- und krisengerechte Führung von Verbänden, Wiesbaden, 1998

Vollrath, Justus (2004): Informationsmanagement als Voraussetzung für ein erfolgreiches Immobilien-Management, in: Schulte, Karl-Werner / Schäfers, Wolfgang (Hrsg.): Handbuch Corporate Real Estate Management, S. 103-136, 2., akt. und erw. Aufl., Köln, 2004

Voß, Reiner (2000): Instandhaltungsmanagement, in: Schulte, Karl-Werner / Pierschke, Barbara (Hrsg.): Facilities-Management, S. 131-165, Köln, 2000

Walzel, Barbara (2008): Unterscheidung nach Immobilienarten, in: Schulte, Karl-Werner (Hrsg.): Immobilienökonomie Band I – Betriebswirtschaftliche Grundlagen, S. 117-140, 4. Aufl., München, 2008

Wegner, Gerhard (2003): Leiden als Bedingung der Freiheit. Kirchliche Organisationen und geistliche Entscheidung, in: Pastoraltheologie 92, S. 403 ff., 2003

Wellner, Kristin (2002): Entwicklung eines Immobilien-Portfolio-Management-Systems – Zur Optimierung von Rendite-Risiko-Profilen diversifizierter Immobilien-Portfolios, Leipzig, 2002

Wenk, Ingrid / Rausch, Wolf Werner (2004): Unsere Kirche – unsere Kirchen. Eine Handreichung zur Nutzung und Umnutzung von Kirchengebäuden, 2. Aufl., Kiel, 2004

Witt, Dieter (1972): Einflüsse öffentlich-wirtschaftlicher Ziele auf die rationale Finanzierung öffentlicher Betriebe, München, 1972

Witt, Dieter (1991): Kultur und Dienstprinzip in öffentlichen Betrieben, in: Faller, Peter / Witt, Dieter (Hrsg.): Dienstprinzip und Erwerbsprinzip, S. 283-299, Baden-Baden, 1991

Witt, Dieter (1993): Zum Gegenstand der Wirtschaftslehre des Haushalts, in: Bottler, Jörg (Hrsg.): Standpunkte: Wirtschaftslehre des Haushalts, S. 118-136, Baltmannsweiler, 1993

Witt, Dieter (1996): Management sozialwirtschaftlicher Organisationen im Spannungsfeld zwischen Dienst- und Erwerbsprinzip, Caritasverband der Erzdiözese München und Freising e.V. (Hrsg.): "Markt und Ethik – Management sozialwirtschaftlicher Organisationen." Dokumentation Forum Caritas München, S. 24-35, München, 1996

Witt, Dieter (2002): Analyse und Verbesserung der Organisationskultur in Verbänden, in: Verbändereport, 6. Jg., Nr. 1, S. 44-47, 2002

Witt, Dieter (2008): Wirtschaftliche Sozialorganisationen – Widerspruch, Realität oder Vision?, in: König, Joachim / Oerthel, Christian / Puch, Hans-Joachim (Hrsg.): In Soziales investieren – mehr Werte schaffen. Consozial 2007, S. 85-100, München, 2008

Witt, Dieter / Lakes, Beate / Emberger, Hannes / Velsen-Zerweck, Burkhard von / Seufert, Gernot (1998): Stand des Managements in Verbänden: Ergebnisse der Verbändeerhebung 1996/97 – Gesamtauswertung, Freising, 1998

Witt, Dieter / Seufert, Gernot / Emberger, Hannes (1996): Typologisierung und Eigenarten von Verbänden, in: Zeitschrift für öffentliche und gemeinnützige Unternehmen, Band 19, Heft 4, 1996, S. 414-427, 1996

Witt, Dieter / Sturm, Hilmar (2001): Anforderungen an betriebswirtschaftliche Qualifikationen des Personals in Non-Profit-Organisationen und Möglichkeiten ihrer Deckung, in: Witt, Dieter / Eckstaller, Claudia / Faller, Peter (Hrsg.): Non-Profit-Management im Aufwind? Festschrift für Karl Oettle zum 75. Geburtstag, S. 27-42, Wiesbaden, 2001

Witt, Dieter / Sturm, Hilmar (2004): Eliten in Verbänden. Gedanken zur Auswahl, Aufgaben und Kompetenzen von Führungspersonal in Verbänden, in: Gabriel, Oscar / Neuss, Beate / Rüther, Günther (Hrsg.): Konjunktur der Köpfe? Eliten in der modernen Wissensgesellschaft, S. 306-318, Düsseldorf, 2004

Witt, Dieter / Velsen-Zerweck, Burkhard von / Thiess, Michael / Heilmair, Astrid (2006): Herausforderung Verbändemanagement, Wiesbaden, 2006

Witt, Dieter / Zitzmann, Thomas / Sturm, Hilmar (2008): Tage und Wochen des Ehrenamts, in: Verbändereport, 12. Jg., Nr. 9, S. 50-52, 2008

Wöhe, Günter (2005): Einführung in die allgemeine Betriebwirtschaftslehre, 22., neubearb. Aufl., München, 2005

Zieger, Franz (2005): Kirchliches Immobilienmanagement – Chance in der Krise, Vortrag anlässlich der KSD-Jahrestagung 2005, Speyer, 2005

Zimmer, Annette (1989): Der Dritte Sektor zwischen Markt und Staat: Die wachsende Bedeutung seiner Organisationen im nationalen und internationalen Kontext, in: Zeitschrift für öffentliche und gemeinnützige Unternehmen, 12. Jg., Nr. 4, S. 552-565, 1989

Zimmer, Annette / Priller, Eckhard / Hallmann, Thorsten (2001): Zur Entwicklung des Nonprofit-Sektors und den Auswirkungen auf das Personalmanagement seiner Organisationen, in: Zeitschrift für Personalforschung, 15. Jg., Heft 3 S. 207-224, Stuttgart, 2001

Zitzmann, Thomas (2008): Kollektive Leistungen von Wirtschaftsverbänden. Planung und Lenkung anhand eines phasenorientierten Qualitätsmodells, Wiesbaden, 2008

Gesetze, Verordnungen, Verträge

Abgabenordnung (in der Fassung der Bekanntmachung vom 1. Oktober 2002, zuletzt geändert durch Artikel 3 des Gesetzes vom 20. April 2009). [http://bundesrecht.juris.de/ao_1977/ (Zugriff: 05.06.2009)]

Bürgerliches Gesetzbuch (in der Fassung der Bekanntmachung vom 2. Januar 2002, zuletzt geändert durch Artikel 3 des Gesetzes vom 3. April 2009). [http://bundesrecht.juris.de/bgb/ (Zugriff: 05.06.2009)]

Codex Iuris Canonici (1983). [http://www.vatican.va/archive/DEU0036/_INDEX.HTM (Zugriff: 09.06.2009)]

Gesetz betreffend die Erwerbs- und Wirtschaftsgenossenschaften (Genossenschaftsgesetz) (in der Fassung der Bekanntmachung vom 16. Oktober 2006, zuletzt geändert durch Artikel 77 des Gesetzes vom 17. Dezember 2008). [http://bundesrecht.juris.de/geng/ (Zugriff: 05.06.2009)]

Gesetz gegen Wettbewerbsbeschränkungen (in der Fassung der Bekanntmachung vom 15. Juli 2005, zuletzt geändert durch Artikel 13 Abs. 21 des Gesetzes vom 25. Mai 2009). [http://bundesrecht.juris.de/gwb/ (Zugriff: 05.06.2009)]

Gesetz über das Erbbaurecht (Erbbaurechtsgesetz) (vom 15. Januar 1919, zuletzt geändert durch Artikel 57 des Gesetzes vom 17. Dezember 2008). [http://bundesrecht.juris.de/erbbauv/ (Zugriff: 05.06.2009)]

Gesetz über das Wohnungseigentum und das Dauerwohnrecht (Wohnungseigentumsgesetz) (vom 15. März 1951, zuletzt geändert durch Artikel 1 des Gesetzes vom 26. März 2007). [http://bundesrecht.juris.de/woeigg/ (Zugriff: 05.06.2009)]

Grundgesetz für die Bundesrepublik Deutschland (vom 23. Mai 1949, zuletzt geändert durch Artikel 1 des Gesetzes vom 19. März 2009). [http://bundesrecht.juris.de/gg/ (Zugriff: 05.06.2009)]

Sozialgesetzbuch – Elftes Buch – Soziale Pflegeversicherung (vom 26. Mai 1994, zuletzt geändert durch Artikel 2a des Gesetzes vom 15. Dezember 2008). [http://bundesrecht.juris.de/sgb_11/ (Zugriff: 05.06.2009)]

Verordnung über die bauliche Nutzung der Grundstücke (Baunutzungsverordnung) (in der Fassung der Bekanntmachung vom 23. Januar 1990, zuletzt geändert durch Artikel 3 des Gesetzes vom 22. April 1993). [http://bundesrecht.juris.de/baunvo/ (Zugriff: 05.06.2009)]

Verordnung über Grundsätze für die Ermittlung der Verkehrswerte von Grundstücken (Wertermittlungsverordnung) (vom 06. Dezember 1988, zuletzt geändert durch Artikel 3 des Gesetzes vom 18. August 1997). [http://bundesrecht.juris.de/wertv_1988/ (Zugriff: 05.06.2009)]

Vertrag von Lissabon (vom 13. Dezember 2007, Konsolidierte Fassungen des Vertrags über die Europäische Union vom 9. Mai 2008, Amtsblatt der Europäischen Union C115/13). [http://eur-lex.europa.eu/JOHtml.do?uri=OJ:C:2008:115:SOM:DE:HTML (Zugriff: 06.06.2009)]

Verzeichnis der Internetquellen

Deutsche Bischofskonferenz:

http://www.dbk.de/imperia/md/content/kirchlichestatistik/bevoelkerung_und_katholiken_1965_2005.pdf, Abruf am 13.03.2008

http://www.dbk.de/imperia/md/content/kirchlichestatistik/eckdaten2007.pdf, Abruf am 14.05.2009

http://www.dbk.de/zahlen_fakten/kirchensteuer/index.html, Abruf am 14.05.2009

Deutsches Rotes Kreuz:

http://www.drk.de/generalsekretariat /index.html, Abruf am 23.04.2009

Erzbistum München:

http://www.erzbistum-muenchen.de/EMF497/EMF049630.asp, Abruf am 20.02.2009

Evangelische Kirche in Deutschland:

http://www.ekd.de/download/kimi_2001_2002.pdf, Abruf am 20.05.2009

http://www.ekd.de/download/Ber_Kirchenmitglieder_2005.pdf, Abruf am 20.05.2009

German Facility Management Association:

http://www.gefma.de/definition.html, Abruf am 03.01.2009

Kirchensteuer Köln:

http://www.kirchensteuer-koeln.de/steuer/index.html, Abruf am 12.03.2008

Kongregation für den Klerus:

http://www.clerus.org/clerus/dati/2003-06/22-6/pretresparpayscont.htm, Abruf am 14.05.2009

http://www.clerus.org/clerus/dati/2003-06/22-6/catholiquespretres.htm, Abruf am 14.05.2009

Präsidium des Deutschen Bundestags:

http://www.bundestag.de/wissen/archiv/sachgeb/lobbyliste/lobbylisteaktuell.pdf Abruf am 12.05.2009

Verband der Automobilindustrie:

http://www.vda.de/de/zahlen/jahreszahlen/allgemeines/, Abruf am 12.05.2009

GPSR Compliance

The European Union's (EU) General Product Safety Regulation (GPSR) is a set of rules that requires consumer products to be safe and our obligations to ensure this.

If you have any concerns about our products, you can contact us on ProductSafety@springernature.com

In case Publisher is established outside the EU, the EU authorized representative is:

Springer Nature Customer Service Center GmbH
Europaplatz 3
69115 Heidelberg, Germany

FSC
www.fsc.org
MIX
Papier | Fördert gute Waldnutzung
FSC® C083411

Kolibri 360 GmbH
Ferdinand-Jühlke-Straße 7
99095 Erfurt, Deutschland
produktsicherheit@kolibri360.de